二十世紀人文大師的風範與思想
——前半葉

東吳大學人文社會學院　編

臺灣　學生書局　印行

三十年代人文大師的風範與思想

前半葉

東吳大學人文社會學院 編

臺灣學生書局印行

總 序

　　西元 2000 年東吳大學建校一百年。百年校慶活動籌備委員會主任委員前校長劉源俊教授，委託文學院（95 學年度更名為「人文社會學院」）舉辦「二十世紀前半葉人文社會學術研討會」，作為東吳大學建校百年的獻禮。時任院長的蔡明哲教授戮力從公，努力籌劃，與文學院各學系經一年多的共同準備和通力合作，非常成功地舉辦了該次會議。三年後即西元 2003 年，時任文學院院長的楊孝濚教授再接再厲，在院內各學系的全力支持下，亦成功地舉辦了「二十世紀中葉人文社會學術研討會」。

　　兩次會議總共發表論文三十八篇。論文探討的對象均為二十世紀前半葉及中葉人文社會學科方面的學術巨擘，而論文發表者亦皆一時之選（個人大概是唯一的例外）。然而，由於經費短缺，以上兩次會議均未能於會後出版會議論文集，這是非常可惜的。2004 年 8 月兆強承乏院長一職，上任後始得悉前半葉會議之論文早已彙集成合訂本約一百冊，惟未嘗寄送各與會者；爰乃責成承辦者趕快寄出該合訂本。之後更經常思考編列經費，甚或往外籌措經費，俾正式出版前後兩次會議的論文集。

　　今年年初，本院同仁認為前二次之學術會議宜有所承續，於是促請年內召開二十世紀後半葉研討會。上面所說的出版論文集及年

內盡速召開後續研討會便成為一體的兩面；其「共通點」是在在需財。人社院十多年來每年均編列一定的經費，用以舉辦系際學術研討會；兆強徵得各系主任同意，今年乃以「二十世紀後半葉人文社會學術」的探討為基調召開該學術會議。部份籌辦經費便由是而獲得解決。剛巧中文系亦擬於今年舉辦學術研討會。與該系前主任陳松雄教授研商請益後，得陳主任慨允把中文系今年的研討會融入於本院系際研討會中而一起舉辦。會議籌辦經費便由是而得以充實。同時歷史系李聖光主任亦同意編列部份經費以支援該會議。兆強銘感五內，今必須利用這個機會向陳、李二位主任致上最深的謝意與敬意。以上各項經費，再加上教育部部份的補助，舉辦研討會（2006 年 12 月中旬舉辦）及出版前後三次會議論文集的構想便由是得以實現。

惟必須向讀者致歉的是前二次會議的三十多位論文發表者，其中卞趙如蘭教授、唐德剛教授和艾愷教授，因無法獲悉彼等是否同意把各該大文收錄於論文集內，今以智慧財產權的考量而不得不割愛。另劉龍心教授以有其他考量而不擬把所撰大文納入論文集內。是以兩論文集未為完璧，心中至感愧疚。

各論文的發表者，他們耗費不少精神、時間來修改、潤飾各該大文，我更要致上由衷的謝意與敬意。東吳大學前校長劉源俊教授及前院長蔡明哲教授嘗為「二十世紀前半葉人文社會學術研討會」合訂本的出版各撰有序文一篇，感謝他們惠允把序文迻錄於首冊論文集內。最後我更要感謝人社院技士倪佩君小姐。她做事的幹勁和耐煩的精神是我非常感佩的。如果不是她任勞任怨的付出，我看論文集的出版恐怕是「頭白可期，而殺青無日」了！當然作為主編來

說，前後三冊論文集在出版上的任何問題，我都是責無旁貸的。在此敬祈讀者隨時惠賜教誨為幸！

又：本書原為學術會議的論文集，今接受學生書局的建議，以現今
　　的書名付梓

黃兆強 2006 年 11 月於
東吳大學人社院辦公室

東吳大學
「二十世紀前半葉人文社會學術研討會」
【序一】

　　東吳大學自公元 1900 年在蘇州建校以來，已歷一百餘年；自
1951 年在臺北復校迄今，亦已逾五十年。其間歷經各種艱難，總
稟持樸實、堅毅之傳統精神，卓然屹立，青出學林。

　　公元 2000 年為慶祝建校百年，由文學院特別籌劃舉辦「二十
世紀前半葉人文社會學術研討會」邀請各方碩彥，共同研討二十位
學界巨擘的學術成就，其意義不僅在認識清末民初西學東漸之際我
國的人文與社會科學，也希望能承先啟後，為當今學術界作出貢
獻。

　　這一研討會於 2000 年底，在東吳大學外雙溪校區分兩場地舉
行，當時群賢畢至，研討氣氛熱烈，可謂成功。文學院於是將再接
再勵，於明年接續舉辦「二十世紀中葉人文社會學術研討會」，相
信又會締造另一學術盛會。

　　東吳大學將不只要做人才培育的勝境，更要做學術研究的清
源。期望這一學術研討會更帶動學校的學術風氣，並在學界樹立標
竿。

研討會論文結集出版,特為之序。

校長 劉伯後 謹誌

2002 年 10 月

東吳大學
「二十世紀前半葉人文社會學術研討會」
【序二】

　　本校建校百年慶祝活動籌備委員會主任委員劉源俊校長，依照委員會決議，委託文學院院長召集「二十世紀前半葉人文社會學術研討會」，做為東吳大學建校百年的獻禮。

　　研討會已於 2000 年 11 月 29、30 日盛大舉行，會中邀請臺灣學者、海外學者、傑出校友等，就人文學科、社會學科各學門領域，針對二十世紀前半葉重要學術人物，研討其學術貢獻及關鍵影響。藉以回顧二十世紀上半葉我國人文社會學術發展，開啟新世紀的學術思潮和研究方向，並促進人文社會學科間的學術交流與科際整合，期盼邁向世界、走向未來。

　　在兩天之內，總共舉辦二十場次的研討會，介紹嚴復、章太炎、蔡元培、連橫、陳垣、董作賓、熊十力、趙元任、胡適、梁漱溟、費孝通、顧頡剛、晏陽初、江文也、馮友蘭、錢穆、何廉、李方桂、蕭公權、李濟等二十位學術巨擘。

　　感謝所有參加研討會的主講人、評論人、主持人、來賓和籌備

研討會的同仁。特別感謝提出論文的學者：吳展良、汪榮祖、王更生、林文月、蕭啟慶、黃彰健、劉述先、卞趙如蘭、唐德剛、艾愷、李亦園、林慶彰、徐震、張己任、周質平、王吉林、徐振國、何大安、黃俊傑、臧振華等二十位教授。

連絡過程中，由於研討會規模較大，恐有不周之處，亦承寬諒，至為感激。尤其，承蒙俞雨娣教授、謝政諭處長和黃大洲教授的協助，使得能夠邀集齊全海外學者，讓研討會壯大生輝，并此致謝。

此次研討會，文學院的中文、歷史、哲學、政治、社會、社工、音樂等七個學系，以及教育學程，經一年多的共同準備和通力合作，順利完成慶祝建校百年的學術活動。但願能夠鼓舞本校和學界，更加重視二十一世紀人文社會學術的傳承和發展，使慶祝建校百年深具承先啟後、溫故知新的意義。希望論文集裡，對二十位學術人物學術志業的評介，所指出人文社會可導引的新方向，值得學界努力繼述闡發、批判創新。

此項研討會，限於時間，也限於邀請主講人的困難，只談二十位關鍵人物，顯然不夠完整周延。但是，研討約二十位學術人物，則應無爭議，皆可認定為人文社會學術上的重要學者。

本校劉源俊校長曾答允續辦小規模場次，來彌補此次研討會所缺漏的學術人物。例如，在綜合討論或其他場合來賓曾提到的：梁啟超、陳寅恪、蔣廷黻、傅斯年、劉師培、郭沫若、魯迅、陳獨秀等。

研討會的另一收穫是：會中充滿著期待人文社會新學術人物出現的氣氛，也認為探討多元的學術人物，更富啟發性，更能創造新

方向。

　　另外，如再進一步研討二十世紀後半葉的學術人物，將會發現學術本土化和世界化的重要議題。展望二十一世紀，則學術發展要如何從各種意識形態、市場機制、流行時尚、權威宰制等支配力量解脫出來，或許正是新世紀人文社會學術追求自主發展的一項課題。

蔡明哲　謹識於東吳大學

2002 年 3 月

二十世紀前半葉人文社會
學術研討會議程表

Symposium on the Humanities and Social Sciences in the First Half of the 20th Century

日期	時間	流　　程	地點
二〇〇〇年十一月廿九日（星期三）	08:30－09:00	報到	國際會議廳
	09:00－09:30	開幕式・主持人：蔡明哲(東吳大學文學院院長) 致歡迎詞・劉源俊（東吳大學校長） 貴賓致詞・	國際會議廳
	09:30－10:20	講題一：嚴　復（1854－1921） 「嚴復的終極關懷」 ・主持人：俞雨娣教授 ・主講人：吳展良教授 ・評論人：黃克武教授	國際會議廳
		講題二：章太炎（1859－1936） 「章太炎與現代史學」 ・主持人：張中訓教授 ・主講人：汪榮祖教授 ・評論人：王遠義教授	會議室
	10:20－10:30	茶敘	望星廣場
			會議室

	10:30－11:20	講題三：蔡元培（1868－1940） 「蔡元培先生在近代中國教育史上的地位與貢獻」 ·主持人：許清雲教授 ·主講人：王更生教授 ·評論人：陶英惠教授	國際會議廳
		講題四：連　橫（1878－1936） 「青山青史——連雅堂的使命感」 ·主持人：蔡明哲院長 ·主講人：林文月教授 ·評論人：陳昭瑛教授	會議室
	11:20－12:10	講題五：陳　垣（1880－1971） 「推陳出新的史學家陳垣」 ·主持人：王德毅教授 ·主講人：蕭啟慶教授 ·評論人：杜維運教授	國際會議廳
		講題六：董作賓（1884－1942） 「董作賓先生對甲骨學的貢獻」 ·主持人：許錟輝教授 ·主講人：黃彰健教授 ·評論人：鍾柏生教授	會議室
	12:10－13:30	午餐	舜文廳
	13:30－14:20	講題七：熊十力（1885－1968） 「熊十力的精神世界與文化理想」 ·主持人：李明輝教授 ·主講人：劉述先教授 ·評論人：葉海煙教授	國際會議廳

	講題八：趙元任（1892－1982） 「趙元任在學術上的貢獻」 ‧主持人：孫清吉教授 ‧主講人：卞趙如蘭教授【何希慧教授宣讀】 ‧評論人：李壬葵教授	會議室
14:20－14:30	休息	
14:30－15:20	講題九：胡　適（1891－1962） 「胡適在中國近代文化史上的位置」 ‧主持人：張玉法院士 ‧主講人：唐德剛教授 ‧評論人：楊貞德教授	國際會議廳
	講題十：梁漱溟（1893－1988） 「梁漱溟的歷史觀與後現代」 ‧主持人：韋政通教授 ‧主講人：艾　愷教授 ‧評論人：金春蜂客座教授	會議室
15:20－15:40	茶敘	望星廣場
		會議室
15:40－16:30	講題十一：費孝通（1910－2005） 「志在富民——費孝通的社會學人類學的研究與思考」 ‧主持人：趙星光教授 ‧主講人：李亦園教授 ‧評論人：喬　健教授	國際會議廳
	講題十二：顧頡剛（1893－1980） 「顧頡剛的經學觀」 ‧主持人：劉兆祐教授 ‧主講人：林慶彰教授 ‧評論人：李威熊教授	會議室
16:30－17:20	綜合討論	國際會議廳
17:30－	晚宴	餐廳

日期	時間	流　　　程	地點
二〇〇〇年十一月卅日（星期四）	08:30－09:00	報到	國際會議廳
	09:10－10:00	講題十三：晏陽初（1893－1990） 「晏陽初與定縣平民教育運動及其影響」 ·主持人：李明政教授 ·主講人：徐　震教授 ·評論人：蔡漢賢教授	國際會議廳
		講題十四：江文也（1910－1983） 「江文也與中國近代音樂」 ·主持人：申學庸教授 ·主講人：張己任教授 ·評論人：許常惠教授	會議室
	10:00－10:10	休息	
	10:10－11:00	講題十五：馮友蘭（1895－1990） 「氣節與學術——論馮友蘭的道術變遷」 ·主持人：龔鵬程教授 ·主講人：周質平教授 ·評論人：熊自健所長	國際會議廳
		講題十六：錢　穆（1895－1990） 「錢穆先生的思想」 ·主持人：賴明德副校長 ·主講人：王吉林教授 ·評論人：黃兆強教授	會議室
	11:10－11:20	休息	

11:20－12:10	講題十七：何　廉（1895－1975） 「何廉及南開經濟學家對戰後經濟政策發展之貢獻」 ・主持人：黃秀端教授 ・主講人：徐振國教授 ・評論人：孫中興教授	國際會議廳
	講題十八：李方桂（1902－1987） 「尖端與洞見：李方桂先生的語言學研究」 ・主持人：謝志偉院長 ・主講人：何大安教授 ・評論人：姚榮松教授	會議室
12:10－13:50	午餐	舜文廳
13:50－14:40	講題十九：蕭公權（1897－1981） 「蕭公權與中國政治思想史研究」 ・主持人：黃　默教授 ・主講人：黃俊傑教授 ・評論人：蔡明田副教授	國際會議廳
	講題二十：李　濟（1896－1979） 「李濟與中國現代考古學傳統的建立」 ・主持人：石　磊教授 ・主講人：臧振華教授 ・評論人：黃士強教授	會議室
14:40－14:50	茶敘	國際會議廳 會議室
14:50－15:50	綜合討論	國際會議廳
15:50－	閉幕	國際會議廳

※時間分配：主講人25分鐘／評論人10分鐘／引言人15分鐘

二十世紀人文大師的風範與思想
——前半葉

目　　錄

嚴復的終極追求

吳展良

國立台灣大學歷史系教授

一、現有典範的檢討

影響當代嚴復（1854-1921）研究最深的學說，為美國史華茲博士所建立的典範。史華茲博士細膩而完整地追溯嚴復一生學術與思想的發展，認為嚴復一生的終極追求在於向西方尋求富強之道以解除中國的苦難，並據此對嚴復提出一個貫串性的詮釋。❶史華茲認為，嚴復畢生的志業既然在於促使中國富強，他的思考重點自然放在西方之所以富強的原因，其出發點既狹窄，對西方的理解不免有所偏差，而其著名的翻譯工作也因此而受到扭曲。在尋求西方之所以富強的心理背景下，嚴復早年接受了斯賓塞（Herbert Spencer）式的演化論、社會達爾文主義與英國自由主義學說。他相信自由主義與達爾文主義可以為人類解放出普羅米修斯式的無限能量，而這正是

---

❶ Benjamin Schwartz, *In Search of Wealth and Power: Yen Fu and the West* (Cambridge, Mass: Harvard University Press, 1964).

西方之所以富強的原因。在追求集體富強的心理下，嚴復將個人自由當作個人能力以達成國家富強的手段，因而誤解了斯賓塞與約翰彌爾（John S. Mill）以個人自由為終極目的的原意。在同樣的心理背景下，嚴復也誤讀或扭曲了亞當斯密（Adam Smith）的《原富》以及其他的西方作品。然而他對斯賓塞主義的堅持是一貫的。即使其晚年的「權威主義」與「保守復古思想」，也依然是斯賓塞主義在「集體追求富強」的前提下所產生的結果。至於其改良漸進的態度，則更是斯賓塞式演化論的自然結果。史華茲同時認為，身為第一個深入瞭解西方的中國人，嚴復始終是他所發現西方秘密的信奉者。而他也一直在這個基礎上，重新選取並詮釋中國傳統中的合理部分。並無前人所謂中國與西方、傳統與現代或進步與保守的二元對立。❷

　　史華茲的說法有兩個重點。首先是認定嚴復的思想以追求國家富強為最高訴求，其次是主張第一個瞭解西方文化與思想的中國人始終皈依他所認識的西方。❸前者以「西方富強的秘密」為中心點，大抵抓住了多數中國人從自強運動以來熱烈追求富強而不固守方法或主義的傾向。所以此說雖然未必能表現嚴復思想的真正特色，對於嚴復的作品又有不少誤解，卻依然成為詮釋嚴復畢生追求與中心思想的主要理論，甚而變成詮釋中國現代思想史的基本性格之經典論述。此說多年來反覆為學者乃至文化界所引用，對於整個

---

❷　Ibid.

❸　Schwartz, *In Search of Wealth and Power*, 212-236.

中國現代思想史的理解影響甚巨。❹即使有少數學者企圖批評其說法，卻不足以真正動搖其基本論點。後者，即所謂「嚴復皈依西方

❹ 史華茲「追求富強」的說法一出，學者普遍採用它來詮釋嚴復乃至整個中國近現代思想史。即使不明顯採用此觀點的著作，往往也深受其影響。例如：李澤厚，《中國近代思想史論》（台北：風雲時代，1990），324-325、330、449（按：李澤厚在這一點上受到史華茲的影響，而其基本思路卻沿襲嚴復思想前期西化後期保守的看法。）；王中江，《嚴復》（台北：東大，1997）；張志建，《嚴復學術思想研究》（北京：商務，1995），5-7、30；孫小著，〈從嚴譯名著按語試探嚴復的改革思想〉，《近代史研究》第 5 期（1994，台北）；劉富本，《嚴復的富強思想》（台北，文景，1977）；雷慧兒，〈富強之道：嚴復的威權政治理想與困境〉，《思與言》30 卷 3 期（1992，台北）；林啟彥，〈五四時期嚴復的中西文化觀〉，《漢學研究》4 卷 2 期（1996，台北），89；徐高阮，〈嚴復型的權威主義及其同時代人對此型思想之批評〉，收於周陽山等編，《近代中國思想人物論：自由主義》（台北：時報，1980）；林保淳，《嚴復：中國近代思想啟蒙者》（台北：幼獅，1988）；林保淳，〈嚴復與西學〉，《知識分子的良心：張季鸞、嚴復、連橫》（台北：文訊雜誌，1991），98；高大威，〈論嚴復晚年之中西文化觀〉，《知識分子的良心：張季鸞、嚴復、連橫》（台北：文訊雜誌，1991），122；錢公博，《經濟思想論集》（台北：學生，1973），170；郭正昭，〈嚴復〉，收於王壽南主編，《中國歷代思想家》（台北：台灣商務，1978），第八冊，5288、5306、5404；林載爵，〈嚴復對自由的理解〉，《東海大學歷史學報》第 5 期（1982，台中），95-96；徐元民，〈嚴復的體育思想〉，《中華民國體育學會體育學報》第 18 輯（1994，台北），13-14；李承貴，〈自由的經濟與自然的經濟──嚴復經濟思想的中西比較與結合〉，《鵝湖學誌》第 18 期（1997，台北），85；賴建誠，〈亞當史密斯與嚴復：國富論與中國〉，《漢學研究》7 卷 2 期（1989，台北），303；楊蕭獻，〈嚴復與近代中國思想界〉，《明道文藝》第 42 期（1979，台北）。而一些早期的重要研究，也以追求富強，拯救危亡為嚴復的中心思想。而將嚴復定位為「資本主義改良派」的思想家。例如：王栻，《嚴復傳》（上海：人民，1957），33。

說」的西方中心主義之色彩太過濃厚。西方學者固然樂用，中國學者則頗為不滿。過去三十餘年批判此說的論述頗多，其中雖不免夾雜了民族情緒，卻已經構成有力的質疑。❺然就整體而言，無論是針對前者或後者的批判與研究，其深度似乎仍有不足，至今未能凝練成一個有力的新詮釋，也就難以取代史華茲的說法。史華茲典範，至今傲視學界。

然而如果深入檢視，這兩個說法其實都有根本性的問題，應當徹底修正。主要關鍵在於史華茲未能認識「中國傳統的學術性格」以及「中國傳統的世界觀與思維方式」對於嚴復的決定性影響。身為一個外國學者，又偏重嚴復對西方的反應，史華茲不僅不能真切地解讀嚴復所受到儒、道、釋等傳統的影響，而且大大低估了儒道兩家傳統的深度與力量。其原因之一則在於史華茲的「西方中心主義」使其關切點偏重於嚴復如何面對西方，而不能真正深入被研究者的主體特性；二則在於史華茲對於中國傳統思想其實缺乏真切的認識。❻在對於被研究者的主體性認識不足的情形下，他誤判了嚴復的學術與思想性格、生平志業乃至中心思想，僅將嚴復當作一個

---

❺　例如：郭正昭，〈嚴復〉，收於王壽南主編，《中國歷代思想家》（台北：台灣商務，1978），第八冊；郭正昭，〈從演化論探析嚴復型危機感的意理結構〉，《中央研究院近代史研究集刊》第七期（1978，台北）；郭正昭，〈達爾文與中國〉，收於周陽山、楊肅獻編，《近代中國思想人物論──晚清思想》（台北：時報文化，1985）。

❻　他始終將道家思想與嚴復論道的部分當作「神秘主義」便是一個明證。Schwartz, *In Search of Wealth and Power*, 210,236; Benjamin Schwartz, *The World of Thought in Ancient China* (Cambridge, Mass.: Belknap press, 1985), chap. 6.

追求「富強之所以然」的人。事實上全世界的非西方文明在接觸到現代西方時，雖然都或多或少地羨慕乃至追求西方的富強。然而各文化受其文化傳統與政治、經濟、社會狀況的影響，對於西方的反應卻非常不同。這種不同性，豈能用「追求富強」一觀念來涵蓋？文化淺演的民族固然容易只注意並全心擁抱西方式的富強。然而回教、印度教、佛教等文化悠久的國家則往往將保存其宗教與文化主體性的考量放在追求西方式的富強之上。❼近現代的中國人雖然較能接受西方式的富強，然而在其與西方互動的過程中，豈能不受自身數千年學術與文化傳統的影響？其所追尋的道路，又豈能不顧種種複雜難解且往往為中國所獨具的現實問題，而一以西方的真理為依皈？換言之，史華茲的「追求富強」與「皈依西方」說，完全不能表現嚴復乃至現代中國學人在面對西方時所特具的「中國特質」。當然也更不能代表「中國」現代思想史的核心特質。❽

嚴復所追求的絕不僅是富強。他其實具有一種既深且厚的「儒學性格」、無所不在的「易經與道家式的世界觀」、以及深受儒道思想傳統影響的思維方式。其學術與思想的主要追求，是一種「道通為一」的一貫境界。亦指認識最高也最普遍，內在於一切事物之中，可以作為一切事理與人生實踐之最高指導的原理與「理路」。嚴復的終極關懷，在於找出中國在大時代的挑戰下所應走的大道。

---

❼ 史華茲完全忽略這一點，反而特別指出嚴復所追求的所謂富強及其背後的普羅米修斯精神，是非西方世界面對西方世界時的一種普遍嚮往。這真是一種典型的「西方中心主義」的思維。Schwartz, *In Search of Wealth and Power*, 242-243.

❽ Schwartz, *In Search of Wealth and Power*, 242.

其間雖然也有曲折、徬徨、歧出的時刻，然而他始終關切著這個問題。中年以後，更以此為全生命的職志，並自信已逐漸掌握到最高的道理。

使中國步入大道。意味著使中國的學術、文化、教育、倫理、政治、經濟、軍事乃至一切種種都走上合乎時代需要的正軌。這其中當然也要包含要使中國既富且強。然而追求富強並不是他的最高目標或指導原則，使中國走上「大道」才是他的中心與終極追求。

二、早期的核心追求

(一) 深植的儒學與學術性格

嚴復自幼便深受儒學與中國文化傳統的影響，他成長在一個儒醫之家的背景中，同時受到儒學乃至中醫的洗禮。[9]他七歲進私塾，十四歲入福州船政學堂。這一段時間受的是傳統的科舉教育。然而因為父親特別為他請了名師，使他也受到了漢宋兩家的儒學薰陶。[10]十三、四歲以前，是人格、性向、語言、乃至思維方式的決定時期。嚴復的儒學根底、價值取向乃至運思為文的方式，在這一時期已初步養成，成為他學術與思想的結構性基礎。[11]十三歲那

---

❾ 嚴璩，〈侯官嚴先生年譜〉；《嚴復集》（王栻主編，北京：中華，1986），1545；徐立亭，《嚴復》（哈爾濱：哈爾濱出版社，1996），14-15。嚴復雖未曾習醫，日後對中醫也有不少批評，但中醫學所特具的易學與道家式的世界觀與思維方式，對他一生的所思所學也似乎有相當的影響。

❿ 嚴璩，〈侯官嚴先生年譜〉；《嚴復集》，1545；徐立亭，《嚴復》，18-24，王蘧常，《嚴幾道年譜》（上海：商務，1936），3。

⓫ 嚴璩，〈侯官嚴先生年譜〉；《嚴復集》，1545-1546；王蘧常，《嚴幾道年譜》，2-5；王中江，《嚴復》，19-24。

年,嚴復因家貧而無法繼續傳統式的教育,這對於他而言是莫大的遺憾。未曾受到正統的教育,使嚴復在中年成名以前,一直被排除在中國的士大夫主流之外。但好強自負的嚴復,卻始終不肯因此而放棄儒學。

嚴復在船政學堂讀書時,雖然努力研究西學,卻並不忘記本國文化。當時的讀書人中間流行西學源出中國論,嚴復與他的同班同學都相信此說。他們不願意承認中國文明在源頭或根本處有缺陷,而希望以自身的文化為主體,吸收一些自家原本擁有,卻未能真正發揮的原理原則問題,以迎頭趕上西方。❷這種看重且愛惜傳統文化的心理,是晚清學人與新文化運動學人的一大相異之處。晚清的中西道器及體用論,也都在這種心裡背景下產生。嚴復後來雖然反對西學源出中國說或中西道器及體用論,他所面對大時代的學術與思想問題卻依然是:中國文明所從出的原理原則是否可靠?是否要大幅修正?嚴復的求道之旅,始終以探索比較中西文化所從出與根據的原理原則為中心,正是為了要解決當時學術思想與文化發展上所面臨的最重要也最根本的問題。日後嚴復對這個問題的答案,頗有起伏變化,而其問題意識及其對傳統文化的重視,則根源於此時。

嚴復於光緒三年(1877)赴英學習,在英國所受的是以海軍所需的科學、技術為主的教育,同時也包含海軍戰術、戰爭史、國際

---

❷ 他們在畢業時(1871)寫了一封信給英國教習卡羅(James Carroll)。信上特別說到:「西方國家教育原理源自希臘。希臘人的這些原理是從中國輸入的。古時中國對於禮、智的原則曾適中運用,但幾〔手〕不注意西方國家所高度推崇的實用原則。」(徐立亭,《嚴復》,36-37。)

公法等科目。海軍是科技軍種，一切講究精密確實，處處要用到理性與經驗並重的正確思考能力。現代的科技教育，講究系統化與分析化，一切經驗事物要追究到其所以然的源頭。分析出有關的基本原理，而後完成一個類似公理幾何的學理系統。好的科學家的思維方式，一方面有哲學家探本溯源與系統分析的能力，一方面又能將抽象學理與經驗世界密切呼應。嚴復對於這樣的學術訓練，似乎特別有興趣。嚴復在英期間曾深得駐英公使郭嵩燾的器重，而他與駐英公使郭嵩燾所討論的內容，多半是有關於科學的原理及其運用。反而很少談到戰術或戰爭史，乃至國際公法等實務問題。這表示出他對學理的興趣要大於實務，而他對各種科學原理的探索，也絕不祇是為了追求富強。嚴復曾對郭嵩燾暢論物理，並總結到「格物致知之學，尋常日用皆寓至理。深求其故，而知其用之無窮，其微妙處不可端倪，而其理實共喻也。」這番話表現出他卓越的學術頭腦，而郭嵩燾也「極賞其言」，因而更看重嚴復。❸這種學術個性除了天生的因素以外，與他所受的科學教育以及早年的儒學教育有密切的關係。而我們從郭嵩燾與他津津有味地談論並紀錄這些科學學理一事，也可以看出儒學不但可以不排斥科學，反而可以成為其學習動力的一部分。❹然而儒學與科學到底不同。日後兩者在嚴復的學術與思想中，仍然會產生相當緊張而複雜的辯證關係。這也成為他最主要的一種關懷。

　　嚴復不僅有探本溯源，即物窮理的學術個性，並且具備來自傳

---

❸　郭嵩燾，《倫敦與巴黎日記》（長沙：岳麓書社，1984），588-589。

❹　明末清初儒者對於西洋科學與技術的高度興趣可為一佐證。

統的儒學性格與求道的熱忱。他早年學業雖然優異，在英國時本科的功課卻並不特別突出，反而對於西方的學術、文化、政治等各方面的事物都有很高的興趣。嚴復好為議論各種事物，在當時以「穎悟好學，論事有識」著稱。**⑮**他常到使館與郭嵩燾「論述中西學術政制之異同」。**⑯**他所關切的問題，第一是學術，第二是政治，顯然繼續了儒學的大傳統。他曾經對郭嵩燾說：「中國切要之義有三：一曰除忌諱，二曰便人情，三曰專趨向。」皆就儒學所關切的政教問題著眼。他又曾參觀英國法庭的審訊，深受震動，而對郭嵩燾說：「英國與諸歐之所以富強，公理日伸，其端在此一事」。**⑰**此處固然可見嚴復的確關切如何追求富強的問題，然而這也顯示嚴復銳利的思想家眼光、科學的訓練與儒學的關懷。他因此才得以直探普遍公理與文化基礎的層面。嚴復曾對郭嵩燾仔細講解西方的鐵路建設與相關措施。其所討論的相關問題早已超過技術層面，而進入經濟、國內外政治與文化的範圍。**⑱**嚴復發現英國的城市各方面均井井有條，「極治繕葺完」。他的解釋是英國因為實行了民主制度，使人人樂於盡力，所以社會各方面都有人關心投入，「無往莫

---

⑮ 郭嵩燾，《日記》，533、496、562、607、816。參見王栻，《嚴復傳》，9，註二；徐立亭，《嚴復》，64。

⑯ 嚴璩，〈侯官嚴先生年譜〉，《嚴復集》，1547。兩人相見的討論的情形，各種記載略有不同，仍以〈侯官嚴先生年譜〉最為正確。參見徐立亭，《嚴復》，70。

⑰ 王蘧常，《嚴幾道年譜》，7-8；語出嚴復譯，孟德斯鳩著，《法意》（北京：商務，1981），卷十一案語。

⑱ 郭嵩燾，《日記》，497，647-648；徐立亭，《嚴復》，75-77。

非精神之貫注」。⑲所思考的仍然是政治、社會與文化最根本性的
問題。

嚴復於晚年看到自己在英國留學第二年時的照片,深有所感而
賦詩一首,詩中說:「已有人歸留鶴語,更無松老長龍鱗;商巖發
夢非今日,卻辦餘年作子真。」⑳由此詩可知嚴復從年輕時便有志
效法傅說,以拯救天下之飢溺為己任。而其一生之實際所為則在於
明道。到了晚年知其道之不行,形體以衰,便有意於隱居以全其
真。綜合上述,無論從嚴復自身的志趣與其平生知己郭嵩燾的交
誼,都可見嚴復在年輕時絕不甘於作一個西方意義的海軍軍官、教
師或科學家,他正效法傳統的儒者,熱切追求明道與經世的大業,
並希望走上學而優則仕的道路。㉑至於道不行而歸隱,則依然表現
了中國讀書人的傳統性格。

在這一段時間當中,嚴復並非不關心富強問題。這是自強運動
期間的時代性問題,幾乎可以說是人人關心。然而嚴復之所以為嚴

---

⑲　王栻,《嚴復傳》,7-8。

⑳　嚴復,〈漫題二十六歲時的照影〉,《瘉壄堂詩集》,收入《嚴復集》,
　　370。此詩收入《瘉壄堂詩集》卷上,根據嚴璩的詩集提跋,當為 1911 年以
　　前所作。然而詩中有云「鏡裡分明隔世身,相看四十過來春。」,據此則此
　　詩當作於 1918 年左右。古人字子真者甚多,而嚴復此詩明白有歸隱乃至仙去
　　之意,所以此處當指東漢時隱於谷口,不就大將軍王鳳之聘,而與嚴君平齊
　　名的鄭子真。（班固,《漢書·王貢兩龔鮑傳第四十二》〔台北:鼎文書局
　　影印北京中華書局點校本,1977〕,卷 72,3056。）

㉑　才氣縱橫再加上志向遠大,嚴復可能因此而表現出「狂傲矜張之氣」,而為
　　曾紀澤所不喜。見曾紀澤,《出使英法俄國日記》（長沙:岳麓書社,
　　1985）,186。

復，在於他不僅關心富強的問題，而且深入西方學術、文化、政治、社會各方面的現象，探索其根本道理，並以之與中國傳統相比較。㉒他一方面繼承了儒學「志於道」的傳統，一方面將中國的立國之道與西方作一徹底的比較。因此他能看得既深又遠，遠遠超過同時代的人。他日後的譯述論著遍佈各種領域，其根本的原因也在於此。如果他關切的核心問題只是富強，我們很難解釋他如此深入廣泛的興趣與努力。㉓

㈡ 宣揚科學與公理以就國的儒者

嚴復於光緒五年（1879）歸國，胸懷大志，卻從此抑鬱難伸了將近二十年。他此時期的思想，表現為對於自強運動的深刻反省與反動。在深沉的痛苦中，他企圖徹底地找出中國之所以多方面不如人的道理。透過中西對比，其反省既全面且深入，遠遠超過時人。對自強運動的深刻反思，是嚴復思想之所以會遠遠超越富國強兵的根本原因之一。嚴復歸國後首先擔任了福州船政學堂的教習，翌年調任李鴻章所主辦的天津北洋水師學堂總教習。光緒七年（1881），正當嚴復對於水師學堂的工作與國內情形已經頗為不滿時，他開始閱讀當時社會科學界頂尖大師斯賓塞的 *The Study of*

㉒ 史華茲對這一時期的嚴復，在缺乏證據的情形下，直接便論斷嚴復的中心關懷是富強，實在不能使人信服。見 Schwartz, *In Search of Wealth and Power*, 28-29.

㉓ 嚴復在英國時對於本科並未盡全力，成績雖與其他數位同學並列優等，但並非第一名。（郭嵩燾，《日記》，607。）他除了喜好參觀訪問議論以外，也讀了不少課業以外的各方面學說。斯賓塞與達爾文的著作當時甚為風行，嚴復在英國時便已開始研讀。（王栻，《嚴復傳》，8-10。）

Sociology。現實的種種問題,對應著學理世界的完善美好,使嚴復讀了更是大為感動,思想亦為之一變。二十年之後,他特別將這一段感受紀錄下來:

> 不佞讀此在光緒七八之交,輒歎得未曾有。生平獨往偏至之論,及此始悟其非。以為其書實兼大學中庸精義,而出之以翔實。以格致誠正為治平根本矣,每持一義,又必使之無過不及之差。於近世新舊兩家學者,尤為對病之藥。雖引喻發揮,繁富弔詭,顧按脈尋流,其義未嘗晦也。其繕性 Discipline 以下三篇,真西學正法眼藏。智育之業,舍此莫由。斯賓塞氏此書,正不僅為群學導先路也。❷❹

這一番話不僅表現出嚴復融中西為一爐的思想,更重要的是提出了以「格致誠正為治平根本」的主張。嚴復從這個主張出發,企圖融合《大學》、《中庸》、斯賓塞乃至古今各家各派的學術與思想,以完成一套本乎宇宙基本規律,而達到經世目標之體系。《大學》一書,自宋代以降便被推尊為說明儒學規模與進學過程的最高典範。《中庸》則為一闡明內聖外王、致廣大盡精微之道,而以性道合一的觀點貫串萬事萬物的經典。斯賓塞的《群學肄言》,企圖提出一套科學社會學的方法論,認為一切有關社會人生的研究,必須以求得科學公例為目標。而此科學公例乃致廣大而盡精微地散見於萬事萬物之中。至於其進學的過程,則應從科學地研究一切事理開

---

❷❹　嚴復譯,斯賓塞著,《群學肄言》(上海:文明譯書局原刊,1903;台北:台灣商務新刊,1970),譯餘贅語。

始，努力去除個性、地域、主觀、偏見、政治等種種障礙，以求取最高的真理。兩相比對，可見嚴復之提出《大學》、《中庸》，絕非膚泛比附，而是合中西於一爐，以指出一套普遍而根本的治學觀點。他特別主張一切的政治社會施為，必須本之於學理，所以必須以格致之學為一切的根本。這種主張，基本上延續了傳統的儒學，尤其是宋儒程朱一脈的觀點。而其融科學入儒學的企圖，則成為他的一大學術特色。在求知識的背後，嚴復求道的個性，也由此明白可見。❷❺如同中國歷代的讀書人，他深信宇宙人生之理一貫相通，事功必先本之於真實深透的學問。西方類似的學說，更加強了他的信念。這一點從此成為嚴復的學術、文化、政治與世界觀之基本立場。他此時似乎自覺在基本觀點上已經可以融通中西學術思想的最高境界，其學問的趨向亦自然因此而確立。❷❻

他認為中國要有前途，首先必須究明由格致以至於治平一以貫之的真實道理，而西洋的自然與人文社會科學，則可以幫助我們達到這個目標。這個目標絕不僅是富強，而是由格致誠正以至於修齊治平一以貫之的大道。至於當前國事之所以如此，則正因國人「平日學問之非」，所以嚴復一貫以改革學術、科舉與教育為根本要

---

❷❺ 咸同時期理學「中興」，以程朱一系為主，其流風餘韻至清末猶存。這對嚴復及其私塾老師黃少岩應有一定的影響。（參見史革新，《晚清理學研究》〔台北：文津，1994〕，19-41。）

❷❻ 斯賓塞與柏捷特根據自然科學的公理來解釋人文社會的態度，在今天已無法為學界所接受。《大學》與朱子所謂的格致，偏重人本的「處物之理」，並非自然科學所求的客觀物理，也不宜用斯賓塞或柏捷特的學術去理解。且西方學術偏重知識，《大學》、《中庸》偏重德行，這又有根本的歧異。然而嚴復對於雙方在「學問類型」上的部分相似處，仍然是深有所見。

務。❷甲午戰爭，國將不國，他與光緒二十一年（1895），在「胸中有物，格格欲吐」的心境下，寫了〈論世變之亟〉、〈原強〉、〈救亡決論〉、〈闢韓〉等一系列的文章。❷這些文章在思路上一本科學新理，就其所見中國文化最根本的特質與問題提出批評，因此震撼一世。使中國學術及思想告別數千年的傳統路徑，開始全面而深入地與西方的學術思想相接觸，並從而全面深入地反省自己的文化本質。甲午之後，身處國族與文化存亡之秋，救亡圖存是當時讀書人的首要關切，追求富強又是自強運動以來的集體共識，嚴復這些文章，當然以救亡與圖強為其主要訴求。然而在這些文章中，嚴復始終強調必須以真實學理與培養根本為救亡與富強之要道。在給梁啟超的信中他曾經綜論自己當時所寫的文字：

> 蓋當日無似不揣淺狹，意欲本之格致新理，溯源竟委，發明富強之事造端於民，以智、德、力三者為之根本。三者誠盛，則富強之效不為而成；三者誠衰，則雖以命世之才，刻意治標、終亦隳廢。……於布新，宜立其益民之智、德、力者。以此為經，而以格致所得之實理真知為緯。本概如是，標亦從之。本所以期百年之盛大，標所以救今日之阽危，雖

---

❷ 他此時極傾心於西洋學問，認為中國學問較之有若糟粕，似乎有些全盤反傳統的意味。然而這並不符合他的一貫態度與其他著作的宗趣，應當是有所激而云然。大抵嚴復在這個時期認為西洋人對道理掌握的既廣大深入又確實，為中國人所不及。然而這道理卻時時可與古聖賢之說相發明。參見《天演論》譯序與本文。

❷ 嚴復，〈與梁啟超書〉，《嚴復集》，514。

文、周、管、葛生今，欲捨是以為術，皆無當也。㉙

「本之格致新理，溯源竟委，發明富強之事造端於民」，的確是他
這幾篇文字的總綱。他以增進人民的智、德、力為改革的根本，而
以科學研究所得的實理真知為施為的依據。他所期望的不僅是一時
的救亡，而是長治久安之道。嚴復在〈論世變之亟〉中開宗明義的
說：「嘗謂中西事理，其最不同而斷乎不可合者，莫大於中之人好
古而忽今，西之人力今之勝古；中之人以一治一亂、一盛一衰為天
行人事之自然，西之人以日進無疆，既盛不可復衰，既治不可復
亂，為學術政化之極則。」㉚所追求的是一種學術政化日漸進步，
既治而不復亂的境界。這番話對於清末的讀書人產生了巨大的影
響。許多人因此相信中國之所以處處不如人，是因為傳統學術文化
走錯了路，而西方人的學術政教才代表了大道。㉛嚴復並且指出西
洋的命脈在於：「於學術則黜偽而崇真，於刑政則屈私以為公。」
㉜學術崇真與公理伸張，才是西洋所以富強康盛的原因。離真實學
術與普遍公理，亦無所謂富強康盛。可見道理二字仍為其信念的基
本。他同時指出：「斯二者，與中國理道初無異也。顧彼行之而常
通，吾行之而常病者，則自由不自由異耳。」㉝一方面認為西洋的
命脈與中國的理道相通，一方面則根據達爾文與斯賓塞的學說，主

㉙　嚴復，〈與梁啟超書〉，《嚴復集》，514。

㉚　嚴復，〈論世變之亟〉，《嚴復集》，1。

㉛　參見：錢穆先生，《師友雜憶》，《錢賓四先生全集》（台北：聯經，
　　1998），第 51 冊，36。

㉜　嚴復，〈論世變之亟〉，《嚴復集》，2。

㉝　同上。

張自由競爭才能將人的才力充分發揮，使社會文化不斷進步，而將真實學術與普遍公理的原則確實實踐。中國的根本問題在於不重自由，西方的最大長處在於透過了自由二字，掌握並實踐了真理。自由主義成為他這一時期的基本信念，是他所理解的西方大道之核心成分。嚴復同時根據他長期對於中西社會文化的觀察，比較了中西文化的許多根本差異：「中國最重三綱，而西人首明平等；中國親親，而西人尚賢；中國人以孝治天下，而西人以公治天下……。」❸❹其觀察極為深刻，首開全面深入比較中西文化的先聲。而我們從這些話也可以知道嚴復所思考的主題，實不僅是一富強問題，而是文化走向與價值判斷的根本問題。

　　嚴復早年的生命與學思歷程顯示了他有強烈的探本溯源式的學術性格與求道精神。此種性格與精神首先深植於儒學傳統，而又頗受道家思想的影響。西方科學追求真理的嚴格態度與偉大成就，加深了他對於普遍而一貫之理則的重視，並從而強化了他的求道熱忱。在這一時期中，中西學術在他思想體系中的關係有如舊槽裝新酒。他企圖以西方建立在科學實證精神上的知識系統融入《大學》從格致以至於治平的架構，並以此作為經世濟民的學術基礎。他特別推崇斯賓塞式的綜合哲學，認為斯賓塞的學問一以貫之，可以和《大學》格致誠正修齊治平的道理，與《中庸》致廣大盡精微的思想相發明。他又特別喜好老子與莊子的思想。認為老莊之重自然可與西方的自由主義相通，而老莊見道深微的世界觀，又可與西方現代科學的宇宙觀與達爾文的演化論相通。中國傳統學問的境界，是

---

❸❹　嚴復，〈論世變之亟〉，《嚴復集》，3。

他最高的嚮往；而西方的知識系統，則提供其可依據的認識與解釋世界的基礎。

然而嚴復的儒學性格到底大於他研究科學的興趣。他對於道家與《易經》式的世界觀之愛好，也使他始終熱心於一以貫之的終極理道之追求。中西思想與文化之間存在的巨大矛盾，更要求他追求一更高的綜合。科學研究窮根究底的訓練，雖加強了他對於理與道的追求，然而他傳統的學術性格與思維方式，卻使他從來不曾做成一個西方意義的科學或科技工作者。嚴復早期的志業，在於效法古代的儒者，讀書明理以匡濟天下。他一方面熱切求道，一方面積極找尋出仕的途徑，希望將平生所學貢獻於國家。然而嚴復仕宦之路始終不順，這更使得他致力於學問與道理的追求。

三、天演論與嚴復的終極追求

嚴復〈論世變之亟〉、〈原強〉、〈救亡決論〉、〈闢韓〉等文章，固然使他開始受人注意。然而他對中國現代思想史所造成的最大影響，主要是透過《天演論》一書。此書在現代中國思想與學術史上有劃時代的意義。甲午戰後，中國知識界對於傳統文化作為政治社會人生的最高指導之信心開始崩解，對西方文化也才開始有了熱切的興趣與信心。原有的學術與思想體系開始受到根本而全面性的質疑，建立新體系的要求隨之而起。中國現代學術與思想史，應以此新舊體系之轉移作為斷代的起點；而嚴復所引進闡釋的天演論，則成功地塑造了這個關鍵時期的世界觀，並深刻地影響了中國現代的學術與思想走向。直到今天，中國人對世界的基本原理之諸多看法，例如自然主義、唯物論、進步觀、變化動靜主義、世變趨

繁論、本體不可知論、人與生物同原同類論、社會演化論、社會有機體論、自由競爭主義、個人主義、功利主義等，都導源於嚴復式的天演論。從學術史的角度來看，現代中國人文社會學界所普遍重視的發生學的方法、歷史學的方法、自然科學的方法、變動的真理觀、經驗主義、實驗主義、實證主義、乃至馬克斯主義方法論，也都受天演的世界觀及嚴復《天演論》一書中所表現的學術態度之影響。此書在中國現代思想與學術史上的重要性，由此可見一斑。㉟然而長期以來，學界對於嚴復《天演論》一書的作意，多偏從救亡保種、追求富強、促進變法、「危機哲學」等觀點加以詮釋。㊱這

㉟　各家所取於《天演論》者，未必符合其本旨，但莫不受其影響。有關天演學說對於中國現代思想與學術史的影響，目前的研究還並不充分。已有的研究可參看：James R. Pusey, *China and Charles Darwin* (Cambridge, Mass.: Harvard UP, 1983)；李澤厚，〈論嚴復〉，《中國近代思想史論》；蕭功秦，〈嚴復與近代新保守主義變革思潮〉，《中國研究》2 卷 3 期（1996，台北）；楊國榮，《實證主義與中國近代哲學》（台北：五南，1995），98-103；吳展良，〈梁漱溟的生生思想及其對西方理性主義的批判（1915-23）〉，及〈傅斯年學術觀念中的反形式理則傾向〉，《中國現代學人的學術性格與思維方式論集》（台北：五南，2000）；郭正昭，〈社會達爾文主義與晚清學會運動（1895-1911）〉，《中央研究院近代史研究所集刊》第 3 期（1972，台北）；李維武，《20 世紀中國哲學本體論問題》（湖南：湖南教育，1991），96-162。

㊱　A.主張嚴復翻譯《天演論》是為了追求富強的首推 Benjamin Schwartz, *In Search of Wealth and Power: Yen Fu and the West*；史華茲「追求富強」的說法一出，學者普遍地採用它來詮釋嚴復的《天演論》及其整體思想。例如：劉富本，《嚴復的富強思想》；雷慧兒，〈富強之道：嚴復的威權政治理想與困境〉；徐高阮，〈嚴復型的權威主義及其同時代人對此型思想之批評〉，140-42；林保淳，〈嚴復與西學〉，96、98；錢公博，《經濟思想論集》，

些說法，雖有其一定的道理，然而嚴譯《天演論》更根本的作意，卻長期為學界所忽視，因此對於本書的主要內涵，也有相當嚴重的誤解。

嚴譯《天演論》的真正作意在於會通西方與中國的最高學理以明道救世。不明於此，我們將無法瞭解本書深刻的內涵與其學術及思想的特質，亦難以解釋何以此書在中國現代思想與學術史上可以有如此深遠的影響。嚴復希望本乎現代西方最先進的科學並結合中國固有的思想，以指點出人文與社會進化必須遵循的自然道理及中國文化所應發展的方向。在嚴復而言，能認識並遵循宇宙與人文進化所依循的根本道理，則自然能，也才可能救亡保種、獲得富強、知所變革而善應危機，並進而達到長治久安。換言之，就是明道才能救世與濟世。明道為體，救世、濟世為用。明體可以達用，然而

170。B.主張救亡圖存說的包括：王栻，《嚴復傳》，33-37；林載爵，〈嚴復對自由的理解〉，95-96；張志建，《嚴復學術思想研究》，29-31、89-96。小野川秀美著，林明德，黃福慶譯，《晚清政治思想研究》（台北：時報，1982），269-270；楊正典，《嚴復評傳》（北京：中國社會科學，1997），26。C.主張嚴復翻譯此書是為了變法維新的包括：黃康顯，〈嚴復所承受赫胥黎的變的觀念：維新運動的原動力〉，《大陸雜誌》66：6（1983，台北），28-38；黃保萬，〈嚴復變法維新思想的理論特色〉，《福建學刊》3 期（1994，福州），74。D.以哲學危機來詮釋嚴譯《天演論》的首推：郭正昭，〈嚴復〉，《中國歷代思想家》第八冊，105-115；郭正昭，〈從演化論探析嚴復型危機感的意理結構〉，《中央研究院近代史研究所集刊》第 7 期，527-555；同時見於黃見德，《20 世紀西方哲學東漸問題》（湖南：湖南教育，1998），31。有相當一部分的學者同時主張兩種以上的原因。

不明其體,則所用不成。**❸**此書志在明道,內容少及於時務,雖不忘救世,然而實以明道為主。至於就著述的動力而言,追求最高的真理與大道、救亡圖存以及追求長治久安,對於嚴復而言,都是主要的動力因。所以合而言之,本書的宗旨在於明道以救世。

㈠ 究理極以明大道:《天演論》的作意

《天演論》一書有一篇很長的自序。這篇文章開宗明義提出如何能認識一國語言文字所包含的深刻內涵,以及該文化,尤其是中國文化,所曾提出之最高學理的問題。由此問題出發,此序一路析論中國與西方學術的最高成就如何相通,如何可以透過西方與中國學術思想的比較而認識中國經典中隱而難明的高深道理。最後則指出西方學問實有其超越「象數形下」與功利思想的高明之處,國人大可以透過西學來認識古人難明的學問。全文宗旨在於指出真實學理本可相通,中國古典與西學中所包含的道理,正應透過比較研究,才能認識的更深透。於此同時,嚴復也透過這篇序言向輕視西學而崇拜古代聖人與經典的中國讀書階層提出呼籲,希望他們能瞭解西方學問實有其超越技藝與現實功利,而通乎古人之道的層面,必須予以重視。**❸**嚴復在這篇序言中以百分之九十八的篇幅討論中

---

❸ 嚴復在《原富》的案語中說:「自天演學興,而後非誼不利,非道無功之理,洞若觀火。」(《嚴復集》,859)指出明道不但不與興利、救世衝突,反而是後兩者的必要基礎。而就他自己的學習過程與教人的方法而言,則明顯是以明道為先。

❸ 嚴復,《天演論》(長沙:商務萬有文庫本,1939;台灣商務的人人文庫本係景印此本而成;譯自 Thomas H. Huxley, *Evolution and Ethics*, [London: Macmillan, 1893-94]),自序,1-3。案:1.萬有文庫本係根據商務嚴譯名著叢刊第一種(上海:商務,1931)重排,雖不盡為善本,然通行最廣。嚴譯

國的學術走向，而只用了半行話點到「自強保種」之事。其思考的
出發點與本書的基本關切點究竟為何，即此可知。❸嚴復一向有
「明道濟世」的抱負。依照儒道兩家的傳統，不切實務者絕非大
道。身當國家民族危急存亡之秋，嚴復當然也有藉此書以警世的用
意。只是嚴復從來主張真實學理為先，所以在序言也先以絕大多數
的篇幅論學論道，而後點出其中所具有的救世濟時之功。文章以探
討「理極」始，而以恐遭空言之譏終，這篇序言的主旨、內容與其
篇幅的安排，已清楚反駁了認為嚴復翻譯《天演論》一書是主要為
了救亡保種、追求富強、促進變法或因應危機等目標的說法。根據
這篇序文，我們只能說嚴復此書志在明道，而不忘救時拯溺、救亡
保種。

《天演論》的版本甚多。其中通行最廣者為各種商務本（商務於嚴譯名著叢
刊本之前另有排本，最早出版於 1905 年），其次為慎始基齋本（湖北：沔陽
盧氏慎始基齋，1898），二者差異很少，均為嚴復反覆修訂後的定本。另有
富文本（富文書局，1901），也是嚴復改定的善本，內容與商務本相當接
近。然而其他的早期版本，例如手稿本（收藏於北京中國革命博物館，1896-
97）與味經本（陝西：陝西味經售書處重刊，1895），其內容與前述定本則
有重大差異。本文所有引文的頁碼以商務萬有文庫本為準，以方便學者參
照。其內容則本於商務萬有文庫本並曾參校商務嚴譯名著叢刊本、富文本
（收於林載爵等編，《嚴復合集》〔台北：財團法人辜公亮文教基金會，
1998〕）及慎始基齋本（收於王栻，《嚴復集》）。2.此序作於光緒丙申
（1896）重九，並於次年有所刪改。現存最早的版本是北京中國革命博物館
的《天演論》手稿本（收於《嚴復合集》），其內容與商務及慎始基齋本
略有差異。本文以下所引則根據商務與慎始基齋本。

❸ 文章的重點固然不能純以篇幅論，然而篇幅自然是一個應該考慮的重要因
素。嚴復在序言中以絕大多數的篇幅討論中國的學術走向問題，不能不說這
是他的基本關切點。「自強保種」同樣是他的基本關切，與此並不衝突。

　　自序中嚴復同時說明了他自己所一向履行以及本書所採取的學術取徑。嚴復所用的方法是「以其所得於彼者，反以證諸吾古人之所傳。」亦即使用一種比較的方法，透過西方人用科學方法所獲得的確實知識與普遍公理，重新理解古書中的道理。其結果則是「澄湛精瑩，如寐初覺」，對古人的道理得到前所未有的理解。這個過程固然主要是透過西方心理去重新理解古典，然而其中也包含的相異的思想、語言與文化傳統的「視域融合」（fusion of horizon）。嚴復生長於舊社會，十四歲以前讀的全是古籍。從學習與認知心理學、語言學、乃至神經科學的觀點來看，其語言、文字、世界觀乃至思維方式的原型（archetype）已經塑成。而且嚴復在從事於西學之後，依然深受儒學性格的影響，並持續地用功於古書，所以他的意識世界，始終深植於中國傳統。正因為如此，「反以證諸吾古人之所傳」，才可以讓他覺得「至樂」。換言之，接受了大量新思想的嚴復心中一直有融通中西學理的深切需要。

　　中學與西學的關係，是當時困擾學術與知識界的首要問題。嚴復引為生平知己的吳汝綸對此也深表困惑：

　　　　吳丈汝綸為總教習，同居京都，又復時相過從，吳丈深知中
　　　　國之不可不謀新，而每憂舊學之消滅。

嚴復對吳汝綸的回答則是：

　　　　不然，新學愈進則舊學愈益昌明，蓋他山之石可以攻玉也。❹

――――――――――――

❹　嚴璩，〈侯官嚴先生年譜〉，《嚴復集》，1549。

現代西方學術與中國古代經典，是嚴復心中的兩大寶藏。對他而言，新學與舊學不但不矛盾，反而可以藉著新學磨礪彰顯出古書中隱而未明的道理，並且可以藉著比較方法，顯豁雙方所同具的真知灼見。嚴復相信真實學理具有普遍性，所以他認為西方與中國經典中所含藏的道理可以相通。不僅如此，透過西方的學理以及中西的比較，更可以幫助我們了解固有文字、語言與學術思想的底蘊。這種取徑既非漢學亦非宋學，而是開了一扇透過西方新理來重新認識古典，以及比較西方與中國文字思想的新道路。

大抵嚴復的中西學問俱佳，又面對西方文化對本國文明絕大挑戰，於是在平日讀書時，便時時以雙方所認為特別有價值的學說加以比較參證。《天演論》一書以子學與經學的用語翻譯西方學理，並時時以西方與中國學理相參證，便是這種讀書與思維方式的一種表現。西方當時流行實證主義，嚴復所學又植基於自然與社會科學，所以他相信真理是普遍的。在另一方面，中國傳統也認為大道如「日月經天，江河行地」。雙方之理，應可會通。所以嚴復認真地說了一番《易經》與《春秋》之學如何與西方「即物窮理之最要涂術」一致，而「西學之最為切實而執其例可以御蕃變」的名數質力之學，又如何早已發明於《易經》之中的道理。換言之，他一方面企圖輸入中國所需的現代西方學理，一方面也努力進行融通西方與中國學術與思想的艱鉅工作。

嚴復在此所採取的學術路徑，表現了追求一以貫之的最高道理之傳統求道特質。他在序言中說：「考道之士，以其所得於彼者，反以證諸吾古人之所傳，乃澄湛精瑩，如寐初覺，其親切有味，較之硯畢為學者，萬萬有加焉。此真治異國語言文字者之至樂也。」

明白以「考道之士」自居，不只是為了救亡保種、追求富強、促進變法而研究學問，也不只是單純地學習或引進西方的學理。此處「考道」二字，不僅是考究一般的事理，而有推究至極之義。所探索的是語言、文字的究竟意蘊，以及古書中的微言大意。他企圖將西方與中國學術與思想的源頭接上，而不是個別思想或事物的比較與融通。❹他要找的是西方學術與思想中最基本的原理原則，將它和中國學術與思想的根本──經學，融合在一起。所以序言從一開始便企圖經由西方與中國學術思想的融合中去探索所謂的「理極」、「貫天地人之理」。亦即合西方與中國學術思想之精華，研究宇宙人生的究竟道理。

關於本書作意與基本性質的另外一段極關鍵而未曾為學者注意的材料，見於 1898 沔陽慎始基齋本《天演論》的譯例言：

> 是編之譯，本以理學西書，翻轉不易，固取此書，日與同學諸子相課。殆書成，吳丈摯甫見而好之，斧落徽（徵）引，匡益實多。顧為探賾叩寂之學，非當務之所亟，不願問世也。而稿經新會梁任公、沔陽盧木齋諸君借鈔，皆勸早日付梓，木齋郵示介弟慎之于鄂，亦謂宜公海內，遂災棗梨，猶非不佞意也。刻訖寄津覆斠。乃為發例言，並識緣起如是云。❹

---

❹　序言中一開始便說：「英國名學家穆勒約翰有言：欲考一國之文字、語言，而能見其理極，非諳曉數國之言語文字者不能也。斯言也，吾始疑之，乃今深喻篤信，而歎其說之無以易也。」；《天演論》本論七又曰：「考道窮神之士」，有窮盡事理於事事物物之意。（《天演論》，論，16）

❹　《嚴復集》，1323。

慎始基齋本《天演論》是第一次正式出版,經嚴復正式認可的《天演論》版本。所以此段內容應可代表嚴復自己對此書性質的基本看法。[43]然而可能是因為此段涉及了較多了人事,而其所言又無助於一般讀者瞭解本書內容,所以後來通行的富文本與商務本中,均將此段刪去。所以學者一般都不曾注意這段內容。根據這段材料,可以進一步證明嚴復是為了「探賾叩寂」,即研尋最深奧隱微的道理,而以之教導學生,才翻譯了此書。此段譯例明言此書「非當務之所亟」,所以他本來不願將本書「問世」。是眾人一再的勸說,他才答應,而實非他的本意。這是因為本書的基本性質是「理學西書」,即探討宇宙人生之根本學理之書,「翻轉不易」,有待長期研究,又「非當務之所亟」,所以他原本不想刊行。據此可見,我們長期以來認為嚴復翻譯此書主要是為了救亡保種、追求富強、促進變法等現實而迫切的目的,或認為此書主要是一種「危機哲學」,基本上並不恰當。

(二) **明道而以之救世:嚴復接受與宣傳天演論的背景**

然而長期以來認為嚴復翻譯此書主要是為了救亡保種、追求富強、促進變法等現實目的的說法,亦非無根之說。嚴復的知交吳汝綸曾經寫信給嚴復說:

> 抑執事之譯此書,蓋傷吾土之不競,懼炎黃數千年之種族,將遂無以自存,而惕惕焉欲進之以人治也。本執事忠憤所

---

[43] 此段內容也保留於同年(1898)嚴復自己刊印的嗜奇精舍本中。(參見《嚴復集》,1323。)

發，特借赫胥黎之書，用為主文譎諫之資而已。❹

便從這種觀點來看嚴復此書。雖說知交好友的看法，未必能代表嚴
復自己內心深處的想法。可是這段話也確實點出了嚴復譯此書的一
個重要目的。嚴復自己在《天演論》一書即將出版前寫給吳汝綸的
信中，亦痛陳中國人因為兩千年「尊主卑民之治」，以至於「任恤
與保愛同種之風掃地無餘」。而今之中國，有若腐肉，其中之質點
「有抵力而無吸者，與各國遇，如以利劍齒之，幾何其不土崩瓦解
也。」❹他為這種岌岌可危的情形，沉痛地說道：

> 然則三百年以往中國之所固有而所望以徐而修明者子遺耗
> 矣。豈不痛哉！豈不痛哉！此抑為復所過慮，或經物競天擇
> 之後，吾之善與真者自存，且有以大裨西治，未可知也。復
> 每念此言，嘗中夜起而大哭，嗟乎！誰其知之，姑為先生發
> 此憤悱而已。❹

嚴復在此信中所流露的愛國憂時、痛惜傳統文化的感情，可以令人
涕下。由此可見，救亡保種、保存文化與因應危機也確實是嚴復天
演思想的基本目標。對於嚴復《天演論》與其危機感的關係，我們
有必要進一步的分析。

　　嚴復對於中國與中國文化的未來，在成年之後，有著日漸強烈

---

❹　《嚴復集》，1560。
❹　《嚴復集》，521。
❹　《嚴復集》，521。

的危機意識。**❹**可是嚴復對於天演思想的信念卻並不單純地從救亡保種或危機思想而來。受到西方與中國學術傳統的影響，嚴復從早年便熱心追求通貫性的學理，並相信其指導性的功能。他透過對於自然與社會科學的研究而接受了天演論，而後由此更深刻地認識到中國的危機。換言之，是在他求學與求道的過程中，逐步深入地認識到中國的問題；而這些問題，反過來又激發他進一步研尋道理的熱忱。時代危機與求道有其互動的關係，然而各有淵源，不可等同為一事。嚴復早在光緒七、八年之交便接受了以斯賓塞哲學為中心的天演論，到了晚年依然自號天演宗哲學家，並始終以天演的概念為其一切思想的中心。這表示天演論是他畢生的真實信念，而不僅是一種「危機哲學」。然而若不是時代帶來的危機感，嚴復也不會如此殫精竭智地探索西方與中國思想文化中所蘊含的最高學理，企圖發掘通貫乎宇宙人生的最高真理，以尋求中國文化的出路。綜合而言，嚴復在研窮學理、找尋中國之出路時，因其所學而認識到貫通宇宙、社會、人生的根本道理，並由之而更深刻地體認到中國的

---

❹ 觀察嚴復與郭嵩燾在英國時期的有關討論，可知他當時對於中國的未來，尚未具有強烈的危亡意識。然而回國後，目睹國內落後而不知改革的情形，他的危機意識便日漸增強。認為中國如此因循，終將為外國所驅役。（參見：郭嵩燾，《日記》，449-450、511、562、647、664、696、846、885、1010；王蘧常，《嚴幾道年譜》，8。）然而他在洋務運動時期，依然努力從事於科舉與礦務，又企圖將斯賓塞立足於天演思想上的《群學肄言》（*The Study of Sociology*）翻譯成所謂的《勸學篇》。可見嚴復在中年以前的危亡意識並不非常強烈。所走的反而是儒家「學而優則仕」的傳統路徑，對於學術與仕途等有較高的興趣。至於他所從事的礦務，固然表現出他特殊的背景，卻也不出自強運動的範圍。

危殆處境。

嚴復具有一種強烈的儒學性格,所以他應是有感於中國社會的組織散漫而對西方的群學發生興趣。他親眼目睹西方的文明富強,對於國家的落後與國人的不知不覺也有一種深切的危機感。然而他當初之所以接受天演論,卻不是因為此學說可以「救亡圖存」,而是因為他確實相信其中具有融合了自然與社會科學,並可與中國經典相發明的至高道理。必須本著這種最高明也最根本的道理,才能解決中國各方面的沈痾。論者通常只就甲午之後國家危亡的情況論嚴復的天演論,殊不知嚴復自己在接受天演論時,根本沒有積極用世的機會,並且帶有一種「懷才不遇」、「中年蹉跎」的感慨。在一種舉世難尋知己的情況下,他孤獨地用心研究宇宙人生與國家社會的根本道理,並痛惜國人的無知終將造成嚴重的災難。甲午之前這一段長期的沈潛歲月,成功了他凡事深察其根本、不求速成的性格。他後來有感於國人,尤其是維新派,因為受到《天演論》一書的影響而日趨極端,還特別著手翻譯《群學肄言》以使國人回到中庸之道。❹由此可見嚴復自己所信守的天演論與流行於世的天演論中間實有重大的差距。所以難怪他一直是「孤鶴從來不得眠」了。❹

嚴復這種追求一以貫之,包含一切的最高道理的學術傾向,與晚清的道器體用論,有密切的關係。道器體用論的提出,代表晚清

---

❹ 《嚴復集》,678。

❹ 參見葉文心,〈孤鶴從來不得眠〉,中國時報,1999.7.10,11 版。葉教授係嚴復的外孫女,該文雖未針對《天演論》而言,卻通論嚴復一生,故特為引出。

自馮桂芬、王韜、鄭觀應以降等一系列的改良派對於如何調和中西文化的一個基本看法。它反映出中西交會之際，中國文化所面對的一個最根本的問題。嚴復受過深入的西學訓練，不能接受中學為道、為體，而西學為器、為用這一類流行於自強運動期間的說法。他曾經以牛體不能為馬用這一有名的論點，駁斥張之洞在 1898 年所提出的中體西用說，並明白提出道器體用必須一以貫之的看法。既然道器體用必須一貫，所以如果不能融通中西學理而得到一個更高的綜合，則只能選擇全盤西化，或是全面復古的道路。全面復古既然不可行也不可欲，而盡去固有、全盤西化則無論在理智或感情上都不能為嚴復所接受。嚴復所採取的，自然是融通中西最高學理的道路。❺他深信西方與中國的學術都有甚深奧義，足以引導中國文化走上正確的道路。而他一生的努力，正在於積極引進他所相信足以代表西方最高學理且為中國所需的學問，融入中國學術與思想的大傳統中，以形成一個道器體用一以貫之、致廣大而盡精微的體系，而為中國的未來指出正確的發展方向。

　　追求一以貫之的最高大道的學術與思想傾向其實不僅是嚴復個人的畢生志業，也強烈表現於同時與其後的康有為、譚嗣同、章太炎、梁啟超、劉師培與新文化運動諸君身上。這一方面顯示傳統的學術與思想性格對中國現代學術思想的持續影響，另一方面也表現晚清道器、體用討論的一種繼續發展。時代的的困境與傳統學術思

---

❺　當時並沒有多元並存的觀念。事實上，所謂的多元並存，本身也必須先證明其所涉及的多元可以並存。現代的多元並存主義，其實是在「自由主義」與「法治」可以有效運行的前提下進行，並非完全沒有前提或其所依存的社會體系。

想體系的動搖乃至崩解所造成的全面性的政治、經濟、社會、學術、思想、文化的危機，是造成這種追求「新的大道」之現象的動力因。張灝先生所指出晚清學人的「方向危機」（orientational crisis）、「秩序的危機」（a crisis of order）、「意識的危機」（a crisis of meaning）與「存在危機」（existential crisis）則為此危機在思想與心理層面上的具體內容。❺正是因為時代的危機是全面而整體性的，所以其答案也被要求為道用、體用合一，貫通自然與人文一切種種、而能達成格致誠正、修齊治平之目標，指出中國文化未來發展方向的一貫大道。清末以降，儒學的具體內容雖然遭受摧毀性的攻擊，然而儒學理想的架構與傳統的思維方式卻仍持續地發生影響。事實上，正是因為儒學的傳統受到了全面性的挑戰，所以急需一個類似的思想結構來擔負儒學在過去數千年所擔負的格致誠正、修齊治平的任務，及其對於世界的整體解釋。即所謂新的一貫之道。❺

更進一步分析，晚清與民初學人所面對的雖然都是全面性的衝擊，然而大抵晚清學人所感受到的危機仍較偏於政治、經濟、社

---

❺ Hao Chang, *Chinese Intellectuals in Crisis* (Berkeley: Univ. of California Press, 1987), 5-10, 對於晚清的思想與心理危機有深入的分析。張先生以尋求「秩序與意義」為晚清學人面對這些時代危機的反應一說，確實是深具卓識。然而追求「秩序與意義」雖具有對應危機的普遍性，卻似乎未能表現出中國固有學術性格與思維方式的特殊性。本文則企圖指出追求致廣大盡精微、格致以至於治平的一以貫之大道，才更能反映晚清學人的學術性格、思維方式與其整體的追求。

❺ 在這個意義上，我們也可以說嚴復的思想具有「危機哲學」的成分。然而卻不是為了救亡圖存、追求富強而產生的危機哲學，也不是因為危機所以便採取了達爾文主義。請參見本文有關郭正昭先生「危機哲學」說的討論。

會、學術、世道人心等層面。同時他們雖然嚴厲地批評現實中的儒學與綱常名教,卻對於儒學的一些核心價值與觀念,以及中國學術文化中許多的小傳統有很強的信心與認同感。其生活的全體與意識之大海,又深深地浸潤在傳統世界中。所以即使主張激烈,仍然不會提出全盤反傳統主義式的主張,也因此在文化認同上也不至於出現嚴重的問題。❸到了新文化運動時期,隨著政治、經濟、社會的問題長期不能解決,個人的生活與整體意識的背景又受到大革命的衝擊,危機與懷疑感於是擴大到文化的全體,乃有全盤西化與全盤反傳統主義的主張。文化認同的危機,自新文化運動以降,亦因此而成為一個主要的問題。

嚴復出身馬尾船政學堂,這是當時身家豐厚的人所不屑於就讀的學校。清廷派他出國留學,其目的不過在於訓練他成為一個專業的軍事人才及可以傳授技能的教師。然而儒家講究「君子不器」,嚴復所受的教育與訓練,都屬於器藝或所謂的「疇人」教育。而且中國自宋代以降,一直有重文輕武的傳統;當時的士大夫階層,又普遍看輕西洋文化。所以嚴復回國後,不為士大夫階層接受,不受朝廷重用,甚至「舉世相識如髦蠻」,只能擔任一個非正途的教書匠,都是自然的結果。❹嚴復不辭辛苦與譏評,三次參加科舉,就是他渴望被士大夫階層所接受的具體表現。所以嚴復若有所謂「認同危機」,不僅不是因為拒絕固有文化而產生的危機,反而是怕被

---

❸　張灝先生在其 *Chinese Intellectuals in Crisis* 一書中,也指出 Levenson 式的「文化認同」說,對於解釋晚清思想的功能有限。(Hao Chang, *Chinese Intellectuals in Crisis*, 9, 65)

❹　《嚴復集》,361。

固有文化階層所拒斥的危機感。然而以嚴復天資之高，自信心之強，這種危機感並不嚴重，也並未對他的學術研究或判斷造成扭曲。他對於傳統文化既能批判又能欣賞，就是一種相當平和的心態之表現。反過來說，當時士大夫階層的強烈的尊嚴感與自信心，也由此可見。「文化認同危機」之說，對於晚清學人而言，並不太適用。當然，甲午之後，如一批最激進且領風騷的知識分子的文化批判，既已深及傳統倫理的基本原則──三綱五常，新思想對於整個中國知識界的衝突不能說不深鉅。**⑤**然而無論是嚴復或是康、譚、章、梁、劉諸人，都在嚴厲批評儒家傳統的同時，依然肯定儒、釋、道或先秦諸子中的某些核心價值。並將自己整個的學說，搭建在這核心價值的周圍。**⑥**

甲午之後，以儒家政教倫理為中心的舊體系開始崩壞，建立新體系的迫切需要隨之而起。這種危機與需要，是嚴復等晚清學人追求一以貫之的大道之主要動力。然而這一代的學人，與中國傳統血脈相連的程度甚深，對舊學的知識也非後人能比，所以他們大抵均採取了保存中國學術文化的核心價值與智慧，批判其糟粕，援引各種小傳統，並與西學結合的方式來進行其學術與思想的大整合工

---

⑤ 參見張灝，〈晚清思想發展試論〉，周陽山等編，《近代中國思想人物論：晚清思想》（台北：時報文化，1980），30-31。

⑥ 例如康有為的「大同說」、「公羊三世進化觀」、「天人觀」；譚嗣同的「仁學」；章太炎之於荀卿韓非、道家、魏晉之學與佛學；劉師培之於道家、原始儒家、晚漢魏晉思想；梁啟超思想多變，然而他三十之前在大同說、公羊學、陽明學、中國經史、經世及義理之學所打下的基礎，對他仍有終身的影響。

作。而且因為他們所面對的是文化整體的危機，所以他們一生致力
的幾乎都是企圖貫通古今中外的通人之學。然而中西兩大文化交會
所激起的各種問題，又豈是一、兩代人所能解決。隨著各種問題的
層出不窮，一代又一代最優秀的讀書人也不斷投入這個始終未竟的
工作之中。中國文化的整體的發展方向問題，長期困擾著中國知識
界，至今也未能解決。建立新體系或新的基本原則以指導文化的走
向，也因此始終是中國現代思想史的根本課題。嚴復企圖追求的致
廣大盡精微，一以貫之的思想體系，便是中國現代思想史上具有象
徵意義的一個重要開端。

　　在另一方面，嚴復之接受天演論，與他對於時代變局的深切感
受，當有相當的關係。王爾敏先生在〈近代中國知識份子應變之自
覺〉一文中，曾指出十九世紀後半期，中國的知識份子，對於時代
的變局不僅十分注意，且議論頻繁。王氏統計當時論及變局者不下
八十一人，而引用運會說以解釋當前變局者又不下二十二人。❺即
使如此，嚴復仍經常指責當時的士大夫麻木不仁，昧於新知與大時
代的變化，他本人對於時代的變局感受深刻，殆無疑義。❺甲午之
後，嚴復所發表的第一篇文章就是〈論世變之亟〉，並在其中運用
進化論批判中國傳統裡面「好古而忽今」，天下「一治一亂」的思
想。❺所以嚴復的天演論，也是因應時代的大變局所宜有的一套新

---

❺　王爾敏，《中國近代思想史論》（台北：商務，1995），386、399-400、
　　419、424、433-34。兩種統計均包含嚴復。

❺　此說亦可參見汪榮祖，〈晚清變法思想析論〉，《近代中國思想人物論：晚
　　清思想》，87-110。

❺　《嚴復集》，1。

世界觀。⑩

　　嚴復在甲午之後大力向國人宣講天演論，並發佈在以〈論世變之亟〉、〈原強〉、〈原強續篇〉、〈救亡決論〉為標題的文章中。文中時時以物競天擇、適者生存之說，大聲警示國人以國家危殆的處境。所以時人與後人都難免從一開始便將天演論與救亡保種、追求富強、促進變法等說法結合在一起。激於時勢，嚴復確實有意藉天演論以為國人之警策。可是我們如果仔細閱讀這些文章，將會發現他同時表達了文化反思、提倡新學術、與以道濟世等更深刻的思想。⑪在這些文章之中，他引用達爾文、斯賓塞的天演學說，不僅是根據科學公理以提醒國人中國在競爭激烈的現代世界中的艱危處境，更重要的是提倡新學術與新觀念以便從根本解決問題。此所以他在文中不斷強調中國的問題由來已久，而西方人的文明富強亦絕非短時間可致。謀國之道，必須標本兼治，尤其必須瞭解病原，才真正能治病。⑫

㈢ 介紹一以貫之的天演大道

　　嚴復志在明道而不忘救世。而其所欲明之道，則有融通西方與中國最高學理的基本特性。《天演論》一書最主要的內容是介紹貫串西、中、印最高學理、且貫通天人的天演思想體系。這個最主要

---

⑩　至於公羊三世進化的說法，雖然對於天演論的流佈有所助益，卻並非嚴復接受天演論的原因。參見：郭正昭，〈達爾文主義與中國〉，《近代中國思想人物論：晚清思想》，680。

⑪　參見吳展良，〈嚴復早期的求道之旅〉，《中國現代學人的學術性格與思維方式論集》，44-56。

⑫　《嚴復集》，1-5、12-14、31-32、35、36-37。

的特質也可以幫助我們瞭解嚴復為何選擇赫胥黎這本書，來加以翻譯及評註。在介紹一以貫之的天演思想體系的目標下，嚴譯《天演論》同時努力融合西方天演學說，以及融西方的天演論於中國傳統思想。而在闡明天演學理的基礎上，嚴復更進一步對中國傳統文化與現實問題加以反思，以完成其有體有用，一以貫之的思想體系。與此同時，嚴復在書中所企圖引介的另外一個主要部分是西方現代世界觀與學術。這一點是嚴復明道的大計劃中的一個基本成分。

嚴復的天演論企圖說明宇宙人生最根本的道理，這個最根本的道理必須本諸自然科學，但也要含括社會人生的各種方面。它絕不僅是生物上的天演進化說，而是一種貫串宇宙人生的思想體系。這是為何嚴復介紹天演論時，不去翻譯達爾文只談生物演化的「物種原始」，而選擇擇赫胥黎這一本書的根本原因。赫胥黎的書討論了東西古今各種代表性天演學說的得失，並涉及各種學術與宗教上的問題。嚴復則更在這個基礎之上，加入了中國以《易》、老莊為首的演化觀念，以及自己對於天演說的一些詮釋。所以這本書其實全面探討了來自西方、中國、印度三方面的天演論。並以天演論為中心，對中國思想、文化、政治社會的傳統與現狀提出深入的批判，構成一個體大思精的體系。赫胥黎此書的導言部分以現代的演化論為中心，本文則以歷史上相關的各種思想與宗教為中心。基本上形成了一個以演化論為中心，而對於東西各主要哲學與宗教均有所批評去取的思想體系。其所討論至廣，從希臘羅馬各主要哲學家、基督教、婆羅門教、佛學、近現代哲學。幾乎涉及所有西方與印度的主要宗教與哲學問題，而企圖從一個演化思想的立場。對各家的得失提出分析，並縱論自己的看法。嚴復之所以選擇赫胥黎此書的基

本原因,正在於此書有助於他提出這融會古今東西各家思想與宗教之世界觀的最高學理——天演論。

嚴復的企圖既然如此,他對這些問題也自然表現出極大的興趣。他在原文之外所加的大量高度學理性的案語及小注,可為證明;而其所大量使用的中國子學與經學術語及典故,也代表了一種融通西方與中國思想的努力。綜合言之,嚴復所討論與註解的內容,不僅包含赫胥黎所涉及的各種問題,並大量加入他對於中國傳統思想、文化、佛學以及西方哲學、科學與歷史的比較與省思。並企圖對這些說法作一種融會貫通,提出一個他認為可以代表最深刻的最高道理的說法。所以這本書絕對不是一個簡單的翻譯,而是一個偉大的融合與創造,其目標在於提出他自己認為最真實而深刻的世界觀體系。⑥

嚴復融會貫通各家而成的天演思想體系,企圖兼有斯賓塞、赫胥黎、達爾文、古典自由主義以及中國道、儒與諸子學之長,並反映現代世界的世界觀與基本精神。所涉及的範圍則從深邃的哲理、複雜的科學一直到實際的政治、經濟、社會與文化問題。當他立論為文時,所採取的學理上下古今,縱橫百家,而出之以極精審之文字。這種心胸、才學與嚴謹,不僅當世無雙,百餘年來,亦罕有其匹。吳汝綸說他:「執事博涉,兼能文章。學問奄有東西數萬里之長,子雲筆札之功,充國四夷之學。美具難并,鍾于一手,求之往

---

⑥　前人如郭正昭也曾經指出嚴復所從事的是一種融通西方與中國思想文化的偉大創造工作,然而其立論的出發點與詮釋的角度與本文頗為不同。(請參見本文註❹,65)

古,殆邈焉罕儔。」[64]這番話雖然成之於中西尚未普遍交通時,求之於中西大通之後,能夠兼通中西而融會其精義於一爐,並形之於精妙之文章者,亦難得其人。嚴復求道心切,所以其所論說得以體大、思精、義深而且立言一絲不苟。如果只是為了救一時之危亡,勢必不能完成上述的宏大體系。[65]然而本文雖然不採取「危機哲學」的說法,卻同意嚴復之所以能夠如此致力於盡精微與致廣大的道理之研究,與時代危機的刺激有密不可分的關係。[66]正是因為中國傳統的文化與思想體系受到了整體性的挑戰,才逼使得嚴復更要「究其理極」,以找到中國的出路。嚴復的天演思想,源自他對於最高學理的挑戰。時代的危機是一個重要的,而不是唯一的,動力因。而動力因並不等於內容。我們不宜簡單地將嚴復的天演思想視為「危機哲學」。

---

[64] 《嚴復集》,1559。

[65] 融通中西學術與思想,兼取中西文化之長的工作是否可能、如何可能與應當如何進行的問題,絕非任何個人所能回答。在歷史上這一類的問題通常需要一整個時代,至少數百年的時間,才能有初步的結論。嚴復雖然提出許多非常精彩的說法,卻仍然有不少地方可以批評或有待研究。本文主旨在於闡述嚴復所企圖處理的問題、所採取的途徑及其主要的說法,並不能真正處理評價的問題。然而對於嚴復的用心、努力與「工作品質」,不能不生出讚嘆之情。

[66] 郭正昭所謂「任何能挽救中國危亡的學說,能解決他的認同危機的思想理論,都是他探究和綜合的註腳」這一說法,其實根基於「救亡保種」與Levenson 式「文化認同危機」之舊說,而嚴重低估了嚴復求道的努力。他根據此一說法所建立的有關嚴復如何「守住中庸之道的儒家觀念」之詮釋,也忽視了嚴復儒學性格與中庸思想之深刻內涵。因此對嚴復如何融通中西學理以完成其體大思精的思想體系,未能做出適當的詮釋。

　　嚴復本人譯作《天演論》的真正用意不僅在於滿足救亡保種、追求富強、促進變法或因應危機等一時的目標，而更在於本乎現代西方最先進的科學並結合中國固有的道理，以指點出人文演化必須遵循的自然道理與中國文化所應發展的方向。在嚴復而言，能認識並遵循人類發展所必須遵循的根本道理，自然能也才可能救亡保種、獲得富強、促進變革並因應危機。然而若不能正確認識這個道理，則無論如何跳踉號呼，也終究不能解決問題。國人對中國在現代世界的處境原來茫昧不知，於是他在甲午之後首先發表了〈救亡決論〉等一系列的文章，根據學理提醒國人國家處境之落後、危殆與天演淘汰之危機；並進而譯介《天演論》一書，以說明貫乎天地人之道而可以救世的天演學理。前者重在於提醒國人當前危殆的局面，後者則著重於高深學理的介紹，教人必先明道才能救國。然而國人對於嚴復所提出天演學說的深遠內涵，從開始便缺乏足夠的瞭解。年輕新銳在危機四伏的局面下一旦覺醒後，心情激動，不學無術卻日日從事於極端之事。嚴復深恐國人循此一切求變求新的偏激心態，必將釀成大禍，於是他在《天演論》出版後的兩年之內，又翻譯了斯賓塞的「群學肄言」。從天演的觀點，詳述人群進化以漸不以驟的道理。並特別強調必須先以謹慎、平靜、客觀的心，經過長期嚴格的訓練，究明人群結合與進化的道理，才能因應複雜困難的人群之事。❻❼嚴復終生強調凡事必須本於「真學實理」，並將他自己的一生主要奉獻給學術。❻❽他非常厭惡行事不根據學理、不審

---

❻❼　《群學肄言》全書均致力於闡明此義。

❻❽　《天演論》最後一章接近結尾時說：「居今之日，藉真學實理之日優，而思

乎時勢之人。也因此對於戊戌變法、革命黨與晚清的各種激進的潮
流都有深刻的批評。然而嚴復一生所學終究不為國人所知,包括最
風行的《天演論》一書也只獲得表面的理解,所以他始終痛感寂
寞。更讓他難過的是,國家終究在國人德慧術智均有所不足的情形
下,一路走上激進的道路,而莫之能救。⑥

　　嚴復這種追求宇宙人生的最高真理以指導文化發展的態度,有
其深厚的學術與文化根源,這是他的思想之所以能夠超越現實考量
的根本原因。嚴復在追求真確知識這一方面固然表現了西方的科學
態度,然而就其追求一以貫之的最高道理以指導文化的發展而言,
則深刻展現了一種中國學術文化傳統中的「求道精神」。生長任職
於舊社會,嚴復一生的志業與作為,明顯表現出傳統儒者企圖明道
救世,一匡天下的特色。在個人長期不得志與時代危機的刺激下,
他深深地探索一切有關中國與西方文化比較與中國前途的問題,並
終於在以天演論為中心的思想體系下,提出其答案。他的思想體系
包含了天文、地質、生物、腦質、社會、人文演化的一以貫之的基
本原理,而企圖對文明演化必須遵循的自然道理與中國文化所應發
展的方向提出完整的看法。其答案的具體內容固然主要得自於斯賓
塞、赫胥黎等西方天演學者,其內涵則深具以道家與《易經》為中
心的傳統世界觀之特色,而其所希望達成的目標與所表現的學術性
格與思維方式,則表現了以儒道兩家為中心的傳統求道特質。

有以施於濟世之業者,亦惟去畏難苟安之心,而勿以宴安愉樂為的者,乃能
得耳。」(《天演論》,論,50。)此句不見於原文,是為嚴復的「夫子自
道」。
⑥　《嚴復集》,565、631-633、648、684。

四、追求「道通爲一」

㈠ 學術研究的終極目標

嚴復以「道通為一」作為人類學術研究的一貫與終極目標，他說：

> 格物窮理之事，必道通為一，而後有以包括群言。故雖枝葉扶疏，派流糾繚，而循條討本，則未有不歸於一極者。❼

主張學術研究必須由枝葉而及於根本，以至於「歸於一極」，才能夠包括各種複雜歧出的事理。至於論事理而不能達到「道通為一」的境界，則頗為嚴復所詬。❼認為學者必須就其所研究的對象求其道理之極，方足以融會貫通，「歸於一極」。此種追求道通為一，係一「循條討本」以至「歸於一極」的過程。學者當先研窮個別的事理，而後「由條尋枝，循枝赴幹，匯歸萬派，萃於一源」，至此而「大道乃見」。此過程即所謂「窮理致知」：

> 窮理致知之事，其公例皆會通之詞，無專指者。惟其所會通愈廣，則其例亦愈尊。理如水木然，由條尋枝，循枝赴幹，匯歸萬派，萃於一源；至於一源，大道乃見。道通為一，此之謂也。……會通之詞即為公例。欲為公例，先資公名，有公名而後公例有所託始。……格物之學術大進。凡此皆會通

---

❼ 嚴復譯，亞當·斯密著，《原富》（北京：商務，1981），按語，271；《嚴復集》，875-876。

❼ 嚴復譯，《原富》，按語，271；《嚴復集》，875-876。

之效,所謂由專入公者矣。⓻

由專入公的過程中可得到許多的「公例」與「理」,而嚴復認為各種公例與「理」最後終將會歸為通而為一的「大道」。他在評點老子「同謂之玄,玄之又玄,眾妙之門」一句時,提出「西國哲學所從事者,不出此十二字」的說法,並同時指出:

> 同字逗,一切皆從同得。玄,其所稱眾妙之門,即西人所謂 Summum Genus。《周易》道通為一、太極、無極諸語,蓋與此同。⓼

可見他將「道通為一」,亦即不斷地融貫人類所認識的事理以至於一,視為中西學術與思想所共同追求的最高目標。而此最高目標同時指向人們對於所謂「道」的認識:

> 老謂之「道」,《周易》謂之「太極」,佛謂之「自在」,西哲謂之「第一因」,佛又謂之「不二法門」,萬化所由起訖,而學問之歸墟也。⓽

到達此最高境界,人類的知識終於與宇宙的根本合而為一,即其所謂「萬化所由起訖,而學問之歸墟也。」

　　嚴復追求「道通為一」的思想,深受西方科學化與系統化知識系統(system)的影響。嚴復早年受過完整的科學訓練,在引進西方

⓻　嚴復譯,穆勒著,《穆勒名學》(台北:台灣商務,1965),198-199。

⓼　《嚴復集》,1075。

⓽　嚴復,《侯官嚴氏評點老子》(台北:海軍總部,1964),25。

科學及真理體系與救亡圖存的前提之下，他在甲午（1894）之後極力提倡西方嚴謹而系統化的學術體系，並嚴詞批判傳統的八股、詞章、博古、漢學、陸王之學乃至宋學，⑮並用科學化與公理化的知識系統來詮釋傳統「道通為一」的觀念。⑯他以科學研究的實驗、實測之方法及其客觀、勤謹之態度為標準，稱許西方學術所得學理之博大悠久，並以「道通為一」為西方學術的最高境界。其所謂的「道通為一」當指科學研究所得以簡御繁，以極少數基本定理而能涵蓋一切複雜現象的理性化與系統化的學理。⑰例如嚴復自己在《天演論》一書序言中所引介的牛頓三大定律與熱力學基本定律，或嚴復所尤其推崇的，以天演原理貫串一切事務的斯賓塞之「綜合哲學」。⑱這些基本學理，似乎都有無所不在而一以貫之的特質，所以嚴復以「道通為一」加以形容。

㈡ 西方學術的一體相通性

嚴復論道通為一，不僅受到西方科學化與系統化知識體系的影響，也深受西方學問體系所蘊含的「哲學性格」與「一體相通性」之啟發。嚴復之於西學，始終推尊斯賓塞。斯賓塞一生之學問，薈萃於其「系統哲學」（A System of Philosophy）的一系列著作之中。此系列著作首先探討此現象界可知的根本的原理，而後運用這些宇宙性的根本原理，並結合經驗界的知識，來說明生物、心理、社

---

⑮　嚴復，〈救亡決論〉，《嚴復集》，40-45。
⑯　嚴復，〈救亡決論〉，《嚴復集》，45。
⑰　嚴復，〈救亡決論〉，《嚴復集》，52。
⑱　嚴復譯註，《天演論》，序，2。

會、道德諸領域的基本原理。❼在研究此現象界可知的根本原理時，斯賓塞企圖將現有科學與哲學之知識，作最大的結合。其論理的方式與所論的內容，則企圖兼取實證主義、經驗主義哲學與理性主義哲學之長。❽他綜合了西方各家對哲學的看法，將哲學定義為「完全整合的知識」（completely unified knowledge）。❽而其一生的學問，正在於探討一切事物背後最根本的原理，以成就一完全整合的系統哲學。嚴復對於斯賓塞的學問體系，經常表達崇敬之意，並曾翻譯其部分著作，是以其本人的學術路向，亦深受這種強調各種學科及一切學理之一體相通性的哲學性格之影響。

嚴復在論〈西學門徑功用〉一文中，曾提出他理想中學術體系與為學方法，對於西方學術的一體相關性與科、哲學性格大加發揮：

> 故為學之道，第一步則須為玄學。玄者懸也，謂其不落遙際，理該眾事者也。玄學一名、二數，自九章至微積，方維皆麗焉。人不事玄學，則無由審必然之理，而擬於無所可擬。然其事過於潔淨精微，故專事此學，則心德偏而智不完，於是，則繼之以玄著學，有所附矣，而不囿於方隅。玄著學，一力，力即氣也。……二質，質學即化學也。力質學

---

❼ 參見 Herbert Spencer, *First Principles* (New York: A.L. Burt Company, 1880), v-xi.

❽ Herbert Spencer, First Principles, Part I, Part II, chap I-IV.其中在討論可知與不可知之界線時，更大量運用神學的知識。

❽ 同前，107-133，467。

明，然後知因果之相待。……而心德之能，猶未備也，故必
受之以著學。著學者，用前數者之公理大例而用之，以考專
門之物者也。如天學，如地學，如人學，如動植之學。……
然而尚未盡也，必事生理之學……又必事心理之學，生、心
二理明，而後終之以群學。……凡此云云，皆煉心之事。至
如農學、兵學、御舟、機器、醫藥、礦務、則專門之至隘
者，隨有遭遇而為之可耳。……而人道始於一身，次於一
家，終於一國。故最要莫急于奉生，教育子孫次之，而人生
有群，又必知所以保國善群之事，學而至此，殆庶幾矣。❷

認為西方學術的要義在於透過邏輯學與數學訓練，使學者認識具有
超越性、該括性與普遍性的「必然之理」。而後以物理、化學等結
合抽象理則及經驗研究的「玄著學」，認識一切物質存在所不能違
背的「因果」關係。再運用物理與化學透過對於因果關係的研究所
得的「公理大例」，研究天文、地質、人類、動、植物學，而究明
各專門領域的學理。而後再以此為基礎，研究生物與心理學，從而
瞭解人類與人性的基本特性。本於這些知識，才能進一步研究政
治、社會、經濟、歷史等關涉人群整體的學問。這番話對於西方邏
輯學、數學、自然科學、社會科學之間的一體相關性，有遠超過同
時代人之理解。而其淵源所自，仍然是斯賓塞的系統哲學。嚴復在
早在《原強》一文中論斯賓塞之學術時，便寫過一段內容與此幾乎
完全一致的長文，根據斯賓塞的系統哲學與社會學研究法，主張必

---

❷ 嚴復，〈西學門徑功用〉，《嚴復集》，95。本文作於 1898 年。

須先依次研究數學、邏輯、物理、化學、天文學、地質學、生物學、心理學，而後可以研究人類社會。[83]

嚴復此處特別看重邏輯與數學，以其為不落於經驗界，而「該眾事」的「必然之理」。世界各大文明對於事物莫不有其深入的觀察體認，而西方哲學與科學之所以獨特，正在於特別重視邏輯與數學，從而用一種「理則化」之思維方式看一切事物。[84]柏拉圖有云：不通幾何學者不得入我門。近世笛卡爾、霍布斯、萊布尼茲等大哲學家，與幾乎所有自然哲學與科學家，亦莫不重視數學。至於邏輯，則為自古以來西方哲學與科學的共法。邏輯與數學，本質極類似。嚴復舉此為西方各種學術之始基，其一體相關性的本原，可謂深具慧眼。自清末民國以來，常以邏輯與數學代表科學。嚴復論西方學術，亦特重科學。然而邏輯與數學，本為西方哲學與科學共同之根基，嚴復由此而可以通於一切西方學術，故其讀書與論述，亦時時涉及西方古今各派哲學。我們可以說嚴復所提倡的是一種科學化的學術體系，然而其本人的學術興趣，仍頗受斯賓塞與西方學術傳統中哲學性格的影響。即本於邏輯實證化的科學知識，進一步研求一以貫之的境界。

---

[83] 《嚴復集》，7-8；《群學肄言》。

[84] 邏輯者，正確思考方式之謂也。西方自古以來，各派哲學的邏輯不無出入，然而大體共尊形式邏輯，而特具「理則化」的特質，從而對於一切「普遍理則」（universal law）有深刻之認識。嚴復所引介之歸納與演繹法，本原均在形式邏輯。自黑格爾辯證法邏輯、杜威等人的實驗主義邏輯、與二十世紀各種新邏輯出現，邏輯的內涵始大為擴大。然而古典形式邏輯之影響，依然深入人心。

(三) 人類公理與儒學傳統

嚴復道通為一的思想，固然深植於中西的學術與思想傳統。亦深受世界大勢與時代需要的啟發：

> 近世三百餘年，舟車日通，且通之彌宏，其民彌富；通之彌早，其國彌強。非彼之能為通也，實彼之不能為不通也。通則向者之禮俗宗教，凡起於一方，而非天下之公理，非人性所大同者，皆岌岌乎有不終日之勢矣。當此之時，使其種有聖人起，席可為之勢，先其期而迎之，則國蒙其福。㉟

在新科技與產業快速發達的情形下，世界大勢日趨於通，各國皆然，中國所處的情形則更不能不為之通，否則必有衰亡之患。國力之發達既然有賴於與世界交通，在文明普遍交通的情形下，中國原有的禮俗信仰與價值觀念，如果不從根本加以反省，找出其中合於「天下之公理，人性所大同」的部份，則其文化必將面臨根本性的危機。在西方文明全面入侵的情形下，憂國憂民的嚴復，以「聖人」之業自期，既希望救國保種，接受現代文明具有普遍意義的發明創造，也希望保持傳統文化合乎道理的部份，以「先其期」而迎接時代的偉大挑戰。科學發達、五洲會通、各種新理層出不窮、世界不斷進步的大勢，使嚴復的「道通為一」說，既表現出啟明主義重視普遍理則與「人類公理」的特色，也表現出進化論式，藉著公理帶領中國與世界走向最美好未來的樂觀。

㉟ 嚴復譯，孟德斯鳩著，《法意》（北京：商務，1981），按語，卷十九，12。《嚴復集》，989-990。

　　嚴復「道通為一」的思想，除了深受西方科學、哲學、與世界大勢之影響之外，更淵源於中國傳統。嚴復在十四歲以前，受的是傳統四書五經、詩賦文章的教育。他的儒學性格、價值取向乃至運思為文的方式，在這一時期已初步養成，成為他學術與思想取向的原生基礎。他十四歲之後學習西方科學與文化，然而儒學格致誠正修齊治平一以貫之的理想對他仍有極深的影響。❽當他在光緒七、八年之交（1881-82，嚴復時年二十七），開始正式接受斯賓塞的學說時，乃以斯賓塞式一以貫之的學說，融入並企圖滿足大學格致誠正修齊治平一以貫之的理想。❽他在日後的文章中，對於如何以西方學術體系，達到傳統格致誠正修齊治平一以貫之的理想，有進一步的說明：

> 故非為天地人三學，則無以盡事理之悠久博大與蕃變也……夫唯此數學（案：生物與心理學）者明，而后有以事群學；群學治，而后能修齊治平，用以持世保民以日進于郅治馨香之極盛也。❽

天地人乃《易·說卦》所為三才。《易》兼三才而一貫，所謂通「天地人三學」實表現出傳統的學術理想。嚴復此處係以立基於自然科學普遍規律的實證科學知識體系，尤其是斯賓塞式的綜合哲學，來闡釋他理想中的修齊治平之學。在知識上通天地人而一理

---

❽　參見吳展良，〈嚴復早期的求道之旅〉，《中國現代學人的學術性格與思維方式論集》，27-37。

❽　嚴復譯，《群學肄言》，譯餘贅語，9。

❽　嚴復，〈原強〉，《嚴復集》，7。

之，在實踐上則本於一貫之道而從事於修齊治平，此種理想與思維模式相當傳統。⑧

嚴復對《大學》從格致以至於治國平天下之理念的現代意義，亦曾透過斯賓塞式實證主義的學術體系加以發揮。⑩他主張必須根據格物窮理所獲得的真實的學理來指引人們的思想與行為，才能得到純粹而完美的結果。西方科學與哲學上追求系統化知識的理念，與中國格致誠正修齊治平的理想，在嚴復心中合而為一。然而其所依據的斯賓塞學說，卻有過分強調事理之一貫性的問題。身為全中國最早認識西方學術之精義的學者，嚴復所選擇的學說與學術路徑，並非日後西方學術的正途主流，而為與中國學術之傳統理想與內涵相近的學理。

(四) 道可道非常道

嚴復所追求「道通為一」的境界，不僅表現出儒學的內涵，也具有道家乃至佛家的特色。他相信「道通為一」的最高道理超越名言，即道家所說的「道可道，非常道」，以及佛家所說的「不可思議」。

> 涅槃可指之義如此，第其所以稱不可思議者，非必謂其理之
> 幽渺難知也，其不可思議，即在寂不真寂，滅不真滅二語，

---

⑧ 嚴復對於斯賓塞「道通為一」式的學術及其「類比」式思想（analogical mode of thinking）的欣賞，也似乎表現出傳統學術性格與思維方式的影響。然而這些特點，恰恰是後來的西方學者對於斯賓塞批評最激烈的地方。

⑩ 嚴復，《原富》，按語，《嚴復集》，905。

世界何物，乃為非有非非有耶。❾

欲明此超越名言的至道，則需有超越一切現有觀念思想，「遊心於至大之域」的修養：

> 蓋學道者，以拘虛、囿時、束教為屬禁，有一於此，未有能通者也。是故開宗明義，首戒學者必遊心於至大之域，而命其篇曰「逍遙遊」。「逍遙遊」云者，猶佛言無所住也，必得此，而後聞道之基以立。❾

心無所住，無拘執，方能順化應物而通於萬事萬物之理。這種思維方式，是典型的道家乃至佛家觀點。然而這與西方重理型（form），理相（idea），形式理則（formal logic），與言語（word, logos）的傳統實為不同。嚴復在討論西方學問的一體相通性時，特別重視邏輯與數學，並指出西方學術會通於邏各斯，即理性。然而邏各斯的原意即為語言（word）。理性以認識超越時空的理型與理相為其目標，而以語言或符號表現之。邏輯與數學更以運用超越時空的純粹理型與符號推演為其基本特質。道、佛兩家虛無因應，超越語言、符號、理型、理相以遊心至大而至於「道可道非常道」之境，與西方學術根本大異。然而嚴復同時肯定兩者，其原因有待於深入分析。

斯賓塞與赫胥黎的學術亦主張事物的本體不可知（unknowable, agnostic）。兩者的實證主義均反對形上學的研究，主張吾人所能知

---

❾　嚴復譯，《天演論》，論十，28。
❾　嚴復，《侯官嚴氏評點莊子》，按語，卷一，1；又見：《嚴復》，1130。

畢竟限於現象界。❸就西方理性主義的傳統而言，本體之不可知，正源於以名言分析與定義本體或終極性之概念，必陷入邏輯矛盾。從前述引文中可見，嚴復深深明白語言文字的終極限制，所以他認為佛、道與西方學術在這一點的看法是相通的。然而佛道兩家所謂的「不可思議」或「不可道」不僅施之於本體界，亦施之於現象界。體用不二，既認為語言文字終究不可恃，於是在處理各種事物時，都相信其中的最高道理是只可意會不可言傳。斯賓塞與赫胥黎的不可知論與此相反，本於西方學術傳統，他們從理性與邏輯出發，走至其極至處而後宣告本體不可知。然而在現象界則主可知（knowable），並主張運用理性精密而實證地求知。

提倡科學又追求最高道理的嚴復企圖兼取兩者。他嘗試透過可道之道，以達於最高的不可道之道；經由可名之名，以達到最終的不可名之名。他積極提倡實證、實驗之學，並特別翻譯穆勒名學，主張一切學問以立名不苟為基礎。正因其窮究名相之實，所以才能真正認識名相的終極限制，而主張「無所住」與「遊心至大」。然而這種「無所住」與「遊心至大」的思維方式，與立基於語言、符號與邏輯運作的西方學術，在實踐上終究難以並行。前者代表嚴復所相信的「聞道之基」與究竟境界，後者卻是他所主張於事事物物上窮理明道的具體方法，兩者似乎頗為矛盾。嚴復本人才智絕人，可以透過他對於大道之理解，自由出入於有形與無形之境，然而就實際的學術方法而言，道家、佛家、與西方科、哲學的基本歧異，

---

❸　Spencer, *First Principles*, Part 1.

則不容忽視。❹

更進一步論之，嚴復所譯介的名學，屬於經驗論系統的歸納法邏輯，與古典哲學及理性論所重視的超越時空之形式與演繹法邏輯，實有所不同。歸納法邏輯主張一切名、言、觀念與理則最終來自經驗的歸納。在穆勒的論理系統（system of logic）內，透過經驗的歸納所建立的因果法則，雖然也具有相當程度地超越時空的有效性（validity），然而畢竟受到經驗的限制，而不具有絕對的有效性。而且歸納法邏輯所重在於認識現象世界的自然理則，而嚴復認為此現象世界的最高理則，是為萬物恆變的天演原則。所謂「言其要道，皆可一言蔽之，此其道在中國謂之易，在西學謂之天演。」❺大道變易不居，唯變易為不易。所以一切理則均含有時間性的因素，而非絕對的超越。表述理則或事物性質的名言，也同樣不具有常名、常道的性質。具有超越意涵的古典意義下的邏各斯（logos），其實並未被嚴復所堅持。他對於道理的終極看法，仍是道家傳統的「道可道，非常道」。

此一超越語言文字的最高道理，在嚴復看來，具有「一而能易」，「大而能化」的性質。他說：「道之妙，在一而能易。」❻

---

❹　儒釋道三家論道、求道的傳統，很可能增加了嚴復「知識論上的樂觀主義」。（參見黃克武，《自由的所以然：嚴復對約翰彌爾自由思想的認識與批判》〔台北：允晨文化，1998〕；Thomas A Metzger, "Some Ancient Roots of Modern Chinese Thought: This-Worldliness, Epistemological Optimism, Doctrinality, and the Emergence of Reflexivity in the Eastern Chou," *Early China*, 11-12 [1985-1987]）然而其中問題複雜，有待進一步分析。

❺　嚴復譯，《天演論》味經本，《嚴復合集》第七冊，4。

❻　《莊子，在宥》評語，《嚴復集》，1126。

一，即「道通為一」；易，則以其變化而生萬事萬物。一氣化生萬物，萬物之化均循其內在之理，不假於外物，所以此「道即自然特字未字異耳」。❼從這個觀點，他企圖將《易》、老莊乃至當代科學所發現的自然公例（natural law）綜合起來：

> 自然公例者，最易最簡之法門，得此而宇宙萬化相隨發現者也。或為之稍變其詞曰：自然公例非他，乃極少數之公論，得此而一切世界之常然，皆可執外籥而推知之。案：此段所指之自然公例，即道家所謂道，儒先所謂理，《易》之太極，釋子所謂不二法門；必居於最易最簡之數，乃足當之。後段所言，即《老子》為道日損，《大易》稱易知簡能，道通為一者也。❾

又說：

> 道，太極也，降而生一。言一，則二形焉。二者，形而對待之理出，故曰生三。夫公例者，無往而不信者也。使人之所教而我可以不教，或我教而異夫人之所教，凡此皆非公例可知。非公例則非不易之是非，順之必吉，違之必凶者矣。是故居今之言事理也，視中西二俗所不期然而合者。不期然而合，必其不可叛者矣。下此，中然而西否，或西然而中否，皆風俗之偶成，非其至矣。❾

---

❼ 嚴復，《侯官嚴氏評點老子》，27-28。

❾ 嚴復譯，《穆勒名學》，349。

❾ 嚴復，《侯官嚴氏評點老子》，51。

「最易最簡」，方為自然公例，例如牛頓與熱力學的三大定律，得此而可以推演自然界的各種變化。然而嚴復更進一步認為，各種學科所發現的自然公例，必然可以通到一個「最易最簡」，以至於一的地步。斯賓塞立基於天演觀而「舉天地人形氣心性動植之事而一貫之」的演化哲學，可以通於當時所知的各種自然科學的基本定律，便是他心目中的模範。而嚴復認為天演之學，又通於《易》、老莊一而能易，大而能化之理，所以他認為此一貫之道，即《易》之太極，釋子所謂不二法門，老子之道。這是就最高的「道通為一」的層次而言。至於個別事理，則為其所謂「對待之理」，乃生二、生三以後事。此太極一理，佈在萬事萬物，則所謂「萬物一太極，物物一太極」。理一而分殊，與理學家的宇宙觀非常近似。⑩而其對於「視中西二俗所不期然而合者」，取其「無往而不信者」的公例的強調，一方面繼承了理學家「東海一聖人，此心此理同；西海一聖人，此心此理同也」的說法，一方面也表現了西方理性主義的特色。⑩

　　嚴復的宇宙與認識觀，企圖將《易》、老莊、理學、天演論、實證主義、理性主義、經驗主義、歸納法邏輯融冶一爐。其中的根

---

⑩　嚴復深有取於朱子無極太極與理一分殊說，嘗曰：「朱子謂非言無極無以明體，非言太極無以達用，其說似勝。雖然，僕往嘗謂理至見極，必將不可思議。故諸家之說皆不可輕非，而希格爾之言尤為精妙。」嚴復譯，《穆勒名學》，125。

⑩　嚴復譯，《天演論》味經本，39。案：象山原句作「東海有聖人出焉，此心同也，此理同也；西海有聖人出焉，此心同也，此理同也。」（見黃宗羲等，《宋元學案》〔收入《黃宗羲全集》（杭州市：浙江古籍，1985）〕，卷58，276。）

本困難在於西方理性主義所信據的理則（邏各斯），本為超越時空的普遍理念，與融合時空因素的道家與易學式的「道」的概念相矛盾。宋代道學家雖較重視「理」的超越性，其思想卻依然源自儒釋道三家，而兼重時空因素，所以不離事物與氣化而言理。嚴復所接受的天演學說、經驗論及歸納法邏輯，則將原本超越時空的理則，亦加上時間、變化與空間的因素。他所理解的實證主義，也因此從理性主義而轉向經驗主義，並融入了演化論。原本超越時空的絕對理則，也因此融入「一而能易，大而能化」的道論體系。西方理性主義的絕對性為之消解，他所相信的最高之道的基本性質，仍不外於儒、釋、道三家的大傳統。

五、明道與譯述

嚴復一生最主要的事業為譯書，對於自己在甲午與戊戌之後之所以全力從事譯書，嚴復有一番痛切的告白：

> 自客秋以來，仰觀天時，俯察人事，但覺一無可為。然終謂民智不開，雖守舊維新兩無一可。即使朝廷今日不行一事，抑所為皆非，但令在野之人與夫後生英俊洞識中西實情者日多一日，則炎黃種類未必遂至淪胥，即不幸暫被羈縻，亦將有復蘇之一日也，所以屏棄萬緣，惟以譯書自課。⑩

國家艱危至此，卻又一無可為，救國的方法只得繫於啟發民智以明白中西實情，及其背後所以然的道理，他曾對梁啟超說：

---

⑩　嚴復，〈與張元濟書〉，1899作，《嚴復集》，525。

不佞生於震旦，當十九、二十世紀之交會，目擊同種阽危，
剝新換故，若巨蛇之蛻蚹，而未由一藉手。其所以報答四
恩，對三世，以自了國民之天責者，區區在此。密勿勤劬，
死而後已，為愛我者靜以俟之可耳。[103]

巨蛇蛻蚹，其事艱鉅，本非一時所能成功。嚴復既不得志於朝廷，
更只有發憤譯述，提高民智民德，以面對危難並開啟民族未來之生
機。

嚴復於一八九七年開始著手翻譯亞當斯密的《原富》，並於一
九零一至一九零二年間出版此書。他於書首「譯事例言」中說：

夫計學者，切而言之，則關於中國之貧富；遠而論之，則係
乎黃種之盛衰。故不佞每見斯密之言於時事有關合者，或於
己意有所振觸，輒為案論。丁寧反覆，不自覺其言之長，而
辭之激也。嗟乎！物競天擇之用，未嘗一息亡於人間；大地
之輪廓，百昌之登成，止於有數。[104]

以救亡保種，追求富強為其主要目標。然而欲達此目標，首先必須
明白理財之道：

欲違其災，舍窮理盡性之學，其道無由。而學矣，非循西人
格物科學之律令，亦無益也，自秦愚黔首。二千歲於茲矣，
以天之道，舟車大道，通則雖欲自安於愚，無進於明，其勢

---

[103] 嚴復，〈與梁啟超書〉，1902 作，《嚴復集》，517。
[104] 嚴復譯，《原富》，《嚴復合集》，15。

> 不可。數十百年以往，吾知黃人之子孫，將必有太息痛恨於
> 其高曾祖父之所為者。嗚呼！不可懼哉！**⑩**

古人不能依照科學方法以窮理盡性，國家二千餘年不進步，後世子
孫自然不免「太息痛恨於其高曾祖父之所為」。嚴復譯介此書，乃
以講明理財之道為己任。然而他同時指出《原富》一書不盡然是經
濟學之標準著作，他選擇此書，頗有致用的考量：

> 且其書體例，亦與後人所撰計學稍有不同。達用多於明體，
> 一也；匡謬急於講學，二也。其中所論，如部丙之篇二、篇
> 三，部戊之篇五，皆旁羅之言，於計學所涉者寡，尤不得以
> 科學家言例之。**⑩**
>
> 計學以近代為精密。乃不佞獨有取於是書，而以為先事者，
> 蓋溫故知新之義，一也；其中所指斥當軸之迷謬，多吾國之
> 言財政者之所同然，所謂從其後而鞭之，二也；其書於歐亞
> 二洲始通之情勢，英法諸國舊日所用之章典，多所纂引，足
> 資考鏡，三也；標一公理，則必有事實為之證喻，不若他書
> 勃窣理窟，潔淨精微，不便淺學，四也。**⑩**

嚴復認為此書的寫法注重實用，對於學理之根本，有時並未按照科
學之要求加以徹底分析。然而此書對於從農業宗法社會邁向現代社
會的中國而言，卻特別適宜。從這段話的表面意思來看，似乎嚴復

---

⑩　嚴復譯，《原富》，《嚴復合集》，15。
⑩　嚴復譯，《原富》，《嚴復合集》，7。
⑩　嚴復譯，《原富》，《嚴復合集》，10。

偏重實用。然而他在本書一開始便標明該書的限制,並進一步說:
「故計學欲窺全豹,於斯密《原富》而外,若穆勒、倭克爾、馬夏律三家之作,皆移迻譯。」⑩其目的仍然在於提醒讀者學術與基本學理的重要性。就長遠而言,仍然必須學習斯密以降以迄於今的經濟學發展,徹底研究理財之道。

嚴復認為經濟學所用的主要為歸納法,早期如亞當斯密的經濟學尤其如此:

> 計學于科學為內籀之屬。內籀者,觀化察變,見其會通,立為公例者也。⑩

其中所得公例,由科學方法獲得,必然能放諸四海而皆準:

> 是科學所明者公例,公例必無時而不誠。⑩

這些道理得來甚為不易,絕不可輕易視之:

> 是故一理既明之後,若揭日月而行,而當長夜漫漫,習非勝是之日,則必知幾之神,曠世之識而後與之。此不獨理財之一事然也。⑪

人類社會由暗夜走向光明,主要有賴這些道理的講明。而他翻譯此書,就是為了讓國人講明理財的道理,中國未來的經濟才有前途。

---

⑩ 嚴復譯,《原富》,10。
⑩ 嚴復譯,《計學》,例言,《嚴復集》,98。
⑩ 嚴復譯,《計學》,例言,《嚴復集》,100。
⑪ 嚴復譯,《原富》,《嚴復合集》,10。

　　緊接著《原富》，嚴復於一八九九年前後開始翻譯穆勒的《群己權界論》。⑫《原富》是奠定經濟自由主義的經典，而《群己權界論》則是西方自由主義政治思想最重要的的代表作。嚴復對西方自由主義的傳統的重視，立基於他一生所極看中的史賓塞學說。他在《天演論》中曾經說：

> 赫胥黎氏之為此言，意欲明保群自存之道，不宜盡去自營也。然而其義隘矣。且其所舉泰東西建言，皆非群學太平最大公例也。太平公例曰：「人得自由，而以他人之自由為界。」用此則無前弊矣。斯賓塞《群誼》一篇，為釋是例而作也。晚近歐洲富強之效，識者皆歸功於計學，計學者首於亞丹·斯密氏者也。其中亦有最大公例焉。曰大利所存，必其兩益，損人利己非也，損己立人亦非；損下益上非也，損上益下亦非。其書五卷數十篇，大抵反覆明此義耳。故道咸以來，蹢保商之法，平進出之稅，而商務大興，國民俱富。嗟呼！今然後知道若大路然，斤斤於彼己盈絀之間者之真無當也。⑬

採取約翰穆勒、亞丹斯密與斯賓塞的學說，認為自由的原則可以達到兩利，不必如赫胥黎般強調倫理與演化、人為與自然的對立，所謂「道若大路然，斤斤於彼己盈絀之間者之真無當也」。大道貫通

---

⑫　嚴復譯，《群己權界論》，《嚴復合集》，5；黃克武，《自由的所以然：嚴復對約翰彌爾自由思想的認識與批判》（台北：允晨文化，1998），48。
⑬　嚴復譯，《天演論》，導言，34。

人我天人，本於斯賓塞、穆勒諸家的自由主義思想，可以人我兩利，使個人與社會均達到理想的狀態。在英國自由主義的傳統中，嚴復先介紹建立一以貫之的天演暨自由學說體系的斯賓塞，其次介紹樹立經濟學基本原理的亞丹斯密，而後再介紹發明其政治學基本原理的約翰穆勒。先後次序井然，而其介紹此一貫的自由主義大道的意圖，亦明顯可見。

　　本書譯稿在庚子年間失而復得。嚴復在一九零三年為本書所加的譯凡例中，並不強調個人種種不應受侵犯的自由（free from），反而強調人應有自行分辨善惡與為善的自由（free to）：

> 總之自繇云者，乃自繇于為善，非自繇于為惡。特爭自繇界域之時，必謂為惡亦可自繇，其自繇分量，乃為圓足。必善惡由我主張，而後為善有其可賞，為惡有其可誅。又以一己獨知之地，善惡之辨，至為難明。往往人所謂惡，乃實吾善；人所謂善，反為吾惡。此干涉所以必不可行，非任其自繇不可也。⓭

以及堅持真理的自由：

> 須知言論自繇，只是平實地說實話求真理，一不為古人所欺，二不為權勢所屈而已。⓮

後者尤其為嚴復所看重：

⓭　嚴復譯，《群己權界論》，譯凡例，《嚴復集》，134。
⓮　嚴復譯，《群己權界論》，譯凡例，《嚴復集》，134。

使中國民智民德而有進今之一時，則必自寶愛真理始。仁勇
智術，忠孝節廉，亦皆根此生，然後為有物也。⓰

這些都表現了他凡事以道理、真理為重的想法。嚴復重道理的態
度，以及他認為道理或真理可知的「認識論上的樂觀主義」，其實
繼承了儒學與道家傳統。這與穆勒在《群己權界論》中所要堅持的
個人自由，及其認識論上的悲觀主義，頗為不同。⓱嚴復相信並追
求根本之大道的態度，亦由此可見。

　　繼《群己權界論》，嚴復又於一九零零年開始翻譯《穆勒名
學》。如上節所述，嚴復對於西方學問體系所蘊含的「哲學性格」
與「一體相通性」的認識非常深刻。哲學是一切西方學術的源頭，
邏輯思考也代表西方一切學術思想之基本特質。哲學與自然科學的
基本特性，在於透過邏輯思考整合經驗資料而認識事物之本質與因
果關係，此種理性化的圖像影響甚至支配了現代西方人對於一切事
物的認識。嚴復曾經指出邏輯「為一切法之法，一切學之學」。⓲
又說：

統挈科學課本分名、數兩大宗，蓋二學所標公例為萬所莫能
外，又其理則鈔眾慮而為言，故稱統挈也。名學者所以定思
想語言之法律；數學有空間、時間兩門。⓳

⓰　嚴復譯，《群己權界論》，譯凡例，《嚴復集》，134。
⓱　有關嚴復在認識論上的樂觀主義與穆勒的悲觀主義，請參見黃克武，《自由
　　的所以然：嚴復對約翰彌爾自由思想的認識與批判》。
⓲　嚴復譯，《穆勒文學》，3。
⓳　嚴復，〈京師大學堂譯書局章程，章程條說〉，《嚴復集》，130。

足以證明他對貫串西方一切思想語言的邏輯之重要性，具有充分的體認。本於這個看法，他翻譯了《穆勒文學》，以其為一切事理所必遵循的根本大法：

> 而三百年來科學公例，所由在在見極，不可復搖者，非必理想之妙過古人也，亦以嚴於印證之故。⑫⓪
>
> 《名學》，年內可盡其半，中間道理真如牛毛繭絲。此書一出，其力能使中國舊理什九盡廢，而人心得所用力之端；故雖勞苦，而愈譯愈形得意。得蒙天助，明歲了此大業，真快事也。細思歐洲應譯之書何限，而環顧所知，除一二人外，實無能勝其任者，來者難知，亦必二十年以往，顧可使心灰意懶，置其所至亟而從事其可緩也哉。嗟呼！惟菊生知吾心耳。⑫①

由此可見，他對於邏輯學所具有的普遍價值，及其對中國思想文化的重大意義，具有充分的信心。理性與邏輯，成為新的一貫之大道。

然而嚴復不僅企圖用邏輯學批判傳統，他也企圖在最高的層面上，將東西方思想會通為一。《穆勒名學》沒有序例，全書開端的一條案語說：

> 吾生最貴之一物亦名邏各斯。（《天演論》下卷十三篇所謂「有物渾成，字曰清靜之理」，即此物也。）此如佛氏所舉之阿德門，基

---

⑫⓪　嚴復譯，《穆勒文學》，500。
⑫①　嚴復，〈與張元濟書〉20封之12，《嚴復集》，546。

督教所稱之靈魂，老子所謂道，孟子所謂性，皆此物也。⑫

Logos 一詞，在古希臘確實具有靈魂、理性與宇宙理則諸義。然而此處將 logos 作為統合儒、道、釋、基督教與科、哲學的基礎，則不免忽略其中的許多根本差異。嚴復追求「道通為一」的傾向固然在此表現無遺，卻不免讓學者對其「道通為一」究竟通在何處，乃至他有關理性的理解產生懷疑。《天演論》下卷十三篇所謂「有物渾成，字曰清靜之理」，指斯多葛學派的理性（logos）。現存嚴復《天演論》最早版本（味經本）在「字曰清靜之理」之後寫到：「此則《周易》所謂元，孔子所謂仁，老子所謂道，孟子所謂性，名號不同，而其為物則一。」⑫這段話在通行本中雖然刪去，然而兩種版本的篇末案語都提出「此篇之說，與宋儒同」的說法，認為斯多葛學派的理性說可以通於宋儒的性理之說。宋儒的性理說與斯多葛學派的理性有同有異。嚴復在此偏就其相同者論之，意指人性中能夠認識是非善惡與道理之所在的部份。合此道德理性與認知理性，則為其所謂的邏各斯。此邏各斯是否即「《周易》所謂元，孔子所謂仁，老子所謂道，孟子所謂性」，固然頗有待商榷，然而嚴復企圖以西方學術思想傳統中最核心的概念──理性，以會通於中國乃至世界思想中核心概念的企圖，則無可置疑。嚴復學術思想之所追求，一直是貫通萬事萬物與古今中西的根本道理。

嚴復於一九零零年拳亂之後，痛感中國社會之失序，乃著手翻譯《法意》。他說：

---

⑫　嚴復譯，《穆勒文學》，3。

⑫　《嚴復合集》第七冊，66。

國之與國，人之與人，皆待法而後有一日之安者也。⑫

孟德斯鳩深受洛克等英國自由主義大家的影響，主張自由、寬容、節制與立憲政府。然而他認為真正的自由並非任意而為，而是在法律的規範與保護之下，個人各依其性向自由行事。孟氏對抽象的自由原則缺乏興趣，反而比較著重研究自由所賴以茁壯的土壤。此書為當代政治學之寶典，內容博大精深。嚴復翻譯此書時，特別看重孟氏合自由與法治於一爐的思想、歷史演變以漸不以驟態度，而尤是本書對於法治之原理與緣起的說明：

> 孟氏意謂，一切法皆成於自然，獨人道有自為之法。然法之立也，必以理為之原。先有是非，而後有法，非法立而後以離合見是非也。既名為輻，其度必等，非得周而後等。得周而後等，則其物之非輻可知。其所言如此。蓋在中文，物有是非謂之理，國有禁令謂之法，而西文則通謂之法，故人意遂若理法同物，而人事本無所謂是非，專以法之所許所禁為是非者，此理想之累於文字者也。中國理想之累於文字者最多，獨此則較西文有一節之長。西文「法」字，於中文有理、禮、法、制四者之異譯，學者審之。⑫

西方的「法」（Law）字所涉意涵至廣，於現代生活中無所不在，所以它在中文中可有理、禮、法、制四種不同之譯法。嚴復藉此書向國人說明法律與政制的本源與其發生、變化的因果。孟德斯鳩精

---

⑫　嚴復譯，《法意》（上），收於《嚴復合集》十三冊，14。
⑫　嚴復譯，《法意》（上），收於《嚴復合集》十三冊，9。

研一切律法在歷史中形成的過程，此種觀點與嚴復的演化觀相近，這乃是他會特別看重孟氏的重要原因。現代社會與政治生活處處有賴法治，嚴復於清末特別翻譯此書，不能不說是一種高卓的見解。道、理、法、禮、制，彼此關係密切。嚴復實有意藉此書講明政治與社會制度的原理。

嚴復又於一九零三年譯成《群學肄言》一書。如前所述，此書初譯為《勸學篇》，書中企圖提出一套科學社會學的方法論，認為一切有關社會人生的研究，以求得無所不在科學公例為目標。學者當科學地研究一切事理，努力去除各種偏見，以求取最高的真理。⑫一切的政治社會施為，必須本之於學理，以格致之學為一切的根本。嚴復於光緒七、八年之交讀此書，感到斯賓塞的思想體系無所不包且一以貫之。其治學觀點可與《大學》、《中庸》相發明。他於本書序中說：

> 道巽兩間，物奚翅萬。人心慮道，各自為楦。永言時位，載占吉凶，所以東聖，低佪中庸。譯《知難》，第四。⑫

指出天下事物極其複雜，而個人的觀點容易膨脹，認識人文大道非常不易；因此學者必須篤守知難的教訓，並體會事物之理因時因地的變化與人智的限制。他將此學與「正德、利用、厚生」的傳統理想相連，並認為透過科學的公例，才能明白治亂、盛衰之由，及「正德、利用、厚生」的根本：

---

⑫　嚴復於一八九七年著手翻譯此書，後以其難譯而暫時擱置。
⑫　嚴復譯，《群學肄言》，4。

群學何？用科學之律令，察民群之變端，以明既往、測方來也。肄言何？發專科之旨趣，究功用之所施，而示之以所以治之方也。故肄言科而有之。今夫士之為學，豈徒以弋利祿、釣聲譽而已，固將於正德、利用、厚生三者之業有一合焉。群學者，將以明治亂、盛衰之由，而於三者之事操其本耳。⑱

先人不明此理，所以常困，所造之業遺禍於後世：

輒為之窮事變，極末流，使功名之徒，失步變色，俛焉知格物致知之不容己。乃竊念近者吾國，以世變之殷，凡吾民前者所造因，皆將于此食其報。⑲

中人必須深明社會變化之因果，才能處理中國的問題。不窮極事物變化之理，豈能撥亂世而反之正。此書以講明為學的方法與意義為宗旨，內容抽象，嚴復身處危亂之世，卻始終重視此書，更足以表現他明道以救世的基本態度。

秉持究明社會變化之因果的觀點，嚴復又譯出《社會通詮》一書：

由秦以至於今。又二千餘歲矣。君此土者不一家。其中之一治一亂常自若。獨至於今。籒其政法。審其風俗。與其秀桀之民所言議思惟者。則猶然一宗法之民而已矣。然則此一期

---

⑱　嚴復譯，《群學肄言》，3。

⑲　嚴復譯，《群學肄言》，自序，《嚴復集》，123。

之天演。其延緣不去。存於此土者。蓋四千數百載而有餘
也。嗟乎。歐亞之地雖異名。其實一洲而已。殊類異化並生
其中。茍溯之邃古之初。又同種也。乃世變之遷流。在彼則
始遲而終驟。在此則始驟而終遲。固知天演之事。以萬期為
須臾。然而二者相差之致。又不能為無因之果。而又不能不
為吾群今日之利害。亦已明矣。此不佞逐譯是編。所為數番
擲管太息。繞室疾走者也。⓽

由宗法而進於軍國社會，此西方之所以強。中國自三代乃至秦以
下，長期為一宗法之民，社會未曾有根本性的進步，此中國之所以
不振。且不論此說是非，嚴復這種追本溯源、高瞻遠矚的眼光，不
能不說是他凡事探求根本，講明基本原理的態度之重要例證。

　　嚴復一連串的翻譯，從經濟、政治、社會、法律、歷史、哲學
等基本學門，引進了西方學術體系的各種基本原理及治學方法。他
相信西方學術思想無論就其部份與整體而言，都具有相關性乃至通
貫性。而嚴復的學術興趣，則在於掌握其中的基本原理，以徹底明
白西方學術文化之所以然。他同時認為道理無分東西，中國古人對
這些道理往往也有深刻的認識，所以他不斷地進行融合中西學術思
想的偉大工作。然而嚴復所從事的學術工作，又絕不脫離現實需
要。嚴復心中無時無刻不關切救亡圖存的時代課題。只是他見識深
遠，深知中國幾千年的歷史文化，非一時可變，必須深入探討致病
的原因、健康的原理與醫病的道理，才能處理如此錯綜複雜、年深

⓽　嚴復譯，甄克思著，《社會通詮》（台北：商務，1977），譯者序，1-2。

代久的沉痾，否則不為庸醫殺人者幾希。嚴復明道以救世的基本態度，必須從這裏理解。

六、晚年定論

嚴復融治中西學術思想於一爐的想法，在晚年都作了很大的修正。民國元年嚴復主持北大時曾向友人說：

> 比者，欲將大學經、文兩科合并為一，以為完全講治舊學之區，用以保持吾國四、五千載聖聖相傳之綱紀彞倫道德文章于不墜，且又悟向所謂合一爐而治之者，徒虛言耳，為之不已，其終且至于兩亡。故今立斯科，竊欲盡從吾舊，而勿雜以新；且必為其真，而勿循其偽，則向者書院國子之陳規，又不可以不變，蓋所祈響之難，莫有踰此者。[131]

古人所傳的「綱紀彞倫道德文章」，本不從科學化、系統化、哲學化、理性化的學術體系而來。西方的科、哲學，確實難以解決社會倫理與人生價值的問題，遑論提供中國所需要的「綱紀彞倫道德文章」。《大學》所主張的格致誠正修齊治平之道，與西方學者的治學途徑差異甚大；道、釋兩家之學，更與西學不同。嚴復早年在企圖融通中西學術，追求「道通為一」的心理下，偏重中西學術與思想相通的層面。隨著自己學問的進步與目睹中國在西化進程所出現的問題，嚴復認識到中西學術之間的一些根本差異，明白「所謂合一爐而治之者，徒虛言耳」。傳統學術的精神、目標、前提與方法

---

[131] 嚴復，〈與熊純如書〉109封之3，《嚴復集》，605。

均與西方科、哲學有很大的不同。嚴復認為必須分而治之，方能各存其真。西學自然以西方為標準，然而中學之教授卻又不能繼續「書院國子」之成規，所以甚為棘手。

至於思想上的「道通為一」，嚴復前期主張自然公例具有普遍性，既為萬事萬物的共同原理，亦為人類社會所應共遵的普遍理則。然而到了晚年，他雖然依然肯定人類社會的一些共通價值與發展目標，卻拋棄超越時空的自然律的想法，反而強調事物的特殊性、歷史性（historicity），以及面對此多變多歧、難以一律的世界所應稟持的虛無因應的態度：

> 來教謂平等自由之理，胥萬國以同歸，大同郅治之規，實學徒之究竟，斯誠見極之談，一往破的。顧仆則謂世界以斯為正鵠，而中間所有涂術，種各不同。何則？以其中天演程度各有高低故也。譬諸吾國大道為公之說，非盡無也，而形氣之用，各竟生存，由是攘奪攻取之私不得不有。于此之時，一國之立法、行政諸權，又無以善持其後，則向之所謂平等自由者，適成其篾禮無忌憚之風，而汰淘之禍乃益烈，此蛻故變新之時，所為大可懼也。……佛教文字道斷，而孔欲無言，真皆晚年見道之語。先生所歡喜贊嘆者，無乃以今吾為故吾乎？[132]
>
> 士生蛻化時代，……依乎天理，執兩用中，無一定死法，止於至善而已。渾渾時見極，九九或疑神，亦欲新民德，相將

討國聞，裒成千膅集，書及萬言陳。❸

拋棄了以線性邏輯、形式邏輯、理性主義來應世的思想，而回到
儒、道、釋三家超越言詮的道論。拋棄了普遍理則，而重視時間、
歷史、演化的因素。在這個基礎上，他也不再提倡自由平等主義，
乃至一切定名、定言，而主張回到「一而能易，大而能化」的道
論。並以莊子、孔子以及釋迦所共具的「道可道、非常道」思想為
他的最後歸宿：

> 先生嘗言平生於莊子累讀不厭，因其說理語語打破後壁，往
> 往至今不能出其範圍，其言曰，名，公器也，不可以多取，
> 仁義，先王之蘧廬也，止可以一宿而不可以久處，莊生在古
> 則言仁義，使生今日，則當言平等自由博愛民權諸學說矣，
> 莊生言儒者以詩書發冢，而羅蘭夫人亦云，自由自由，幾多
> 罪惡，假汝而行，甚至愛國二字，其於今世，最為神聖矣，
> 然英儒約翰孫有言，愛國二字，有時為窮凶極惡之鐵砲臺，
> 可知談理論，一入死法，便無是處，是故孔子絕四，而釋迦
> 亦云如筏喻者，法尚應捨，何況非法。❹

並特別尊重民族文化與儒學的傳承，以及禮因時而變、大道無所不
在的傳統思想：

> 吾思初生民，中國故獨秀。一畫開庖犧，衣裳垂軒後。虞夏

---

❸　王蘧常，《嚴幾道年譜》，85：1913 年。
❹　王蘧常，《嚴幾道年譜》，112：1916 年。

丁中天，心法著授受。史臣所載筆，明白同旦晝。西旅當此
時，蠢蠢猶禽獸。湯武行征誅，惟民在所救。孔子刪詩書，
述古資法守。時義大矣哉，道體彌宇宙。因禮有損益，百世
難悉究。雖云世變殷，一一異經覯。❸

他晚年雖然依然敬重斯賓塞並相信天演學說，卻深刻體驗認識到
「物競天擇」說所可能產生的流弊，並對孔孟仁義之道，深致其嚮
慕：

不佞垂老，親見脂那七年之民國與歐羅巴四年亙古未有之血
戰，覺彼族三百年之進化，只做到「利己殺人，寡廉鮮恥」
八個字。回觀孔孟之道，真量同天地，澤披寰區。此不獨吾
言為然，即泰西有思想人亦漸覺其為如此矣。❸
今意者天道無平不陂，將必有孟、董、韓、胡其人者出，舉
堯、舜、禹、湯、文武、周公、孔子之道于既廢之餘，于以
回一世之狂感，庶幾元元得去死亡之禍，而有所息肩。❸

他晚年引述孔孟、老莊甚至釋迦的次數，遠多於引述西方任何思想
家。嚴復思想的歸宿，仍是中國儒、道、釋意義下的一貫之道。然
而他繼續主張子弟學習西法，只是必須在中學方面先打下深厚的基
礎。其兼取中西之長的態度並未改變，惟傾向於放棄以西方理性主
義為最高真理，而改以傳統的道論為「道通為一」的最高義解，並

---

❸　《瘉懋堂詩集》，卷下，〈書示子璿四十韻〉，《嚴復集》，409。
❸　嚴復，〈與熊純如書〉109封之65，《嚴復集》，692。
❸　嚴復，〈太保陳公七十壽序〉，《嚴復集》，3351。

重新認識了儒、道兩家思想的精義。

七、結語

　　嚴復一生的終極追求，在於明道以救國。他深刻地認識到中國的問題非一朝一夕之故，而西方文化的成就也非一蹴可及；必須深入探索文明之興衰以及社會、歷史演變的基本原理，才能找出中國未來的發展方向及因應變局的方法。受到大時代的刺激以及中西學術的影響，他對於中西文化的根本性質與原理特具興趣。作為第一位真正深入西方學術文化之堂奧的中國人，他明白自己的使命在於介紹西方現代文明之基本原理給國人，以及闡明中西文化之間的種種衝突與會通。為了尋找中國文化的出路與願景，他作了種種融通中西的努力。他的翻譯事業，基本上是用古文，即傳統的觀念與文字體系，來詮釋西方現代思想。這代表由中國思想文化的立場去融入西方思想文化的偉大努力。至於他數量龐大的案語、註釋以及本文的創作，更處處可見他融通中西最高學理以濟世的企圖。

　　嚴復追求融通中西最高學理，所走過的歷程，很能反映出中西學術暨思想間的一些根本關係。受到「道通為一」的理想之影響，他雖然很早便深刻地認識中西學術所用的之方法與所得之具體成果大不同，卻依然追求中西雙方透過各自傳統所認識到的最高學理之融會。就此目標而言，其一生所發明不能不說相當豐富。然而到了晚年，他雖然依舊相信雙方所見之最高學理頗有相通之處，卻更進一步地認識了中西學術的基本差異，提出合冶兩者於一爐不免為空想，不如分而治之，反而可以各得其真，並兼取其長。

　　在思想上，他從科學與邏輯方法出發，企圖融合「道」、太

極、邏各斯,「理則」（rationality）、自然公例等概念於一爐。然而,其科學與理性化的「一貫之道」的說法,其實含有不少問題。而他自己晚年也拋棄了超越時空的理性主義觀點,回到中國傳統重視時空因素的道論。

此一過程中,嚴復所走的路不免既非儒、釋、道三家之學的正軌,亦非西方科學與哲學的正途。如同往後百餘年的許多現代中國學人,他的學術精神、動力、目標與方法都不免經常徘徊於中西之間。這使得它既非嚴格意義下的西方科學或哲學家,也不曾成就嚴格意義下的儒、道、釋之學。然而嚴復持續不斷的努力,卻使他得以深入中西學問的許多核心問題,並透過比較的方式,對兩方面都得到極深刻的見解,而這似乎正是中西交會之際,時代所賦於他的使命。究竟而言,嚴復主要的精神動力,似乎更多地來自儒家格致誠正修齊治平的傳統,然而追求客觀的知識與真理體系,對他而言也極為重要。至於道家乃至佛家思想,則使他對於世界的根本而遍在之道理,有更為親切而靈透的體會。「道通為一」是嚴復一生學思的理想,而他在深入中西學理之後,對此問題也的確做出卓越的貢獻。並本其所得,從事經世救國的事業,而得到輝煌的成果。

章太炎與現代史學

汪榮祖

國立中正大學歷史學系講座教授

序　論

　　章太炎一直被認為是國學大師，中國傳統學問的殿軍，結束舊時代的人物。他本人的學術風格，不僅拒絕用白話文寫作（他的白話文是講演稿的紀錄，不是他手寫的），而且喜用艱僻的古文，即使連前清的張之洞都覺得他的「文字詭譎」（陳石遺 1976，7：3），對民國以後的讀者而言，更無論矣，當然加深了他是老古董的印象。

　　其實，章太炎在中國學術史上的重要性，最主要是開風氣之先，是現代學問的開路先鋒之一，無論在哲學上，社會學上，語言文字學上，以及史學上都有蓽路藍縷，以啟山林之功。但是我們必須先揭開他古奧的外衣，才能看到新鮮的內容。像《訄書》艱澀的文字裡，隱藏著柏拉圖（Plato）、培根（Bacon）、路索（盧騷Rousseau）等西方的人名，名詞，和概念，像舊瓶裡裝了新酒，不要因瓶而棄酒。他的一生也非老古董可比，他是新式學堂東吳大學初創時的教員，尋因參加革命遭遇到通緝而亡命。他是 1903 年蘇報

案的主角，1906 年同盟會機關報民報的主編，宣傳革命厥功至偉，應與孫中山和黃興並稱三鉅頭。民國以後，他因反對袁世凱而遭禁錮多年，後又奔走聯省自治以重建民國，晚年日本侵華日亟，呼籲抗日，參與救國，直至逝世。

因此研究章太炎，不把他當舊學的殿軍，而把他當新學的開山，才較有意義。他與現代學術的關係面，相當廣泛，幾乎涉及文史之學範疇內的所有學門。本文僅就他與現代史學這一面，加以討論。今人論及中國近代史學，莫不稱道梁啟超，因梁氏於 1902 年首創新史學；然而章太炎雖未用新史學一詞，卻約略同時提出史學新義。梁氏發表新史學一文之後，即與章氏討論，且於 1902 年 8 月 4 日，將章氏意見以書簡形式公諸《新民叢報》。章氏說，他於暑期讀了許多有關社會學的書刊，感到「興會勃發」，很希望能融合新舊史料，寫一部新的中國通史。他認為舊時代的斷代為史，「難發新理」；惟有通史，才能運用現代的心理學，社會學，宗教學等新學問，完成一部上下千古的史書，具有「新理新說」的通史，與傳統的通考，會要之類，絕然異趣。他更具體指出，一部好的通史尤須注意兩方面：「一方以發明社會政治進化衰微之原理為主，則於典誌見之；一方以鼓舞民氣，啟導方來為主，則亦必於紀傳見之」。在此他所謂的典誌，已可稱近代的制度史；他的紀傳，也非傳統紀傳體的傳記，已近乎現代以人物為中心的思想史。他並不滿意當時日本人寫的支那史，以為「簡略無義」，只能作教科書，「固不容以著述言也」。他受到梁啟超在《新民叢報》暢論史學得失的鼓舞，決心寫一部一百卷，六七十萬字的通史，並列出目錄，預計一年內完成（章太炎 1977a，1：167-169）。

　　然而，章氏通史雖因他參加革命而未能寫成，但他的史學新義
仍可見之於他豐碩的著作之中。章氏史學新義，與梁啟超的新史學
相比，有一有趣的不同。梁氏提倡變法，然其新史學斥傳統史學乃
帝王家譜，欲一舉而摧毀之，不啻要發動一場「史界革命」；而章
氏唱革命，欲一舉摧毀傳統政治秩序，然其史學新義，卻意在改革
舊史傳統，並無意推翻之。或謂章與梁於晚年均趨保守，於舊史有
較正面的評價，實則兩人都在針對民國以後的極端疑古之風，殊不
可驟論。章太炎尤感疑古破舊史，舊史既破，新史又將安附？故發
「保守」之言，並未放棄其所持的史學新義。

一、章太炎史學思想與現代史學的三個連接點

㈠ 歷史發展觀點

　　傳統史學大致而言是靜態的，從一個朝代到另一個朝代，見不
到發展的過程。章太炎〈尊史〉一文，即中此弊。他說一個人到老
年，有其過程，如不知其過程中的本末經緯，只能如莊子所謂的
「陳人」，在他看來，唐朝以後的史著，「大抵陳人邪」？也就是
說，寫歷史寫不出發展的本末經緯。他認為中國舊史重視記事，記
事太繁，若無西洋文明史的寫法，便無頭緒可言，然「非通於物
化，知萬物之皆出於幾，大小無章，則弗能為文明史」。他所謂的
文明史顯然有要統紀，「能以思想貫穿中外，騶驒古近，而微言見
於札牒之表者也」（1998：315，323），亦即所謂「鎔治哲理，以祛
（舊史）逐末之陋」的道理（1998：332）。

　　歷史發展觀在西方也是近世進步概念（the idea of progress）產生以
後之產物，才有所謂的直線的歷史時間觀。中國傳統史學以斷代為

史，每一個朝代基本上是靜態的，朝代的興衰則是循環的，也不被視為直線發展。十九世紀西方的達爾文演化論傳入中國，影響深遠，改變了國人的思想，產生不斷發展的進化觀念。此一概念在中國知識界的流通，當然要歸功於嚴復的《天演論》；而章太炎與嚴復早有書信來往，讚佩嚴復的學問，但章之進化論知識不僅僅來自嚴氏，亦得自日本學者的轉介。他曾於 1902 年就翻譯出一本以進化觀點寫的日文書，名之曰《社會學》。達爾文演化觀對章太炎的影響是深邃的，他最初視之為公理，然後進一步批判此一公理，最後形成獨創的俱分進化論。他批判進化論，並不是放棄進化論，因他的俱分進化論仍然是一種進化論；對他而言，是一種更能反映真理的進化論：物質世界的進步雖是不斷向前的，但人文世界的道德卻可能不進反退；然而見不及此，居然有人誤以為他「近乎全面的否定進化論的價值」（丘為君 1999：325）。事實上，他不僅沒有否定進化論的價值，而且演成進化的歷史觀；而此種探索變的歷史觀，足以使他與梁啟超並稱中國現代史學的先驅。

章太炎與 1910 年在東京講〈教育今語〉時，就指出研究歷史須注意，「一是制度的變遷，二是形勢的變遷，三是生計的變遷，四是禮俗的變遷，五是學術的變遷，六是文辭的變遷」（章太炎 1914：51），不僅把固有的政治史傳統，拓展為制度史，疆域沿革史，經濟史，文化史，學術思想史，與文學史，而且重視各門專史的變遷，強調其動態，在當時民國尚未成立，不能不說是開風氣之先。他晚年講〈歷史的重要〉，仍然說「歷史著進化之跡，進化必以漸」，在他心目中，歷史顯然是一循序漸進不斷發展的過程，並有意從歷史過程去探索社會政法興衰的原因，足見他的歷史發展觀

是持久而一貫的。

　　他在〈學變〉一文中，展示了自漢朝到晉朝五六百年間的學術思想變遷史。董仲舒的陰陽五行說盛極一時，然由於以陰陽定法令，「不識遠略」，而後有楊雄的《法言》砭其弊，是為一變。然《法言》雖應時而出，但畢竟「雜錯無主」，而後有王逸的《正部論》之問世，此為第二變。至東漢在今文經激盪下，累積了太多空泛不實的華言，「不足以昭事理」，而後有懷疑虛妄之言的王充《論衡》，此為第三變。王充的學說雖有催廓揚清之效，但「無樞要足以維持」，有如西方的「繁瑣哲學」，至漢季法度衰馳，刑賞無章，證明儒學的門面已不能維持，便出現赤裸裸的法家著作，如王符的《潛夫論》，仲長統的〈昌言〉，以及崔寔的〈政論〉，都是「辨章功實」，「任賢考功」的法家之教，因而從漢末到吳，魏，法家大行，此為第四變。然而魏武帝曹操「操法甚嚴」，久而久之，中州的士大夫不能忍受其「檢括苛碎」，持論又開始變遷，於是有要求追尋天性，不講禮法的訴求，而後有嵇康，阮籍等崇法老莊，引求神仙的玄言，此為第五變遷（章太炎 1998：146-148）。此學術思想五變，雖言之簡略，只能說是一篇研究綱要，但值得注意的是，其中包含的新義有二：其一顯示了學術思想在長時間之中的發展，其二顯示了學術思想各從其世，也就是思想反映時代，應時代之需要而變。這也就是他所說的：社會更遞變化，物質方面繼續進步，那人情風俗也隨著變遷，不能拘泥在一種情形的」（1977：20）。變的觀念，無疑在章太炎的史學思想中佔有主導的地位。

　　章太炎既具歷史發展觀，故能洞悉舊史之「文辭反覆，而辭無組織」，以及「昧其本幹，攻其條末」，以及「間焉不昭」等弊病

（1998：332）。章太炎具有歷史發展觀，才能把古今之異看得很清楚，覺察古與今之間，有時間的距離，因而有敏銳的歷史時間感。他有一句很精闢的話：「丘壤世同，實萌世異」，意謂自然環境世代相同，但人文景觀與時俱變，雖然按今人的歷史生態學觀之，自然環境也會變，只是變化得小而不易覺察而已，不過章氏在此強調的是，人文世界裏的古今之變，知其變始能知其異，知其異才能正確理解歷史，故史家絕不可以今情來妄斷古情。他指出，清朝的營造尺比漢尺長，漢一尺僅得清尺的七寸四分，漢代的一萬里，為清代的七千四百里（章太炎 1939，53：8）。他以十分具體的例子，說明古今的差距，若以今人的尺度來測量古人古事，必然有誤。他明言「不可以古論今，也不可以今論古」（1977：24）。古今有異，固然不能以今測古，自亦不能「借古事以論今事」。以今事測古事，是「妄論古人之是非」，而借古以論今，則是「借題發揮」（章太炎1977a：830-831：1939a，53：10），幾近所謂影射文學，都是忘了歷史時間，不知今古之間的時間距離，不免曲解歷史，唯有知道歷史是不斷發展的，才會知道古今之異，絕不能任意跨越。

二 現代信史觀點

現代史學始於德國史家蘭克（Leopold von Ranke），因其提倡利用最原始的檔案資料，來研究歷史。其目的，即在獲致最信而可徵的歷史。近代史學之有別於傳統史學，未嘗不可從信度上作分野，故近代史家尤重史料的甄別與考訂，力求原始史料，以重建接近真相的歷史。章太炎重視史料以及視野之廣，可見於他的〈中國通史略例〉之中，若謂「今日治史，不專賴域中典籍」，又謂各種外國史料都可「比較異同，然後優劣自明，原委始見，是希臘、羅馬、

印度、西膜諸史，不得謂無與域中矣」（1998：334-335）。他要廣搜
史料，固不待言，且對史料的甄別與考訂，亦特具慧眼，如譜牒與
奏議都是上等的史料，但是章太炎指出：「門第之風替，而譜牒之
學衰」（1974：104），所以唐朝譜牒之真偽，已很難定，宋代以
後，根本不可信；換言之，門第盛的時候，修譜較為真實；門第既
衰，不僅譜牒難考，而且易於比附，時間愈久便愈不可信。至於奏
議，古人多出於己手，價值自高，唐宋明的奏議，常由名臣代擬，
亦入詞臣一己文集，固知代擬者為誰。然而到了清代，地方督撫因
有幕府，故上奏十之八七，由幕友捉刀，就不能完全反映督撫的想
法。所以，同樣一種史料，由於歷史背景之不同，而有性質之異，
貴賤之分。足見章氏為了追求信史，辨別史料之細密。他論史之優
劣也不講究文章的好壞，「但須問事實之確否」（1939a，53：8），
亦一意以信實為念。

　　章太炎批評中國舊史傳統，亦以歷史的真實性作主要的考量。
舊史中的正史，最受重視，因其掌握龐大資源的官府所修，故比較
信實；而私家擁有的史料有限，常憑道聽塗說，常被視為不可信的
野史。然而，太炎批判「以官定為準」的正史，正因其官定，官定
反映官方的主見，代表政府立場，有損客觀的真實性。不僅如此，
正史還有悠久的大框框，如春秋筆法，以意識型態作歷史褒貶。太
炎斷然說：「褒貶筆削，春秋而後，不可繼作」，因「史家載筆，
直書其事，其意自見，本不必以一二字為褒貶」，春秋筆削之意，
自更非所宜（1974：120-121），顯因無論褒貶或筆削，都有損歷史真
相，可說是對整個舊史傳統的挑戰。他認為正史中的前四史較好，
就因為四史根本等於是司馬遷、班固、范曄、陳壽的私修，具有史

家個人的特色。他推崇《資治通鑑》的功力，就因其體例不效法春秋，而效法左傳，故「溫公之作通鑑也，採擇甚廣，異同互出，不敢自擅筆削之權，因有考異之作」，考異就是考校異同，辨正謬誤，然而後繼者未能承襲司馬光的「良工苦心」，自明代以來，「作史者喜學綱目」，也就是說又回到「不可學」的春秋體例了（1974：116）。

正史中的另一大框框則是正統觀，歷代官修史書，亟亟以正統來斷定政權的合法性，而正統又受制於特定的意識型態，往往有礙真相，故太炎直言，所謂「正統殊不可問」（1974：117）。所以他認為陳壽以魏為正統，並無不當，說是「桓靈之惡，甚於桀紂，曹操代漢，政治修明，雖其初起時，孔融之徒有不滿之意，謂之正統有何不可（1939a，53：5）？」儼然反傳統的現代說法。正統與書法，乃中國傳統史學兩大支柱，可見太炎以其現代史學的眼光，直接向舊史的核心挑戰，並對舊史作深刻的反省。大致而言，他認為唐朝以前，官修尚未至制度化，部分史冊尚稱信實，之後官府完全掌控撰史，則真實性大為可疑，幸而還有許多「朝野私載」，故「作者雖有優拙，其實錄十猶四五」，至清朝以異族統治中國，用高壓箝制思想，禁毀書籍，士人「莫敢記述時事，以觸羅網」，更無私家著史，將使後日「雖有良史，將無所證信」（1998：328）。他明確指出，傳統史官之「偽飾隱匿」，而力求史之信實，不能不說他開了中國現代史學的先聲。

章太炎從現代信史的觀點批評中國傳統史學，然並無意推翻舊史，另創新史，而是求舊史之更新，故對舊史之中，考而後信的部分，倍致讚揚，如謂「昔蜀之譙周，宋之蘇轍，並著古史考，以駁

正太史公。夫上下數千年之事，作史者一人之精力，容有不逮，後之人考而正之，不亦宜乎」（1939，55：6）？同時他對新史，也不盲目接受，新史學界興起的疑古之風，原亦是針對舊史傳統的不信實而發，在現代科學與實證風氣影響之下，只相信地下出土的實務實證，但疑之過甚，在「細微之處，吹毛求疵」，即認為不可信，或為了「矜奇炫異」而無故懷疑，無異要「打破歷史」，反而沒有了信史。他更進而指出，考古不能取代歷史，因地下出土的「器物不能離史而自明」，知道秦漢史，才知道秦漢器物的意義，否則又何從得知是秦漢的器物？如果必有秦權與秦錢的出土，以證明秦始皇的存在，然則尚無漢初錢幣的發現，是否可以否定漢高祖的存在？如只信器物，歷史根本無法貫穿，所以他認為「以史乘證器物則可，以器物疑史乘則不可；以器物做讀史之輔助品則可，以器物做訂史之主要物則不可；如據之而疑信史，乃最愚之事也」（1977：122-134）。至於但憑主觀的以為不可能，就加以否定，更不足取，所謂「但見秋菊之晚開，不信江梅之早發，天下寧有此理？」（章太炎 1939，55：6）。類此評語，常被解作反對科學實證的保守之言，並不公平；他的用意，還是在維護真實的歷史。

章太炎反對過度的疑古之風，並不等於古史不可疑。他自己讀史，就常具懷疑的眼光，然而懷疑的目的，不是否定歷史，而是在尋求信史。如他懷疑唐朝的建成太子，先有殺李世民之心。他於〈書唐隱太子傳後〉一文中指出，當李世民以伏兵擊殺太子時，太子全無防備，足見並無手足相殘之陰謀，否則必有提防。若謂太子設計不周，殺弟反而被弟所殺，則魏徵當時是太子的謀臣，難道還不如李世民的謀臣？如太子真的存心殺弟，那有屢試而不中，而李

世民卻一擊而中之理？他又引歷史先例，指出李世民向父皇唐高祖
訴說建成太子的壞話，與隋煬帝楊廣告發太子勇者，如出一轍，諸
如太子與後宮嬪妃淫亂之類，皆無可證實而欲加之罪的說詞。他更
進而懷疑，所謂太子無功而世民功高的說法。唐高祖素染胡俗，若
世民功高又何憚而不更換太子？建成之成為太子，自有其功勳與才
能。唐太宗李世民為一代英主，舊史原有為賢者諱的傳統，故世民
殘殺兄弟，奪取皇位之事，隱而不彰。然而太炎已能以歷史真相第
一位，信史至上的概念顯已建立。此一信實概念，可用他自己的話
來概括：「研精覃思，鉤發沉覆，字字徵實，不蹈空言，語語心
得，不因成說」（1985，4：355）。這種實事求是的態度，實無異於
現代實證派史家所持者。

　　章太炎常被稱作經學大師，或最後一位經古文大家；其實，他
早年寫《春秋左氏讀》，頗取公羊今文家言，後來他極力反對公
羊，反對康有為的公羊改制說，也不是經學的門戶之爭。康氏也不
是真正的經今文學家，他不過是利用經來改制，故大談玄妙的三世
說，利用孔子來變法，故把孔子比作耶穌，所以他是以宗教和哲學
的觀點來處理經書。章氏則完全站在歷史的立場看待經書，他重視
信史，必然不會再把經書，視為「玄聖製法」。他從日文書裏，得
知西方史學曾受制於宗教，一如中國古史出於巫史，亦有如經學之
長期統治史學。故史學之信史，必先擺脫神秘主義之控制。他反對
經古文，主要是反對其神秘主義；他之「訂孔」，也在袪去孔子的
神秘面紗，他將孔子定位為「良史」，是「史學宗主」，不是什麼
教主，其刪定六經，「與太史公，班孟堅輩，初無高下」（章太
炎，1984，3：134-135；1914：14），即在化神格為人格，歸經學於史

學，正與康有為定孔子為耶穌，絕然異趣，猶若冰炭，這才是康章的根本之異。他甚賞章學誠六經皆史說，認為是「撥雲霧而見青天」（1914：134），並解作六經皆是史料，顯然較學誠更遠邁一步，正見後章之現代性，以及甚得現代性格中「世俗化」（secularization）之要旨，豈能純以經學家視之？因而說「章太炎和康有為，一個堅守古文經，一個鼓吹今文經」（房德鄰 1999：10），並不正確，康有為鼓吹的是變法，今文經只是變法的工具，而章太炎所堅持的信史的立場，不再把經主要看作修身之書，只視經為史而已（1914：136）。

　　章太炎關注信史，尚有其時代的感受。一方面，他擔心康有為一派將經書當作有如基督的聖經，視歷史如小說，以及造成無端疑古史之風，足以毀滅信史；另一方面，他深感滿清統治中國近三百年，先有文字獄，威脅信史的寫作；乾隆藉編修四庫全書，又禁毀大量圖書。在政治高壓政策下，官方固然一味美化統治階級，褒貶失當，而私家既不敢記述時事，更難見直筆，於是記載或簡略不詳，或失實，或歪曲，故撰〈哀清史〉一篇，嘆信史在清代所遭遇的摧殘（1984，3：325-328）。章氏在反滿時期，顯然以滿漢種見，譴責滿清政府滅人之國之餘，還要滅其史，深知信史有關國家民族的存亡。滿清政府被推翻之後，則以整個中華民族的立場，強調保護中華信史為抵抗列強的精神力量，足見他的信史觀念又與他的民族主義有關。

🗀 民族主義史學觀點

　　章太炎的史學，近人多以民族主義史學稱之，固然很有依據，然仍須作深入分析，不能僅就其文字與議論作籠統的概述。太炎之

民族主義，最明顯的表現是反滿，但反滿並不能包攬他的民族主義，他到八國聯軍入侵，證明滿清政府不足以抵擋帝國主義，才開始排滿，辛亥革命成功之後，他即倡五族共和。他晚年先後反赤與反日，都旨在反對外國侵略勢力，故其民族主義紮根於反帝。然而自庚子到辛亥，他既認為非倒滿不足以振興中華，非振興中華不足以抵抗帝國主義，故極力反滿、排滿、詆滿，如謂「滿州以強暴侵略漢族，殘其民庶，盜其政權」，以及說滿州人「犬羊之性，父子無別」（1985，4：268，192），成為革命陣營之中，最犀利的反滿宣傳家。他把民族主義比喻為稼穡，必須要歷史知識來灌溉；否則，「徒知主義之可貴，而不知民族之可愛，吾恐其漸就萎黃也」（1985，4：371）。史以致用，其效果在達到政治或愛國的目的，原不在學術。事實上，太炎晚年刪除許多早年政治性文字，自知並無永恆的價值。因此，我們不能視其民族主義宣傳文字，為其民族主義史學的主要內容。

章氏的民族主義史學，像梁啟超的新史學一樣，是西潮衝擊下的產物。西方帝國主義入侵，中華帝國門戶洞開，被迫接受現代國家體制。梁啟超提倡國民的歷史，其所謂國，已非舊時之朝廷，而是現代國家。章太炎也已具現代國家觀念，其有志於撰寫一部中國通史，即以現代的國史來取代舊史，猶如德國史家之寫德國史，或英國史家之寫英國史。十九世紀歐洲列國的民族主義史學（nationalistic school of historical writing），頗重種姓之優越，國族既往之榮光，以助國家之士氣，如普魯士學派（Prussian school），實於德國之統一有推波助瀾之功，甚至為日後德意志軍國擴張主義鋪路。中國情勢境遇不同，民族主義意在自衛，章太炎力言歷史是愛國心的

泉淵，所以他把歷史比喻為一國的帳簿，載明產業，按簿可稽，國人豈能不知；也可比做棋譜，舊譜既熟，新局自創，才能鑑往知來，援古證今（1933：1-2，7；1939，55：3）。然則，非歷史知識不足以知國本，不知國之可愛，不知國運之來龍去脈。章氏晚年，正值日本侵華，感觸尤深，如謂：「不知遼東玄菟為漢郡，故以東北為絕域；不知漢之右北平郡領縣，多在熱河，故以熱河為塞外」（1939，51：1），足見不讀史，連亡國都不自知，失地千里也不甚惜，他把讀史與愛國連在一起，意即在此。章太炎所面臨的時代，勢必使他成為民族主義史家。

觀諸章太炎排滿文字，他好像是大漢沙文主義的種族主義者，其實在他心目中，民族主義根本不是基於狹隘的血緣論，中華民族也絕非等同漢族，因他明確指出，中華這一名詞，既不是一個地域的國名，也不是一種血統的種名，「乃為一文化之族名」，也就是說，中華民族由歷史鑄造而成，長期的歷史經驗使異族同化，共成華族。然而，既如此，滿洲認同中國，為何反滿？此乃其反滿宣傳與歷史思考間的矛盾，然此一矛盾在其心中，並非不可解決；解決之道，來自西方的主權觀念，即主權應屬於大多數人，大多數的漢人收復主權之後，才能接受滿人。在國土上，他也是從文化而非種族作考量，所以他認為朝鮮與越南在文化上同於中國，應為中國的一部份，而三荒服，即西藏、蒙古、回部倒非故土。但在現實上，朝鮮已為日本併吞，越南仍是法國殖民地，難以改變，而三荒服尚不他屬，反而較易納入版圖。納入版圖最緊迫的理由，則是英、俄兩帝國主義國家的窺伺，「乘隙窺邊，誘以他屬」。從他以文化為主的民族國家觀而言，「漢人以一民族組織一國家，平等自由，相

與為樂」，未嘗不可，無奈列強環伺，如果中國各族分裂，俄國立即會進入蒙回，英國必定入藏，法國必定會進入雲南與廣東，漢人的土地也會不保（章太炎 1985，4：252，255，257，261）。於此可見，他的民族主義絕非植根於狹隘的種族主義，也非狂熱的擴張主義，卻多理性與現實的思考，擔憂帝國主義的侵略性格，可說是史家反映時代，也可說是一種相當自衛性的民族主義。

然而民族主義畢竟是一種強烈的情感，而史家則貴公平，寧靜，不陷入感情與偏見的陷阱，兩者似仍有矛盾。所謂民族主義史家，於民族主義而言，往往是褒語；然於史學而言，常常是貶語。故以史學的標準衡量，一位民族主義史家的優劣，端視其公正客觀性的強弱。以章太炎而言，在政治史方面，尤其是清代政治史，他的民族主義情緒較濃，多少受到反清政論的影響。如清代盛世康，雍，乾三大帝，在他的反清思想的激盪下，極力挑戰聖君明主的形象。他認為康熙雖非失德，絕不是仁君，於明之宗室，誅夷甚厲；雍正雖能，尤為陰險殘暴，利用理學，濫施恩罰；乾隆雖有威謀，藉編四庫，意在禁毀圖書（1985，4：325-326）。這些負面的評價，並未完全失實，且可平衡過於正面而幾近歌頌的評價，或尚有功於信史。英國史家阿克頓（Lord Acton）有言：「偉大人物幾皆壞人」（Great men are almost always bad men），然則以負面看偉人，或更近於真。至於說咸豐皇帝，狂妄不仁，不免片面，至少舉證不足；又說咸豐若不早崩，曾左等功臣，將無善終（1984，3：626），則全屬臆測之詞；罵光緒那句名言：「載湉小丑，未辨椒麥」（1985，4：177），則盡是人身攻擊矣。

凡清代大小叛亂，如台灣的朱一貴，山東的林清，四川的王三

槐，廣西的洪秀全，河南的張樂行，章太炎皆視為抗清義師，認為
他們的起事，並不是迫於飢寒，也不是為了實行他們的帝王之志，
而是不得不清除如豺狼一般的滿族統治階級（1985，4：192-193），以
反對滿族，作為一切叛亂之因，顯然以反清的民族主義來統解史
事，一如英國輝格黨以自由主義統解歷史（the Whig interpretation of
history），尚有可說；但是為了說明朱一貴之叛，與反清復明有
關，竟言朱乃朱明的後裔（1984，3：593），強行牽連，既無必要，
且有捏造事實之嫌，為史學的大忌，實為強烈民族主義情緒，不自
覺殃及信史的最具體例子。

　　章太炎對一般歷史人物的解釋，也頗顯露其反清的民族主義意
識，如謂曾國藩作滿清的爪牙，鎮壓了反清的太平天國，視之為民
賊大盜，視之為貪圖功名，虛偽善變的理學家（1985，4：118；1986，
5：123），實發中國馬克思史家視國藩為漢奸的先聲，然卻基於不
同的意識型態；章是從種族意識論斷，而馬派則是從階級意識論
斷。然而章說：「曾國藩、左宗棠之起，其始不過保衛鄉邑，非敢
贊清也」（1984，3：625），不免一偏之見，衛鄉與贊清實未易分；
至於進一步說，曾欲藉此取代滿人政權（1986，5：123），更不免以
己心強度曾腹，強古人從己矣。不過，章氏也自有其細微處，如論
錢謙益（牧齋）未以其降清而詆之，指出錢氏響應鄭成功海師入長
江，後來又傷吳三桂之弒明朝最後一個皇帝，編成《投筆集》，
「其悲中夏之沉淪，與犬羊之椒擾，未嘗不有餘哀也」（1984，3：
339），則頗能揭發隱情，日後史家陳寅恪箋證錢柳詩，更大事述
論此一隱情（1980），益見太炎之能觸發先機。

　　排滿反清，只是章氏民族主義的一部分，而且是一時的，甚至

不是最根本的部分。他的民族主義，主要還是針對西方帝國主義，滿洲不逐，民氣不彰，終不能獨立而最終成為歐美的奴隸（1985，4：183），其間本末主次甚明。他更明言：「民族主義非專為漢族而已，越南、印度、緬甸、馬來之屬，亦當推己及之」（1985，4：271），即近代「反帝國主義」（anti-imperialism）之民族主義也。帝國主義來自西方，隨之同來的尚有西方文化，兩者並不容易劃分，因而章常被視為反西方文化的文化民族主義者。其實，他並不反對西方文化，只是他不認為西方文化是放諸四海皆準的世界文化，在西方文化的挑激之下，他的結論是文化多元論，也就是說文化既是歷史經驗與地理環境的產物，所以特殊的（particularity），也就是太炎所謂之「別相」，而非普及的（universality），也就是太炎所謂之「總相」。知總相，固有助於了解別相；然絕不能以總相來該斷別相。各種特殊的文化，應共存共榮；若欲以某一種文化，同化其他文化，就成了文化帝國主義。太炎的文化多元觀，可謂在西方文化衝擊下的產物，與日本的政教社，以及俄國的親斯拉夫派思想，頗有神似之處（汪榮祖 1988：98-105）。

　　多元文化觀，使章太炎更加重視歷史，將歷史與語言和風俗，視為國性的三要素，是為愛國心的泉淵，把歷史之存亡，與國家和文化的存亡，連成一體。舊話說，國可亡，而史不可亡，意味朝代有興亡，而史綿延不絕；然太炎心目中之中國，乃是永恆的文化中國，在西方文化衝擊之下，欲保持其永恆，必須維繫以及認識其特殊的歷史，所謂「不讀史書，則無從愛其國家」（章太炎 1939，55：2）。太炎晚年目睹日本侵華，國運垂危，更加力疾呼籲「歷史之重要」，益見歷史在其民族主義中的分量。他的史學，固然頗具民

族主義色彩，而他的民族主義亦紮根於史學。

　　闡述太炎現代史學三要點既竟，進而一探其本人之史筆。他有
志寫一大部頭的史書，沒有寫成，但有關史事的短篇作品不少，茲
舉兩例，以為說明。

二、章氏現代史學之實踐

㈠ 章太炎論清開國史

　　章太炎是現代史學的草創者，故基本上仍是通儒，尚不完全是
專業學者，何況又因世變之故，不斷參與政治社會活動，也無法作
寧靜的學者，當然沒有時間完成想寫的中國通史。在歷史研究方
面，他用力較多的是明清之際史事，最可注意的是《清建國別記》
一書，他也「自覺精當」（1982：415）。此書原擬收入章氏叢書三
編，三編雖未正式出書，惟單行本的聚珍仿宋本，於民國十三年
（1942）出版，並由中華書局代售。不知何故，這本書問世以來，
似乎沒有引起現代學者太多的注意，故在此作稍微詳細的介紹。

　　由一個曾經激烈反清的人來寫清史，其客觀性或不無可疑。太
炎自謂，當年因反清而欲知清史的淵源，但是當他寫此書時，距他
反清時代已遠，自謂「勝國遺俘，於今無所復恨」（1924a：1a，
2b）。時過景遷，他已無九世之仇可復，完全可以冷靜與客觀著
史。

　　《清建國別記》雖只是一本小書，不到二萬字，然而他並不是
要寫一部完整的清朝建國史，而是要搞清楚奴爾哈赤及其祖先的歷
史真相。這一段清朝前史，在他寫書之時，仍然隱密而史料又少，
所以很可測試他的史學功夫。最值得注意的是，整本書幾乎完全紮

根於檔案資料，以及較為原始的當代史書，除了明代舊刻之外，他用了茅瑞徵的《東夷考略》，王在晉的《三朝遼事實錄》，以及《明實錄》等書，都是當時和當事人的記載。他可能是最早利用《明實錄》著史的現代學者。他並注意到，官書往往不實，如清開國以後的官書，不免有所點竄，有所諱言，固必須「以明書校清史」。他在史料運用方面，非常符合現代史學方法的準則。

太炎上承樸學遺風，固然精於考證，此書諸小節皆屬考證題目，然不是為了考證而考證，而以考證為論史的工具，求史事之信而可徵，故尤重人、時、地的考訂。他首先考定滿清乃金人女真族的後裔，原居混同江以東之地，古稱肅順，後漢稱挹婁，元魏稱勿吉，隋唐稱黑水靺鞨，其後稱號渤海，渤海既衰，為契丹所攻，黑水又重佔其地，形成金朝鼻祖的部落，臣屬於遼；到遼君阿骨打時，始建國曰金。金朝被蒙元滅亡後，因其領地廣闊，人民散居，設立了府與路的建置。明朝永樂元年（1403），派員招撫，於是更設立了海西女真、建州女真、野人女真三部，而建州女真就是清朝的祖國。此從碑文，以及遼事實錄，朝鮮咨文等史料中，卓然可見。然則，清太祖實錄所謂其先乃長白山天女感於朱果而生，乃「附會生民玄鳥之義」自然「誕妄不足信據」（1924：1a-b）。清為金之後裔，遂成定說，孟森、鄭天挺等明清史大家，皆宗此說，然似皆不知章太炎已先言之。

清皇室的姓氏愛新覺羅，近人頗有考證，但莫衷一是。太炎於書中指出，清太祖實錄所謂此姓氏乃天女所命，固然虛妄；若愛新覺羅果為其固有的姓氏，何以其近祖自范蔡到清太宗，一共八九世都不知有此姓氏？所以他認為其姓氏原本范昧，在明朝時，或用賜

姓，或借用他族之姓，一直到後來，為了追述祖德，乃私署曰愛新
覺羅。太炎謂此一「著姓亦後起也」，饒有見地。同樣，滿洲一詞
從金到明無人提過，也是後來才取用的。他指出，乾隆四十二年
（1777）諭旨所謂以故地肅慎轉音為珠申，後改為滿珠之不通，因
肅慎、女真、珠身都是對音，而滿珠偏偏不是，乾隆硬要把後起的
名詞與舊名掛鉤，未免「欲變天下之昭為聾也」（1924：4a）。他也
不認為滿州之得名由於李滿住之故，因李滿住於 1467 年被誅，到
清太祖襲職幾乎有一百二十年之久，都沒有用過此名。他指出西藏
向清朝獻丹書，皆尊稱曼殊師利大皇帝，後來造官書者也就將後金
國汗改為滿州皇帝，故滿州名實由「番僧所賜」，而非其故名
（1924：3a，4b），頗具史識，也有說服力。

　　姓氏國號既定，太炎進而考定建州女真的沿革。明成祖大撫東
夷，永樂元年（1403），海西女真、建州女真以及野人女真諸酋
長，都悉境來附，但明朝仍允諸酋長各統其屬，按時朝貢。他考定
明代的遼東疆域北到開原，東至撫順，南有寬奠，其餘遼闊的土
地，包括今日瀋陽的東部，吉林的全部，黑龍江的南部，以及俄羅
斯沿海諸州，都是三部女真棲息之地，明初設有一百八十四個衛，
可見女真為通名，建州衛乃其一部。永樂末年，建州夷人自相攻
殺，到宣德年間（1426-1435），明廷又遣使招降，並以建州老營地
居之，名為東建州，最初只設一個衛，後來增設二個衛，人數不過
數千，以養馬游獵為生，捕魚為食，狗皮禦寒，其疆域與撫順接壤，
東濱海西，南鄰朝鮮，北至奴兒干北海，距京師三千五百里。建州
女真諸部既受明命，亦曾為朝鮮的附庸，疆界不如海西女真廣大，
大致偏在遼東的東南一帶，南面以鴨綠江為界，地勢橫長，清初稱

建州衛為赫圖阿剌，後來改稱興京，大概包括長白山以西之地。據清太祖實錄，興祖有六個兒子分居於赫圖阿拉，兄弟各自築城，都稱之謂寧古塔貝勒，於此可證，清官書所謂其祖居長白山之東的俄朵里城，去赫圖阿剌一千五百里，完全不確。故建州範圍並不很大，又與中土接壤，習識內情，甚至入為漢官，易於窺邊，終為明朝的大患（1924：4b-8b）。這一段建州淵源頗能於考證中見真相。

太炎接著考證建州的世系，明朝天順與成化年間（十五世紀中葉），建州酋長董山與伏當加先後犯邊，但清官書為尊親諱，故隱而不彰，太炎乃據可靠文獻，弄清楚兩酋是誰，亦因而考證清祖的世系，以及入侵中原的開端。

據清太祖實錄，范察乃清始祖布庫里雍之族的幼子。明朝永樂時，建州衛指揮阿哈出，因功賜姓名曰李思誠，其子李顯忠，顯忠死後則由子李滿住承襲。明朝正統戰（1436-1449）之初，建州衛都督猛哥帖木兒為野人所殺，弟弟凡察的兒子童倉，逃往朝鮮。童倉的弟弟董山乘機稱建州衛指揮，等凡察與童倉逃難回來，叔姪爭奪建州，明廷乃將建州分為左右兩個衛，令董山領左衛，范察領右衛，然而董山因常常寇邊而被誅，但其後人仍然請襲如故。凡察即清實錄中的范察，與其姪子董山分領左右衛，再加上李滿住，故其後有三衛都督名。明朝正統九年（1444）之前，三衛已不常聽命於明。正統十四年（1449），蒙古首領也先犯京師，遼東殺掠尤甚，董山與李滿住都曾參與其亂。天順三年（1459），董山又勾結朝鮮入寇，明廷遣使分赴朝鮮與建州，說服他們息爭，並上表貢馬謝罪。但是七年之後，董山仍糾眾入寇，一年之中有九十七次之多，殺十餘萬人，明廷遂派兵五萬進剿，誅殺李滿住與董山（1924：8b-

12a）。太炎理清這段世系，足證清官書以孟特穆為肇祖，始居赫圖阿剌之謬，范察與董山才是他們可稽的祖先。

太炎又從《明實錄》，進一步得知，范察與李滿住乃同姓兄弟，都是阿哈出的兒子。據明太宗實錄，永樂元年，女真野人阿哈出等來朝，設立建州衛。《明實錄》的記載，更充實了明廷與建州關係內容，如正統二年，童倉奏報，其父建州左衛都督猛可帖木兒被野人所殺，與叔凡察等潛往朝鮮，並請協助等，記後續情況甚詳，且證實孟哥帖木兒為董山之父，凡察之親兄，以及叔姪不和等事，之所以另設建州右衛，即因兩人爭執不休之故。其後董山叛撫無常，終被擒殺的經過，也詳見於《明實錄》（1924：14b-22a）。

范察的孫子納郎哈與董山同叛而遭誅，因無嗣乃以叔父卜哈禿承襲；董山則由子脫羅襲職，均悔過來朝，明廷遂命其「統束本衛人民，再犯不貸」。成化二年（1470），建州衛都指揮兀者禿木欲侵朝鮮，同年冬建州為明巡撫遼東都御史彭誼所破，擒斬建州酋。太炎認為此酋即兀者禿木，然不知此人與范察、童倉、董山的關係，也可能是李滿住的別支。不過，彭誼破建州之後，復以董山的兒子脫羅為該地指揮（1924：22b-24a）。

董山事既明，繼董山之後叛亂的伏當加，則由於明朝遼東守將的處置不當，激發邊患。成化十五年（1479），中官汪直更欲立功固寵，虛張邊警，聲稱賊酋伏當加欲糾三衛人馬入寇，請明廷出師討之，然兵部認為罪狀未著，宜相機戰守，但汪直不聽，說動朝廷出兵，並以其為監督，便宜生殺，至廣寧遇見六十餘名來貢的建州頭目，竟誣以窺伺而掩殺之，大軍遂入建州，出其不意，年輕力壯者幾盡逃匿之後，殺掠留下的老弱者，並焚燒廬舍而還。翌年，建

州女真即以復仇為理由，進犯遼東，長驅四百餘里，俘虜到的人，不論男女，全部肢解以洩忿，奪牛羊、燒房子，更不計其數，遼東騷然，邊將只能自保而已。汪直，陳鉞垮台後，重新啟用文升，巡撫遼東，塞上才稍安寧。伏當加顯因報復而入寇，然到底與范察，董山是何種親屬關係，太炎並未能考出；不過，太炎指出，《清實錄》述范察與肇祖（即孟哥帖木兒）之間，本來就缺了一代，不知有納郎哈，也不知卜哈禿，更不要說伏當加了（1924：24b-26b）。

按照《清實錄》所排的世系，從肇祖到太祖奴兒哈赤，一共六世，然而順治皇帝祭告天地，追崇太祖以上只有四世，清代的永陵亦只有四世。如此齟齬，依太炎之見，乃清室的始祖並未載諸譜牒，口耳相傳，以致有誤。他又指出，孟特穆乃猛可帖木兒之從孫，不可混為一人。孟特穆與福滿父子之所以不見於明朝文獻，太炎認為因其未曾襲職之故。自成化末年到嘉靖中期，遼邊較寧。至王杲作亂，才開啟清命，然清代官書既多緣飾，明史也甚簡略，但太炎見到當時參予遼事的茅瑞徵，王在晉，卻皆記載頗詳，遂以茅、王二家言為本，參照《明實錄》、《明史》，以及清代官書，來論述清景祖覺昌安、清顯祖塔克世、清太祖奴兒哈赤三代的事狀（1924：28a-b）。

王杲於嘉靖末年，約當十六世紀的後半葉，成為建州右衛的都指揮，即范察的故地，橫行邊陲；後授都督，益為不軌，可見王杲必是建州的大酋。清景祖兄弟六人，分割赫圖阿剌之地，稱六貝勒，而王杲受明朝的爵命，顯然都是王的屬下。王乃漢性，然早在明初，歸附的女真人已多取王姓，或賜姓，王杲之姓可能也是由此而來。太炎雖無法確定王杲與清皇室的關係，然發現皇室中卻多有

姓王者，而滿州諸部中有王甲部，即完顏部的異名，故疑杲之氏乃王甲的簡稱。太炎於民國以後任東北籌邊使時，曾至興京去看清之永陵，見到四祖之前有王杲，奉祀官說，每年祭祀時，先祭王杲，後祭四祖，到清末仍然如此，乃更加懷疑王杲，原是清室的家尊。事實上，清朝的強盛也始自王杲，於嘉靖三十六年（1557），窺撫順，殺副總兵，深入遼陽，總兵李成梁雖曾大創王杲，難息其橫行，久而始擒殺之，而清之初祖附從而已，故王杲實為清室宏業的前導（1924：28a-31a）。太炎此論雖未必盡是，卻可見其考史之細密。

萬曆十一年（1583），李成梁攻打古勒城主阿太。太炎認為阿太或稱阿台，很可能是王杲的「遺孽」，繼父之志寇盜無已，故成梁討之，射殺阿太，且誘城中人出，盡屠之。清景祖偕顯祖往救也遭戮，奴兒哈赤的父祖因此同死，見於奏牘，必然不誤；然父祖死後，奴兒哈赤猶接受明命，由建州都指揮升為都督，事見於《明實錄》萬曆十七年（1589）條。其後，奴兒哈赤叛明，始以復仇為藉口，所謂告七大恨於天云云，都是政治手段，蓋先借明朝的王命，劫制其部類，然後藉復仇以叛明，所以太炎稱其為奸雄。《清實錄》記太祖至葉赫，楊吉砮以女妻之，生皇太極。王在晉的《三朝遼事實錄》更指出，最初奴兒哈赤尚不能穩住內部，故以婚姻來固其勢。太炎認為清太祖以北關葉赫部來壯自己的聲勢，十分明顯，然後竟滅其國，縊殺楊吉砮之子，又嘗計殺母弟，乃一「契薄背恩」的政治人物（1924：31a-34a）。

萬曆十九年（1591）以前，遼東總兵李成梁的兵力尚盛，奴兒哈赤還不敢橫行，但就在這一年年底，李總兵解任之後，不到兩年

奴兒哈赤就大破葉赫等九部，明廷還以其保塞有功，授與龍虎將軍的稱號。奴兒哈赤藉此號召，盡有東方諸部，並以互市，盛聚財富，於萬曆二十七年（1599）攻滅南關，引起明廷的關注，遂於二十九年命李成梁再鎮遼東，但七十六歲的老將已無遠志，不到四年以六堡難守而棄之，將六萬四千餘戶居民遷入內地，沿途「大軍驅迫，死者狼藉」，明廷還以招回漢人而敘功，並賞賜奴兒哈赤。翌年，奴兒哈赤，「語始狂迷」；不過，《清實錄》謂萬曆三十四年（1606），蒙古五部已尊太祖為神武皇帝，太炎認為不實。萬曆三十六年，李成梁又解職，奴兒哈赤始益無忌憚，然仍朝貢，並以第七個兒子巴卜海留質廣寧。明朝御史張濤還有疏稱，東夷入質，為曠古盛事，相信奴兒哈赤不會背漢，但是不久之後，質子固在，北邊焚劫已經開始。萬曆四十四年（1616），奴兒哈赤秘密稱帝，不到兩年開始犯邊，攻陷撫順，殺死總兵張承胤，自稱建州國汗，正式稱帝。明年窺伺開原、鐵嶺，傳檄朝鮮，聲勢大振。太炎指出，奴兒哈赤對付明朝，並非全靠武力，實頗用權謀，時機未成熟時，不以強抗，而能漸積以成，此也正是他超過先人董山，王杲之處，遂「以梟雄之姿，晏然乘諸部虛耗，蠶食以盡，藩翰既潰，禍及遼東」，十餘年間偽裝求和，而明廷不察，到崇禎朝內憂外患相逼而來，猶不醒悟（1924：34a-36a）。太炎此段，論見於史，明亡清興，因果關係解而釋之矣。

　　章太炎寫清朝開國史，頗展現現代實證派史家的精神與方法，用最原始的資料，相互參證，力求事實的真相，重建混沌不清的源流，使清室可靠的世系，眉目頓現，隨之完成一篇信而可徵的清代開國前政治史。其結論略謂：清乃女真後裔，世居建州，與明廷關

係密切，自明初即稱臣納貢，其後叛服無常，至明季處置未當，遂
與建州以可稱之機，奴兒哈赤尤知伸縮，勢弱時，表示恭順，以與
取與奪，明廷不察，及清勢大盛，遂致南侵以及席捲中國，先稱後
金汗國，尋取新名曰滿州，以大清為號，以愛新覺羅為皇姓。於清
朝開國前史，可謂目舉眉展。

㈡ 章太炎論清學史

　　章太炎於梁啟超與錢穆之前，對三百年清代學術史已有論述，
並勾劃出幾條清晰的線索，雖多少反映其個人的意識型態與學術背
景，與梁、錢所述自有異同，然清學史的基本架構，卻由章氏先
立。

　　章氏先指出，宋明理學到了清代，已經枯竭無華。他注意到顏
元對宋明理學的反動，強調德、行、藝，以實踐實用之學，如兵農
錢穀之類，來替代無用的讀書與靜坐，認為頗有「燕趙之士鈍如
椎」的北方學者風格，可稱大儒，然而並不贊同顏元的矯枉過正之
論。若顏元「捨譜學琴」之論，就不夠全面，書與譜都是符號，而
書比譜更難以掌握，若不講讀，則更難領會原意，然則非書不可
讀，而是要讀好書，難道即有好書，也要一併廢棄？太炎也不以抽
象思維為無用，靜思亦非禪宗獨有，若西方的哲學，陶冶性情，如
沐浴膏澤，於民未必無補。不過，章氏雖欲正顏，然對顏於明亡清
興之後，不出仕宦，認為是不忘光復，則頗為激賞（1984，3：469-
472）。

　　太炎以人品作為評論學人的準則，顯而易見，而人品輒以是否
出事滿清而定，故清初三傑中，視王夫之最清，因其藏身榛莽之
地，與胡人政權完全隔絕。顧炎武讀書不忘興兵恢復，至事敗則研

究前人的制度，有待於後人，其才識也相當高，不下於船山。至於
黃宗羲，所著《明夷待訪錄》陳義雖高，實對清廷有所期待，與王
夫之的《黃書》相比，太炎認為梨州應該感到十分沮喪，所以又寫
〈非黃〉一篇，斷言：「黃宗羲學術計會，出顧炎武下甚遠；守節
不孫，以言亢宗，又弗如王夫之」（1984，3：124）。太炎推崇戴
震，不僅僅其在樸學上的成就，而且深知在清帝國統治下，民生痛
苦的隱曲，所以才發憤寫《原善》與《孟子字義疏證》，講求平
恕，明言死於法，尚可救；死於理，即不可救，道出所謂天理可以
殺人，猶屬於刑法。按震之意，如以其言施政，在上者不苛刻，在
下者無怨尤，衣食滋殖，可致刑錯，為此追究性命之本，方知情欲
不可滅絕，情欲當也是理。太炎認為，此乃戴震為了改進當時的政
治而發，然則時人或以其攻伐朱子，後人或以此比附西方樂利主
義，均未真正明瞭戴震的意思（1984，3：122-123）。

太炎認為，戴望無論在學術和人品上，都與戴震不相稱。戴望
雖未出仕，但「寄食於大盜曾氏之門」，顯然將幫助滿清平亂的曾
國藩，視為江洋大盜，已寄曾門為恥（1984，3：118）。他自也將清
代學術的遲滯，歸諸滿清政權的高壓政策，文人學士有所顧忌，無
論歌詩文史作品，不免粗製濫造；再由於愚民政策，傳統的經世濟
民志向也呈衰竭現象（1984，3：473）。太炎將思想鉗制視為學術思
想窒礙的原因，固然有反滿的背景，自亦言之成理，並長期以來為
現代學者所接受。

按章太炎的思考，正因思想遭到嚴密控制，清初大儒顧炎武、
閻若璩、張爾歧、胡渭等人，只能從事經學考據，逐下開清學的主
流。不過，這些大儒雖稱碩學，但草創尚未精博，直到乾隆朝始成

系統，可分吳皖二派。吳派由惠棟所創，其學好博而尊聞，弟子有江聲、余蕭客等，都能篤於尊信，綴次古義，但很少有自己的主見。然而，在此風氣影響下，王鳴盛與錢大昕等，稍益發舒，汪中、劉台拱等又漸次興起於揚州。余蕭客的弟子江藩治經，陳義爾雅，淵乎古訓，皖派則始於江永與戴震，講求綜形名，任裁斷。「規模闊遠」的戴震就是江永的學生，深通小學、禮經、算術、輿地之學，在京師任教時，名家如盧文弨、孔廣森都問學於他，他的學生中還有段玉裁、王念孫等人，皆能以經傳相互證明，解決古書文義的疑難，認為這種「小學訓詁，自魏以來，未嘗有也，」其後俞樾、孫詒讓都是承襲王念孫之學，認為戴震以下經儒學問的精華，實在小學；通小學庶能上朔古義，斷以己見（1984，3：474）。這一段話點出乾嘉樸學的淵流，太炎本人師從俞樾，小學也是他學問的根本，在其心目中是清學之精華。

章太炎並不認為，乾嘉學者所治僅是漢學，如戴震精於輿地，錢大昕精於史事，孫星衍明於法律，皆非祇治漢學之證。魏源指乾隆中葉惠戴以下之學為無用，然太炎一本反滿的立場，認為處滿清統治的無望之世，出而用世反而幫助敵人，若欲與敵人相抗，羅網周密，難有作為，也只有埋首於訓詁，並非不關心生民哀樂，實因時代現實之故。所以，他認為乾嘉樸學雖不能應世尚，卻至少有三大長處，一是講求實證，故不欺詐；二是用力作學問，故不期僥倖；三是習勞思善，故不偷懶（1984，3：480，481）。他遵奉樸學，可謂畢生不移。

吳、皖二派之外，太炎標出浙東之學，認為肇自明末，萬氏兄弟師事餘姚黃宗羲，雖雜陳漢宋，但萬斯同獨尊史法，講求史學，

其後邵晉涵、全祖望等繼之，善言明末史事，至章學誠更張大劉
歆、班固的史學。此一由浙東學者所形成的史學流派，在現代學者
之中亦由太炎先發。少為人注意者，太炎還指出，浙東尚有禮學一
脈，至黃式三始與皖南經學交通而合流。

太炎對桐城派在清代的興起，更有非常現代的特殊見解。他從
地理影響人文的觀點入手，指出太湖之濱的蘇州、常州、松江、太
倉等地的自然環境，使該地民性佚麗，喜好華麗的文辭，在學問方
面也就喜歡瀏覽而無綱紀。然而出自皖南徽州的戴學，由於地處高
原，其民勤苦，治學也求深邃，「言直覈而無蘊藉」，形成皖南經
儒與蘇常文士截然不同的風學。太炎認為由於戴震名震京師，諸儒
震竦，天下遂漸漸輕視文士，文士與經儒之間的矛盾也就日益惡
化。方苞等桐城文士標榜曾鞏、歸有光，亦欲借程朱宋學之屍以還
魂，謂之桐城義法，以便與戴震抗。但是依太炎之見，桐城諸家並
未得程朱要領，只是大言自壯，因而更遭輕視。姚鼐想做戴震的學
生，未被接納，意有不平，遂持論痛詆樸學殘碎，其後方東樹更極
力非議漢學，更不相容。太炎認為，經說尚樸質，而文辭貴優衍，
兩者截然分途，乃是很自然之事（1984，3：475）。

然而太炎指出，文士雖以華詞自喜，卻以不習經典為恥，因而
有務為瑰意眇辭的常州經今文學之興，以供文士之需。今文宗公
羊，其復興始於莊存與，其徒劉逢祿開始專主董仲舒，其辭尚溫
厚，至宋翔鳳最善傅會，雜以讖緯神秘之辭「其意瑰瑋，而文特華
妙，與治樸學者異術，故文士尤利之」。到了道光末年，魏源好言
經世，但太炎評價甚低，謂其夸誕，晚年牢落以治今文為名高，然
既不知師法，亦不通小學，以至於亂越而無條理。龔自珍是段玉裁

的外甥，稍知書，亦治公羊，與魏源相稱譽。邵懿辰以《逸書》、
《逸禮》為劉歆矯造，反信東晉古文，未免真偽倒置。太炎認為此
三人都是喜歡卓犖之辭，欲以前漢的今文經術，助其文采，實不通
經術的繩墨，故所論支離自陷，乃往往如讖語，文士只是利用今
文，實不通經。不過，他認為戴望述公羊尚有師法，其學流傳於湖
南與嶺廣之間，王闓運偏注五經，其徒廖平，時有新義，雖亦有不
根之說，然遠勝於魏源等人之絕無倫類。公羊學仍不免使浮競之士
如康有為，延緣緒言，寫成《新學偽經考》，指劉歆偽造文經。太
炎嘲諷康有為想當清帝的國師，又何必譏王莽新朝的國師劉歆呢
（1984，3：476，118）。這一段討論文士與經儒之交涉，以及經今文
之興，頗具特識，也能鉤畫學術之興的清晰線索。

　　清代的經儒，世稱漢學家，但章太炎認為，除了清代的今文家
之外，其餘與漢儒絕異。大體而言，清儒不似漢儒以經術明治亂，
所以短於風議；然而也不似漢儒以陰陽斷人事，所以長於求是。短
長相較，清代經儒所論，雖然遠闊難以實用，但是不談鬼神、象
緯、五行、占卦之術，故能不以神教來蒙蔽六藝，而將六藝視為古
史，故能得知上古以來人事的隆汙之跡，可以據此明流變，審因
革，雖然有時不免瑣碎識小，然至少遠於巫祝（1984，3：476-77）。
魏源深詆惠戴等所治漢學無用，然太炎指出，魏源實與常州今文派
漢學同流，「妖以誣民，夸以媚虜」；康有為更以孔子為巫師、教
主，並提倡大同說以消弭滿漢界線，類此都是漢學的咎戾，其罪淵
則造端於吳學，而常州今文學為之變本加厲（1984，3：481）。足見
他不滿今文，因其夸巫，講神道而不講人道；在此他以現代世俗化
（secularization）的觀點作論斷，未必是今古文家的門戶之見。

　　晚清時，惠棟與戴震之學已衰，太炎認為惟有番禺陳澧能糾合漢宋，其弟子尚能憑記誦，以言談剿說取人，及至翁同龢、潘祖蔭專以諂媚奉承的話來招諸小儒，清學開始大衰。其故實乃學者心術已不正，專門以刺探貴人意志為應對之資，風氣敗壞，學術自亦凋零（1984，3：477）。太炎自身的學術即承繼清學而來，尤其是樸學對他的影響卓然可知，此一影響也可見之於他對清學史的評價，然而他身處清學式微之世，特具的憂患意識，自亦可見之於其論述之中。

結　　論

　　章太炎並不是現代的專業史家，他仍是傳統式的通儒，然而在新舊交替的時代，他做了新舊學術間的一些承授工作，無論在文學、哲學、語言文字學，以及史學，他有他承前啟後的貢獻。本文僅就他與現代史學的關係，作一討論。現代學者論章氏史學之文已多，然大都就其民族主義立場著墨。民族主義固然關係重大，但不能僅就其反清排滿的政治立場發揮，更不能以其政治宣傳文字，作為評論其史學的依據。他的民族主義史學仍具有堅實的史學基礎，以信史為追求的目標，以進步發展為史觀，為國史從傳統過渡到現在作出了貢獻。

　　章氏擬寫的中國通史未成，單行的史著只有《清開國別紀》，並為章氏叢書三編之一種，行世者唯正續兩編，故較少人知，論者偶然提到，似尚未有深入分析者，本文特專節論述，其書篇幅不多，然一本最原始的檔案資料，大有實證派史家的風範，儼然是現代史學的草創之作。

太炎所著《訄書》初刻本原是求變法之書，再刻本已是聲援革命之書，可稱以學術為本，政治為用之撰述，民國以後，再予增訂刪改，並更名《檢論》，體用均歸諸學術，其中論及中國學術的演變，頗多新見，亦可稱現代思想史研究的草創之作。本文僅就其論清學史部分，略加表述，以見一般。

史學僅是章太炎學問的一部份，但這一部份與中國近代新史學有關，近百年中國現代的史學史應有章氏一席之地。

引用書目

（漢字拼音序）

陳　衍　1929、1976，《石遺室詩話》，台北商務印書館。

陳寅恪　1980，《柳如是別傳》，上海古籍出版社。

李潤蒼　1985，《論章太炎》，成都四川人民出版社。

孟　森　1962，《清代史》，台北正中書局。

孟　森　1965，《明清史論著集刊》，台北世界書局。

丘為君　1999，〈批判的漢學與漢學的批判：章太炎對考據學的反省及對戴震漢學的闡釋〉，載《清華學報》，29，3：321-364。

唐文權、羅福惠　1986，《章太炎思想》，武昌華中師範大學出版社。

汪榮祖　1988，《康章合論》，台北聯經出版事業公司。

汪榮祖　1991，《章太炎研究》，台北李敖出版社。

姚奠中、董國慶　1996，《章太炎學術年譜》，太原山西古籍出版社。

章太炎　1924，《清建國別記》，聚珍仿宋本，上海中華書局代售。

章太炎　1914，《教育今語》，重慶版。

章太炎　1917-1919，《國故論衡》，章氏叢書本，杭州浙江圖書館。

章太炎　1939，〈與鄧之誠論史書〉，《制言月刊》，51 期。

章太炎　1939a，〈略論讀史之法〉，《制言月刊》，53 期。

章太炎　1939b，〈歷史之重要〉，《制言月刊》，55 期。

章太炎　1972，《章太炎的白話文》，台北藝文印書館。

章太炎　1974，《國學略說》，台北河洛圖書出版社影印本。

章太炎　1977，《國學概論》，台南大廈出版社。

章太炎　1977a，《章太炎政論選集》，上冊，湯志鈞編，北京中華書局。

章太炎　1982，《章炳麟論學集》，吳承仕藏，北京師範大學出版社。

章太炎　1984，《章太炎全集》，第三冊，上海人民出版社。

章太炎　1985，《章太炎全集》，第四冊，上海人民出版社。

章太炎　1986，《章太炎全集》，第五冊，上海人民出版社。

章太炎　1998，《訄書初刻本重訂本》，錢鍾書，朱維錚主編，北京三聯書店。

章太炎　1999，《章太炎生平與學術自述》，南京江蘇人民出版社。

章太炎紀念館編　1988，《先驅的蹤跡——章太炎先生逝世五十週年紀念文集》，杭州浙江古籍出版社。

鄭天挺 1980，《探微集》，北京中華書局。

Laitinen, Kauko 1990. *Chinese Nationalism in the late Qing Dynasty: Zhang Binglin as an Anti-Manchu Propagandist.* London: Curzon press.

Shimada Kenji 1990. *Pioneer of Chinese Revolution: Zhang Binglin and Confucianism*, transl. by Joshua Fogel. Stanford University Press.

Wong, Young-tsu 1989. *Search for Modern Nationalism: Zhang Binglin and Revolutionary China, 1869-1936.* Hong Kong: Oxford University Press.

───── 1991. "A review of Shimada Kenjis Pioneer of Chinese Revolution," in *Asian Studies Review* (Australia), 15, 2: 296-298.

蔡元培先生在近代中國教育史上的地位與貢獻

王更生

台灣師範大學國文系退休教授

一、前言

　　蔡元培先生被後人尊為近代中國教育史上，最具代表性的人物。有「承先啟後」，「繼往開來」的貢獻。翻開蔡先生的生平事蹟看，他卻是光緒年間親政恩科及第的進士，官拜翰林院編修，是一位不折不扣的清朝官吏。當　國父孫中山先生發動國民革命，團結反清組織，在日本東京成立同盟會時，他被同志們推為上海分會的會長。甲午之戰，清廷失敗，在政局動盪不安的時刻，他又毅然決然的遠赴國外，學習新知。民國成立，他奉命擔任教育總長，繼而接掌北大和中央研究院院長。

　　當那個新舊交替，國脈如縷的時代，雖然他以各種不同的角色，活躍於人生舞台之上，但究其實際，卻一直將自己的生命投注於教育文化事業，所以他絕非翻雲覆雨的政治家，更不是著作等身

的學者名流，但他那光風霽月的人格，無所不容的操持，以及春風化雨的典範，卻永遠銘刻在每一位中華兒女的心版上。

　　講到蔡元培先生在中國近代教育史上的地位與貢獻，在此首先介紹他的生平行誼，然後從「承先啟後」，「繼往開來」的角度，說明他對教育的貢獻，和在教育史上的地位。

二、困勉的生平行誼

　　蔡元培，乳名阿培，字鶴卿，號子民，浙江紹興府山陰縣（今浙江省紹興縣）人，清同治六年十二月十七日（1868 年 1 月 11 日）生，民國二十九年（1940 年）三月五日病逝香港，享年七十有四。他出生於商人世家，其先世於明末由諸暨遷來山陰。初以經營木材為業，祖父嘉謨為當舖經理，生有七子，元培之父光普居長，為錢莊經理，次子為綢緞店經理，三子好武術，遊學四方，不知所終，四子亦經營錢莊，五子、七子為某錢莊副理，唯六子銘恩攻詩書，為制藝，鄉試中試，門下頗盛。元培自幼所以篤志好學，實深得叔父之誘導。

　　元培十一歲喪父，有一兄，十三歲，弟九歲，兩個姐姐，在二十歲左右先後病故，四弟及么妹亦早殤。其父為人敦厚，有長者風。戚友貧者，有貸必應，對積欠者又不忍索討，故身後略無積蓄。母親周氏，賢慧多才能，精明而慈祥，每遇諸兒懈惰，輒以「自立」、「不依賴」相勉。故元培之對人寬厚，得之於父親的遺傳；至於平生不苟取，不妄言，則來之於母親的教誨。

　　元培六歲入私塾，讀《百家姓》、《千字文》、《神童詩》。十二歲，從叔父讀書，課餘之暇，翻閱《史記》、《漢書》、《困

學紀聞》、《文史通義》、《說文通訓定聲》等書。叔父偶爾為之講解，益增讀書進取之樂趣。十四歲受業於同縣而離家稍遠的王懋脩先生，每日早出晚歸，午間在塾中用餐，自帶下飯的菜餚，生活艱困，卻刻苦努力，不因家計貧寒而中輟不學。

十七歲（光緒九年，1883 年）元培中秀才後，不再到王先生處受八股業，改治經學、史學、小學，為四書文。其治經偏於故訓及大義，治史則偏於儒林、文苑及關係文化風俗禮義。十八歲在家設館授徒，教授國文。兩年後，即光緒十二年（1886 年），被同鄉名藏書家徐樹蘭延聘為「古越藏書樓」校書，從此不復授徒，並藉專心校勘之際，博覽群書，學問大進；而徐樹蘭「知識強國」、「博古通今」之識見，對元培日後「教育強國」及「新舊貫通」思想之形成，具有相當啟發。

二十三歲（光緒十五年，1889 年）浙江鄉試中舉，次年，入京會試，於全國三百零七人中，元培名列二甲進士，旋又舉行朝考，獲授翰林院庶吉士，深得當時戶部尚書翁同龢的賞識，以為「年少通經，文極古藻，雋材也。」二十八歲進京應散館考試，由二甲庶吉士升補翰林院編修，本可就此依循秀才、舉人、進士、而翰林院編修，躋身於達官顯宦的行列；就在他二十八歲的那一年，中日甲午之戰爆發，最後，居然以蕞爾小島，打敗了雄居東亞的中國。這種令人難以置信的結果，無異於宣告「師夷之技」的「洋務」徹底破產。國人如夢初醒，一時之間，維新圖強之呼聲，高唱入雲。由此時起，先生的思想也發生顯著變化。除開始涉獵譯本西書外，並兼習日語，加速吸收新知。

三十二歲，「戊戌政變」後，先生棄職歸里，任紹興中西學堂

監督,時元配夫人因產後失調過世,三十四歲又與江西黃仲玉結婚,其時先生雖治新學,然仍篤信孔子學說。並好以《公羊春秋》三世之義,解說達爾文的「進化論」。對於三綱五倫的舊說,多所闢斥。

三十五歲的七月,赴日遊歷,因吳稚暉與清廷駐日大使發生言語上的衝突,被驅逐出境;先生為恐滋生意外,乃取消原訂遊歷計劃,同船返國。

三十八歲(光緒三十年,1904 年秋),組「光復會」於上海,任會長,正式參加革命行列。當時會員中有後來為革命犧牲的徐錫麟和秋瑾女士。翌年又由何海樵介紹加入同盟會。

四十一歲(光緒三十三年,1907 年),五月初,隨駐德大使孫寶琦赴德留學,六月二日抵達柏林,先修習德語一年,次年入萊比錫大學研究文學、哲學、文化史、人類學,尤其注重實驗心理學及美學。此次留學為時三年。辛亥武昌起義成功後,得陳其美電報,催其返國,先生乃取道西伯利亞,於十月十一日到達上海,結束了初次留學生活。

四十六歲(民國元年,1912 年)元旦,國父在南京就任臨時大總統,元培被任命為中華民國第一任教育總長。同年六月,率代表團北上,迎袁世凱赴南京就職,後因袁氏漠視國會議員的權力,憤而辭職,於九月間偕眷再入德國萊比錫大學從事研究工作。次年三月,宋教仁遇刺身亡,國內政局動盪,先生偕汪兆銘於六月二日返抵上海。七月爆發二次革命失敗,先生於九月五日又偕吳稚暉等赴法,住巴黎近郊。民國三年(1914 年)七月歐戰爆發,先生移居法國西南部的都魯士,於學習法語外,從事編輯工作,四年(1915

年)六月與李石曾等創辦留法勤工儉學會。迨袁世凱病卒,黎元洪繼任大總統,范源廉二度出任教育總長,電請先生回國出任北京大學校長。先生接電後,於十月一日啟程,十一月八日抵上海,次年一月四日正式就任校長職。此時先生已五十一歲。

六十一歲(民國十六年,1927年),六月一日就任浙江臨時政治會議委員,四月八日任上海政治委員會委員,為了不再重蹈以官僚支配教育的覆轍,使教育從官僚體制中加以解放,遂苦心孤詣的,於當年六月間,效仿法國,創設大學院制與大學區制,然而實施結果失敗。其原因在於國人缺乏法治觀念,行政上多本位主義,權力概由官僚機構分攬,凡事喜歡請示,以利卸責諉過;在上者又必得查察,在下者則久待請示,上下推拖,縱橫交錯,似此,如何能適應行政學術化,機關學校化?再者,各大學校長既要處理校務,認真辦學,又要了解大學區中幾百個教育機關與文化團體的人事或業務,其精神、體力、能力、智慧均難以負荷,在這倍多力分的情況下,大學院和大學區制便注定要走向失敗的命運。

就在同年的十一月,先生又被政府任命為大學院長兼中央研究院院長。當時中央研究院隸屬於大學院,為其下屬機構,民國十七年四月十日中央研究院改為國立,不再隸屬大學院之下,先生仍任院長。至民國二十九年三月病逝香港為止,在任長達十三年之久,其主持中央研究院,一本當年北大校長任內的作風,主張「學術自由」、「兼容並包」。由於先生的知人善任,充分發揮民主精神,致各研究所皆能獨立運作,發揮效能。當時並匯聚了中國第一流的學者:如丁文江、陳寅恪、趙元任、胡適、陳垣、李濟、周仁等。因此推動了全國學術研究的進步與發展。提升了學術研究風氣與品

質，培養了大批從事科學研究的專門人才，創設了各門各類的研究所，為中國的學術研究，建立了一塊歷史上嶄新的豐碑。

三、委身於教育事業

㈠ 初入教育界

三十三歲（光緒二十四年，1898年）的八月，「戊戌政變」失敗，元培默察康梁所以失敗的主因，在於未能事先培養革新人才，欲以少數人弋取政權，排斥頑舊，當然會發生功敗垂成的結果。於是決心獻身教育事業，以為革新國運之基礎。乃於當年九月棄職返里，受故交徐樹蘭堂董的延聘，任紹興中西學堂的監督。校中課程兼有舊學與西學，他接事後，增設日語，意在使學生能進一步向新學發展，這是他從事教育的開始；也是他融舊取新，追求新生活的發端。然而，當時校園內新舊兩派之爭激烈，舊派要求先生應端學術而正人心，以名教綱常為己任，先生以為這是對他極大侮辱，遂憤而辭職。後又到紹興附近嵊縣的剡山書院任院長，大力提倡科學，號召學生依照個人興趣所近，選擇研究方向。任職一年，因學校經費困難，改革不易而辭職。

㈡ 任教南洋公學

三十四歲（光緒二十六年，1900年），元培與童亦韓到臨安縣，為紹興僑農設一小學，又在浙江省城議改某書院為師範學校，以厚植教育之本，但未能成功。三十五歲，應上海澄衷學堂總理劉樹屏之邀，代理總理一個月，是年八月，轉任南洋公學特班總教席，並負責管理學生生活。他根據該班章程之規定，開設政治、法律、外交、財政、教育、經濟、哲學、文學、倫理以及自然科學等課程，

學生可自選一、二門,每天必須寫讀書札記,每月做命題作文一篇繳交批改,每晚召二、三名學生作個別談話,交流學習心得或對時事之感想。該班所招收的學生如黃炎培、李叔同、謝無量等,皆國學根柢深厚之青年,後來都有傑出成就。是年冬,蔣觀雲與烏目山僧發起創辦女校,羅迦陵女士捐助經費,遂有「愛國女學校」的成立,由蔣氏管理;及蔣氏赴日,由先生負責。三十六歲仍在南洋公學教書,並從馬良學拉丁文。同年三月,先生又與留寓上海之教育家葉瀚、蔣觀雲、鍾觀光等以「新編教科學」和「改良教育」為名,籌組「中國教育會」。大會成立後,隱然成為東南各省宣傳革命之團體,先生被推為首任會長。該會在凝聚國民革命力量,傳播反清思想方面,起了很大作用。

(三) 一波三折的教育工作

南洋公學自開辦以來,與紹興中西學堂相彷彿,內部亦存在著濃烈的新舊之爭,後因學校當局懲戒學生不公,全體學生憤而退學,自謀設立學校。先生為之介紹於「中國教育會」,又借款六千銀元,成立「愛國學社」,先生自任總理。並延聘章炳麟,吳稚暉等任教;同時與《蘇報》訂約,每日由學社教師撰稿〈論說〉一篇,七人輪流,報館則每月補助學社一百圓為酬,於是《蘇報》成為學社的機關報。是年,先生由張菊生介紹任商務印書館編譯所所長,籌編教科書,此時「教育會」與「愛國學社」又因主從問題、經費問題,新舊思想之歧見問題發生爭執。先生甚為氣憤,遂赴青島學習德語,作留學德國之準備。三十九歲(光緒三十一年,1905年)二月,先生再度當選「中國教育會會長」,最後,辭去「愛國女學」校長職務。四十歲的春天,回故鄉紹興擔任學務公所總理。又

因延聘教師與籌設師範班事，受人反對而辭職。同年秋，先生留京任譯學館教席，專講國文及西洋史，頗受學生歡迎。

四 首任教育總長與北大校長

民國元年元旦， 孫中山先生在南京就任臨時大總統，元培被任命為教育總長。因事屬草創，於一月十九日首先頒行〈普通教育暫行辦法〉及〈課程標準〉。二月八日發表〈對於新教育之意見〉，主張以「軍國民教育、實利教育、道德教育、世界觀教育及美育教育為方針」。後因政府改組，袁世凱在北京就職，由唐紹儀組閣，先生仍蟬聯教育總長。北上重組教育部，為徵集全國教育家意見，以謀教育事業之發展，特發起「臨時教育會」。民國五年六月，袁世凱病卒，黎元洪繼任大總統，范源廉出任教育總長，電請先生出任北大校長。到民國十五年（1926 年）七月八日辭北大校長。十年之間，先生不但使北大面目一新，也使整個社會、文化、教育及政治各方面，均起了顯著的變化。使傳統的、落後的官僚養成所，一變而為領導文化界的最高學府。

四、承先啓後的貢獻

中國自秦漢以來，逐漸演進而成的教育模式，因為經濟地變遷，人口地增加，工具地發明，戰爭地爆發，以及與外來文化地接觸，至清末發生空前未有的巨變。元培先生就在這樣國難時艱的環境中，受到甲午戰敗，割地賠款的刺激；以及八國聯軍進北京，火燒圓明園的慘劇；戊戌政變，六君子殉難，康、梁遠避國外的悲情；孫中山先生奔走革命，國內烽火四起的真象。使這位舊時代的讀書人，新時代的教育家，不得不立足於大時代的轉捩點，運用一

己之所學，為新中國的未來籌謀劃策。以為革命之成功，必先培養革新之人才，欲培養革新之人才，非獻身教育不為功。於是決定放棄平步青雲的機會，立下救國救民的壯志，終身奉獻於教育事業。

先生由基層塾師到最高學府的校長，和中央研究院院長。當近代的中國教育，在思想上、制度上、課程上、理念上，均處於一片青黃不接之時，先生獨能以他學貫中西的素養、高瞻遠矚的眼光、大度能容的胸襟、自由民主的思想，並且以「有所不為」、「無所不容」的決心，為中國未來的教育規劃了可資遵循的藍圖。說他是「承先」「繼往」的學者，為「啟後」「開來」的教育家，是當之無愧的。現在便根據文獻資料，從教育思想、教育主張兩個層面，看先生的卓越貢獻。

㈠ 在教育思想方面

我國教育思想，向以儒家學說為中心，隋唐以後，儒家學說雖受佛學的影響，但其基本體系，仍沿襲儒家之舊，並未稍變。主旨以「明道」、「徵聖」、「宗經」為依歸。自清同光年間與西方文明接觸後，政治、教育、社會各方面，均起了劇烈變化。教育思想亦隨之俱變。綜觀清末民初百年之間的教育思想，大體言之，凡有三變：一、由原來「中學獨尊」的思想，變為「中學為體，西學為用」的思想；二、由「中體西用」的思想，變為「徹底西化」或「全盤西化」的思想；三、由「全盤西化」的思想，變為「三民主義」的思想。先生剛好在「中體西用」的口號，高唱入雲之際，承國父之命，榮任中華民國第一任教育總長。先生就職後，立即對今後教育的走向，發表了他的卓見。認為：

教育界所提倡之軍國民主義及實利主義，固為救時之必要，
而不可不以公民道德教育為中堅。故養成公民道德，不可不
使有一種哲學上之世界觀與人生觀。而涵養此等觀念，不可
不注重美育。

於是把原來清末學部「忠君、尊孔、尚公、尚武、尚實」五項教育
宗旨略作修正。其中的前三項所謂「軍國民教育、實利主義、公民
道德」與「尚武、尚實、尚公」相當，後二項所謂「世界觀、美
育」卻完全是自出胸臆。蓋先生以哲學家的眼光，主張兼採周秦諸
子、印度哲學、歐洲哲學，以打破中國三千多年來教育上墨守儒家
思想的舊習，故採一無方體，無始終的「世界觀」為教育的鵠的。
而「美育」，因為「美感」有普遍性，可以破人我的偏執，同時
「美感」也有超越性，可以破生死利害的顧忌。所以教育家欲由人
我偏執的「現象世界」，引以到超越性的「實體世界」，不可不用
「美感」教育作轉化的媒介，故「美感教育」乃代表先生之哲學思
想。

持此與　國父《三民主義》之立國精神相較，則「軍國民教
育」者，民族主義之教育也；「公民道德教育」者，民權主義之教
育也；「實利主義教育」者，民生主義之教育也；「美感教育」，
「世界觀教育」者，即大同世界之教育也。大同世界為最高理想之
境界，亦為純美的藝術世界，即《三民主義》之終極目的也。正因
為先生的教育思想是基於文化的傳統、客觀的事實、社會的需要，
謀中國人民現世幸福為鵠的。所以在民國十七年八月由大學院呈請
中央政治會議，並於十八年一月第三次全國代表大會通過的〈三民

主義教育宗旨〉，其內容是：

> 中華民國之教育，根據三民主義，以充實人民生活，扶植社會生存，發展國民生計，延續民族生命為目的，務期民族獨立、民權普遍、民生發展，以促進世界大同。

這就是先生的教育思想和　國父以「三民主義教育」為建國的最高指導原則相融合，且為近代教育的發展，製訂了一個宏偉的藍圖。所以中華民國多年來在教育上的成就，均由此萌芽。所謂「為大於細，圖難於易。」先生在中國近代教育史上，其「承先」、「啟後」的貢獻，於此可為一證。

㈡ 在教育主張方面

在教育主張方面，由於先生在擷取他人之長，補自己所短的時候，根據現實需要，提出推陳出新的主張。尤其當他擔任北京大學校長以後，適逢袁世凱憂憤過世，於北方有張勳復辟，軍閥混戰，形成割據之局，南方因約法之爭，演成護法之戰，造成南北對峙之局。其間又有「聯省自治運動」，「曹錕賄選」等詭譎多變的政局，在此新舊勢力相搏，南北拉鋸角力之際，先生置身於亂象環生，兵凶戰危的北京，目睹非革命維新不足以救亡圖存，遂企圖採取教育文化的手段，達成振衰起弊的任務。其種種作為，皆能突顯先生那種獨樹一幟的教育主張。茲舉其中犖犖大端，條析如下：

1.除舊佈新，振聾發聵的就職演說：

先生接任北大校長之前，早已風聞北京大學的腐敗學風，學生大多以為就讀北大，是登庸利祿的捷徑，毫無學術研究興趣。教授們更是敷衍塞責，一本泛黃的舊講義，翻來覆去，相沿不改者好幾

年。認真的不受學生歡迎，若政府高官來校兼課，學生又多趨之若
鶩，倍受重視，以為如此可以拉近師生關係，為畢業後謀職的奧
援。先生深知此種積弊，遂在到北大任職之初，發表「除舊佈新」
的演說。其內容重點，主張：

> 大學為研究高深學問之所，絕非做官發財的捷徑。

又說：

> 預科畢業生（更生案：等於今天的「大學先修班」）多考法科（即法
> 律系），唸文科（即國文學系）者甚少，讀理科者尤少，因為
> 熱心做官，對於教授則不問其學問之深淺，惟問其官階之大
> 小，官階大者，特別歡迎，蓋為將來畢業後有人提攜。」又
> 說：「學生平時則放蕩冶遊，考試則熟讀講義，不談學問之
> 有無，惟事分數之多寡；考試既畢，書籍束之高閣。」先生
> 更進一步指斥此腐敗現象，謂「此種腐敗行為，足以誤己、
> 誤人、誤國，今後必須革除。」他要求學生「必須抱定為求
> 學而來之正大宗旨，努力勤學，砥礪德行。不惟思所以成
> 己，更必有以礪人。

先生特別規定，今後各學系教授們的講義，只列大綱，學生上課用
心聽講，記教授口授的內容，並充分利用圖書館的參考書刊。此一
「除舊弊，開新局」的主張，是希望北大學生，以研究學術為天
職，不當視大學為升官發財之跳板。在那個異說紛紜，官僚腐敗的
氛圍裡，先生的演說，不僅讓北大學生聽來振聾發聵，同時對整個
學術界也有暮鼓晨鐘的作用。

2.聘請好教員，造成新風氣：

清朝自同治元年新教育萌芽後，數十年來，只有單一的新式學校，而無整個的新式學制，雖然經甲午戰敗的教訓，新式學校有迅猛發展，其組織規模日趨完善，但對學校教師之聘請，確很少涉及。《禮記·學記》說：「建國君民，教學為先。」又說：「凡學之道，嚴師為難，師嚴然後道尊，道尊然後民知敬學。」足見教師在學校教育中的重要性。所以人們常說，「有怎樣的教師，就有怎樣的學生」，「有怎樣的教師，就有怎樣的學校。」先生博學多識，淹貫中西，其擔任北大校長伊始，即循「思想自由」、「兼容並包」的原則，提出「欲造成良好校風，必先聘請優良教師」的主張。尤其在文科方面，首先加強陣容。原有教師中如沈尹默、沈兼士、錢玄同、林紓等，已啟革新契機；自陳獨秀來任文學院長後，又相繼增聘胡適、劉復、周樹人、周作人、吳虞、劉半農、劉文典、馬幼漁、劉師培、黃侃等，其中有二十出頭的青年，有年高德劭的學者，有革新派的，有守舊派的，有教白話文的，有教文言文的，有留洋返國的，有自修成名的，儘管他們出身不同，思想各異，但只要「持之有故，言之成理。」不兼營他業，專心教學，均能各家並存，同受尊重。如有意興闌珊，不足為學生表率者，雖外籍教師，亦在解聘之列。在「萬物並育而不相害，道並行而不相悖」的校園裡，真所謂「精誠所至，金石為開。」整個北京大學的校風為之完全改觀。

先生這種聘請人才，尊重專家，以造成新風氣的主張，一直到先生擔任中央研究院院長之時，還一本初衷，廣攬人才。如丁文江、李之光、高魯、竺可楨、李濟、傅斯年等，均各展懷抱，發揮

所長，就當時三館九所的簡單設備，經費又十分短絀的情況下，推動了各項而有計劃的學術研究。所以在北伐以後，對日抗戰以前的十年之間（1928年－1937年），蔚成民國以來學術研究的黃金時代。

3.根據「學」與「術」別，確立大學組織標準：

先生主張「學」「術」雖然密切，而習之者卻旨趣不同。所以他在民國七年五月十五日發行的《新青年》四卷五號發表一篇著名的文章，即〈答周春岳君「大學改制之商榷」〉。內容大要是：

> 文、理，「學」也。雖亦有間接之應用，而治此者以研究真理為標的，終身以之。所兼營者，不過教授著述之業，不出學理範圍。法、商、醫、工，「術」也，直接應用。治此者雖亦可有研究之興趣，而及一定程度，不可不服務於社會，轉以服務時之經驗，促其「術」之進步。與治「學」者之極深研幾，不相侔也。

先生便根據「學」「術」兩分之主張，將北京大學之工科，併入天津北洋大學，商科併入法科，於是原設有文、理、工、法、商五科，調整為文、理、法三科。民國六年冬，文科增設中國史學，理科增設地質學，合原有各科，計有國文、英文、法文、德文、哲學、史學、數學、物理、化學、地質、法律、政治、經濟、商，共文、理、法三院十四系。

這個由「學」「術」兩分的主張，而革新完成的大學學制系統，在當時及後來的大學法中，規定大學之設立，必須具有文、理兩院之條文，正是先生「學」與「術」不容混淆的具體實現。

4.文明之消化，是中西文化交通融會的原則：

當時因國外留學歸來者，目睹世變日亟，國弱民貧，欲革故鼎新，非「全盤西化」不能竟其功。於是先生發表〈三十五年中國新文化〉，用食、衣、住、行等事，說明「生活的改良」。並強調：

> 在此三十五年中，業已次第發生，而尤以科學研究機關的確立為要點。蓋歐化的優點，即在事事以科學為基礎。

文中有「歐化的優點」一說，時人以為即「全盤西化」之意，於是先生在民國五年八月十五日《旅歐雜誌》創刊號發表〈文明之消化〉文中，主張中西文化交流的原則，是博採西方之所長，彌補一己之所短。吸收者切不可囫圇而吞之，致釀成消化不良之疾。他在該文中警告說：

> 既有吸收，即有消化，初不必別有期待。例如晉、唐之間，雖為吸收印度文明時代，而其時《莊》、《易》之演講，建築圖畫之革新，固已顯其消化之能力。否則，其吸收作用，而不能如是之博大也。今之歐洲文明何獨不然。使吾儕見彼此風俗之殊別，而不推見其共通之公理，震新舊思想之衝突，而不能預為根本之調和，則臭味差池；即使強飲強食，其亦得出而哇之耳。當吸收之始，即參以消化之作用，俾得減吸收時代之阻力，此一吾人不可不注意者也。

試觀近百年來，中西文化之論爭，僅從「學校制度」一項而言，每次學制之變革，均受外來思想的影響，忽而日本、忽而法國、忽而美國；蓋制度之重要，不在外表的形式，而在其內部的動力，不在其形式的變易，而在其真實推進的精神，先生以其蘊涵豐

富的學術修養，明敏誠懇的教育態度，和對當時中國實際情形的觀
察，希望配合本國國情，對外來文化作合理之吸收，如食肉者，棄
其骨，食果者，棄其核，如此取其精醇，去其糟粕，才能把中國教
育文化推向光明的大道。

　　先生為了達成「文明之消化」主張，民國二十年四月，又提出
「國化教科書問題」。他主張全國高級中學以上學校之各科教材，
除外國語文課程外，所有其他各科教材，都應當採取中國文作教
本。先生以為直接用：

> 　外國文字作教本，實浪費學生時間與腦力，又和國情不合，
> 故希望教育家、著作家、出版家能注意及此，並著手編定各
> 科專門術語，大量翻譯外國書籍，編輯各科參考用書。

又在當年的五月，國民會議通過，在教育部之下，設立「國立編譯
館」，這可說是先生此一教育主張的具體實現。

　　從上述教育思想和教育主張的各個重點，可見先生對當時及後
世教育之影響。民國八年三月十八日，林紓於《公言報》發表〈請
看北京大學思潮變遷之近狀〉，文中公開指責先生聘用教師失當，
以及北大「覆孔孟，剷倫常」、「廢古語，用土話」，與中國學術
文化背道而馳。先生立即於六月二十一日在《新潮》雜誌一卷四期
為文答覆。民國二十四年，又有何炳松等十數位教授聯合發表《中
國本位文化建設》宣言，徵詢蔡先生意見。先生本乎〈文明之消
化〉主張。對此表示：

> 　在原則上，理論上，可謂「顛撲不破。」但為何不事先對中

國文化之實質作比較研究，何者應取？何者應舍？否則，憑空辯論，勢必如張之洞的「中體西用」的標語，梁漱溟的「東西文化」的懸談，贊成，反對，都是一些空話。

又先生為了鼓勵學生努力向學，曾撰〈怎樣纔配稱做現代學生〉一文，他認為：

能讀外國文的書，講幾句外國話，不能稱做現代學生。

現代學生必須具備三個基本條件：

一、是獅子般的能力，二、是猴子般的敏捷，三、是駱駝般的精神。有了這三個條件，再加上崇好「美術」的學養，和「自愛」、「愛人」的美德，便配稱做現代學生而無愧。

這一提示，不僅對中國二十年代的青年學子是一個美好的忠告，就是對當下台灣各級學校的同學，又何嘗不是一記當頭棒喝呢！

自「五四」新文化運動以來，先生曾多次提示「讀書不忘救國」，「救國不忘讀書」，民國九年五月於《新教育》三卷五期發表〈去年五月四日以來的回顧與今後希望〉一文，便是深恐學生因參加政治運動，引起虛榮心、倚賴心，囂張習氣，難以糾正。所以才有：

青年應以求學為主，不宜過問政治。

的提示。加以「九一八」事變之相繼發生，南京、上海、北平、武漢各大學學生之互相串連，先生又在民國二十年十二月十四日以

〈犧牲學業損失與失土相當〉為題發表演說，以免「學運」失控，被共黨與蘇俄坐收漁翁之利。語重心長。對企圖利用純潔之青年，謀獲暴利之政客，可謂苦口良藥，耐人深思。

五、在近代中國教育史上的地位

反顧自清朝同光以來，中國新式教育發展的坎坷道路，先生在列強環伺、軍閥割據、政爭不已、世風日下，以及中西新故之說，甚囂塵上之時，赤手空拳，接下了教育總長的棒子，以後又走進北京大學的校園，坐上中央研究院院長的寶座。憑著他「學不厭，教不倦」的精神，和「教育救國」的理念，儘管是萬方多難，他卻不避艱難險阻，為中國的新式教育譜下了可歌可泣的樂章，至今猶受其賜；並得到無數教育學術界人士的肯定與擁戴。

㈠ 教育學術界的肯定

有的學者從先生的言行事蹟，作概括性的讚許。如吳稚暉，便認為他是「平生無缺德，舉世一完人」。蔣夢麟也有類似的評語，說他「大德垂後世，中國一完人。」其弟子黃炎培在〈吾師蔡子民先生哀悼辭〉裡，轉述胡元倓的八字頌辭，是「有所不為，無所不容。」蓋「有所不為」者，先生以之律己；「無所不容」者，先生以之教人。可見先生在平生言行中，待人以寬，律己以嚴，在那個「事修而謗興，德高而毀來」的社會裡，先生的嚴以律己，寬以待人的襟抱，正是被尊為「平生無缺德」，「中國一完人」的依據。

有的學者從文化傳承的角度加以推崇。如思想家蕭一山在〈近六十年中國學人研判中國文化之貢獻〉中，稱許「先生為黨國元勛，人倫師表，其生平行事定為後人所矜式，胡元倓以『有所不

為，無所不容』八個字來狀先生，似可為先生律己教人之的評，但仍不能表示先生對於中國社會文化的關係。我的看法，是如果比中山先生為近代之文王、周公，則先生就是近代的孔子。一個是『作之君』，一個是『作之師』，換句話說，他們都是『三千年來一大變局』後的政教開山者。」傅斯年〈在我所景仰的蔡先生之風格〉一文裡說：「蔡先生實代表兩種文化：一是中國聖賢傳統的修養，一是法蘭西革命中標榜自由、平等、博愛之理想。」梁漱溟在〈紀念蔡元培先生〉一文中，認為他所了解的蔡先生，「其偉大在一面有容，一面率真。他之有容，是率真的有容，他之率真，是有容之率真。」梁先生被學術界尊為「現代新儒家」，他對先生「坦率、真誠」的評論，似乎更彰顯了先生那種休休有容，平凡中見偉大的形象。

有的學者則是透過教育史的目光，進行評價。如近代學者吳相湘，於中華民國建國六十年時，由「傳記文學社」發行《民國百人傳》，在其〈蔡元培傳〉裡，推崇「蔡先生是近六十年來中國學術教育界的宗師。」並以為先生在任北京大學校長時，採「兼容並包」，「思想自由」宗旨，為中國現代大學建立了宏大規模，影響深遠。蔡尚思於《蔡元培學術思想傳記》一書中，推尊「蔡氏在中國近代教育史上，是開山祖師。一部近代中國教育史，差不多可當作先生的傳記。」近代史學者陶英惠於《中國歷代思想家・蔡元培》一文中，更稱讚先生是「中國傳統文化所孕育出來的學者，但是充滿了西方學人的精神。」又說：「他是中國近代史上極有貢獻的教育家，也是一位具有卓見的政治家。」「他的一生，可以說無不與學術及教育文化事業有關。他的道德文章尤足以垂範士林，楷

模後世。」足見蔡先生一生和教育文化事業的密切關係。

㈡ 筆者的看法

　　從平生言行來概括先生，說他「大德垂後世」、「平生無缺德」，可以同意；如果說他是「舉世一完人」，拿「完人」來稱許他，言之稍過。從文化傳承的角度，推崇先生為當今孔子，似嫌過重。稱他是，「政教的開山」，「有容」與「率真」，倒是徵實之論。從教育史的眼光，說先生為「現代教育界的宗師」，是「開山祖師」，頗能彰顯先生在清末民初的人格和地位。近來又有人把「先生的言行錄」尊之為當代《論語》，可以和「孔子的微言」媲美，須知《論語》乃「群經的管轄，治事之矩矱」、古人有「半部《論語》治天下」之說，而諦審「先生之言行錄」，其中雖不無顛撲不破之至理，但如「放之四海」、「百世以俟」，恐怕還去《論語》遠甚。以先生生前平易近人的性格，過與不及的稱許，皆為其所不喜。依筆者之愚見，近人馮友蘭作「我所認識的蔡孑民先生」，文潔意婉，見真識切，頗能得先生在近代中國教育史上的真相。現在我把它節引出部分重點，一方面和讀者分享，另一方面也作本節文字的結束。馮先生說：

> 我用中國傳統哲學中的一句成語，把它總括起來，這句成語「極高明而道中庸」。我很欣賞宋朝道學家，程明道的一首詩，詩說：「閒來無事不從容，睡覺東方日已紅。萬物靜觀皆自得，四時佳興與人同。道通天地有形外，思入風雲變態中。富貴不淫貧賤樂，男兒到此是豪雄。」這首詩的第一、二句，是說他的生活狀況，第三、四句是說「道中庸」，第

五、六句，是說「極高明」，第七、八句，是說到了這個地步，就可以成為孟子說的「大丈夫」。我認為蔡先生的精神境界和氣象，和程明道相類似的。現在的人誰也沒見過程明道；但是，他的學生們所形容的話是有記錄的。我是把這些記錄，和我心目中的蔡先生相比較，而說上邊那句話的，相信不會有大錯。蔡先生的教育有兩大端：一個是「春風化雨」，一個是「兼容並包」，依我的經驗，「兼容並包」並不難，「春風化雨」可真是太難了。「春風化雨」是從教育者精神境界發出來的作用。沒有那種境界，就不能發生那種作用，有了那種境界，就不能不發生那種作用。這是一點也不能矯揉造作，弄虛作假的。

蔡先生是中國近代的大教育家，這是人們所公認的。我在「大」字上又加了一個「最」字，因為一直到現在，我還沒有看見第二個像蔡先生那樣的大教育家。

六、結論

在這個世紀之交的時刻，回顧清朝自同光迄今一百五十多年來，中國新式教育發展的坎坷道路，這種回顧，不僅可以聯結過去，更可以在檢討之餘，對未來教育的願景，產生懲前毖後的效果。

教育是百年大計，立國之根本。國家的安危、政治的成敗、世風的高下、文化的盛衰、經濟的榮枯，無一不和教育息息相關。蔡元培先生以一個舊時代的讀書人，立下「教育救國」的心願，自動

放棄清朝的高官厚祿，投入基層教育事業，從事國民革命工作，培養革新人才，又兩度留學，追求新知。這若非別具懷抱，又如何能在「捨」「得」之間，有那樣的膽識和決定！

先生初任教育總長時，即博採周諮，公開發表他〈對於教育方針之意見〉，指陳新教育方針的五大原則，即軍國民教育、實利主義教育、公民道德教育、世界觀教育、美感教育。並特別強調「美感教育」之重要性。後來先生以「美育取代宗教」為天下倡，足見先生早已成竹在胸。

大學校長任內，對科系的調整，優良教師之延聘，招收女生，興辦課外活動，改學年制為學分制，成立校務委員會，教授治校等，大刀闊斧，加以整頓，不數年的時間，就把死氣沉沉的北大，變成一個生動活潑，從事學術研究的知識寶庫。流風所及，使中國出現了無量數的傑出學者和治國人才。

先生以為大學是囊括大典，包羅眾家的學府，無論何種學派，苟能「持之有故，言之成理」者，均可兼容並包，聽其自由發展。然中國素無「思想自由」之習慣，每好以己派壓制他派，以己學輕蔑他學，執持成見，加鹽添醋，遂有林琴南公開詰責的信函，這雖是先生主持北大過程中之一段插曲，但亦時代世風爭議的焦點，不可等閒視之。

先生對「五四」新文化運動，讀經問題、教育政策、教育經費，創立大學區制，訂定教學公約及課程設計等方面，由於內容駁雜，非三言兩語可盡，故本文於此皆著墨不多。從先生對中國新式教育的宏規遠圖中，尤其是「美感教育」的主張，可謂家庭教育、學校教育、社會教育的重要環節，可惜「德、智、體、群、美」五

育並進的目標，其實施結果，大家只視「智育」為教學的重點，公民道德教育形同具文，軍國民教育也完全落空，群育、美育更如同充饑的畫餅，房中的盆栽，一個擺設而已。以至於一百五十多年來的新式教育，忽而「中學獨尊」，忽而「中體西用」，忽而「全盤西化」。「制度」是社會歷史的產物。一種制度的成功，有許多連帶條件，適宜於甲國者，未必適宜於乙國，中國為歷史文化悠久的國家，情境既特殊，問題尤複雜，「全盤西化」，絕不能解決中國的問題。這種情形，只要看台灣當下的大、中、小學教育的亂象，亦可以略窺一斑了。

　　我寫蔡先生在近代中國教育史上的地位與貢獻，遙想先生當年立身行事之大節，難進易退的態度，「學不厭」、「教不倦」的精神，春風化雨的人生境界；和他那種重視科學、破除迷信、強調理性的真知灼見，真可以師表萬世，永垂不朽。我們這些後死者而又獻身教育的女士先生們，此時此地，當如何奉行先賢未竟的志業，盡其在我，恐怕是我們當前責無旁貸的使命了。

七、附錄

㈠ 先生的著述

　　先生留法期間，雖然為了餬口，不得已從事譯述，但欲瞭解先生困勉勵學的成就，特別就其著作之重要者，介紹如下：

　　1.專門性著作：

　　⑴《中國倫理學史》一冊：在法國萊比錫大學研究時作。清宣統二年（1910 年）七月商務印書館出版。為中國倫理學史方面的開山之作。

(2)《石頭記索隱》：原載《小說月報》七卷一至六期。民國六年（1917 年）九月商務印書館初版。

(3)《修身講義》一卷：又名《華工學校講義》，為華工學校編。內容有德育三十篇，智育十篇，初載《旅遊雜誌》，後附於《蔡孑民先生言行錄》中。民國八年（1919 年）八月又印成專書。

(4)《賴裴爾》一卷：原載於民國元年五月的《東方雜誌》十三卷第八、九號，民國十二年又收入商務印書館《東方文庫》第六十八號。書名《藝術談概》。

2.翻譯性著作：

(1)《哲學要領》一冊：光緒二十九年（1903 年）九月商務印書館初版。

(2)《妖怪學講義錄總論》十二講：光緒三十二年（1906 年）八月上海亞泉學館初版。

(3)《倫理學原理》十冊：在法國萊比錫大學研究時撰，宣統元年（1909 年）九月商務印書館初版。

(4)《哲學大綱》：留法時作。民國四年（1915 年）商務印書館初版。

3.編輯性著作：

(1)《文變》三卷：線裝二冊，光緒二十八年（1902 年）四月商務印書館出版。

(2)《中學修身教科書》五冊：在法國萊比錫大學研究時編，民國元年五月重新修正，合訂為一冊，由商務印書館出版。

4.至於蔡先生言行錄，由他人代為編印者甚多，內容或增或損，

多寡既不一致,問世時間與旨趣亦多有差異。在此姑且缺而不錄。

本文寫作參考書目

1. 蔡元培先生全集　孫常煒編　台灣商務印書館發行
2. 蔡元培文集　高平叔主編　台北錦繡出版社印行
3. 蔡元培全集　中國蔡元培研究會主編　杭州浙江教育出版社印行
4. 蔡元培全集　台南王家出版社編印
5. 蔡子民先生傳略　高乃同編　重慶商務印書館印行
6. 蔡元培先生言行錄　隴西約翰編　上海廣益書局出版
7. 蔡子民先生言行錄　現代中國思想論著選粹　山東人民出版社發行
8. 蔡元培學術思想傳記　蔡尚思著　台北蒲公英文化出版社印行
9. 民國蔡子民先生元培簡要年譜　王雲五主編　台灣商務印書館出版
10. 蔡元培年譜　陶英惠編　台北中央研究院近代史研究所印行
11. 蔡元培教育思想研究　金林祥著　瀋陽遼寧教育出版社發行
12. 蔡元培美感教育思想之研究　李雄輝　國立臺灣師大教研所碩士論文
13. 蔡元培教育思想之研究　沈慶揚　國立高師大教研所碩士論文
14. 蔡元培與中國教育學術現代化　黃乃隆　中興大學《文史學報》
15. 蔡元培先生生平及其教育思想　孫常煒　台灣商務印書館印行
16. 蔡元培社會教育思想之研究　謝義勇　國立台灣師大社教所碩

士論文

17.中國教育史　王鳳喈　正中書局出版

18.中國教育思想史　郭齊家　台北五南出版社發行

19.蔡元培教育行政思想與實踐　曹常仁　人文及社會學科教學通
　訊雙月刊十一卷三期

20.民國百人傳蔡元培傳　吳相湘　傳記文學出版社發行

21.中國文化綜合研究蔡元培研究　蕭一山　中華學術院印行

22.中國歷代思想家蔡元培　陶英惠　台灣商務印書館印行

23.中國近代學術思想變遷史　黃公偉　幼獅文化事業公司印行

24.近代中國思想史　郭湛波　香港龍門書店印行

25.中國近三百年學術史　錢穆　台灣商務印書館印行

26.清代學術概論　梁啟超　中華書局印行

27.中國近三百年學術史　梁啟超　中華書局印行

28.中國文化史　柳詒徵　正中書局印行

29.中國文化史　陳登原　世界書局印行

30.西力東漸史　馮承鈞　華世出版社印行

㈢ **作者又記**

　　本文內容，大多雜揉各家，出以胸臆。故文末止錄〈本文寫作
參考書目〉，不列附注，非作者存心掠人美辭，以為己力也。

民國八十九年（2000）十一月十三日

完稿於台北寓所

青山青史——連雅堂的使命感

林文月

臺灣大學中國文學系名譽教授

一春舊夢散如煙，三月桃花撲酒船。

他日移家湖上住，青山青史各千年。

這是《臺灣通史》作者連雅堂三十五歲時所作的詩，題為〈西湖遊罷以書報筱雲并繫以詩〉。寄信和詩的對象筱雲，為雅堂之妻❶。如今書函已散佚❷，而所繫之詩則收入《大陸詩草》❸中。當時正值革命成功，民國初建，雅堂雖然居住在已淪陷為日本殖民地的臺灣，且已著手撰述《臺灣通史》，但欣聞此消息，而有大陸遠遊之舉。此詩為觀賞西湖美景後抒懷，寄與留居臺南的妻子之作。其中所稱「青山」係指西湖，「青史」則謂撰述中的《臺灣通

---

❶ 連雅堂二十歲，與臺南殷商沈德墨長女筱雲結婚。筱雲長連雅堂四歲。

❷ 《大陸遊記》卷一（收入臺灣省文獻委員會編印《連雅堂先生全集》）P.10 有文：「既歸逆旅，以書報吾妻，道湖遊之樂：謂他日苟偕隱於是，悠然物外，共樂天機。當以樂天為酒友、東坡為詩友、和靖為逸友、會稽鏡湖為俠友、蘇小小為膩友，而屬苧蘿仙子為我輩作主人也。」

❸ 見《劍花室詩集》（收入臺灣省文獻委員會編印《連雅堂先生全集》）P.3。

史》。可以看出詩人對西湖美景之傾倒，及其對《臺灣通史》一書之珍視與自負；此外，詩中也透露晚年他毅然離臺移居大陸的徵兆。因此，這一首詩是了解連雅堂一生言行的關鍵性作品。不過，欲完整把握連雅堂的這種心態，則又先須了解其家庭背景與時代因素。

連家祖籍為福建漳州府龍溪縣。雅堂的七代先祖連興位，因不服滿清推翻明朝，決心不在清廷統治下生活，攜家眷渡海來臺灣。選擇寧南坊馬兵營（今臺南市地方法院所在地）為住處，則是因為馬兵營曾為鄭成功抗清之駐軍地，有其歷史意義。連興位既選擇鄭成功抗清復明的遺跡，復以連氏一族誓不仕清為志，而以經營製糖業為營生計。連雅堂便是誕生於此甚具歷史意義的馬兵營。

光緒二十一年（1895），中日之戰清廷敗績，簽下馬關條約，割讓臺澎。臺灣人民不服而組成「臺灣民主國」與日軍抗爭；劉永福一度退守臺灣，曾借住馬兵營。於是，昔日鄭成功抗清之駐軍地，遂又成為臺灣人民抗日之處。關於此，連雅堂在其〈過故居記〉記述：

> 寧南之內有馬兵營者，鄭氏駐節之地也。附城而居，境絕幽靜。自我始祖即處於是，及余已七世矣。……乙未六月二十有四日，先君見背。是時戎馬倥傯，既卜窀穸，而劉永福遁吾家，遂為軍隊所處❹。……

這一年，對十八歲的雅堂而言，國破復遭父亡，心中的悲憤更甚於

---

❹　見《雅堂文集》（收入臺灣省文獻委員會編印《連雅堂先生全集》）P.87。

一般人。奉諱居家期間，他手抄《少陵全集》，以抑制深沈的家國之痛，千年前生於唐代動亂時期「詩聖」的情志，遂透過一字一句感動了異時異地處於戎馬倥傯的臺灣青年連雅堂。

臺灣淪陷之初，有一些臺灣仕紳為走避禍難而內渡福建省一帶，稱為「走番仔反」（「番仔」，並非指當時的原住民，而是指日本人）。日軍入臺南後，雅堂亦內渡福建「走番仔反」。其後他雖一度返臺，又於隔年轉赴上海，申請入聖約翰大學攻讀俄文❺。雅堂此一行動，是考慮到日本與俄國將來因利害關係終難免一戰，而中國居此二野心國之間，亦恐難免牽連其中，屆時必需要有瞭解日、俄兩國情勢之人才；臺灣既淪陷日人手中，對日本有研究的人才當較易得，而對俄國方面具有深刻瞭解之人才則甚為缺乏。可惜，這個具有遠大眼光的理想懷抱，卻因母親劉氏去函促他返臺完婚，而不得不中止。

連雅堂的第一份職業是記者，這個事實，恐怕為許多人所忽略的。光緒二十五年（1899），雅堂二十二歲夏季，臺南《臺澎日報》創刊，他受邀為漢文部主筆之職❻。在此之前，他並未出任過正式工作，而只是讀書作詩，在家鄉臺南以及臺北參加各種詩社，其才華文名漸漸受到各方矚目。當時臺灣已經據馬關條約割讓於日本，日本政府雖然正推行日語文教育為「國語」，但一般臺灣民眾尚未有足夠的日文閱讀能力，所以《臺澎日報》兼容日文與中文，

---

❺　據先母連順治女士口碑。

❻　據鄭喜夫《連雅堂先生年譜》（收入臺灣省文獻委員會編印《連雅堂先生全集》），以下凡繫年，均緣此。

為顧及當時現實的一份過渡時期報刊。雅堂能以二十二歲的年紀受邀主持《臺澎日報》漢文部主筆的工作，乃因其才識受到社會人士肯定之故。不過，更重要的是，前此，他在文人聚會之際每常發表開明先進之論調，以及表現對社會時局的積極關懷的態度；而這是做為一個報人很重要的條件。

次年，《臺澎日報》與另一報紙《新聞臺灣》合併，改組為《臺南新報》，其漢文部仍由連雅堂擔任主筆。在殖民地時代，所有居住於臺灣的人民都不得不學習日本語文，此與他們不得不接受日人統治一樣，都是有身不由己無可奈何的悲哀的。雅堂在報社擔任漢文部主筆，有別於一般報導新聞的記者，其所撰寫的內容乃是就時事或新聞發表意見論說，因而正可以用祖先的文字表達他對社會鄉梓的關懷。在這一段時間，雅堂因為出任報務，所往來者多一時之士。而於報務以外，他又積極參與社會風俗改革的工作。例如當時有一些開明之士反對婦女纏足，在臺北與臺南各創立天足會，雅堂向來主張男女平等，便也成為臺南天足會的八名幹事之一。

光緒二十八年（1902），連雅堂二十五歲，曾赴福州應鄉試❼，旋即轉往廈門，主《鷺江報》筆政。《鷺江報》為旬刊，由西人 J. Sadler 發行，創刊於此年。社址始設於廈門，後移至鼓浪嶼❽。雅堂在該報刊登了一篇為福州籍女性詩人蘇寶玉詩集《惜別吟

---

❼ 光緒二十八年壬寅（1902 年）八月進行補行庚子、辛丑恩正併科經濟特科鄉試。本年雅堂先赴廈門捐監，故得應試。其試題為「漢唐開國用人論」、「勾踐焦思嘗膽論」、「子貢使外國論」等。雅堂卷有過激語，干時忌，考官批曰：「荒唐」，不第。此據先舅父連震東先生口碑。

❽ 此據方豪按語。見《雅堂文集》（同註❷）P.49。

詩集》所撰之序文，為他首度公開發表國是人權之作。文中充分流露開明自由的思想。文長約數百字，未及備錄，下引其中若干段落：

> 臺南連橫歸自三山，留滯鷺門，訪林景商觀察於怡園，縱談人權新說，尤以實行男女平等為義。酒酣氣壯，景商出詩稿一卷，云為榕東女士蘇寶玉所著，其身世詳於乃兄幹寶序中。連橫讀竟而嘆曰：中國女權不振，一至於此歟！三鋼謬說，錮蔽人心；道德革命，何時出現？夫政治之原，造端夫婦；族制之化，肇立家人。婚姻之禮正，然後家齊、國治，而天下平也。晚近士夫，倡言保種，推原於女學不昌，是誠然矣！是誠然矣！……向使女權昌熾，人各自由，則早晚專制之異線矣。……嗚呼！中原板蕩，國權廢失，欲求國國之平等，先求君民之平等；欲求君民之平等，先求男女之平等。灑筆書此，以告景商。並以質天下之有心人也**❾**。

文中不僅提出男女平等的先進思想，更難得的是處於帝王專制時代，卻能勇於倡言「君民平等」，甚至「國國之平等」，顯現其對政治理想的開明遠見，乃至於自由平等的大同世界觀。尤其以雅堂個人之處境而言，以一介淪陷區的知識份子，其所關懷者竟全為中國之前途，更展現其不屈服之心志。在中國的土地，關心中國的國是社會，連雅堂表現得激昂而熱烈，無奈家人在臺南，而岳父沈德墨病重，遂不得不返歸家鄉，復入《臺南新報》主持漢文部。

---

❾ 同上註，P.48-49。

　　光緒三十一年（1905），果如雅堂所料，日俄戰爭起。他氣憤
清政之不修，遂攜眷再赴廈門創辦《福建日日新聞》，出任主筆。
當時同盟會初成，雅堂撰文排滿鼓吹革命，嘗言：「報紙為輿論之
母，一國之消長繫焉。」南洋方面的中國同盟會人士聞而大喜，派
李竹癡至廈門，商議擬改組為中國同盟會機關報。但清政府飭吏向
駐廈門日本領事館抗議，謂：「日本『籍民』反對清政府，難以允
許」。《福建日日新聞》遂遭封閉❿。雅堂不得已，將其印刷機器
廉售而攜眷返臺。臨去有〈攜眷歸鄉留別廈中諸友〉詩：

> 蘇海韓潮湧大觀，三年報界起波瀾。
>
> 文能驚世心原壯，力可回天事豈難！
>
> 地上雲深龍戰血，空中風勁鷲傷翰。
>
> 他時捲土重來日，痛飲高歌鼓浪山❶。

可見當時其內心之失望與遺憾，卻也表現著不服之氣與不餒之志
願。

　　返臺後仍入《臺南新報》主持漢文部，但他身在臺灣而心繫祖
國。這一年的十月二十日，中國同盟會員聯合洪江會舉事於江西萍
鄉、湖南醴陵，瀏陽、宜春等地會黨繼起響應，至二十八日不幸失
敗。雅堂作〈冬夜讀史有感〉七律二十首，有序曰：

> 滿人宅夏二百六十年矣，國政紛紜，民憤磅礴，內訌外侮，

---

❿　據連震東〈先父生平事蹟略述〉（收入《連雅堂先生全集》中《連雅堂先生
　　相關論著選輯　下》P.35）。

❶　收入《劍花室詩集》外集之一（同註❷）P.116。

昔昔交併。革命之饒，已喧湘贛，物極則反，天道何常。縱
觀時事，追念前塵，心躍血湧，茹之欲出。率賦廿章，質諸
觀者❷。

字裏行間充分流露對於國民革命的關切。事實上，雅堂所自取一字
曰「武公」，便是相對於孫文為稱，一文一武：孫文在北連武在南
❸。可見他雖身在殖民地臺灣，而心實遙繫祖國大陸。

　　光緒三十四年（1908），雅堂與家人遷移於臺中，入臺灣新聞
社漢文部，並開始撰著《臺灣通史》。次年，日本政府改建臺南市
區，為拓寬馬路，擬拆毀一些原有舊街道，並欲填一口大井，雅堂
聞訊而撰文發表於《臺南新報》，力陳大井為臺南最古之史蹟，萬
不可填，井遂得存而不毀。此舉則表現了他對臺灣文物的珍視與關
切，以與日本政府有心破壞臺灣古蹟、摧毀臺灣文化，進而同化臺
灣人心之企圖抗爭。

　　民國元年（1912），清帝溥儀退位，中華民國建立。連雅堂雖
身在海外，難掩興奮之情，作〈告延平郡王文〉以祭鄭成功，其文
曰：

中華光復之年壬子春二月十二日，臺灣遺民連橫誠惶誠恐，
頓首載拜，敢昭告於延平郡王之神曰：於戲！滿人猾夏，禹
域淪亡，落日荒濤，哭望天末，而王獨保正朔於東都，以與

---

❷　同上，P.116。

❸　據先母口碑。雅堂崇敬孫文，《大陸遊記卷一》P.25 有文：「夫中山手創民
　　國，建功偉烈，東方之華盛頓也。」

> 滿人拮抗，傳二十有二年始滅。滅之後二百二十有八年，而
> 我中華民族乃逐滿人而建民國。此雖革命諸士斷脰流血，前
> 仆後繼，克以告成，而我王在天之靈，潛輔默相，故能振天
> 聲於大漢也！夫春秋之義，九世猶仇；楚國之殘，三戶可
> 復。今者虜酋去位，南北共和，天命維新，發皇蹈厲，維王
> 有靈，其左右之❶❹！

　　此年三月，雅堂剪髮去辮，以示慶祝。清廷終於滅亡，此不僅
為雅堂衷心所樂見，也是他七世先祖連興位以來連氏代代所祈望之
大事。而今親身經歷證實，如何能不欣喜異常？遂決計遠遊大陸。

　　此行自民國元年春至三年夏（1912-1914），費時三年，足履所
及，自江南至河北，復出關經塞外而遊漢陽，更到東北「滿洲國」
所在地，幾乎走遍大半個中國。這次長期的旅行，對連雅堂而言，
不僅是欣賞祖國山水景物，同時也藉以憑弔古蹟，印證所讀古人之
詩文；而身為熱血的報人，他則又時時介入國是輿論，參與民國初
建的工作。初到上海，便受邀至華僑聯合會任報務，又創辦華僑雜
誌。其後，發生宋教仁遇刺案、袁世凱與五國銀行團訂大借款等意
外事件。初建之民國動亂未平，人心惶惶，華僑更以身在海外，憂
心如焚。正值旅遊期間的雅堂，不甘置身度外，他自告奮勇地擔任
起為僑居地同胞聯繫的工作。這一段時期的情況，可見於其《大陸
遊記》文中：「日以函電告海外，而華僑之以書相問者，旦夕批
答，腕為之酸❶❺。」

---

❶❹　見《雅堂文集》卷二哀祭 P.115（同註❷）。
❶❺　見《雅堂先生餘集》所收〈大陸遊記〉卷二 P.84（同註❷）。

　　爾後，受邀北上吉林，為《新吉林報》撰文評論時政。當時袁世凱的行為已普遍引起國人反對，南方一片討袁聲起，袁政府亦處處謹防，未幾而《新吉林報》遂遭查禁，國民黨人皆惴惴莫敢動；雅堂卻與《吉林時報》社主日人兒玉多一另刊《邊聲》，以主持公論。當其時，在袁政府的高壓手段下，動輒得咎，無論關內、關外的民間報紙悉被摧殘，莫敢一言是非，而《邊聲》遂得大事飛躍，遠至於雲南、四川一帶；然而也因此深遭袁政府之忌，數度命外交使節交涉❶。起初，日本領事置之不理，終亦難逃厄運，於苦撐三個月以後，因遭受多方壓力而不得不結束。

　　結束《邊聲》，離開吉林，過北京時，連雅堂與王闓運、章炳麟等一時之士交遊，並應清史館館長趙爾巽聘為名譽協修，入館共事。這對於已經從事修史的雅堂而言，是十分可貴的良機。由於館中許多檔案非外人所能隨便瀏覽，藉此旅遊的終點得一覽有關臺灣建省的檔案，舉凡沈葆楨、林拱樞、袁保恆、左宗棠諸人的奏疏，都一一錄存。復又上書清史館宜增〈拓殖志〉以記華僑拓殖各地之情況，並自薦願任其職。有文如下：

　　……天相諸夏，共和告成。華僑之歸自海外者，群策群力，胥謀建設，以宏佐新邦。而政府亦日以招徠華僑，為殖利開源之計。然而政府固不知華僑之情形，即國內士夫亦少知海外大勢，而為一考其利害。管窺蠡測，語多爽實。則以國內既乏考據之書，而華僑又不能自述其史，以介紹國人。又豈

---

❶　此報不同於國內一般報刊，在日人占領下之「滿洲國」發行，且林領事亦有資援，故袁世凱不得不循外交途徑。

　　非史氏之咎歟？追懷先德，瞻顧前途，爰及子孫，用張國
　　力，則拓殖志之作，豈可缺哉？……橫生長臺灣，狀遊南
　　土，歐、美、菲、澳之華僑，既習與往來矣。摭拾遺聞，旁
　　探外史，潛心述作，於今十年。華僑聯合會創立之歲，多士
　　最於滬上，提議纂修，僉有同志，期月之間，惠書盈篋，而
　　奔走風塵未遑筆削。私心耿耿，寢饋不忘。今史館既開，徵
　　文考獻，以橫不肖忝侍諸賢。何敢不貢其誠以揚國家之休
　　命？如蒙俞允，命輯斯志，伸紙吮毫，當有可觀。豈唯史氏
　　之責，民族之興，實式憑之。敬布鄙懷，諸維亮鑒**⓱**。

不過，此意似未獲得館方積極回應。而離鄉三年，家人頻頻致函促
歸，遂結束大陸之旅，返回臺南；仍入《臺南新報》工作，陸續登
載其旅中所作詩文。詩文中所欣賞關懷的風景人物盡是中國的；其
中，頗有一些甚至是針對中國之時政而發，這在當時已為日本殖民
地的臺灣刊出，毋寧是一件十分不尋常的事，也可以看出雅堂心儀
祖國，全然不以殖民地居民自視之一端。這些詩篇共計一百二十六
首，編成《大陸詩草》，其自序有言曰：「嗟乎！余固不能詩，亦
且不忍以詩自囿。顧念此行窮數萬里路，為時幾三載，所聞所見，
徵信徵疑，有他人所不能言而言者、所不敢言而亦言者**⓲**。」

　　一般而言，連雅堂是以《臺灣通史》見知於後世。他撰著《臺
灣通史》，可以說有遠、近兩個原因：遠因為在他十三歲時，受其
父連得政贈書之啟發。此事他自己在《臺灣通史·卷三十五·孝義

⓱　見《雅堂文集》P.126（同註**❷**）。
⓲　見《大陸詩集》（收入《劍花室詩集》）P.5（同註**❷**）。

列傳・序》有文記述：

> 橫年十三時，就傅讀書。先君以兩金購《臺灣府誌》授橫，
> 曰：「女為臺灣人，不可不知臺灣事。」橫受而誦之，頗病
> 其疏。自故玄黃以來，發誓述作，冀補舊志之缺⑲。

雅堂十三歲時，值光緒十六年（1980），受自父親的書是余文儀的
《續修臺灣府誌》，當時尚未發生中日戰事，年少的雅堂心中發願
修史，純屬不滿意前人著作之不完備罷了。但事隔數年，中日戰事
起，清廷敗績，乙未之春竟簽下辱國喪權割讓臺澎的馬關條約。五
月，「臺灣民主國」成立，唐景崧任總統，以劉永福為臺灣民主將
軍，但終不敵日軍堅甲利兵自北而南之攻勢，先是唐景崧潛逃廈
門，劉永福節節敗退至臺南。連得政憂思成疾，一夜而亡故。連氏
住宅馬兵營一度曾供劉永福駐軍之所。〈過故居所〉中所記：「乙
未六月二十有四日，先君見背。是時戎馬倥傯，既卜窀穸，而劉永
福遁吾家，遂為軍隊所處。」即是指此。由於家園臨時成為「臺灣
民主國」的總部，服喪的青年連雅堂乃得有目睹當時的種種文告、
來往電文、乃至於暫時發行之郵票等物的機會，並蒐集以為來日著
史之資料。劉永福的堅苦支撐也只能拖延到十月，「臺灣民主國」
終究瓦解，臺灣乃遂淪為日本殖民地了。遭遇親父死亡家鄉淪陷的
雙重打擊，連雅堂的心情沉痛更甚於一般臺灣人，而其後親身經歷
日本政府從語言、文物各方面對臺灣人民所實施的同化政策，更令
他警覺到及早修史的必要。在《臺灣通史》自序中，連雅堂明明白

---

⑲　見《臺灣通史》下，P.1096（同註❷）。

白地道出：

> 夫史者民族之精神，而人群之龜鑑也。代之興衰，俗之文
> 野，政之得失，物之盈虛，均於是乎在；故凡文化之國，未
> 有不重其史者也。古人有言：「國可滅，而史不可滅。」是
> 以郢書燕說，猶存其名；晉乘楚杌，語多可採；然則臺灣無
> 史，豈非臺灣人之痛歟❷⓪！

處身於淪為日本殖民地的臺灣，正是「國可滅，而史不可滅❷⓵。」
的這種危機意識，令雅堂有迫切的使命感，須及身提早為臺灣修
史；否則萬一此修史之工作落入日本人手中致歪曲事實，則後果堪
虞，將真正是國滅史亦滅了！

　　年少時代的連雅堂手捧父親連得政贈與的《臺灣府誌》，曾病
其書陋不備，發誓述作，但成年之後實際著手述作，則又遭遇極大
的困難；而明知其困難卻不得不為之，是他唯一的選擇。《臺灣通
史》自序曰：

> 臺灣固無史也，荷人啟之，鄭氏作之，清代營之；開物成
> 務，以立我丕基。至於今三百有餘年矣。而舊志誤謬，文采
> 不彰。其所記載，僅隸有清一朝。荷人鄭氏之事，闕而弗
> 錄，竟以島夷海寇視之。烏乎！此非舊史氏之罪歟？……顧

---

❷⓪　見《臺灣通史》上。

❷⓵　清龔自珍〈續集古史鈎沈論〉：「滅人之國，必先去其史；隳人之枋，敗人
　　之綱紀，必先去其史；絕人之材，湮塞人之教，必先去其史；夷人之祖宗，
　　必先去其史。」此蓋用定庵文意。

修史固難，修臺之史更難。以今日而修之尤難。何也？斷簡
殘編，蒐羅匪易，郭公夏五，疑信相參，則徵文難；老成凋
謝，莫可諮詢；巷議街譚，事多不實，則考獻難。重以改隸
之際，兵馬倥傯，檔案俱失，私家收拾，半付祝融，則欲取
金匱石室之書，以成風雨名山之業，而有所不可。然及今為
之，尚非甚難；若再經十年、二十年而後修之，則真有難為
者，是臺灣三百年來之史，將無以昭示後人，又豈非今日我
輩之罪乎？橫不敏，昭告神明，發誓述作。兢兢業業，莫敢
自逭。遂以十稔之間，撰成臺灣通史。……

文中道盡修纂臺灣歷史的重重困難。臺灣雖一島嶼，三百年來風雨
變化頗鉅，而缺乏文字記述的資料。中國人經歷此地而撰文介紹
者，首推明萬曆壬寅（1662）陳第《東番記》。其次為荷蘭人佔據
臺灣三十七年間（1624-1661）的各種記錄與文獻。而在這中間出現
的中國海盜林道乾、顏思齊、鄭芝龍等，以及倭寇據為巢穴，都沒
有文獻。至於鄭氏三世治臺二十二年間（1661-1683）的文獻，則恐
已遭清廷忌諱而毀滅殆盡。清朝治臺二百十二年間（1683-1894），
初期臺灣為福建省的一府，尚經常修纂各縣志；中期官志失修，只
見遊臺儒士的個人著作；至末期因內憂外患，為加強臺灣的治理，
增設為臺北、臺灣、臺南三府，並設置臺灣通志總局以彙纂臺灣省
通志。但通志尚未完稿，便遭乙未之變而受日本統治。日據初期，
通志性著作不少，但都為日人所撰，且為介紹新領地臺灣之狀況，
以供其政府治理之參考，卻不是整體性的臺灣歷史。從這個事實言
之，連雅堂獨自經營十年於民國七年（1918）完成的《臺灣通

史》，確實是第一部完整而有系統的臺灣歷史之著作了。

　　至於他為何不著「通志」而修「通史」呢？則因為臺灣雖為中國的一省，但當時正在日人統治之下，為了表示臺灣不是屬於日本，所以特別稱作「通史」。其著述體制略仿司馬遷《史記》：卷一開闢紀（起自隋大業元年，終於明永曆十五年 605-1661）、卷二建國紀（起自永曆十五年，終於三十七年 1661-1683）、卷三經營紀（起於清康熙二十二年，終於光緒二十年 1683-1894）、卷四獨立紀（起自光緒二十一年，終於同年九月 1895）。此外，有「志」二十四卷、「列傳」八卷、共六十傳、附表一、附圖十四。

　　此書完稿付印之際，記述唐景崧建立台灣民主國之卷四「獨立紀」三字，引起日本官方不滿，強迫改為「過渡紀」。為了順利出書，雅堂只得委屈求全，想出折衷辦法：大正九年（1920）出版的《臺灣通史》，於卷四「獨立紀」上，另貼印有「過渡紀」三字的紙片，每一頁書邊之篇名，仍保留「獨立紀」字樣；至於書前目錄，卷四則作「過渡紀」，下有小字排印：「起清光緒二十一年，終於是年九月，此篇原名獨立，嗣以字義未妥，故易之。」如此一改，表面上是服從了日方之意，實際上則更彰顯出作者的用心，讀者自可以意會其中之無奈。雅堂復又於事前特請日本總督田健治郎題書「名山絕業」四字、前任總督明石元二郎題「溫故知新」四字、臺灣銀行董事長中川白雲也題「文獻可徵」四字；總督府總務長官下村宏，及臺灣日日新報主筆尾崎秀真、臺南新報主筆西崎順太郎為之撰序。這在當時情勢下，也是不得不然的障眼法了。而關於這一史書所記止於乙未，不及於割讓以後之事，蓋因作者處於日人統治下的台灣，有其難言之苦衷。事實上，在晚年舉家移居大陸

後，雅堂有一函致友人徐旭生，其內容可為之佐證：「……更欲撰就續編，記載乙未以來三十餘年之事，昭示國人，藉資殷鑑。而索居臺灣，文網周密，不無投鼠忌器之感。歸國以後，倘得一安硯之地，從事修纂，必有可觀。而身世飄零，年華漸老，此願未償，徒乎咄咄！固知棄地遺民，別有難言之隱痛也❷！」其身為棄地遺民之辛酸，於此可以想見。

《臺灣通史》之出版，在臺灣、甚至日本朝野都相當受到重視，購讀者頗多，但中國大陸人士則反而視之漠然，唯有章太炎、張溥泉以為民族精神之所附，謂為必傳之作❸。連雅堂對此反應難免感到失望。實則民國六十六年（1977），方豪在一篇題作〈我對連雅堂先生的瞭解〉文中提出其中誤解：「……在朱希祖先生所撰《徵實錄》序中才知道有連雅堂先生的《臺灣通史》。二十五、六兩年，我曾在杭州各書肆中訪求此書，不可得；託友人在上海搜購，亦不可得。此後抗戰八年，輾轉滇、黔、蜀各地，更見不到此書，直到三十五年一月，重慶商務印書館重印此書，時任教於國立復旦大學，急購讀之。書末有連震東先生所作家傳，記得其中下面有一段話：『《臺灣通史》成，刊行時，日本朝野頗為重視，祖國人士則因隔閡，反有漠然之感。唯章太炎先生以為民族精神之所附，謂為必傳之作。』當時讀後，頗不服氣。連震東先生那裏會知道像我這樣急於一睹此書而不可得的人，該有多少？我們豈是故意

---

❷　見《雅堂文集》P.132。
❸　《連雅堂先生相關資料論著選輯下》，P.29。

『漠然』❷？」方豪這一段話，可能正代表了其他一些同樣情況下的大陸人士的心聲。畢竟，當時的臺灣已割讓於日本二、三十年，與祖國的交通不甚通暢，作者連雅堂所感到的失望因此而起；另一方面，大陸有心人士預購無方者，蓋亦受阻於此。

《臺灣通史》一書之撰著雖然耗費了連雅堂十年時間，但四十三、四歲❷，正值人生壯年，壯志亦正如日中天。其後，雅堂仍然活躍於臺灣南北各地的文壇詩界，與全臺詩友相互砌磋琢磨，以實際作為企圖保全漢詩文於不墜；又於民國十年（1921）冬，四十四歲時編纂成《臺灣詩乘》六卷，選錄鄭成功復臺前後至割臺三百年間諸家有關史事及山川風物之詩篇。此書自序中有言：

> 臺灣通史既刊之後，乃集古今之詩，刺其有繫臺灣者編而次之，名曰詩乘，子輿有言曰「王者之跡熄而詩亡，詩亡然後春秋作。」是詩則史也，史則詩也。余撰此編亦本斯意。……然而余之所戚者則無史。無史之痛，余已言之。十稔以來，孜孜矻矻，以事通史；又以餘暇而成詩乘。則余亦可稍慰矣。然而經營慘澹之中，尚有璀璨陸離之望。是詩是史，可興可群。讀此編者，其亦有感於變風、變雅之會也歟❷！

---

❷　《連雅堂先生相關論著選集　下》P.29。
❷　《臺灣通史》上冊於民國九年（1920）五月發行、中冊於十二月二十七日發行，時雅堂四十三歲。下冊於民國十年（1921）四月二十八日發行，時雅堂四十四歲。
❷　見《臺灣詩乘》上P.2（同註❷）。

民國四十五年（1956）年，彭國棟編《廣臺灣詩乘》十卷，收《臺灣詩乘》所未錄之臺灣詩人作品，而臺灣三百年來詩人與詩界狀況，乃得以完整掌握。

民國十三年（1924）二月，雅堂於臺北獨立創刊《臺灣詩薈》。此為月刊雜誌，書名雖稱「詩薈」，實則兼收詩文。其內容分為詩鈔、詩存、文鈔、文存、傳記、雜錄、詩鐘、騷壇紀事等類。不僅刊登時人創作，亦兼報導文壇動態，值得注目的是，每期又陸續登載臺灣先賢的遺稿及遺書：如〈沈斯庵詩集〉、孫元衡之〈赤崁集〉、林豪之〈東寧紀事〉等，都是不易見的珍貴資料。至於每一期的〈餘墨〉一欄，雖屬補白性質，但編者連雅堂卻每常利用此空間，發表不拘字數之長短篇章，內容則兼及文學、哲學、宗教、歷史等廣泛範圍，亦十分可觀。這本雜誌的創刊號首頁有編者連雅堂所撰的〈臺灣詩薈發刊序〉，其末尾稱：

> 不佞騷壇之一卒也，追懷先德，念我友朋，爰有詩薈之刊。不佞猶不敢以詩自囿，然而琴書之暇，耕稼之餘，手此一編，互相勉勵，臺灣文運之衰頹，藉是而起，此則不佞之幟也。孔子曰：「詩可以興、可以觀、可以群、可以怨」，尤願與我同人共承斯語，日進無疆，發揮蹈厲，以揚臺灣詩界之天聲㉗。

《詩薈》第三一號，又有一則啟事：

㉗　見《臺灣詩薈》上 P.2（同註❷）。

> 鄙人發刊詩薈，原非營業之計，良以臺灣今日之漢文廢墜已
> 極，非藉高尚之文字，鼓舞活潑之精神，民族前途何堪設想
> ❷❸？

若以《臺灣詩乘》為雅堂刻意保存臺灣先人之作品，則此《臺灣詩
薈》可視為其用心提倡漢詩文寫作、並存留當時臺灣文壇作品及動
態的完整記錄；今日任何人想撰寫臺灣文學史，不可不參考此二
書。

可惜此非營利性而有崇高理想的刊物，雖在雅堂個人的慘澹經
營下維持了兩年，共二十二期，終因精力透支過度，以及刊物經費
不足而不得不結束。在第二十二號的封底，有編者個人啟事及《詩
薈》啟事各一，其前者曰：

> 鄙人曩撰《臺灣通史》之後，則欲稍事修養，而世務紛紜，
> 未能肩息；重以臺灣文學式微，心滋隱痛，爰刊詩薈，以為
> 維持，補弊起衰，不無少效。顧自秋來，體頗不適，因擬小
> 住西湖，暫拋塵事，澹泊養志，解其天弢。他日頑健勝恆，
> 自當再親筆硯，以就教於諸君子焉。　　　　連雅堂敬白❷❹

西湖曾經是連雅堂鍾情嚮往的地方，便與家眷暫移居於此休閒養
病，並集結在家鄉時所作之詩篇為《寧南詩草》。唯民國十六年
（1927）春，北伐軍起，江南不寧，他「移家湖上住」的夢想也破
碎，只得再回臺北。《臺灣詩薈》並未如所預期的復刊，雅堂遂與

---

❷❸　同上註 P.202。
❷❹　見《臺灣詩薈》下。

甫新婚的年輕友人黃潘萬，在太平町三丁目二二七番地（今延平北路
三段）開設專售漢文書籍的「雅堂書局」。除中國古典的經史子集
等線裝書外，也將大陸新版的各種新文藝書籍，乃至於《三民主
義》、《中山全書》等新思潮的書，亦置擺設之列。當時日本政府
對中國新思想與新文藝方面的書查禁甚嚴，唯對內地（日本本土）則
不在此限；「雅堂書局」這些書便是將購自大陸的書先寄日本、再
迂迴輸入臺灣，遂得冒險入境。而書局主人連雅堂不僅為臺灣士人
提供中國書源，也經常舉辦漢學研究會，對社會民眾演講中國文
史、宗教方面的主題。至於平時深居書店內讀書的雅堂，則又成為
前來購書的青年之導師。當時年輕的楊雲萍、黃德時，都是前往
「雅堂書局」請益的常客。

　　不過，文人經營書店，不擅牟利，「雅堂書局」於兩年後結束
歇業。他在開設書局期間，除經常演講以提倡漢詩文外，又嘗撰文
刊登於《臺灣民報》、《新高新報》等各大報紙，暢談思想解放、
婚姻自由等開明前進的言論，而引起大眾注目。其後，日本政府對
於臺灣人民的日化政策漸厲，而漢文逐漸式微，臺南有一些士人恐
漢文終將被消滅，乃創辦《三六九小報》做為維繫延存的工具，而
「雅堂書局」既已停辦，便延請連雅堂撰文支援。他在此《三六九
小報》闢一專欄曰《雅言》，連載百號（自一一二號至二四一號）有關
臺灣語文方面的文字。其三零一則，文內頗可見到他當時著文之心
志：

　　　　顏之推氏有言，「今時子弟，但能操鮮卑語、彈琵琶以事貴
　　　　人，無憂富貴。」噫！何其言之惋而戚耶！今時子弟能操

「東語」、唱「和歌」而不能富貴；幸而得事貴人，不過屬
吏下士。一朝得志，趾高氣揚，則不屑操臺語，若自忘其為
臺人矣。霧峰富人子留學東京數年，不能操臺語。或告之
曰：「汝他日歸家，將何以與汝父談話？」曰：「吾倩一通
譯可耳。」此所謂「似我教育」也。霧峰為「同化主義」發
源之地，宜其有此子弟❸⓿！

　　日人治臺後，即逐漸施行其日語「國語化」政策，自民國七年
（1918）起，將學校教授漢文（即「國語」）的時數減少，同時禁止學
生說臺語，報紙漢文部版面亦逐漸縮小。雅堂有鑑於此，為保存臺
語計，自十八年至二十二年（1929-1933），編輯《臺灣語典》四
卷，博以旁證，窮其來源，寫定語型，用以保存臺灣的語言。此書
有二自序，足見雅堂對此作之重視。二序各有文曰：

> 連橫曰：余臺灣人也，能操臺灣之語而不能書臺灣之字、且
> 不能明臺語之義，余深自愧。夫臺灣之語，傳自漳、泉；而
> 漳、泉之語傳自中國。其源既遠，其流又長，張皇幽渺，墜
> 緒微茫，豈真南蠻鴃舌之音而不可以調宮商也哉！余以治事
> 之暇，細為研究，乃知臺灣之語高尚優雅，有非庸俗之所能
> 知；且有出於周秦之際，又非今日儒者之所能明，余深自
> 喜。……

> ……今之學童，七歲受書；天真未漓，咿唔初誦，而鄉校已

---

❸⓿　見《雅言》P.128（同註❷）。

禁其臺語矣。今之青年，負笈東土，期求學問；十載勤勞而
歸來，已忘其臺語矣。今之搢伸上士乃至里胥小吏，遨遊官
府，附勢趨權，自命時彥；而交際之間，已不屑復語臺語
矣。……余以僑民躬逢此阨，既見臺語之日就消滅，不得不
起而整理；一以保存，一謀發達，遂成《臺語考釋》，亦稍
以盡厥職矣。曩者余懼文獻之亡，撰述《臺灣通史》；今復
刻此書，雖不足以資貢獻，苟從此而整理之、演繹之、發揚
之，民族精神賴以不墜；則此書也，其猶玉山一雲，甲溪之
一水也歟**㉛**！

從上引兩段文字，可以看出，連雅堂身為臺灣人而肯定之驕傲，謂
其為「源遠留長」、「高尚優雅」之語言，不容外人譏為「南蠻鴃
舌」之音。書中並舉字、詞共計一千一百則，一一考自古書，而證
實臺語源自周、秦古代之中國；此外，他觀察現實境況，挺身為保
存臺語而孜矻勤勞，具體道出此舉實為維護「民族精神」於不墜，
則又與撰述《臺灣通史》之動機相仿。無怪同輩及後世學者自章太
炎、楊雲萍**㉜**以下，談論連雅堂輒以「民族精神」標榜之。實際
上，雅堂自己除《通史》以外，對於此《語典》，也特別重視，於
致徐旭生手札中曾自謂此書與《臺灣詩乘》同為「十年間苦心慘淡
之作**㉝**。」

㉛　以上二段引文，各見《臺灣語典》P.1、P.3（同註**❷**）。
㉜　章太炎所論，已見於上文；楊雲萍有演講詞〈史家連雅堂〉（收入《連雅堂
　　先生相關論著選輯　上》P.1）。
㉝　見《雅堂文集》（同註**❷**）P.132。

　　除以上所舉各書外，連雅堂又有《臺灣詩乘》、《臺灣叢刊》及《南洋拓殖傳稿本》等三種著作。《臺灣稗乘》一名《臺灣贅談》，為其平日讀書及聞見有關臺灣諸事心得，蓋為修史之附產品，故其自序曰：「爰摭舊聞，網羅遺失……徵信徵疑，盡關臺事。命名稗乘，竊附九流❸。」《臺灣叢刊》為將先賢有關臺灣之載籍，予以編校而成之叢書，共計三十八種，均為海內外孤本，彌足珍貴❸。《南洋拓殖傳稿本》為雅堂上書清史館建議增設〈拓殖誌〉之實踐，擬撰寫華僑史，乃於《華僑雜誌》二期發表〈徵求中國殖民史料啟〉。現遺南洋拓殖傳筆稿十二葉。其他尚有零星雜錄的篇章如〈臺灣漫錄〉、〈臺灣史跡志〉、〈臺南古蹟志〉等，雖未輯成專書，亦莫不以文字記錄見聞，可知其愛惜故鄉文物之深刻。

　　民國二十年（1931）四月十日，連雅堂撰成〈與張繼書〉，託其獨子震東，使入祖國任務效勞。其文字字血淚，十分感人，茲將全文錄於此：

> 溥泉先生執事：
> 申江一晤，悵惘而歸，隔海迢遙，久缺牋候。今者南北統一，偃武修文，黨國前途，發揚蹈厲。屬在下風，能不欣慰！兒子震東畢業東京慶應大學經濟科，現在臺灣從事報務。弟以宗邦建設，新政施行，命赴首都，奔投門下。如蒙

---

❸　見《雅堂文集》（同註❷）P.38。

❸　《臺灣叢刊》三十八種，係據《臺灣叢刊》第三號所開列二十四種，《臺灣詩乘》所引，楊雲萍所舉，及《雅堂文集》卷一序跋而來。

大義，矜此子遺，俾得憑依，以供使令，幬載之德，感且不
朽！且弟僅此子，雅不欲其永居異域，長為化外之人，是以
託諸左右。昔子胥在吳，寄子齊國；魯連蹈海，義不帝秦；
況以軒黃之華胄，而為他族之賤奴，泣血椎心，其何能恝？
所幸國光遠被，惠及海隅，棄地遺民亦沾雨露，則此有生之
年，猶有復旦之日也。鍾山在望，淮水長流，敢布寸衷，伏
維亮鑒！順頌任祺不備。

愚弟連橫頓首　四月十日**㊱**

寫此信函時，連雅堂五十四歲。其獨子震東手攜此函赴大陸投奔張
繼，遂服務於祖國。雅堂最大心願得償，仍留臺灣繼續專研文字語
言等學問，撰述不已。越二載，民國二十二年（1933）乃與妻子、
三女秋漢共赴大陸，暫居長女順治夫家**㊲**。

　　臺灣為連雅堂生斯長斯所熱愛的故鄉，但淪陷日本之後的臺
灣，不啻「異域」，他不僅雅不欲其子永居異域，自己也不再能容
忍長為化外之民，才毅然攜眷離鄉。

　　不過，離鄉赴大陸，亦非養老休閒之計，而是志在另謀書生報
國的機會。連雅堂所耿耿於懷者，一是為《臺灣通史》補修乙未以
後的歷史，以求完備；再者，當時國民黨四中全會提出重設國史館
案，雅堂閱報大感興奮，曾先後致函於張繼及國民政府主席林森：

㊱　此函原件，由連震東先生捐贈國史館，現藏該館中。

㊲　長女連順治前此嫁與林伯奏。雅堂夫婦與三女秋漢即居其上海市江灣路八號
　　之寓所。

　　他日開館之際，如得備員檢校，承命通儒，伸紙吮毫，當有
可觀。然伏處海隅，未能自達，倘蒙大力為之吹噓，區區寸
心，效忠宗國，是則邱明作傳，秉直筆於尼山；班固修書，
揚天聲於大漢。敢有所懷，諸維霽鑑❸。

　　比聞四中全會通過重設國史館案，此誠國家之大業，而民族
精神之所憑依也。橫才識庸愚，毫無表見，而研求史學，頗
有所長。如得追隨大雅，供職蘭臺，博采周詢，甄別善惡，
秉片片之直筆，揚大漢之天聲，是則效命宗邦之素志也。維
執事有以裁之❸。

是則，雅堂深處祖國大陸，心胸開展，其修史之目標已然不再拘限
於家鄉臺灣一地，而以整體中國歷史為關懷之對象了。可惜，這一
番熱烈志願，並未得償。

　　民國二十五年（1936）六月二十八日，連雅堂以肝癌病逝於上
海寓所，享年五十九歲。彌留之際，猶執其子震東之手諄諄告以：
「今寇欲迫人，中、日終必一戰。光復臺灣，即其時也，汝其勉之
❹！」至死，他所最關心的，仍是臺灣的前途。次年（1937），果
然中日之戰起；抗日戰爭八載，民國三十四年（1945），日本投
降，臺澎終於光復，重歸祖國。

---

❸　此致張繼書，寫於民國二十三年一月二十六日。見《雅堂文集》（同註❷）
　　P.128。
❸　此致林子超書，寫於民國二十三年二月一日。見《雅堂文集》（同註❷）
　　P.127。
❹　據連震東先生〈家傳〉。

連雅堂少遭乙未動亂，終身都生活在「棄地遺民」的悲憤中，然而他也無時無刻不以鄉梓為念、祖國為懷。他孜孜矻矻，著纂不已，遺留的業績，除其個人的詩文創作外，餘皆是旨在保護臺灣之歷史文物，而促使他執著勤勉恐不及者，實在是出自一份偉大的使命感。他修通史、編詩乘、錄語典、創詩薈，以及其他種種言行，無不是有心維繫臺灣之歷史文物於不墜。雖然他的著述從今日學術眼光言之，不免有所不備、甚至有一些謬誤；但在前無古人的情況下，獨自經營，掛一漏十，在所難免。不可否認的是，今天任何人想要治臺灣之歷史、臺灣之文學史，甚或臺灣之語言歷史，連雅堂這些著作都是必須取之以為參考的；同時，對於連雅堂的評價，也不宜只就個別的著作立論，而應從全面觀察，因為他的所有著作，其實是環環相扣，有其整體性之目的。

推陳出新的史學家陳垣[*]

蕭啓慶

清華大學歷史研究所教授
中央研究院院士

一、引言

> 稽古到高年，終隨革命崇今用；
> 校讎捐故技，不為乾嘉作殿軍。[❶]

三十四年前，史學家陳垣（1880-1971）逝世時，北大教授邵循正（1903-1973）為他作了這幅輓聯，大陸學界多視為陳氏學術的定評。但是衡諸陳氏一生，雖然不止是乾嘉殿軍，卻始終都是一位身懷「校讎故技」的史料學派（亦即考證學派）大師，對於「終隨革命崇今用」則是有心而無力。

---

[*] 本文初稿曾宣讀於東吳大學主辦之「二十世紀上半葉人文社會學術討論會」（2000 年 11 月 29 日），講評人杜維運教授指正甚多，敬誌謝忱。

[❶] 白壽彝，〈要繼承這份遺產〉，收入白壽彝等編，《勵耘書屋問學記》（北京：三聯書店，1982），頁 6。

　　自從梁啟超（1873-1929）提倡「新史學」以來，現代中國史學已有百年歷史。在二十世紀上半葉，史學界主要流派有二：一為史料學派，另一為史觀學派。❷史料學派著重史料的搜求與批判，希望寫出客觀的歷史。史觀學派則旨在尋求歷史發展的規律，對歷史的演變作一整體解釋。兩派的目標都在追求史學的科學化，但對「科學」作了截然不同的認知，學風自然相去甚大。百年以來，兩派勢力，迭有消長。民國前期，史料學派是歷史學界的主流，而在1949 年以後，史觀學派則在大陸贏得官方正統學術的地位。而陳垣原來屬於史料學派，後來雖欲轉向史觀學派，並未成功。

　　現代中國史學的產生與發展雖然受到西方史學很大的影響，但對傳統史學有揚棄、有批判，亦有繼承。其理論與方法並不盡是舶來品，而有不少部分是由傳統史學演變而來，史學的發展由傳統到近代的軌迹清晰可尋。❸史觀方面，在唯物史觀流傳以前，進化史觀影響最大。進化史觀的流行，固然是受西方進化論的直接影響，卻也因為這種史觀能與今文學家「公羊三世說」相銜接。而史料學派的學者則主要受到乾嘉考證方法的影響。乾嘉考證方法強調「實事求是，無徵不信」，具有科學因素。史料學派大師王國維（1877-

---

❷　周予同，〈五十年來中國之新史學〉，收入周氏，《周予同經學史論著選集》（上海：上海人民出版社，1983），頁 513-573；余英時，〈中國史學的現階段：反省與展望〉，收入余氏，《史學與傳統》（臺北：時報出版社，1982），頁 1129；王晴佳，〈論二十世紀中國史學的的方向性轉折〉，《中華文史論叢》，62 輯（2000.5），頁 1-83。

❸　陳其泰，〈傳統史學向近代史學的轉變〉，收入陳氏，《史學與中國文化傳統》（北京：書目文獻出版社，1992），頁 177-190。

1927）、陳垣、陳寅恪（1890-1969）、胡適（1891-1962）、顧頡剛（1893-1980）、傅斯年（1896-1950）等人都在乾嘉史學的基礎上，兼採新方法、新觀念、新史料，而為現代中國史學樹立起座座豐碑。

　　二十世紀上半葉的中國人文及社會科學學人中，無論就政治社會經歷，或是學術成就而言，陳垣頗為值得矚目。陳垣一生九十年，經歷清季、北洋、國府、日本佔領及人民政府等五個時期，屢經世變，其事業卻始終都很成功。陳氏早年出身科舉，卻是青年革命黨人，民國初年便做過國會議員，教育次長。又以教外人士的身分參與天主教輔仁大學的創校並擔任校長逾二十年。抗戰時期，陳氏身陷敵後，卻是北平學界抗日的精神領袖。1949 年以後，除繼續擔任大學校長外，亦歷膺政學兩界重要職務。閱歷之豐富，地位之崇高，在現代學人中，名列前茅。

　　陳垣的史學成就尤為世人所推崇。陳氏自學成名，對現代西方學術所知無多，卻能從乾嘉考證史學中汲取固有的現代因素，加以改造，寫出甚多具有現代意義的史學著作，贏得中外學界的讚賞，陳寅恪認為其「精思博識，吾國學者自錢曉徵（大昕）以來，未之有也」。❹法國東方學大師伯希和（Paul Pelliot, 1878-1945）稱頌他與王國維為中國僅有的二位世界性學者。評價極高。陳垣因而與陳寅恪齊名，有「南北二陳」之稱。在民國史料學派諸大師中，陳垣以使用「土法土料」著稱，❺洋味最少，故其史學可謂為「推陳出新」。

---

❹　陳寅恪，〈重刻《元西域人華化考》序〉，收入劉乃和編校，《中國學術經典：陳垣卷》（石家庄：河北教育出版社，1996），頁 50-51。

❺　許冠三，《新史學九十年》（香港：中文大學出版社，1986），上冊，頁108。

　　史學發展與時代變革之間的關係密不可分。陳垣的史學並非一成不變，而是與時俱進，與政治變化之間的關聯尤為密切。與陳寅恪相似，陳垣史學前後歷經三變。陳寅恪的史學是由「殊族之文、塞外之史」轉為「中古以降民族文化之史」，再變為探討古人內心世界的「心史」，❻主要是研究範疇的變化。而陳垣的史學則是由考證轉為經世，再變為馬克思主義的史學，牽涉到方法與史觀的改變。變化不可謂不大，這種變化亦可稱為「推陳出新」。

　　本文主旨即在探討陳垣史學在上述兩個層次的「推陳出新」，以求瞭解其史學的前後變化及其在現代中國史學發展中的地位。

二、學術淵源與方法

　　在現代中國史學家中，陳垣為少數既無學術師承，亦欠缺現代人文教育者。陳氏出生於廣州的一個藥商家庭❼，最初走的卻是科舉入仕的老路，考中秀才，清廷廢科舉，陳氏遂棄舊學而就新學。因受「科學救國」理念之影響，於 1907 年考入美國教會所辦博濟

---

❻　余英時，〈試述陳寅恪的史學三變〉，收入余氏，《陳寅恪晚年詩文釋證》
　　（臺北：東大出版公司，1998），頁 331-377。

❼　陳垣生平事蹟，參見王明澤編，〈陳垣事蹟著作編年〉，載於《紀念陳垣校
　　長誕生 110 周年學術論文集》（北京：北京師範大學，1990），頁 454-528；
　　劉乃和、周少川等編著，《陳垣年譜配圖長編》（瀋陽：遼海出版社，
　　2000）。有關陳垣之學術，參見牛潤珍，《陳垣學術思想評傳》（北京：北
　　京圖書館出版社，1999）。有關陳垣之回憶文字甚多，見於《勵耘書屋問學
　　記》；北京師範大學編，《紀念陳垣校長誕生 110 周年紀念學術論文集》；
　　劉乃和，《勵耘承學錄》（北京：北京師範大學，1992）；暨南大學編，
　　《陳垣教授誕生百一十周年紀念文集》（廣州：暨南大學，1994）。

醫學院。旋與友人另創光華醫學校，身兼理事與學生。1910 年畢業，留校任助教。兩年之學醫經歷開啟其對科學方法與精神之瞭解，對其治史頗多助益。陳氏於三十年代一封家書中敘述其治學方法：「近二十年學問，皆用醫學方法也。有人謂我懂科學方法，其實我何嘗懂科學方法，不過用這些醫學方法參用乾嘉諸儒考證方法而已。」❽

「乾嘉諸儒考證方法」為陳垣治學的主要方法，亦為其中年以前治史之努力方向。❾陳氏早年自我訓練是從目錄學下手，而以張之洞《書目答問》及《四庫總目提要》為指引，廣泛涉獵。入北京後，鑽研《四庫全書》達十年之久，因而能全面掌握傳統知識體系，奠立其對歷史文獻學及其它各方面研究之堅實基礎。

乾嘉歷史考證學具有徵實之精神與客觀之研究方法，因而超越前代。❿乾嘉史家中成就最大者為錢大昕（1728-1804），而錢大昕正為影響陳氏最深之一人。錢氏以治經方法治史，突破「經尊史卑」的傳統，提升近世史學地位，並將考證史學提升到一個高峰。錢氏的考證方法包括以下四項：一、實事求是，無徵不信。二、廣參互

---

❽　中央研究院中國文哲研究所籌備處編，《陳垣先生往來書札》（臺北：中央研究院中國文哲研究所籌備處，1992），下冊，頁 429，〈致約之〉。

❾　陳垣之學術著作皆已收入《陳援庵先生全集》（臺北：新文豐出版公司，1992）。另有部分著作選入劉乃和編校，《中國學術經典：陳垣卷》；陳樂素、陳智超編，《陳垣史學論著選》（上海：上海人民出版社，1981）；陳智超編，《陳垣學術論文集》，（北京：中華書局，1982）。早年文字，收入陳垣，《陳垣早年文集》（臺北：中央研究院中國文哲研究所，1992）。

❿　杜維運，〈清代乾嘉時代之歷史考據學〉，收入杜氏，《清代史家與史學》（臺北：東大圖書公司，1984），頁 291-315。

證，追根求源。三、推求義例，以決疑難。四、以多種輔助學科
（文字、語言、目錄、版本、輿地、制度、金石、天文）作為治史基礎。
五、注重發掘新史料，尤其是以金石文字與史籍相印證。錢氏考證
史學之成就極大，杜維運認為：「十八世紀之中國史學，雖謂之錢
大昕時代，亦無不可」。⑪錢氏治史的嚴謹態度與審慎方法，頗符
合近代科學方法與理性精神，為二十世紀考證史學奠定基礎。⑫陳
氏對錢氏治學方法極為服膺，曾說：「《日知錄》在清代是第一
流，但還不是第一，第一應推錢大昕的《十駕齋養新錄》」，⑬推
崇可謂備至。錢氏對影響陳氏主要表現在兩方面，一為精密的考證
方法，另一為對元史的探討。

　　乾嘉時代的另一位史學大師趙翼（1727-1814）對陳氏亦頗有影
響。陳氏有聯句云：「百年史學推甌北，萬首詩篇愛劍南」，反映
陳氏對趙翼之贊佩。趙翼早歲師法錢大昕，中年以後卻發展不同的
學風。其名著《廿二史劄記》「運用考據學家所慣用之歸納方法與
比較方法，以觀察盛衰治亂之源，超越於孤立之繁瑣事實之上以觀
察，自其中歸納出社會史與制度史發展之通則」，其方法近於西方
近代之解釋史學，亦反映顧炎武（1613-1682）經世思想之影響。⑭陳

---

⑪　杜維運，〈清代乾嘉時代之歷史考據學〉，頁 290。

⑫　陳其泰，〈錢大昕：歷史考證學的精良方法及其影響〉，收入陳氏，《史學
　　與民族精神》（北京：學苑出版社，1999），頁 352-383。

⑬　趙光賢，〈回憶我的老師援庵先生〉，收入《勵耘書屋問學記》，頁 155-
　　162。

⑭　杜維運，〈趙翼之史學〉，收入杜氏，《清代史家與史學》，頁 369-390。杜
　　氏，《趙翼傳》（臺北：時報文化公司，1985），頁 216-229。

氏早年即熟讀《廿二史劄記》，《劄記》可說其史學入門書。趙翼對陳氏的影響有二方面：一為史學義例，陳氏所著《通鑑胡注表微》，以「前十篇言史法，後十篇言史事」，即是仿照趙氏史學義例。其弟子牟潤孫（1908-1988）說：「先師不主張發表孤立繁瑣的考證筆記，認為必須將它們合在一起歸納出條例來，找出系統來，才堪稱為著作」。❶陳氏在表達方式上顯然的受到趙翼影響。另一為經世思想：陳氏中年提倡「有意義的史學」，不僅是受全祖望（1705-1755）的影響，亦受趙翼影響。

陳氏的治學方法受到乾嘉諸儒很大影響，其方法可分以下幾點言之：❶

第一、「竭澤而漁」的史料搜求：陳氏認為歷史研究應有廣闊史料基礎，搜求史料要做到「竭澤而漁」，無所遺漏。陳氏搜求史料的範圍廣大，不止正史，雜史，廣及碑刻、文集、方志和各種語錄，而且儘量運用新史料（如敦煌史料）。對於史料，必須尋求史源，加以別擇，有第一手史料決不用第二手史料。

第二：「打破沙鍋問到底」的考證方法：陳氏認為考證方法，就是專題深入研究問題的方法。研究問題必須「沿流溯源，究其首尾」。考證的問題要專、窄、小，解決問題卻要求知識的博、廣、大，只有這樣才能使論斷堅實有力。考證方法包括書證（本證、他證）、物證（實物證據，如金石文字、出土文物）及理證（即以人所共識之理

---

❶ 牟潤孫，〈勵耘書屋問學回憶〉，《勵耘書屋問學記》，頁 87-88。

❶ 徐梓，〈陳垣先生史學的總結性特徵〉，刊於《紀念陳垣校長誕生 110 周年學術論文集》，頁 86-109。李瑚，〈中國歷史考證學與陳垣先生對他的貢獻〉，刊於《陳垣教授誕生百一十周年紀念文集》，頁 10-49。

證之），兼采並用，力求嚴密。

第三：著述義例與文體的講究：陳氏著作對體例與文體甚為注重。其著作多是綱舉目張，條理井然。而其文字則仿效《日知錄》的簡潔，「只求通達，不求文彩，要少而精，不要多而美」，「一字一句能表達就不要再寫出第二個字第二句話」。

陳氏史學雖以乾嘉史學為基礎，但又不以乾嘉自限。第一，不為考證而考證：陳氏不以解決孤立之歷史問題為滿足，而係通過一連串疑難問題之考證，求得系統。在此方面，陳氏可說是結合錢、趙二氏之優點。第二，開拓文化史研究新領域：過去國人治史偏重政治，而陳氏在中國文化風雨飄搖之際，肯定文化認同為民族識別之標誌，因而特重文化史之研究。《元西域人華化考》及各種宗教史之著作皆為此方面之表現。第三，經世致用史學之倡導：記注、撰述、考據、衡評原為中國傳統史學之四端。乾嘉史學專重考據而忽略衡評。❼陳氏中年以後提倡「有意義的史學」，以史著為「正人心、端士習」之工具乃屬於衡評範圍。第四，國外漢學影響：許冠三認為「陳垣史學雖以土法起家，但並未與洋法絕緣」。❽陳氏經由日文著作及馮承鈞（1887-1946）等人翻譯法國東方學論著而熟諳國外東方學發展現況，並與國外學界相匯流，不致抱殘守闕。總之，陳垣史學雖係總結乾嘉考證史學，卻有適應時代之新發展，而能推陳出新，為中國現代史學作出重要貢獻。

陳垣的學風是當時史料學派主流的一部分。史料學派的宗師是

---

❼　杜維運，《清代史學之地位》，收入杜氏，《清代史家與史學》，頁2。
❽　許冠三，《新史學九十年》，上冊，頁109。

胡適,而其重鎮則是傅斯年及其領導之中央研究院歷史語言研究所。陳垣的學風與胡適、傅斯年頗多相似之處。胡適提倡「科學方法」不過是實驗主義與乾嘉考證的結合,而其科學方法的精髓:「尊重事實,尊重證據」與「大膽的假設,小心的求證」,與陳垣的治學方法差異不大。而陳垣所做工作大體可說是胡適所倡導的以科學方法整理「國故」的實踐。

史語所的學風一方面受到歐洲蘭克史學的影響,一方面繼承乾嘉考證史學的方法。蘭克(Leopold von Ranke, 1795-1886)史學著重歷史的語言學基礎,主要藉語言學的方法,考定史料的價值,根據可靠史料,寫出客觀歷史。蘭克史學在中國影響廣大正因與乾嘉考證傳統可以銜接。[19]史語所受到乾嘉考證的影響,甚是明顯,傅斯年所撰〈歷史語言所工作之旨趣〉指出該所宗旨「第一條是保持亭林（顧炎武）、百詩（閻若璩）的遺訓」,[20]而且認為清儒的治學方法是科學的。[21]傅斯年所主張的:「史學不是著史;史學只是史料學;

---

[19] 杜維運,〈民國史學與西方史學〉,收入杜氏,《憂患與史學》(臺北:東大圖書公司,1992),頁149-165。但是近來史語所同仁杜正勝、王汎森卻懷疑傅斯年所受蘭克之影響,「他一生只提到蘭克二、三次,藏書中沒有任何蘭克的著作」。見杜正勝,〈無中生有的志業:傅斯年的史學革命與史語所的創立〉,收入中央研究院歷史語言所編,《新學術之路:中央研究院歷史語言所七十週年紀念文集》(臺北:中央研究院歷史語言所,1998),上冊,頁1-42。

[20] 〈歷史語言所工作之旨趣〉,收入《傅斯年全集》(臺北:聯經出版公司,1980),第4冊,頁1308。

[21] 傅斯年,〈清代學問的門徑書幾種〉,收入《傅斯年全集》,第4冊,頁1454-1463。

史學的工作是整理史料，比較史料，就史料以探史實，不作藝術的建設，不做疏通的事業；史料以直接史料為貴，上窮碧落，下及黃泉，皆為尋找史料；史料的研究，需具備工具學問」等，❷顯然受到乾嘉學風甚大影響，與陳垣所主張的「竭澤而漁」的搜求史料與「打破沙鍋問到底」的嚴密考證亦多吻合。當然，陳垣未受西學陶冶，並無傅氏要將歷史學「變做生物學、地質學等一般事業」的野心。而且陳垣使用的工具與傅氏亦有廣狹及新舊的差別。陳氏著重總結舊工具，傅氏則強調開拓新工具。陳氏所著重的則是傳統考證史學所使用的工具，如目錄版本、年代、史諱、辨偽、輯軼、訓詁等學。而傅氏主張「利用自然科學供給我們的一切工具，整理一切史料」，❸地質、地理、考古、生物、氣象、天文等自然科學，都是相關的工具。❹但是整體而言，陳、傅二氏氏的治學方法可說是大同而小異。

除去治學方法相近外，陳垣與傅斯年亦具有共同的民族情懷。陳、傅二人學術起步之際，正是中國國勢最為陵夷之時，不僅政治、經濟衰落，學術亦極萎靡，即是漢學研究亦落後於西方及日本。杜正勝認為當時不少學者都懷有「難以宣言的民族鬱悶」，而想振興學術，趕上外國。❺傅斯年創建史語所之目的即在於「要科

---

❷　此處用杜維運的概括，見〈傅孟真與中國新史學〉，《當代》，第 116 期（1995.12），頁 63-64。

❸　〈歷史語言所工作之旨趣〉。

❹　〈《史料與史學》發刊詞〉，《傅斯年全集》，第 4 冊，頁 1402-1404。

❺　杜正勝，〈無中生有的志業〉，頁 34-35。

學的東方學之正統在中國」。㉖而陳垣一生治史的動機更是出於民
族主義，亦汲汲於奪回漢學研究中心。陳氏於 1921 年的一次演講
中感慨地說：「現在中外學者談漢學，不是說巴黎如何，就是說西
京（日本京都）如何，沒有提中國的，我們應把漢學中心奪回中國，
奪回北京」。㉗又曾說：「每當我接到日本寄來的研究中國史的論
文時，我就感到像一顆炸彈扔到我的書桌上，激勵我一定要在歷史
研究上趕過他們」。㉘可見傅斯年與陳垣皆以「奪回漢學中心」為
歷史研究的出發點。即是胡適雖然以「世界公民」自居，卻也有深
刻的民族情懷。他提倡「用科學的方」來「整理國故」是「想為神
州造一新舊混一的新文明」。㉙基於彼此的研究動機與方法相近，
陳垣與胡適、傅斯年乃至陳寅恪等都是同氣相求，交往頗密，而傅
斯年對陳垣尤其敬重，1928 年傅氏為延攬陳氏研究敦煌文獻，致
書陳氏云：

> 斯年留旅歐洲之時，睹異國之典型，慚中土之遙落，並漢地
> 之歷史語言材料亦為西方旅行者竊之奪之，而漢學正統有在

㉖　〈歷史語言研究所工作之旨趣〉。關於傅斯年的民族情緒，參看王汎森，
　　〈思想史與生活史有交集嗎？讀傅斯年檔案〉，收入王氏，《中國近代思想
　　與學術的系譜》（臺北：聯經出版公司，2003），頁 30-53。

㉗　鄭天挺，〈自傳〉，收入《鄭天挺紀念文集》（北京：中華書局，1990），
　　頁 12。

㉘　劉乃和，〈書屋而今號勵耘〉，收入《勵耘書屋問學記》，頁 152-153。

㉙　羅志田，〈胡適世界主義思想中的民族主義關懷〉及〈新舊文明過渡之使
　　命：胡適反傳統思想的民族主義關懷〉，收入羅氏，《民族主義與近代中國
　　思想》（臺北：東大圖書公司，1998），頁 192-221，222-237。

> 巴黎之勢，是若可忍，孰不可忍？幸中國遺訓不絕，典型猶
> 在。靜庵先生（指王國維）馳譽海東於前，先生（指陳垣）鷹揚
> 河朔於後。二十年來承先啟後，負荷世業，俾異國學者莫我
> 敢輕，後生之世得其承受，為幸何極！⑳

信中將陳氏與王國維並尊為名馳國際、承先啟後的前輩以及奪回漢
學正統希望所寄的大師。陳垣歷任史語所特約研究員，中研院評議
員與院士，並有兩部著作是由史語所出版，可見他與史語所關係密
切，也是史料學派的大老。

三、考證史學之大師

陳垣史學之發展前後經歷三階段，而其發展與國內政治情勢之
變革息息相關，政治情勢之變革影響陳氏之思想以及學風甚為明
顯。在 1943 年致其處於抗敵後方的私淑弟子方豪（1911-1980）書中
說及前二階段的變化：

> 至於史學，此間風氣亦變。從前專重考證之學，服膺嘉定錢
> 氏。事變後頗趨重實用，推尊崑山顧氏。近又進一步，頗提
> 倡有意義之史學，故前兩年講《日知錄》，今年講《鮚埼亭
> 集》，正欲以正人心，端士習，不徒為精密之考證而已。㉛

---

⑳　〈史語所檔案〉元字 109 號之 1。引見杜正勝，〈無中生有的志業〉，頁 34-
　　35。陳智超〈陳垣與中研院史語所〉，《新學術之路》，上冊，頁 233-238。
㉛　陳智超編，《陳垣來往書信集》（上海：上海古籍出版社，1990），頁
　　302。

在其 1950 年致老友武漢大學教授席啟駟書中，陳氏又加上第三階段：

> ⑴九一八以前，為同學講嘉定錢氏之學。⑵九一八以後，世變日亟，乃改顧氏《日知錄》，注意事功，以為經世之學在是矣！北京淪陷後，北方士氣萎靡，乃講全謝山之學以振之，謝山排斥降人，激發故國思想。所有《輯覆》、《佛考》、《諍記》、《道考》、《表微》皆此時作品，以為報國之道止此矣！……⑶解放以後，得學毛澤東思想，始幡然悟前者之非，一切須從頭學起。㉜

可見陳氏早年學宗錢大昕，「專重考證之學」；日本侵華以後，則講究顧炎武、全祖望的著作，「提倡有意義之史學」；晚年則奉毛為師。因而他一生治學經歷「錢、顧、全、毛」之變化過程。現依此三階段，分述其學如次：

自 1917 年出版《元也里可溫教考》，至抗戰爆發，前後二十年，陳垣所治為考證之學。

陳氏早年受民族主義感染，早在 1905 年即積極參與抗議美國排除華工的工約風潮，旋即成為同盟會員，參加革命。㉝民國初年置身北洋政壇長達十年，任眾議院議員，參加交通系，曾署理教育次長。12 年，參與曹錕賄選總統，招致全國指責，引為終身大

㉜ 陳智超編，《陳垣來往書信集》，頁 216。

㉝ 《中國同盟會雜誌》，第 3 期（廣州，1912.8）；引見陳智超，〈胡適與陳垣〉，收入李又寧主編，《胡適與他的朋友》（紐約：天外出版社，1997），頁 85-152。

恥。此後，陳氏擺脫政治，專心治史辦學，長期擔任輔仁大學校長，又執教於北京大學研究所國學門，並與故宮博物院、北京圖書館、中央研究院歷史語言研究所保持密切關係，為北平學術界重要領導人，亦享有全國性聲譽。因而此一階段之著作政治色彩最淡。其學術著作包括下列三方面：

㈠ 中外宗教關係史

陳垣是中國宗教史乃至中外關係史研究的開拓者。宋代以後傳統學術排斥宗教研究。二十世紀以前中國的宗教史研究因而未受重視。正如陳寅恪為陳垣《明季滇黔佛教考》所作序言說：「嚴格言之，中國乙部之中，幾無完善之宗教史。然其有之，實自近歲新會陳援庵先生之著述始」。❸❹

陳垣因其基督教信仰而從事基督教之研究，並由此而擴展至其他外來宗教之考述。有關基督教之著述最多，有《元也里可溫教考》、〈基督教入華史略〉、〈乾隆間奉天主教之宗室〉及〈吳漁山先生年譜〉等。探討其他各教歷史者則有所謂「古教四考」，包括〈開封一賜樂業教考〉、〈火祆教入中國考〉、〈摩尼教入中國考〉及〈回回教入中國史略〉。

陳垣早年對外來宗教之研究，有以下幾點特色：第一，尊崇中國歷史上宗教多元的現象：陳氏雖為一基督教徒，但主張信仰自由，不排斥任何宗教。他的宗教史研究，先由邊緣性外來宗教著手（回教、猶太教、火祆教、摩尼教），然後才擴及核心的佛、道二教。對

---

❸❹　陳寅恪，〈《明季滇黔佛教考》序〉，收入《陳寅恪先生全集》（臺北：九思出版社，1988），上冊，頁 685-686。

中國宗教史有全盤的研究，亦充分呈現中國文化的多元特色。㉟第二，史學之觀點：陳氏研究宗教不自宗教學的角度探討教義與思想源流，而是以史學之觀點考察宗教的活動，往往從歷史全局著眼，聯繫一代史事而考察宗教之軌跡，乃至宗教與政治及文化間之關聯。㊱第三，對於外來宗教，從「入華」、「入中國」切入而研究其傳播過程及發展歷史，故其對外來宗教之研究亦構成中外文化交通史之一部分。第四，專以漢文史料探討外來宗教在華事迹，與外國學者之探討以外文史料為主者具有互補之作用。

(二) 元史

陳垣治元史，㊲顯然是受錢大昕及道咸以來西北史地學與諸家重編元史之影響。㊳陳垣揚棄前人編纂全史之舊途，而採取專題研究及史籍整理之方式，另闢蹊徑，深入研究。

陳垣有關元史的主要著作，除《元也里可溫教考》外，尚有《沈刻元典章校補》、《元秘史譯音用字考》及《元西域人華化考》等專著及有關耶律楚材（1190-1256）、李志常（1193-1256）、薩

㉟ 盧仁龍，〈陳垣的宗教史學特徵及方法——兼與陳寅恪之比較〉，《原道》，第5輯（貴州，1999）。

㊱ 蔡美彪，〈讀陳垣編《道家金石略》書後〉，載於《陳垣教授誕生百一十周年紀念文集》，頁9-18。

㊲ 關於陳垣的元史研究，參看楊志玖，〈陳垣先生對元史研究的貢獻〉，收入北京師範大學編，《紀念陳垣校長誕生百110周年紀念學術論文集》，頁110-120。劉乃和，〈陳垣對元史研究的重要貢獻〉，《中國的典籍與文化》，第2期（1996），頁54-64。

㊳ 關於錢大昕等之元史研究，參看黃兆強，《清人元史學探討——清初至清中葉》（臺北：稻鄉出版社，2000）。

都剌（1282?-1348?）等人的生卒年及耶律楚材父子宗教信仰異趣的考證文字。在其元史專著中，《校補》及《用字考》皆係整理元朝最重要之兩部典籍。《校補》是根據故宮所藏元刻本及四種抄本的精心校勘當時流行之沈家本刻《元典章》（實為董康刻，沈家本跋）發現訛誤、脫衍、顛倒一萬二千餘條，撰成劄記六卷、闕文三卷、表格一卷。在元史研究與校勘學上皆具重要意義。唯其在元史研究中的價值已因故宮所藏元刻本在台出版而大減。《用字考》則在探索明初譯寫蒙文《元朝秘史》時所用漢字的規律，指出用以轉寫蒙古語的漢字不僅是標音，而且是盡量用意義相近之字，所謂「音譯之中，含有意義者也」。對學者重構《秘史》之蒙文本頗有裨益。

《元西域人華化考》撰成於 1923 年，為陳氏研究元史最重要的成果，亦為其早年最為得意之傑作，更是中國近代史學史上第一部專題性質和實證研究的文化史著作。元代為一多元族群、多元文化社會，族群文化關係因而在元史研究中居於核心地位，而西域人（即色目）為元代重要族群，陳氏選擇漢文化對西域人的影響作為研究主題，頗有卓見。此書自儒學、宗教、文學、藝術、禮俗、女學等方面考察西域人接受漢文化（主要為士大夫文化）的程度，指出各族人士因欽慕而學習漢文化，「盡棄其學而學焉」，甚至放棄其世襲信仰而趨於華化者。❸❾陳氏在此書中強調中原文化之巨大感召力：「特患其不通中國之文，不讀中國之書耳，苟習其文，讀其書，鮮有不被其陶化者」。充分反映陳氏對中原文化的自信與自豪。此書同時亦指出元代文化不似前人所說之低落。並進一步說明

---

❸❾　陳垣，《元西域人華化考》（中國學術經典·陳垣卷），頁53，〈序論〉。

文化與政治不必同調，即在亂世亦可有昌明之文化。旨在鼓勵國人
在政治紛亂的當時亦應弘揚民族文化。此書在當時備受重視，乃因
「新舊兩派可以各取所需。在守舊派看來，它顯露中華文化之偉
大，用夏變夷，又有新證。在革新派看來，它可以擴大國人的胸
懷，有助中外文化交流」。❹

　　《華化考》全書七萬餘字，運用史料二百餘種，包括正史、詩
文集、詩話詞話、筆記、石刻、書志、方志、書畫及劇曲史料，網
羅極富，而全書論證謹嚴，創獲極多。可說是考證史學的典範。但
在考證之外，此書亦含義理。陳氏後來追述撰著此書之動機為「此
書著於中國人被人最看不起之時，又值有人主張全盤西化之日，故
其言如此」。❹故其著書之動機在藉元代西域人的華化振奮國人對
中華文化的信心。

　　陳寅恪於 1935 年為此書刻本作序，盛稱陳氏之貢獻：「新會
陳先生之書尤為中外學人所推服。蓋先生精思博識，吾國之學者自
錢曉徵以來，未之有也」。「先生是書之材料豐富，條理明辨，分
析與綜合二者，極具功力」，❹日本東西交通史開山祖桑原騭藏
（1870-1931）評此書亦說：「非獨為研究元代歷史，即研究支那文
化史者亦有參考此論著之必要」，「具有科學的方法」，並稱讚陳
氏為「有價值之學者」。❹即在出版四十餘年後，美國漢學家富路

---

❹　許冠三，《新史學九十年》，上冊，頁 1-5。

❹　《陳垣來往書信集》，頁 818，1964 年致歐陽祖經書。

❹　陳寅恪，〈重刻《元西域人華化考》序〉，收入《陳寅恪先生全集》，上
　　冊，頁 683-684。

❹　〈陳垣氏の《元西域人華化考》お讀む〉，收入《桑原騭藏全集》（東京：

德（L.C. Goodrich, 1894-1968）仍譯注此書出版，可見其學術價值。❹

今日看來，此書之主旨如華化的定義以及稱色目人為「西域人」，皆有商榷餘地（「西域人」一辭在元代不常用，遠不及「色目」普遍，而汪古、唐兀等族皆不應稱西域人），對個別人物的族屬認定亦有錯誤，而全書更不免有漢族中心之傾向。近年來西方學者偶有不利之批評，❺但在民初過渡時期之史壇，本書確如蔡元培所說是「石破天驚」的空前傑作。

陳垣為近代元史學及中外文化關係史之開創者，但後來未能更上層樓，作出更大貢獻，一方面可能由於政治局勢之劇變引起研究興趣之轉向，一方面則可能如牟潤孫所言，陳氏「受了語言知識的局限」，而他又「不願意與洪文卿（鈞，1839-1893）、屠敬山（寄，1856-1921）、柯蓼園（紹忞，1850-1933）先師等人一樣，依賴別人的翻

岩波書店，1963），第 2 卷，頁 361-369。參看竺松雅章，〈陳垣與桑原騭藏〉，載於《陳垣教授誕生百一十週年紀念論文集》，頁 215-229。

❹ Ch'en Yuan (Trans and Anno. by Ch'ien Hsing-Hai and L. C. Goodrich), *Western and Central Asians in China under the Mongols* (Los Angeles: Monumenta Serica, 1966).

❺ 美國學者牟復禮（F. W. Mote）為《華化考》英譯本所作書評曾批評：此書「幾乎不能視為合格的現代學術著作，在概念與歷史判斷上皆有缺失，并未達致陳寅恪所讚譽的：『條理明辨，分析與綜合二者，極具功力』」（*Journal of Asian Studies* 26:4 [Aug. 1966], pp.690-692）。而司義律神甫（Rev. Henry Serruys）亦認為：此書不能證明元代非漢族多數業己華化，只能顯示華化者較未華化者受到更多注意。見 Henry Serruys, "Remains of Mongol Customs in China during the Early Ming Period," *Monumenta Serica* 16:1 and 2 (1957), pp.137-190.

譯去作研究」。㊻陳氏僅在學醫時學過拉丁文，懂得一些日文，治學主要是利用漢文史料，㊼無法像陳寅恪那樣研究「殊族之文，塞外之史」。對研究蒙元史及中外文化關係史而言，其語文條件確有嚴重的不足。

陳垣元史著作之數量雖然不大，他卻是我國現代元史學的開山者，影響甚大，有如劉乃和所說：

> 他的工作是開創性的、奠基性的工作，承上啟下，開一代風氣。他不僅繼承了清代史學家錢大昕的元史研究，而且在他以後繼起的本世紀三十年代元史專家韓儒林、邵循正、翁獨健、姚從吾等都是他在北大、燕大等高校培養的學生，這幾位專家又都已有了新的成就，又已培養出更多骨幹，這樣代代相傳，終將在元史研究上開出更燦爛奪目之花，結出豐碩累累的成果。㊽

劉氏對陳垣在我國現代元史學發展中的地位所作描述十分確當。

㈢ **歷史文獻學**

歷史文獻學的各種專門領域，如目錄學、年代學、史諱學、校勘學皆為歷史研究之必備基礎，乾嘉學者已有甚多貢獻。陳垣將前人成績系統化。在目錄學方面，著有《敦煌劫餘錄》、《道家金石

㊻ 牟潤孫，〈發展學術與延攬人才〉，收入牟氏，《海遺雜著》（香港：中文大學出版社，1990），頁89-90。

㊼ 陳智超，〈史學二陳的友誼與學術〉，收入《紀念陳寅恪教授國際學術討論會文集》（廣州：中山大學出版社，1989），頁245-263。

㊽ 劉乃和，〈陳垣對元史研究的重要貢獻〉，頁64。

略》、《中國佛教史籍概論》。在校勘學方面，有《校勘學釋例》、《舊五代史輯本發覆》。年代學之著作有《二十史朔閏表》及《中西回史日曆》，而史諱學則有《史諱舉例》。陳氏在歷史文獻學方面之種種貢獻雖然為總結清朝樸學家成績之結果，整舊之功大於創新。但陳氏將古人成績向前推進，更便於現代研究者之使用。胡適序《校勘學釋例》說：《釋例》「是土法校書的最大成功，也就是新的中國校勘學的最大成功」。❹胡氏評論陳氏年代學方面著作亦說：「這種勤苦的工作，不但給杜預、劉義叟、錢侗、汪曰楨諸人的『長術』作一結束，並且給世界治史學的人作一種極有用的工具」，❺皆可顯示陳氏在歷史文獻學方面的巨大貢獻。

關於陳垣考證史學之成就，可由陳寅恪為《元西域人華化考》所作序言看出：

> 今日吾國治學之士，競言古史，察其持論，間有類於清季誇誕經學家之所為者。先生是書之所發明，必可示以準繩，匡其趨向。然則是書之重刊流布，關繫吾國學術風氣之轉移者至大，豈僅局於元代西域人華化一事而已哉！

陳寅恪所謂「清季誇誕經學家」顯然是指公羊學派的康有為（1858-1927），「競言古史」者則指疑古派，他認為《華化考》所代表的篤實考證學風足以改變我國學術風氣。

---

❹ 胡適，〈校勘學方法論〉，《胡適文存》（臺北：遠東圖書公司，1953），第 4 集，頁 135-418。

❺ 胡適，〈介紹幾部新出的史學書〉，收入《古史辨》（上海：古籍出版社，1982），第 2 冊，頁 333。

四、「抗戰史學」之倡導

　　抗戰期間，陳氏學風的巨大轉變與其所處環境具有密切關聯。當時輔仁大學不僅是敵偽統治下北平之自由教育孤島，亦是地下抗日活動之堡壘，而陳氏則滯留北平，儼然成為當地教育界抵制日本統治之精神領袖。北平淪陷後，國立大學皆已西遷，唯有教會所辦之輔仁、燕京及私立中國大學維持弦歌於不輟。太平洋戰爭爆發後，燕京停辦。而輔仁因有德國人與日、偽周旋，得以繼續存在。日、偽屢次對陳垣威脅利誘，陳氏不為所動。又曾多方設法營救被捕輔仁師生愛國組織華北文教協會的會員。**⑤**在此期間，陳氏一方面在課室宣揚愛國思想，一方面杜門謝客，專心著作。

　　從學宗錢大昕之歷史考據學到倡導顧炎武之經世致用及全祖望的故國文獻之學，在陳氏的學風上自屬一大轉變。「通史以經世致用」原為中國傳統史學之重要一環，而顧炎武為反王學之「置四海之窮困而不言」而提倡經世致用，其著作《日知錄》等書尤重夷夏之辨。陳垣之提倡顧氏經世史學，其意在此。抗戰時輔仁同仁組織「炎社」，即以弘揚亭林之學為號召。而全祖望生於雍乾之世，上距明亡將及百年。卻繼承顧炎武、黃宗羲的精神與學術，表彰民族氣節不遺餘力。在其《鮚埼亭集》及《外編》中，全氏着墨最多的是明清之際死於抗清鬥爭志士的傳記，同時也表彰了一批不忘故國，心存匡復的遺民，對變節人物則嚴厲指責。可見陳垣所倡導的

---

⑤　英千里，〈鐵窗回憶〉，《傳記文學》，第 2 卷第 4 期（台北，1973.4），頁 13-16。

顧、全二氏之學實是一脈相傳。❺抗戰時期陳垣雖未有亡國之痛，卻有陷敵之苦，遂不再以考證史學為滿足，而提倡「有意義之史學」，「欲以正人心，端士習，不徒為精密之考證而已」。❺

　　抗戰時期，陳氏完成《釋氏疑年錄》、《明季滇黔佛教考》、《清初僧諍記》、《南宋初河北新道教考》、《中國佛教史籍概論》及《通鑑胡注表微》等六部著作。除《疑年錄》及《史籍概論》分屬年代學與目錄學範疇外，其他著作則構成陳氏「抗戰史學」之四環，❺亦可說是民族主義史學著作。陳氏自稱《佛教考》、《僧諍記》及《新道教考》為「宗教三書」，其實三書之政治意義遠大於宗教意義，而與《表微》旨意相貫通。

　　《明季滇黔佛教考》之主旨在於指陳清初滇黔僧人多為遁逃於禪以求保全志節之明朝遺民士大夫。《清初僧諍記》乃是考述清初東南佛教法門中「故國派」與「新朝派」之鬥爭，借抨擊明亡後變節仕清之僧人以影射淪陷區媚事日寇之漢奸。《南宋初河北新道教考》則是研析河北道教三派：全真、大道與太一在金元二朝之歷史。陳氏認為三派皆為北宋滅亡後抗節不仕金朝之遺民所創建，值得表揚。書名題為「南宋初」而不作「金元時代」，乃因「三祖皆

❺　陳其泰，〈全祖望對清代學術的貢獻〉，收入陳其泰，《史學與中國文化傳統》，頁 191-204。

❺　方豪，〈與勵耘老人往返書札殘謄稿〉，《傳記文學》第 20 卷第 4 期（台北，1971.10），頁 54。

❺　「抗戰史學」一辭，為陳其泰所首創，見陳其泰，〈陳垣學術思想的昇華〉，收入陳氏，《中國近代史學的歷程》（開封：河南人民出版社，1994），頁 361。

生於北宋，而創教於宋南渡後，義不仕金，繫之以宋，從其志也」，意在區別本國與敵國，明辨夷夏。

《通鑑胡注表微》一書旨在揭示宋遺民胡三省（1230-1302）《資治通鑑注》所蘊含之微言大義。陳氏認為胡氏借注史以表達其在蒙元統治下之政治思想。陳氏自身在日寇統治之下的處境與胡氏相似，故自信對胡注中之微言體會特深。陳氏所表出之思想實為其自身之思想，主旨為：愛國家、愛民族、斥日寇、斥漢奸、責當政等。㊽陳氏自認此書為其「學識記里碑」。㊾而大陸學者吳懷祺更認為陳氏此書「在論史中把前人『通經致用』的傳統提升到一個新的高度，把研究歷史和中國近代社會現實結合起來，表現出對歷史前途和民族命運的思考」，又說此書「不是援庵先生已有的治史成就的簡單總匯，而是先生治史在原有基礎上的進一步昇華，進入一個新的境界」，評價極高。㊿

陳氏上述四部著作具有明顯之共同特色，即是發揚愛國精神，伸張民族氣節，確實是傳統史學「通史致用」的現代表現。雖然陳氏在各著作中仍堅持考證之重要，而其「古為今用」亦不致淪於二十多年前大陸上流行之「影射史學」的境界，但過分強調民族大義是否導致擇題與論斷之偏倚，似不無可疑。陳氏以現代民族主義為準繩而衡量先民族主義時代人物所言所行，難免不引喻失義。而且

㊽ 劉乃和，〈重讀《通鑑胡注表微》札記〉，頁 352-374。

㊾ 陳垣，《通鑑胡注表微》（中國現代學術經典‧陳垣卷），頁 776，〈重印後記〉。

㊿ 吳懷祺，〈《通鑑胡注表微》在中國近代史學史上的價值〉，載於《紀念陳垣校長誕生 110 周年學術論文集》，頁 121-135。

陳氏著述之動機原在於借古人之酒杯澆自己之塊壘，而不在發掘歷
史真面目。據其自述：「言道、言僧、言史、言考證，皆托詞，其
實斥漢奸、斥日寇、責當局耳」，即就《表微》一書而言，該書為
表達陳氏之民族主義理念，不免曲解胡三省之原意。陳氏之子陳樂
素（1902-1990）曾說：「《表微》中所表現的『微』，未必符合胡
注的本意，但總不背原意的精神。」❸本意既失，精神如何捉摸？
史學史學者張元便認為：陳氏將三省視為「愛國史學家」並特別強
調《通鑑胡注表微》裏表現的民族氣節與愛國熱情，主要反映陳氏
自身的時代感受，衡諸三省，並不妥切。❺而《南宋初河北新道教
考》所說三教皆由不仕金朝之北宋遺民所創建亦不過為一假象。三
教之一的全真教實際上是由歸順金朝而又不得意之士人所創建，金
元之際則又投效蒙古，與民族大義不大關聯。❻總之，陳氏「抗戰
史學」所顯示者不僅為「通史致用」之優點，亦為其缺失。

　　陳垣在抗戰爆發前後的治學重心，由考證史學轉變到經世史
學，原是時代環境使然。但是這一轉變並未偏離中國史學傳統。有
如彭明輝所說：

　　　經世與考據的雙主題，在中國史學的發展過程中，曾經反復

---

❸　陳樂素，《陳垣》，收入陳清泉等編，《中國史學家評傳》（開封：中州古
　　籍出版社，1985），下冊，頁 1244-1269。

❺　張元，〈胡三省史學新探：簡論《通鑑胡注》與《胡注表微》〉，《中國學
　　報》，第 35 輯（韓國，1995），頁 61-69。

❻　郭旃，〈全真道的興起及其與金王朝的關係〉，《世界宗教研究》，第 3 期
　　（1983），頁 99-107；郭旃，〈金元之際的全真道教〉，《元史論叢》，第
　　3 輯（1986），頁 205-218。

交錯地出現，以學術與世變的角度加以分析，盛世史學大抵以考據為中心，亂世則傾向於經世致用。**[61]**

這種轉換便見之於陳垣個人的史學發展中。陳垣未經歷過什麼盛世，但在抗戰前的那段小康時日中，陳氏史學是以考據為主，及至國難加深，則以經世為其史學的方向。抗戰前後，柳詒徵（1880-1956）、傅斯年、雷海宗（1902-1962）、錢穆（1895-1990）、陳寅恪等人的著作中都顯露出類似的民族主義傾向。但在這一方向，陳垣顯然用力較多，走的甚遠。

五、「馬克思主義史學的小學生」

1949 年以前，陳垣從未顯示思想左傾的迹象，但在北平易手前後，其政治態度卻發生很大的變化。1949 年 1 月，國民政府多次派遣專機至北平營救知名學者，而陳垣拒絕南下，事後所述理由為：「我知道新生力量已經成長，正在摧毀著舊的社會制度。我沒有理由離開北平，我要留下來和青年們一起看看這新的社會究竟是怎樣的」。**[62]**

共軍於 2 月 1 日進入北平後，陳氏力求適應其所期盼之「新社會」，努力學習馬列及毛澤東思想，「鑽研三月，不知肉味」。其

---

[61] 彭明輝，〈民族主義史學的興起：以考據與經世為主軸的討論（1919-1949）〉，收入魏格林（S. Weigelin-Schwiederzik）、施耐德（Axel Schneider）編，《中國史學史研討會：從比較觀點出發論文集》（臺北：稻香出版社，1999），頁 249-295。

[62] 〈給胡適的一封公開信〉，收入《陳垣來往書信集》，頁 191-195。

思想至少在表面上發生根本之變化。17 天之後,他對輔仁同仁
說:「這個時代是個偉大的時代,和以前大大的不同了,我們應該
毫不猶疑地努力,研究向新的方向走。我今年已七十,可惜聞道晚
矣,但本人一定努力跟上去」。⑬ 3 月 14 日家書中又透露:「余
近日思想劇變,頗覺從前枉用心力。……世界已前進,我猶故步自
封……遂爾落後」。⑭陳氏顯然認為共產化為中國乃至全世界大勢
所趨,自己必須跟上潮流。「聞道晚矣」一語從此成為老人的口頭
禪。

　　1949 年 5 月 11 日,陳垣對正在美國為國府尋求援助而奔走的
老友胡適公開喊話,在《人民日報》發表了〈給胡適的一封公開
信〉。信中首先頌贊中共新政權,表露其個人思想之轉變,其次則
談到他對治學方法認知的改變:

> 我也初步研究了辯證法唯物論和歷史唯物論,使我對歷史有
> 了新的見解,確定了今後治學方法。⑮

又說:

> 說到治學方法,我們的治學方法,本來很相近,研究的材料
> 也很多有關係,所以我們時常一起研討,你並且肯定了我們
> 的舊治學方向和方法。但因為不與外面新社會接觸,就很容

---

⑬　《新民報》(北平),1949 年 2 日 19 日,引見劉乃和、周少川等編著,
　　《陳垣年譜配圖長編》,下冊,頁 536。

⑭　《陳垣來往書信集》,頁 709-710。

⑮　〈給胡適的一封公開信〉,收入《陳垣來往書信集》,頁 191-195。

易脫不開那反人民的立場。如今我不能再讓這樣一個違反時
代的思想所限制。這些舊的「科學的」治學的方法，在立場
上是有着他基本錯誤的，所以我們的方法，只是「實證主義
的」。研究歷史和其他一切社會科學相同，應該有「認識社
會，改造社會」兩重任務。我們的研究，只是完成了任務的
一部份，既有覺悟後，應即扭轉方向，努力為人民大眾服
務，不為反人民的統治階級幫閒。

陳垣與胡適相交三十年，過從甚密。其友誼的主要基礎即在於他們
對實證主義考據學的共同喜愛。在此信中陳垣卻自認已接受辯證唯
物論和歷史唯物論，因而揚棄實證主義的治學方法，⑯並且否定學
術研究的客觀性與自主性。認為學術研究應該是「改造社會」、服
務人民的工具。最後他更敦勸胡氏：「轉向人民，翻然覺悟，真心
真意的向青年們學習，重新用真正的科學的方法來分析、批判你過
去所有的學識，拿來為廣大的人民服務」。⑰

　　此信發表後，喧騰一時。大陸內外，很多人都懷疑此信的真實

⑯　陸發春，〈陳垣與胡適國學研究之比較〉，《安徽大學學報》，第 1 期
　　（1998），頁 5-9。

⑰　5 月 17 日，北京《進步日報》轉載此信並配以社論，指出：「陳垣先生以古
　　稀之年，以他和胡適的友誼，及其一貫的治學成就，今天能夠讀新書，接受
　　新知識，採取新態度，而有新見解，新認識，這真是難能可貴，值得我們欽
　　敬」，並且強調知識分子要作出「走陳垣之路，還是胡適之路」的嚴肅選
　　擇。此一社論將陳垣視為舊知識分子追求進步的樣板，而置胡適於其對立
　　面。

性。⑱胡適閱讀此信後，十分憤慨，⑲發表了〈共產黨統治下決沒有自由：跋所謂陳垣給胡適的一封公開信〉一文。在此文中，胡適從文字與內容兩方面分析而得出作偽的結論。他認為陳垣受到中共命令撰寫了一封文言信，共產黨的文人將此信改為白話，又加入了許多可資宣傳的材料。胡氏的結論是這封公開信可以證明「共產黨統治之下決沒有學術思想的自由」。⑳現有資料顯示陳垣曾參與此信的撰寫，㉑至於是否有中共的策動，仍難以知曉。但是此信仍足以反映當時陳氏思想改變之巨大。

---

⑱ 據一位在北平易手一年後才離開的年輕學人之報導，對於這封信，「不僅胡先生不相信是陳垣先生自己寫的，在北平的人們也不相信」。他從輔仁大學一位接近陳垣的教授得知：陳垣確實寫了一封古文信，交給共產黨的某先生，某先生與陳垣前後經過三次修改而發表。見烏逸人，〈陷後北平教授群〉，《自由中國》，第 2 卷 5 期（1950.3），頁 160-161。信中所說「共產黨的某先生」顯然是指范文瀾。

⑲ 胡適於 1949 年 6 月 19 日初讀此信英譯本，數度在其日記中探討其真偽。最初他認為「此信絕非偽作的」，最後他與蔣廷黻討論後作出部分偽作的結論。胡氏在記述中用了一些情緒語言，如：「全函下流的幼稚話，讀了使我不快」，「可憐」，可見胡氏的憤慨。見《胡適的日記手稿本》（臺北：遠流出版公司，1990），第 16 冊，1949 年 6 月 19 日、20 日、24 日、25 日（無頁數）。

⑳ 《自由中國》，第 2 卷第 3 期（1950.2），頁 314。

㉑ 此信的寫作是陳垣助理劉乃和之弟劉乃崇出的主意，內容係與陳氏的老學生柴德賡、劉乃和及乃崇商定，而由劉乃和執筆，陳氏親筆改定，再交輔仁老同事范文瀾修改後轉由《人民日報》發表（陳智超，〈胡適與陳垣〉，頁 132-135；牛潤珍，《陳垣學術思想評傳》，頁 94-95）。劉乃崇是由解放區回到北京的輔仁學生，他是否受到中共當局之指使而勸說陳垣寫作此信，現仍無法證明。

　　陳垣史學思想之變化由其當時甚多信札中亦可得到旁證。如
1950 年夏致友人信函中奉馬列為「今聖」，謂：「孔孟，古聖；
馬列，今聖也。生之今世，宜先讀馬列主義之書，然後以馬列主義
衡量古籍，庶幾不迷於方向。」⑫又如其在 1952 年致老友楊樹達
（1885-1956）書中亦說：「來示謙欲法高郵，高郵豈足君學？況我
公居近韶山，法高郵何如法韶山？」⑬楊氏為著名的語言文字學
者，以訓詁音韻學大師高郵王念孫（1744-1832）、引之（1766-1834）
父子為楷模，甚為自然。陳氏卻勸其改奉韶山毛澤東為師，以致楊
氏難以回答。

　　此後陳垣政治態度甚為積極。在輔仁大學國家化及「抗美援
朝」、土地改革及教師思想改造等運動中皆有積極表現。陳氏又曾
擔任多項學術及政治職務。學術方面，曾任北京師範大學校長、中
國社會科學院歷史所第二所所長、《歷史研究》編輯委員、中國史
學會理事、科學院哲學社會科學部學部委員。政治方面，先後膺任
北京市人民代表會代表，全國政協委員、人大代表及常務委員等。
可說是學術界與「民主人士」的樣板。

　　由於陳氏在政治上的積極表現，毛澤東曾加讚賞：「這是陳垣
先生，讀書很多，是我們國家的國寶」。毛主席的加持自然鞏固了
他的政治地位。1959 年 1 月，在成千上萬的知識分子被打成右派
之後，陳垣獲准成為中共黨員。據說高齡七十有九之陳氏因而熱淚

---

⑫　何廣棪，〈從陳垣先生之一通函牘談起〉，《傳記文學》，第 48 卷第 3 期
　　（1986.3），頁 31-35。

⑬　《陳垣來往書信集》，頁 365-366。

盈眶說:「我年近八十歲才找到政治上的歸宿,遽伯玉知非之年是
五十,我卻是八十而知七十九年之非」。陳氏又在《人民日報》上
發表〈黨使我獲得新的生命〉一文,該文中說:「像這樣的新政
府,真像古書上所說的『羲皇上人』,不僅我沒有見過,就是歷史
上也從來沒有過」。**❼❹**

　　大陸內外之學界對陳氏在大陸易手前後政治上之轉變,看法出
入甚大。大陸學者一致讚揚陳氏為愛國學者並肯定其對今是昨非的
醒悟,認為陳氏暮年入黨是「終於找到了政治上光榮歸宿」。臺灣
學者嚴耕望(1916-1996)、逯耀東之看法則完全不同。嚴氏論陳氏
立身處世云:「自青年時代即熱心世務,前後歷任文化教育機關首
長,老年乃以毛為師,並且常說自己『聞道太晚』。……亦唯其與
世浮沈的性格,所以晚年不免為政治洪流所覆沒,在學術上不能再
有所作為」。**❼❺**而逯氏則指出陳氏早年定居北京後,「經歷了五個
不同的歷史時期,但每一個時期的變動,並沒有對他構成影響,而
且都能安然無恙的適存,的確是不容易的事。……也許他早已從北
洋官僚體系中,吸取了應變與處世之道,他將自己置於潮流的邊
緣,觀察在何時順流而下,卻又能不暴露自己」。**❼❻**嚴、逯二氏之
外,尚有不少臺、港學人對 1949 年以後陳氏的出處之道提出非

---

❼❹　《人民日報》(北京),1959 年 3 月 12 日。

❼❺　嚴耕望,〈史學二陳〉,《大陸雜誌》,第 68 卷第 1 期(1984.1),頁 1-
　　3。

❼❻　逯耀東,〈把胡適當成個菁垛〉,收入逯氏,《史學危機的呼聲》(臺北:
　　聯經出版公司,1987),頁 115-149。

議。**⑰**

　　平心而論，陳氏在政治方面無疑極為機敏，憑此機敏而在改朝換代之際皆能順勢而行，不致覆頂。但陳氏自青年時期起即顯然成為一民族主義者，民族主義為其畢生行事著書之主要動力。早年鼓吹抗美排滿、中年在淪陷區抵制日寇統治，皆為民族主義最佳表徵，而其參與輔仁創校，亦為當時國人倡導教會教育本土化之一部分。至於其晚年奉毛為師，一方面固然迫於中共建國之初的威勢，一方面亦可能受到毛澤東「中國人民站起來了」宣傳之感染。此種感染在當時知識份子之間甚為普遍，不能獨責陳氏。**⑱**不過陳氏對毛澤東之頌贊最為露骨，此種露骨之頌贊則顯然又為其政治機敏之表現。

---

⑰　1986 年臺灣出版的《傳記文學》上曾有關於陳垣在 1949 年後表現的一場小論爭。何廣棪、陳煒、蘇東國及主編劉紹唐都對陳垣政治及學術態度的變化提出負面的評價，其中有人甚至認為陳垣「認賊作父」。只有陳垣的學生，旅美任教的朱文長撰文為老師喊冤，認為陷共與投共不同，評論者應該對陳垣之處境「感同身受（empathy）」。這些爭議可看出在兩岸對立時代，大陸、臺灣、海外學人由於所處政治環境不同，對人物出處之評價，產生甚大差異。以上見何廣棪，〈從陳垣先生之一通函牘談起〉；編者，〈寫在有關陳垣三文之後〉，《傳記文學》，第 48 卷第 3 期（1986.3），頁 41；陳煒，〈陳垣先生「陷共」前後之真實情況〉；蘇東國，〈我也一談陳垣其人〉及朱文長，〈筆下的厚道〉，各文見於《傳記文學》，第 49 卷第 3 期（1986.9），頁 95、96、98。

⑱　王汎森認為中共建政後，撒下意識型態的「彌天之網」，學者都力求使自己著作符合新主義的尺度，他并舉出陳垣、吳唅、周予同、金毓黻為例，見王氏，〈「主義崇拜」與近代中國學術社會的命運：以陳寅恪為中心的考察〉，收入王氏，《中國近代思想與學術的系譜》，頁 463-488。

　　陳垣史學之馬列化顯然僅止於公開表態之層次，並未付諸實踐。在陳氏一生著作中，晚年作品之量既不大，質也不高。據統計，陳氏一生共有專著 15 種，論文 175 篇，共約三百萬字。其中大部分寫成於 1949 年以前。1949 年以後 16 年間所寫僅二十篇，六萬多字。1949 年以前每年平均寫約八萬字，1949 年以後每年所寫僅四千字，前後頗為懸殊。❼❾而陳氏早年與晚年發表文章的質量亦頗有軒輊。晚年發表文字，多為政治應景文章，與學術無關。少數則為短篇之序論或題跋，亦無馬列氣息。❽⓿對一位終身勤奮而又重視效率之大史家而言，其學術生命可說是虎頭而蛇尾。

　　陳垣晚年之缺少重要論著及不能落實馬列思想可能由於下列幾點原因：第一，歲月不饒人：大陸變色之時，陳氏年齡已近古稀，衰病相尋，創作旺盛期已過，雖然仍是老驥伏櫪，壯心未已，但是有如其子陳樂素所說：「他在史學研究上，雖然還很努力，但為身體健康狀況所限制，只能作些散篇的考證文字，不能創新巨著了。」❽①第二，政治運動的干擾：當時政治運動滾滾而來，陳氏必須奮身參與及撰寫應景文章，遂無力從事專門著作。第三，從考證史學到馬列史學過渡之困難：陳氏基本上為一考證史家，而且心愛考證之學。即在政治運動翻天覆地之歲月，仍忍不住為考證史學說

❼❾　陳珍幹，〈陳垣先生晚年的政治思想及其遺著〉，暨南大學編，《陳垣教授誕生百一十周年紀念論文集》，頁 206-214。

❽⓿　見劉乃和，〈陳垣同志已刊論著目錄繫年〉，載於《勵耘書屋問學記》，頁 177-222。

❽①　陳樂素，〈陳垣同志的史學研究〉，頁收入陳樂素，《求是集》（廣州：廣東人民出版社，1984），第 2 集，頁 199-227。

幾句公道話：「如舊考據學有不科學的，但也有科學的，不能一筆抹煞」。⑧雖因迫於形勢，陳氏之史學不得不由考證轉向經世，再由經世轉向馬列，前後兩次轉變卻有難易之不同。考證與經世原為中國傳統史學中相輔相成的部分，兩者相通之處甚多。顧炎武為經世史學之大師，卻是清代考證史學之奠基人。⑧而錢大昕身為乾嘉考證之巨擘，但其考證中頗多論政之微言。⑧而全祖望之史學雖與考據學派迥然殊途，然亦不疏於考據。陳氏由考證轉治經世，並無特殊困難。而馬列史學則純為舶來品，這種舶來的赤色經世史學與中國傳統史學全無淵源，亦不相似。欲將其考證學之老骨架套入馬列主義之新衣裳，對此臨暮老史家而言，已是心餘力絀。

　　陳垣晚年的內心世界現已無法探索，但從現有史料看來，他在政治上表現甚為積極，而在學術上亦甚想迎合官方路線，與陳寅恪形成強烈的對照。陳寅恪一生帶著幾許遺老味，與政治非常疏離，晚年尤其如此。他不願為「俗諦」（官方意識型態）所桎梏，始終追求「自由之思想」與「獨立之精神」。1953 年他被任命為中國科學院新成立的歷史第二所所長，主持中古史研究，他卻提出兩個條件：一、允許研究所不宗奉馬列主義，並不學習政治。二、請毛澤東或劉少奇出一允許證明書。這些被當時人視為幼稚天真，甚至大

⑧　陳垣，〈《論科學的考據與舊考據的不同》一文審查意見〉，《陳垣學術論文集》，第 2 輯，頁 471-472。

⑧　杜維運，〈顧炎武與清代歷史考據學派之形成〉，收入杜氏，《清代史學與史家》，頁 95-156。

⑧　牟潤孫，〈錢大昕著述中論政微言〉，收入牟氏，《注史齋叢稿》（臺北：商務印書館，1990），頁 486-509。

逆不道的條件自然不會被接受。[85]結果由學術地位崇高而又願意迎合「俗諦」的陳垣所取代。但是，陳寅恪有如其〈答北客〉詩末句所云「不採蘋花即自由」，[86]因其未曾北上就任行政職務，故能以高年盲翁的狀態，寫出《論再生緣》與《柳如是別傳》兩部大著，與陳垣晚年的學術成就相較頗有軒輊。其差異之由來即在於二人對政治與學術態度的不同。

六、結論

在二十世紀上半葉的中國史學界，史料學派是主流。而在史料學派諸大師中，陳垣以「土法土料」著稱，承繼傳統最多。雖然他亦受到西方史學方法及外國漢學家的影響，卻是「師洋而不崇洋，雖用洋而不迷洋」。[87]在方法上，他承襲乾嘉考證「無徵不信，實事求是」的精神，在材料上「專以漢文史料」治史，卻產生極為豐碩的成果。一方面，他總結了乾嘉史學方法並將史學的傳統輔助學科予以系統化，為現代史學研究提供堅實基礎。另一方面，他以考證方法為手段，以現代眼光選擇有意義的題目，從事專題研究，開闢了宗教史、中外交通史及元史等研究範疇。成就甚高，貢獻極大。

陳垣基本上是一位考證史學的大師，但他的成就超出純粹考證。即在他學宗錢大昕，專重考證之學的時代，亦不為考證而考

---

[85] 陸鍵東，《陳寅恪的最後 20 年》（北京：三聯書店，1995），頁 96-109；汪榮祖，《史家陳寅恪傳》（臺北：聯經出版公司，1997），頁 5-8。

[86] 陳美延、陳流球編，《陳寅恪詩集》（北京：清華大學出版社，1993），頁 82。

[87] 許冠三，《新史學九十年》，上冊，頁 130。

證，不以解決孤立的歷史問題為滿足，而是通過一連串疑難之考證，求得系統，以探尋歷史之全貌。而且在考證之中，寓有義理。陳垣不喜高談文化，但其著作中反覆考述的是危機時代中國文化的命運及其所能發揮的作用，乃至統治民族更易及朝代鼎革之際知識份子的出處進退之道，時時透露出他對民族文化前途的深刻關懷。《華化考》和宗教史的研究皆是如此。❸而在其治學重心由考證轉向經世之後更是如此。

　　陳垣史學發展的最大特徵在其與時代脈動之間具有密切關係，前後歷經三變：由考證史學轉為經世史學，再變為馬克思主義的史學。考證與經世皆為傳統史學的一部分，其消長往往決定於時代環境。陳氏早年史學以考據為主，目的在於「求真」。抗戰時期，國難加深，陳氏改治經世，提倡「有意義的史學」，宗旨在於「致用」。當時不少史家都顯露同樣的傾向。但陳垣在這一方向用力最多，走的最遠。陳氏晚年欲改治馬列史學，則已逸出傳統史學的範圍，牽涉到新史觀的採用，看不出學術變化的內在理路，而是由於外在政治環境的巨大變革。

　　陳垣一生治學及其學風「推陳出新」的主要動力顯然來自民族主義。民族主義原是二十世紀中國許多知識份子的共同情懷，而陳氏早年即受民族主義的感染而參加革命與從政，一生入世極深，對政治懷有高度興趣，民族主義的情懷呈現得特別強烈。他早期埋身考證之學，動機在於想「把漢學中心奪回中國，奪回北京」。這是他和傅斯年、陳寅恪等人共同努力的目標。在這階段，民族主義是

---

❸　徐梓，〈陳垣先生史學的總結性特徵〉，頁108-109。

他研究的主要動力，卻未影響其研究實質，因而產生甚多驕人的成果。中年轉向經世，提倡「有意義的史學」，旨在伸張民族氣節，發揚愛國精神。史學已成為他發抒民族情懷的工具。他的史學雖仍以堅實的考證為基礎，但過分強調民族大義，不免在擇題與論斷上有所偏失。晚年更欲轉向馬列主義，何嘗不是由於認為馬列可以救中國而自願「終隨革命崇今用」？馬列是否能夠救中國可以置於不論。但是在此階段，陳氏的史學及其民族主義情懷皆須從屬於馬列的意識型態，史觀的改變遂使這位考證史學大師不能在學術上再有所作為。這不僅是陳垣個人的不幸，在唯物史觀定為正統意識型態及史觀學派取代史料學派成為學界的主流後，許多史家都面臨此一共同困境。

陳垣晚年在史學上雖然少有作為，但他和其他史料學派大師卻對 1949 年以後的史學發展留下健康的影響。十餘年前，我曾以元史研究為例說明這種影響：

> 王國維、陳垣、陳寅恪等先生都是民國元史學的先驅人物，也都是一流史家，但在元史研究的範疇中，他們所做的多是結合乾嘉學風與日本東洋史學及法國東方學方法而成的考釋工作。而且三位先生都是兼治元史，僅有陳垣著作較多，影響較大。……民國時代的史學界有「史料學派」、「史觀學派」之分，元史研究可說是史料學派的重鎮。……四九年以後，……元史研究可說是大陸史學界中比較健康地結合史觀學派與史料學派的一環。……乾嘉以來蒙元史學的考證傳統給予教條式的研究一定程度的制約。換言之，研究者雖必須

以馬列主義及毛澤東思想為主導，但仍然不完全背離史料與史實而立言。⑧

史料學派大師不僅在史觀學派當家的二十餘年中對形而上的唯物史觀史學起了制約作用，在改革開放以來的大陸史學界也已發揮更大的影響。

過去二十多年中，由於意識型態的日漸淡化，大陸歷史學界中史觀與史料兩個學派影響此消彼長的態勢甚為明顯。有的學者甚至認為：「到九十年代，乾嘉傳統已經無可爭議地成為當代中國史學的主流。……對歷史的主觀解釋被擠壓到最低限度。追求客觀化、實證化和真實性，成為史學的最高境界」。⑨對於這一觀察，學界仍然不乏質疑，而且新考據史學中亦已增添了不少前所未見的內涵，⑩但史料學派影響的復興應無疑義。在這波學風翻轉的浪潮中，不少學者雖然遠祧錢大昕、趙翼的乾嘉考據，但直接宗奉的則是陳垣、陳寅恪等人的現代化考據史學。陳垣、陳寅恪當初對中國史學的馬列化曾有全然不同的反應，他們若能多活三十幾歲，拒絕接受「俗諦」的陳寅恪對近年來的種種變化固然會雙目一亮，感到非常高興，而永遠與時俱進，推陳出新的陳垣也應欣欣然。

⑧ 蕭啟慶，〈近四十年來大陸元史研究的回顧〉，收入蕭氏，《蒙元史新研》（臺北：允晨文化公司，1994），頁446-448。

⑨ 許紀霖，〈沒有過去的史學危機〉，《讀書》，第5期（1999），頁64-70；鄒兆澄等，《新時期中國史學思潮》（北京：當代中國出版社，2001），頁136-157。

⑩ 羅志田，〈乾嘉傳統與九十年代中國史學的主流〉，收入羅氏，《二十世紀中國的思想與學術掠影》（廣州：廣東教育出版社，2001），頁227。

董作賓先生對甲骨學的貢獻

黃彰健

中央研究院院士

彰健承邀參加「研討會」，在會中報告〈董作賓先生對甲骨學的貢獻〉，實深感榮幸。

一

董先生對甲骨學的貢獻，與他主持安陽殷墟發掘有關。

民國 17 年，他發掘殷墟第一區第 9 坑，第二區第 26 坑，第三區第 24 坑，發現「此三區所出土甲骨，各自成為一組，各有特異之點」。

第一區有許多規整的小字，有雄偉的大字。

第二區無一塊小片的字，有一種細弱的書體。

第三區的書法，字形、文例，亦與 1、2 兩區大不相同。

他就想到：這與時代先後有關係，應找出一個可以判斷卜辭時代的方法。

民國 18 年，大龜四版出土。其第四版均係卜旬之辭，亦即占問由甲日至癸日這一旬是否無灾禍。

卜辭常見：「干支卜，王貞」。係殷王親自貞問。❶因此，他就判斷：大龜四版卜旬之辭，貞字上有六個不同的字，這應係史臣受王命貞問，貞上那一字應係史臣之名，而非官名、地名、或事物名。他在〈大龜四版考釋〉中遂提出〈貞人說〉。

在此之前，王國維先生寫〈殷卜辭中所見先公先王考〉及〈續考〉，已根據卜辭，考訂《史記·殷本紀》所記殷王世系，並根據殷王世系及稱謂，判斷卜辭中稱殷王小辛為父辛、盤庚為父庚、陽甲為父甲的，為武丁時卜辭；稱祖己為兄己，祖庚為兄庚的，為殷王祖甲時卜辭。

貞人既係受王命占問，因此，他也就利用卜辭有貞人名及對殷先王有稱謂的，而判斷該貞人為何王時的貞人。如

　　　　亘貞：㞢于父甲犬。貞：㞢于父庚犬。

董先生即斷定亘為殷王武丁時貞人。

民國 22 年他刊佈有名的〈甲骨文斷代研究例〉，將卜辭分為五期。

　　　　第一期　殷王武丁（盤庚至小乙附）。貞人有賓、爭、亘等十
　　　　　　　　一人
　　　　第二期　祖庚、祖甲　貞人有大、旅、即等六人
　　　　第三期　廩新、康丁　貞人有彭、狄、何等八人
　　　　第四期　武乙、文武丁。無貞人

---

❶　《說文》：「貞，問也」。

第五期　帝乙、帝辛。貞人有黃

他在寫〈甲骨文斷代研究例〉後，發現第四期卜辭在「干支卜」後省略「貞」字，卜字後那一字仍係貞人名。第四期卜辭有貞人㐰、貞人史等 17 人。並發現旅、口、何是第二期，也是第三期的貞人。❷

〈甲骨文斷代研究例〉提出斷代的標準有十項。即：

1.世系；2.稱謂；3.貞人；4.坑位；5.方國；
6.人物；7.事類；8.文法；9.字形；10.書體。

其主要的標準仍係世系、稱謂、及貞人。坑位僅適用於討論中央研究院殷墟發掘所出土甲骨。不包含中央研究院發掘之前即已流散於人間的甲骨。

方國至書體 6 項，則係根據有貞人的卜辭而推演得出，以便判定那些無貞人的卜辭的時代。

在董先生之前，只籠統的將卜辭視為殷代史料。由於董先生以貞人斷代，學者就可利用卜辭，對殷代歷史文化的發展，作較精密的深入的研究了。

民國 28 年。唐蘭〈天壤閣甲骨文存自序〉提到對甲骨學有重要貢獻的四堂：

雪堂導夫先路，觀堂繼以考史，彥堂區其時代，鼎堂發其辭例。

---

❷　〈甲骨學六十年〉，《董作賓卷》，頁 223。

學堂導夫先路，指羅振玉撰〈殷墟書契考釋〉；觀堂繼以考史，指王國維〈殷卜辭中先公先王考〉及〈續考〉；彥堂區其時代，指董先生的〈甲骨文斷代研究例〉；鼎堂發其辭例，指郭沫若撰《卜辭通纂》及《殷契粹編》。

二

史語所殷墟發掘，獲得不少刻有卜辭的完整龜版及牛胛骨。董先生發現：龜版中縫右側的卜辭右行，中縫左側的卜辭左行；在龜版右邊緣的卜辭向左行，在龜版左邊緣的卜辭右行。

卜辭占問時，常正反對貞。如「貞：今日其雨」；「今日不其雨」。而占問時，又可一事多卜，占問幾次，故不同的龜版所刻文句可相同，所註明的占卜次數的數目字則不同。董先生《殷曆譜》即發現三塊同文異版的龜版。董先生的學生胡厚宣先生撰有〈卜辭同文例〉；董先生的學生張秉權先生作〈殷墟文字丙編考釋〉，他拼合甲骨，更發現：一事多卜，其記於同版的，常第一次占卜時記得較詳，而後依次省略，最後可省略只記為一個字。如：

> 貞：多介罟。一、二
>
> 介罟。三，上吉。四、五
>
> 介。六

這對卜辭文義的了解很有幫助。

同文異版，及正反對貞，一事多卜，可用以校補殘缺的卜辭。

董先生研究龜版及牛胛骨，即注意龜版及牛胛骨各部位的特徵，用以鑑定甲骨殘片在完整的甲骨的部位，以便將殘缺的甲骨及

其拓片拼合復原。

董先生研究完整的龜版，他發現：讀龜版上的卜辭，應注意其干支次序，及正反對貞。有時從右邊的卜辭讀起，有時從下往上讀，有時應從上往下讀。

胡厚宣先生所主編的《甲骨文合集》於 1982 年出版。1988 年姚孝遂主編的《殷墟甲骨刻辭摹釋總集》由中華書局印行。1998 年何疾足即為文指出《摹釋總集》所摹卜辭的先後次序有誤。❸

《甲骨文合集釋文》于去年出版。有人說：「何疾足」該文係甲骨文合集編輯組同人所寫，未用真實的姓名，這個說法大概可信。我檢閱《合集釋文》，知《摹釋總集》於卜辭先後次序，確實有誤。何疾足該文並批評董先生〈大龜四版考釋〉對大龜第二版卜辭的釋讀次序有誤。

大龜四版的第二版卜辭《合集釋文》的釋讀次序如下：

(1)甲子卜，㱿貞：㞢𡇥在疾，不從王㞢。　二

(2)貞：其從王㞢。

(3)壬戌卜，㱿貞：邻㞢于日。　三

(4)貞於帝邻㞢。三月

(5)己丑卜，㱿貞：今㞢商稔。　二

(6)貞：今㞢不稔。二

(7)甲午卜，㱿貞：袁于岳，三小宰，卯二宰。二

(8)貞：袁于岳，三小牢，卯三宰。二

---

❸　何疾足〈就殷墟甲骨刻辭摹釋總集，淺議甲骨文的釋文諸問題〉，《胡厚宣先生紀念文集》，頁 252。

(9)丁巳卜，宁貞；今禀衾食，乃令西史。三月。二

(10)□□（卜），□貞…于…（合集9560）

這些阿拉伯數字是《合集釋文》作者加的。董先生〈大龜四版考釋〉及屈萬里先生《殷墟文字甲編考釋》（p.268）所定卜辭順序則為：(1)、(2)、(5)、(6)、(7)、(8)、(9)、(3)、(4)、(10)。

(3)、(4)兩條係正反對貞，故第(3)條的「壬午」亦為三月壬午。

由第(3)條的三月壬午到第(9)條的三月丁巳為 36 天。由第 9 條的三月丁巳至第 3 條的三月壬午為 26 天。故董先生的讀法正確不誤。

第(10)條殘缺不全的字，董先生認係「癸 貞 王」。屈先生認係「□貞：□于□？」《合集釋文》與《甲編》同。

由於(1)、(2)、(3)、(4)、(5)、(6)俱係正反對貞，(7)、(8)係問祭品所用牲數，那一種數量合於岳神的心意，均係就意見不同處，占卜請示，則(9)、(10)二條似乎也應如此。竊疑〈甲編〉所讀次序，第(10)條應移於(9)條之後，(3)、(4)二條之前。

治甲骨學，需懂得拼合甲骨，補卜辭缺文，及如何依占卜次序讀卜辭。在董先生之前，王國維曾將《戩》1.10 與《後》上 8.14 拼合為一，考訂殷先公自上甲至示癸世次，訂正《史記·殷本紀》的錯誤；郭沫若拼合了《粹》113 三片為一，得上甲以下祭祀順序之一部份關係，並在《殷契餘論》中發表〈殘辭互足二例〉。

但如何區別卜辭時代，如何鑑別甲骨部位特徵，如何拼合甲骨，補足殘辭，及如何依干支順序讀卜辭，這些基本功夫仍由董先生所奠定。此可參看他寫的〈大龜四版考釋〉，〈商代龜卜之推

測〉及〈甲骨實物之整理〉等文。而運用這些功夫,獲得卓越的研究成果,則為他的大著《殷曆譜》。

三

董先生將甲骨文資料粗略地斷代分期,然後他進一步將第五期散亂不全的卜辭,以帝辛征人方為主幹,將干支相連的有關記事,編為〈帝辛征人方日譜〉。

他拼合了 33 版甲骨,補足了許多缺文。他將干支相連所記事,細心地聯繫在一起。如由辛酉卜行辭「王在雙,步于雒」,「癸亥,王在雒,步于勾」,即知壬戌王必至雒住宿。再由殘辭「甲(子王卜),在勾貞」,即可以推知癸亥王自雒出發,是日至勾住宿。他就是這樣細針密縷地織出帝辛十祀九月甲午至帝辛十一祀七月癸丑的〈帝辛征人方日譜〉。

〈帝辛征人方日譜〉考得帝辛十祀閏九月,帝辛十一祀正月丁酉朔。

他也自認為這是巧妙的嚴密組織。他需確定此一〈帝辛征人方日譜〉在合天曆譜中的位置,而這也就是他發憤撰寫《殷曆譜》的主要原因。

四

國之大事,在祀與戎。董先生將甲骨資料斷代,又將注意力集中於殷代的祭祀制度。他綴合了不少甲骨殘片,補足了不少殘辭,他發現:在殷王武丁、祖庚時,祭祀高祖夒、王亥、王恆,而在祖甲以後,則祭祀自上甲以下。「自上甲至于多后,衣」。衣祭,包

含彡、翌、祭、壹、劦五種祭典。在祖甲時，祭祀上甲至祖庚，係按先公先王即位的先後次序，而祭祀日期則與先公先王的廟號的天干日相同。五種祭祀先彡祭，次翌祭，而後祭壹劦三種祭典聯綿舉行。五種祭典輪流舉行，在祖甲時，30 旬為一週期。帝乙帝辛時，36 旬為一週期。故一年可稱一祀。

董先生稱祖甲所定制為新派，而以武丁祖庚為舊派。在〈甲骨文斷代研究例〉中，列武丁於第一期，祖庚祖甲於第二期；而據祭典禮制來分，則祖庚又可屬於第一期。他認為：新派舊派禮制之分別，有助於甲骨文更精密的斷代。因此，他認為：《殷曆譜》是他分期之後，分派的研究成果。

祖甲所定周祭制度，為帝乙帝辛所因襲。他所編〈帝乙祀譜〉〈帝辛祀譜〉，也自認為組織相當嚴密。而〈帝乙祀譜〉〈帝辛祀譜〉所載周祭卜辭，是有「惟王幾祀」及月、日及祭典名的。

由於有「惟王幾祀」，故亦需放置於合天曆譜中，使其吻合無間。而〈帝辛征人方日譜〉及〈祖甲祀譜〉、〈帝乙祀譜〉、〈帝辛祀譜〉也就成為《殷曆譜》的重要支柱。

五

董先生既欲確定〈帝辛征人方日譜〉在合天曆譜中的位置，他遂花了不少精力，由高去尋先生協助，編製商周合天曆譜。

他將《漢書·律曆志》所引《古文尚書·武成篇》：「惟一月壬辰旁死霸，越翌日癸巳，武王乃朝步自周，于征伐紂」；〈泰誓序〉「一月戊午，師渡孟津」；〈武成篇〉，「粵若來二月既死霸，越五日甲子，咸劉商王紂」，譜入合天曆譜，定武王伐紂年為

1111B.C.。

由於卜辭言：「己未夕⻌庚申月有食」，他根據天文學家陳遵媯及德效騫早期所推算，定此月食為 1311B.C.月食。此條卜辭提到貞人爭，而貞人爭之名曾與貞人㲋、㞢同版出現，為武丁時貞人，故董先生認庚申月食為武丁時月食。

庚申月食在 1311B.C.，武王伐紂在 1111B.C.。他認此為合天的兩個點。他在《殷曆譜》中，遂建立他合天的點線段理論，將合天的兩點連為一線，然後分段決定武丁至帝辛九個王的在位年。

武丁享國 59 年，祖甲享國 33 年，祖甲後四個王（廩辛、康丁、武乙、文武丁）的在位年數，「或十年、或七八年、或五六年、或四三年」，見於《尚書·無逸》。

武丁的兒子祖庚在位七年，見於晉皇甫謐《帝王世紀》。

董先生為了配合武丁 1311B.C.庚申月食，遂儘量拉長帝乙、帝辛在位年數。

據古本《竹書紀年》，武乙在位至少 35 年。與《尚書·無逸》不合。〈無逸篇〉係記周公訓誡成王之辭，其史料價值高于戰國時魏國史官所記的《竹書紀年》，因此，董先生遂將武乙在位年數 35 移為帝乙在位年數，並定帝辛在位 64 年。

董先生《殷曆譜》提到：〈帝辛征人方日譜〉是〈甲骨文斷代研究例〉後的進一步研究。而對祖甲所定周祭制度的考訂，也可說是〈甲骨文斷代研究例〉後進一步研究的成果，故民國 34 年傅斯年先生撰《殷曆譜序》，即讚美董先生，說：「董先生進一步，即甲骨學之進一步」。董先生對武王伐紂及庚申月食的繫年，有近代天文學的根據，而所編的《殷曆譜》又能將〈帝辛征人方日譜〉及

〈帝乙祀譜〉〈帝辛祀譜〉二重要支柱譜入，當時學者在疑古派主張盛行之後，均想利用甲骨金文，重建中國上古史，故傅先生稱讚《殷曆譜》為「今日古學的最高峰」。

六

《殷曆譜》出版後，陳夢家作《殷墟卜辭綜述》，盛贊董先生對甲骨實物的整理，及〈日譜〉之作。

他對《殷曆譜》，則認為：「基礎不堅強」。在戰國時編的〈堯典〉尚且言「朞三百有六旬有六日」，在殷代怎麼會知道一年有 365 又 1/4 日呢？❹

陳氏此說即忽略：古人以土圭測日影，發現冬至日日影最長，遂以此年冬至日至次年冬至日為一年長度。冬至日日影需歷時 1461 日始回到原點，故一年的真實長度為 1461 日的 1/4，即 365 又 1/4 日。〈堯典〉舉其成數，故為 366 日。故不可據此以否定，在說 366 日之前，人們不知 1 年為 365 又 1/4 日。

而且〈堯典〉材料來源甚早。由胡厚宣考定卜辭四方風名，也可以判斷，〈堯典〉非戰國時人所編成。

《殷曆譜》有〈日至譜〉。最近，羅琨女士撰〈卜辭至日縷析〉，即支持董先生對卜辭至日的解釋。❺

陳夢家《卜辭綜述》又指摘《殷曆譜》「無年代學的根據」。陳夢家撰《西周年代考》，據古本《竹書紀年》，「自武王滅殷，

---

❹　《卜辭綜述》，頁 223。
❺　見《胡厚宣紀念文集》，頁 144。

以至幽王，凡二百五十七年」，而定武王伐紂年為 1027B.C.。他根本將真《古文尚書·武成》及〈泰誓序〉所記，視若無睹。據董先生所編合天曆譜及張培瑜所編《中國先秦史曆表》，1027B.C.根本無法譜入《尚書·武成》及〈泰誓序〉。

董先生的《殷曆譜》，就方法論來說，無可疵議。問題在：董先生《殷曆譜》所根據的庚申月食，其卜辭原文為「己未夕虫庚申月有食」，此一虫字，德效騫氏釋為 Continuing into，❻而裘錫圭〈釋殷墟卜辭中的虫字等字〉則讀虫為向。張秉權《甲骨文與甲骨學》（頁 279）曾歸納卜辭「己未夕虫庚申」這類句型語句，皆應如德效騫氏所釋，故鄙意：「己未夕虫庚申月有食」，應依從天文學家德效騫氏 1950 年所推算，定為 1192B.C.月食。

董先生定庚申月食為 1311B.C.月食，因此，他將〈帝辛征人方日譜〉譜入合天曆譜，定帝辛元年為 1174B.C.。其實，應依鄙說定為 1143B.C.。帝辛元祀既已下挪，故以〈帝乙祀譜〉所收「惟王三祀」「惟王四祀」卜辭，譜入合天曆譜，也當定帝乙元祀為 1163B.C.，而非如董先生所定為 1209B.C.。

董先生所定帝辛元年為 1174B.C.，帝乙元祀為 1209B.C.，既誤。因此，他所編的祀譜即與曆譜不合，有時需改易祀譜所引卜辭，以遷就曆譜；有時所定祀譜，該一祭典未完，即中途插以次一祭典的工典祭，使前一祭典與後一祭典重疊。

如所定帝乙帝辛在位年不誤，則將「惟王幾祀」周祭卜辭，譜入合天曆譜，自可吻合無間。由於殷代實際用曆不可能完全合天，

---

❻　見《胡厚宣紀念文集》，頁 144。

故有時需挪動合天曆譜的閏月,而使得周祭譜辭譜入,使祀譜與曆譜相得益彰。這是我最近的研究成果,正請人審查,將發表,以就正於甲骨學者。

董先生〈殷曆譜後記〉曾說,武丁庚申月食是「《殷曆譜》的所根據天象之基點」,「欲推翻殷曆譜,必自推翻此基點始」。我既將庚申月食改定為 1192B.C.月食,在我考定的殷王年中,1192B.C.為祖甲 29 年。

卜辭有乙酉月食。據劉寶林〈公元前 1500 至公元前 1000 月食表〉,該月食為 1279B.C.月食。我定殷王武丁在位年為 1268B.C.—1228B.C.。1279B.C.為武丁 9 年。乙酉月食卜辭有貞人爭,貞人峕,爭峕俱係武丁時貞人。庚申月食卜辭亦有貞人爭,係祖甲 29 年時貞人,時間相距 87 年。我須說,庚申月食卜辭的貞人爭與武丁乙酉月食卜辭的貞人爭係同名,而非一人。

張秉權先生〈甲骨文中所見人地同名考〉曾列舉幾百條例證,證明殷代人名地名氏名可相同。

古代封建制度,「天子建德,因生而賜姓,胙之土而命之氏。諸侯以字為氏,因以為族。官有世功,則有官族。邑亦如之」。由於「胙之土而命之氏」,故在殷代,係以其人之名名所封之地,而周代則改為以字。如展無駭,展係字,而無駭係名。展無駭死,魯隱公命其後人以展為氏,故魯國有展喜展禽。

在周初,奄國叛,成王遷奄君蒲姑,而所遷地即名為蒲姑,而奄君遂為蒲姑氏。❼《左傳》說,「蒲姑氏因之,而後太公因

---

❼　請參見拙著《武王伐紂年新考,並論殷曆譜的修訂》(頁 93-95)。

之」，是蒲姑後來為齊國所滅。蒲姑本係人名，後遂為地名及氏。准此，卜辭早期的爭，由於君前臣名，應釋為人名；晚期的爭則可能為其人之封地，而為氏名。古代官職多世襲，故同為貞人爭，可以有名與氏之不同。

董先生因定帝辛在位 64 年，而文王享國 50 年，武王十一年伐殷，見於《尚書》，故他得說，文王之父季歷死於帝辛之手，遂與古本《竹書》所記「文丁殺季歷」不合。《呂氏春秋·首時篇》謂「王季歷困而死」，此雖經傳未記，然《詩》言「大王實始剪商」，《書經》言「西伯戡黎」，卜辭記有殷周之間的戰爭，則《竹書》所記文丁殺季歷一事仍應可信。

董先生《殷曆譜》因定庚申月食為 1311B.C.月食，有天文學為據，遂拉長帝乙帝辛在位年數，而不理《竹書》所記。而我據《尚書·武成》，定武王伐紂年為 1106B.C.。據卜辭定帝辛元年為 1143B.C.，帝辛在位 38 年；帝乙元年為 1163B.C.，帝乙在位 20 年。我定文丁在位 3 年，合於〈無逸〉。以 38＋20＋3＝61，正合於文王享國 50 年，加武王十一年伐殷，合計 61 年之數。文王元年即文丁元年。文丁殺季歷，在文丁即位未改元之年。與《竹書》所記「文丁殺季歷」相合。

董先生所定第四期文武丁卜辭，陳夢家《卜辭綜述》將其改定為武丁晚期卜辭。屈萬里先生《殷墟文字甲編考釋》從其說，而張秉權先生《殷墟文字丙編考釋》則從董先生說。此即與張秉權所提出卜辭人地氏同名問題有關。我在這裡僅只是就庚申月食貞人爭，表示我對此一問題的意見，以供參考。

董先生〈甲骨文斷代研究例〉刊佈後，即為普世學人所讚美。

而《殷曆譜》對商周年譜曆的考訂，則未為大多數學者所認可。也因此，董先生分派的研究方法，也就容易為人所忽略。

胡厚宣先生〈臨淄孫氏舊藏甲骨文字考辨〉❽引卜辭：

乙酉卜，自（上甲又伐酚升。二）

乙酉卜，虫甲午酚升。甲午，不雨。

（丁亥卜），（衣大乙酚升）。二

丁（亥卜），（勿）衣（大乙）酚（升）。二

胡氏說：「看字體，當為廩辛康丁、或武乙文丁時所卜。」

董先生分派說的主要根據為祖甲所定周祭制度。由周祭制度看來，胡氏所引卜辭應定為祖甲定制以前之卜辭。

大陸現正進行夏商周斷代工程。如何將《古文尚書·武成》及〈泰誓序〉，譜入合天曆譜，如何將《殷曆譜》中的〈帝辛征人方日譜〉及帝乙帝辛「惟王幾祀」周祭卜辭，譜入合天曆譜，董先生的研究方法是仍值得借鏡的。

民國 89 年 10 月 6 日

---

❽　《文物》1937 年第 9 期。

熊十力的精神世界與文化理想

劉述先

東吳大學講座教授
中央研究院文哲所兼任研究員

　　熊十力（1885-1968）是當代新儒家開山的代表人物。❶他出身貧寒，卻一心向學。年輕時喜歡王船山，曾加入同盟會參與顛覆清廷的革命運動。民國初年，不只軍閥割據，又目睹黨人競權爭利，痛感革政不如革心，革命終無善果。到了三十五歲，乃慨然棄政向學。由於投書謗佛，受到梁漱溟（1893-1988）的斥責，熊先生卻不以為忤，虛心求教。梁漱溟乃介紹他到南京的內學院，跟隨歐陽竟無（1871-1943）學佛，1920 秋到 1922 秋專攻唯識。梁因自己志不在學術，打算辭去北大教職，原擬聘呂澂（1886-1989）繼任，但歐陽大師不放人，乃改聘熊先生為特約講師。由 1923 年至 1933 年，熊

---

❶　對熊十力的一般理解，參《現代新儒學的根基——熊十力新儒學論著輯要》，郭齊勇編，北京、中國廣播電視出版社，1996 年。《新唯識論》，熊十力論著集之一，由北京中華書局於 1985 年出版，素質甚佳。下面有關新唯識論的討論，即根據收在此書中之語體文本。據悉湖北省承擔繼續印熊先生的其他論著，全集定於 2001 年 9 月出版。

先生在北大講授唯識學,並醞釀自己的思想。他編寫唯識學概論的講義,曾三易其稿,講義分別印於 23、26 與 30 年。但他對唯識學越來越不滿意,逐漸歸宗大《易》。1932 年,他出版《新唯識論》文言本,引起軒然大波。內學院弟子與佛教人士群起而攻,譴責其叛師,熊先生並不為所動,堅持自己立場。馬一浮(1883-1967)與蔡元培(1868-1940)則對他創見加以肯定。

抗戰時期,生活窘迫,熊先生從不以為意。努力把《新唯識論》擴充改寫成語體文本,1944 年由重慶商務印書館出版。同時他又寫成《讀經示要》,於翌年出版。這兩部書受到哲學界的充分重視,被中國哲學會作為重要哲學創作,列入中國哲學叢書出版。此外他又編定《十力語要》四卷,於四七年出版。四九年在香港又出了《十力語要初續》。

大陸變色,對中國知識份子產生了前所未有的衝擊。熊先生曾南下廣州,幾經考慮後仍決定留在大陸。照陳榮捷先生在 1963 年的觀察:

> 梁(漱溟)給予儒家仁的概念以力動直覺的新釋,對一九二○年代的新文化運動產生了巨大的影響力,但他並沒有發展出一套自己的哲學系統。熊做到了這一點。尤有進者,他比任何當代中國哲學家影響了更多年輕的中國哲學家。最重要的是,自一九四九年共產黨掌權之後,他在一部書中闡述他的整套哲學,沒有用共產黨的術語,或者提到馬克思、史大林,或毛澤東,這是別人所沒有做到的,這書名《原儒》(出版於一九五六年),在哲學上與《新唯識論》的基本論旨

無殊。❷

事實上熊先生比馮友蘭（1895-1990）要大十歲，而聲名遠遜，只有在小圈子內才知道他的名字。但陳榮捷先生在 50 年代初已知道熊先生哲學的重要性❸，如上所說，在 60 年代即斷言熊先生在哲學上的影響力遠大於馮友蘭—那時熊先生的弟子，所謂第二代新儒家，如唐君毅（1909-1978）、牟宗三（1909-1995）、徐復觀（1903-1982）的皇皇巨著還沒有出來—陳先生的識見與判斷可謂卓越。在四九年後，留在大陸的學者紛紛寫自白書，獨熊先生沒有寫這樣的東西，還以小數量自印方式出版了《體用論》（58 年），《明心篇》（59 年）與《乾坤衍》（61 年），可謂異數。這可能是因為他一向獨來獨往，缺乏廣大的影響力，所以受到寬容。但他開啟了港台海外新儒家的統緒，如今成為顯學，又是意想不到的結果。但 66 年大陸爆發文革，熊先生也難逃劫數，不免受到凌辱，終於在 68 年謝世。但他留下的精神資源是難以低估的。

　　熊先生一生對於自己孤獨的處境是深有感觸的，故常有秉此孤炬之嘆。他當然不是一個中行的儒家。「狂」和「真」（一度曾署名

---

❷　See Wing-tsit Chan, trans. and comp., *A Source Book in Chinese Philosophy* (Princeton, NJ.; Princeton University Press, 1963), p.765，我的譯文。翟志成君曾批評熊十力論旨並無改變的說法，我曾予以回應，參拙作：〈對於熊十力先生晚年思想的再反思〉與〈如何正確理解熊十力——讀「長懸天壤論孤心」有感〉，收入拙著：《當代中國哲學論：人物篇》，美國八方文化企業公司，1996 年，頁 141-175。

❸　Cf. Wing-tist Chan, *Religious Trends in Modern China* (New-York: Columbia University Press, 1953).

子真）乃是他性格的最佳寫照。他從不跟著時流走。捲入如火如荼的革命運動中，他卻在中年超拔出來，潛心內典，開拓自己的精神世界。中國的現實問題並不能只注目於現實來解決，必上升到文化理想，並歸本於心源，才能找到轉化的途徑。而既有實得，則所謂吾愛吾師，吾猶愛真理，根本無懼於叛師的斥責，甘願走自己孤獨的道路，終於開啟當代新儒學的統緒，豈云小補！

熊先生的新唯識論乃是他畢生心血所注，即使晚年所論在細節上有些改變，基本論旨並無改易。他一生因為哲學的理由，不接受唯物論，由佛入儒，歸本大《易》生生之旨，體證乾元性海，灼然見體，翕闢成變，則物心皆用，不能為體，故同時拒絕唯物論與唯心論。熊先生的思路藉唯識學的架構展開，歸宗儒學，也隱涵著對於西學的回應，而成就其一家言說。

熊先生借取佛家無常之旨，指出世間現象，剎那剎那變動不居，不守故常。而一般人執定外境存在。但唯識學的觀點，境不離識，一切唯識所變。每一眾生身中皆具有八個識。前五識為眼、耳、鼻、舌、身，向外追求五識所變現的境物：色、聲、香、味、觸。第六意識有綜合作用，能獨起思構，變似獨影境，第七末那識，執著自我，其根源在第八阿賴耶識。賴耶又名藏識，內藏無數種子，為前七識諸行之根本依。照熊先生的理解，賴耶含藏一切染淨的種子，而賴耶自身卻是染性，雖含有淨種，而不得發現。唯識宗解釋幻有，故又名有宗。熊先生以賴耶乃淪溺生死海而大苦不可拔者也。眾生以是故，應發心求無上菩提，積劫修行，漸斷賴耶中染種，久之染種斷盡，即賴耶亦俱斷。然非第八識可斷，斯時第八識中淨種發現，生第八現行，由此而第八識不可復名之以賴耶，但

名無垢識而已！有宗既立本有種為現界之因，又承諸佛菩薩相傳之旨，說法界即真如。此真如者，既不是種子，又不可說本有種即真如之顯現。有宗未能說明二者之間之關係，不得不謂之有二重本體，實其在理論上之最不可通者。❹

比較起來，熊先生更欣賞大乘空宗的創始者樹龍菩薩作中觀論，他把一一的緣相都遮撥了，都說為空了。換句話說，就本體的觀點來談，只是一真絕待，一切一切的相俱泯，那有眾緣相可得。所謂緣的觀念，是由吾人在實用方面，承認有現實的物事，才起追求。故緣生一詞，只對彼執心識為實有的謬見予以遮撥。此決不包含眾緣是實有的意義。然而大乘有宗如無著、世親一派的學者，大抵把緣生一詞，作為表詮來講，這是他們根本的錯誤。❺

熊先生對佛家破執剗除貪瞋痴毒的貢獻是完全肯定的，但宇宙的本源不能歸之於無明。要闡明體用不二之旨，不能不回到儒家的思想。《易》所謂「乾知大始」，乾謂本心，亦即本體。知者，明覺義，非知識之知。乾以其知，而為萬物所資始，孰謂物以惑始耶。提到一心字，應知有本心、習心之分。唯吾人的本心，才是吾身與天地萬物所同具的本體，不可認習心作真宰也。習心虛妄分別，迷執小己而不見性。說到本心本性，就不能不回到孟子的真知灼見，盡心知性知天。故此言心，實非吾身所**得而私**者，乃吾與萬物渾然同體之真性也。然則反之吾心，而即已得萬物之本體。❻

---

❹　以上有關有宗的討論，參《新唯識論》，頁 626-639。

❺　以上有關空宗的討論，參同上，頁 298-301。

❻　以上言本心習心之分別，參同上，頁 251-252。

　　相應於此，熊先生又作出性智與量智的分別。性智者，即是真的自己底覺悟。此中真的自己一詞，即謂本體。在宇宙論中，賅萬有而言其本原，則云本體。即此本體，以其為吾人所以生之理而言，則亦名真的自己。即此真己，在量論（也即知識論）中說名覺悟，即所謂性智。這種覺悟雖不離感覺經驗，卻不滯於感官經驗而恆自在離繫的。它原是自明自覺，虛靈無礙，圓滿無缺，雖寂寞無形，而秩然眾理已畢具，能為一切知識底根源的。量智，是思量和推度，或明辨事物之理則，及於所行所歷，簡擇得失等等的作用，亦名理智。此智，原是性智的發用，而卒別於性智者，因為性智作用，依官能而發現，即官能得假之以自用。迷以逐物，而妄見有外，由此成習。而習之既成，常乘機現起，益以障礙性用。習與官能作用合而為一，外馳不反，是謂之量智。❼

　　熊先生又借《易》的翕闢觀念賦以新解來鋪陳他的宇宙論。創生的天道至誠無息，無時或已。翕以成物，這本是創生的結果，但物化之勢迷途不返，以至造成障礙。闢乃通過自我的淨化，相應於內在於吾人生命中的宇宙生生不已的實體，即用顯體，體用不二。熊先生喜歡用眾漚與海水的比喻來闡明二者之間的關係。這是由証會把握的實得，由此而立形上學，不是經由理智通過科學研究所能建立的智慧。❽

　　熊先生雖感到遺憾未能完成量論，但他的意旨灼然可見，科學與形上學是兩個層次不同的學問。他說：「余平生之學，不主張反

---

❼　　以上所言，參同上，頁 249。
❽　　以上所言，參同上，頁 317-358。

對理智或知識。而亦深感哲學當於向外求知之餘,更有凝神息慮、默然自識之一境。」❾熊先生堅持,智（謂性智）與知識畢竟有別,不可混為一談。知識是根據習、感,引心以化於物所得到的結果,智卻是本心天然之明。故由知識,只能撲捉幻現的外境,不能把握形上真實。他晚年曾將體用大義提綱挈領,說為以下六義:

一、實體是具有物質、生命心靈等複雜性,非單純性。

二、實體不是靜止的,而是變動不居的,刹那刹那,捨故生新,無有一刹頃暫停也。

三、功用者,即依實體的變動不居、現作萬行,而名之為功用,所以說體用不二。

四、實體本有物質、心靈等複雜性,是其內部有兩性相反,所以起變動,而成功用。

五、功用的心物兩方,一名為闢,一名為翕。翕是化成物,不守其本體,闢是不化為物。保任其本體的剛健、炤明、純粹諸德。一翕一闢是功用的兩方面,心物相反甚明。

六、翕闢雖相反,而心實統御乎物,遂能轉物,而歸合一,故相反所以相成。❿

這便是熊先生哲學的大要,雖曰辨章華梵,其實是對西學也有一回應。而熊先生既立內聖學,開創精神世界,決不會停留在這裏,還

---

❾　《原儒》,香港,龍門書店,1970 年,頁 7。

❿　《明心篇》,台北,學生書局,1976 年,頁 19-21。

要進一步立外王學，宣說他的文化理想。由於他為學證悟，敢於大膽立論，到晚年著《原儒》，倡六經是孔子晚年定論之說，對儒學的源流發為非常怪異之論，引起許多諍議。他將儒學思想劃分成為大同、小康（禮教）兩派，認定孔子在晚年五十以後，決定消滅統治階級，廢私有制，而倡天下為公之大道，始作六經，以昭後世。不幸為後世奴儒竄亂，於是真相不明，故必辨偽，始能掌握孔子思想之精義。

在文獻方面，熊先生認為孔子首作易經，乾卦彖傳講「首出庶物，萬國咸寧」，爻辭用九曰：「見群龍無首」，即為社會主義、民主思想。❶春秋根據易經而作，何休述三世義，「據亂世」、「昇平世」、「太平世」，最後國界、種界，一切化除，天下一家，人各自主，而皆平等互助，無彼我分別。此確是孔子春秋之三世義。公羊傳與繁露說三世，專就君臣恩義立言，與何休所述三世義，截然不可相通。

禮的方面，熊先生獨取〈禮運〉、〈周官〉，而以之為新禮經。〈禮運〉一篇，經後儒竄亂，但還是遺留大同思想，「選賢與能」，明為民主制度。〈周官〉有以為劉歆偽造，但其理想，廣大悉備，必出於聖人之手。其基本原則為「均」，為「聯」。地方制度嚴密，為民主之本。其社會理想，一方面本諸大《易》格物精神，期於發展工業；一方面逐漸消滅私有制，一切事業歸於國營，而蘄至乎天下一家。明明為民主與社會主義導先路。聖人遠矚萬

---

❶　參《原儒》，頁 219。熊先生謂「庶物」當作「庶人」解，故義作「出而革命」云云。

世，豈不奇哉！

熊先生持這樣的觀點，乃斥孟子為孝治派。春秋貶天子，退諸侯，討大夫，有其深刻意旨。然自孟子以下，漢儒言春秋，皆以尊君大義為主，惟是小康大義，微言幾乎無存。至清季康有為言春秋，復祖述劉歆，雖剽竊大同名義，思想上畢竟是小康禮教的一套，而六經之真相乃完全晦蔽，不可認識，大道遂隱。國史之悲慘，於先聖何尤！熊先生乃自任，發明含藏在六經之內的外王學之真相。❷

熊先生內聖學對於乾元海的體認最為真切，影響也最大。他的外王學則多胸臆之見，得不到大多數學者的支持。或謂熊先生在大陸易手之後，大談社會主義理想，擁護人民革命，廢私有制，不免有趨炎附勢、曲學阿世之譏，這卻是缺乏根據的誣枉，我已加以辨正，此處不贅。❸比較符合實際的狀況是，熊先生沉浸在自己根據六經的文獻構畫出來的烏托邦理想之中，有意建構一套思想來引導時政。但當局雖對他相當禮遇，卻對他重設書院的建議置之不聞不問之列，則熊先生一生孤獨的命運應該可以看得很明白了。從學理上看，他的外王學不能不牽涉到文獻的考據與闡釋，以及政治理論與實際的理解，而呈現了致命的疏失。隨便舉例來說，〈禮運〉所謂「選賢與能」，明明是居上位者選拔賢能來佐政，與民主政治何關？中國的傳統只有民本思想，並無現代西方式的民主思想，事至

---

❷　熊先生外王學綜述，大體依據拙作：〈當代新儒家的探索〉，收入拙著：《文化與哲學的探索》，台北，學生書局，頁283-284。

❸　參拙作：〈對於熊十力先生晚年思想的再反思〉，收入拙著：《當代中國哲學論：人物篇》，頁145-146。

顯然。而後者之所以可貴，並不在它提出一些烏托邦理想，而在他針對實際設計了一套選舉的制度以及限權的機括，以防範權力的誤用。中國傳統政治之根本缺失正在這裏，缺乏有效的制衡以限制君權的擴張，這才造成明清以來專制的弊害。而西方的政治民主也是近代以後的產物，乃是在城市市民階級興起之後，努力爭取得來的結果。熊先生的舊腦筋對這些問題根本缺乏了解，不明白烏托邦幻想的膨脹，而缺少限權的措施，一意孤行，會產生災難的結果。文革恰正是這樣的災難的實例。海外的新儒家在這方面徹底與熊先生分道揚鑣，而主張誠心誠意吸納西方的民主法治的制度，不能封閉在傳統的窠臼以內去討生活。❶當然西方的民主並不是萬靈藥，如何與中國傳統的社會主義的均平理想加以調和，還是一個尚待解決的大問題。

但熊先生開創的精神世界乃是港台海外新儒家的源頭則是不爭的事實。牟宗三先生回憶在北大求學時期，有一次馮友蘭氏訪問熊先生，曾經有一段極為生動活潑的描寫：

> 熊先生和他談這談那，……最後又提到「你說良知是個假定，這怎麼可以說是假定，良知是真真實實的，而且是個呈現，這須要直下自覺，直下肯定。」馮氏木然，不置可否。這表示：你只講你的，我還是自有一套。良知是真實，是呈現，這在當時，是從所未聞的。這霹靂一聲，真是振聾發聵。這表示那些僵化了的教授的心思只停在經驗層上，知識

---

❶　參拙作：〈從民本到民主〉，收入拙作：《文化與哲學的探索》，頁 333-355。

層上。……過此以往，便都是假定，便都是虛幻。人們只是在昏沉的習氣中滾，是無法契良知的。……滔滔者天下皆是，人們的心思不復知有「向上一機」。由熊先生的霹靂一聲，直復活了中國的學脈，由「良知之為假定」，即可知馮氏哲學史（其他不必說），全部不相應。❺

由西方哲學的觀點看，馮氏的說法不為無理，他同意康德《純粹理性批判》的論斷，由純理無法建構形上學，把握真己，故只有依據實踐理性，以「自由意志」為建立倫理學不能不有的「基設」（postulate），乃謂「良知」也是假定。但這樣的假定是理智思考以後所作的冷然的設定，不合於中國傳統思想的模式。熊先生則直接回到孟子所謂孺子將入於井直接呈現的怵惕不忍之心，也回到王陽明在百死千難後在無書可讀的龍場頓悟的良知。而馮友蘭的新理學，割棄了宋明儒學心性論的線索，自不能說有相應的了解。

而牟先生對熊先生的贊慕，決不只是少年期一時的感觸。熊先生不諳西學，每以未能完成量論為憾。牟先生專攻邏輯與知識論，熟諳康德的哲學思想，卻並不站在馮友蘭的一邊，而站在熊先生的一邊。在完成《認識心的批判》的偉構之後，在序言中說：

當吾由對於邏輯之解析而至知性主體，深契於康德之精神路向時，吾正朝夕過於熊師十力先生處。時先生正從事於《新唯識論》之重寫。辨章華梵，宏揚儒道。聲光四溢，學究天

---

❺ 牟宗三：〈我與熊十力先生〉，《生命的學問》，台北，三民書局，1970年，頁136。

人。吾游習於先生之門十餘年，薰習沾溉，得知華族文化生命之圓融通透，與夫聖學之大中至正，其蘊藏之富，造理之實，蓋有非任何歧出者之所能企及也。吾由此而漸浸潤於「道體主體」之全體大用矣。時友人唐君毅先生正抒發其《道德自我之建立》以及《人生之體驗》。精誠惻坦，仁智雙彰。一是皆實理之流露，卓然絕虛浮之玄談。蓋並世無兩者也。吾由此對於道德主體之認識乃漸確定，不可動搖。如是，上窺易、孟，下通宋明儒，確知聖教之不同於佛老者，乃在直承主體而開出，而華族文化生命主流確有其獨特之意義與夫照體獨立之實理。不可謗也。⓰

而唐君毅先生在思想上根本處同樣受到熊先生之指導與啟發，他曾自述思想變化之過程曰：

蓋文化之範圍至大，論文化最重要者，在所持以論文化之中心觀念。如中心觀念不清或錯誤，則全盤皆錯。余在當時，雖已氾濫於中西哲學之著作，然于中西思想之大本大源，未能清楚。當時余所謂天人合一之天，唯是指自然生命現象之全，或一切變化流行之現象之全。余當時在西方哲學中，頗受柏格森、詹姆士，及新實在論之多元思想之影響。對中國哲學思想，唯于心之虛靈不滯、周行萬物一義，及自然宇宙之變化無方無往不復之義，有一深切之了解。……又受新實

⓰　牟宗三：《認識心之批判》上冊，香港，友聯出版社，1956 年，頁 5。新儒家對西方之邏輯、知識論、科學同樣取吸納之態度，不在話下。

在論者批評西方傳統哲學中本體觀念之影響，遂對一切所謂形而上之本體，皆視為一種抽象之執著。故余于中國文化精神一文，開始即借用易經所謂「神無方而易無體」一語，以論中國先哲之宇宙觀為無體觀。此文初出，師友皆相稱美，獨熊先生見之，函謂開始一點即錯了。然余當時並不心服。……唯繼後因個人生活之種種煩惱，而于人生道德問題，有所用心。對「人生之精神活動，恆自向上超越」一義，及「道德生活純為自覺的依理而行」一義有較真切之會悟。遂知人有其內在而復超越之心之本體或道德自我。乃有《人生之體驗》（中華出版），《道德自我之建立》（商務出版）二書之作。同時對熊先生之形上學，亦略相契會。時又讀友人牟宗三先生論邏輯書（商務三十年出版），乃知純知之理性活動為動而愈出之義，由此而益證此心之內在的超越性主宰性。十年來牟先生論學甚相得，互啟發印證之處最多。對此心此理更不復疑。而余十年來之哲學思想，亦更無變化。**⓱**

新實在論為馮友蘭新理學之源頭，而唐先生捨之，屢經周折，終於走上自己成熟的思路。熊先生為港台海外新儒學之源頭，明矣！

至於另一位新儒家的代表人物徐復觀先生，根本就不搞哲學，後來專治思想史，在學術與政治之間，考據與義理之間另闢蹊徑有成，在回憶中也說：

⓱ 唐君毅：《中國文化之精神價值》，台北，正中書局，1953 年，頁 1-3。

　　我決心扣學問之門的勇氣，是啟發自熊十力先生。對中國文化，從二十年的厭棄心理中轉變過來，因而多一點認識，也是得自熊先生的啟示。……他老先生……怒聲斥罵道：「你這個東西，怎麼會讀得進書！任何書的內容，都是有好的地方，也有壞的地方，你為什麼不先看出他的好的地方，卻專門去挑壞的；這樣讀書，就是讀了百部千部，你會受到書的甚麼益處？讀書是要先看出他的好處，再批評他的壞處，這才像吃東西一樣，經過消化而攝取了營養。……你這樣讀書，真太沒有出息」，這一罵……對於我是起死回生的一罵。恐怕對於一切聰明自負、但並沒有走進學問之門的青年人、中年人、老年人，都是起死回生的一罵！……經他老先生不斷的錘鍊，才逐漸使我從個人的浮淺中掙扎出上來，也不讓自己被浮淺的風氣淹沒下去，慢慢感到精神上總要追求一個什麼。……⓲

　　總結來說，熊先生的新唯識論辨章華梵，已成絕響，並沒有人繼承他的學問。但他的真性情、真思想、真擔當成為了精神的泉源。他的意義不在建立客觀學術，也不在提供解決實際問題之道，而是在把中國哲學的精神由時流挺拔出來，為思想指點了一個未來的方向。

⓲　徐復觀：〈我的讀書生活〉，《生命的奮進》，香港，百姓，1984 年，頁73-75。

志在富民——費孝通的社會學人類學研究與思考[*]

李亦園

中央研究院院士
國立清華大學榮譽講座教授

一、前言

1999 年費孝通先生九十大壽，北京群言出版社為他出版了一套《費孝通文集》，全書共十四大卷，收集他自 1924 年至 1999 年所有的作品。這十四大卷的作品中很明顯地可分三個時期：自 1924 年至 1948 年的二十五年共編為五卷（其中 46 到 47、47 到 48 各佔為一卷），1949 年至 1980 年的三十年間僅有兩卷，而 1981 年至 1999 的二十年間則編有七卷之多（其中 81 到 82、83 到 84、85 到 86、87 到 89 各為一卷）。換而言之，自 1924-1948 的二十五年間的民國時代是他的著作第一時期、1949-1980 的三十年是中國大陸動盪的時

---

[*] 按費孝通先生已於 2005 年逝世。

代，也就是他著作的第二時期，1980 年以後則是他著作的第三時期。

在這三個不同時期之中，費孝通的著作，明顯地與當時的社會狀況與政治環境有密切的關聯。在 1924 至 1948 的第一時期的較早期，也就是他就讀東吳大學以至於抗戰初期，他的著作除去完成他與第一任夫人王同惠女士在廣西瑤山所搜集的資料編寫為《花藍瑤的社會組織》之外，大部份是實地調查研究漢族村落的著作，包括著名的《江村經濟》、《祿村農田》、《易村手工業》和《玉村農業與商業》等學術報告。第一時期的較後期，因當時在昆明知識份子與當局在政治立場的對立以及戰後的內戰動盪，所以他的著作就趨向於批判的態度，也就是另一批著名的作品，包括《鄉土中國》、《鄉土重建》與《皇權與紳權》等的行世。

第二時期的三十年間是費孝通著作的停頓期，事實上在這一時期中只有在 1957 年以前他曾發表少數文稿，但也都非本行的論述，而自五七年被打入右派，以至於文革後被留置「五七幹校」的二十年間，是費先生學術活動完全停滯的時期，所以在《文集》中這時期的文字只勉強集成二卷而已，其中人類學社會學相關著論極少，僅有若干有關少數民族的論述，與他前此興趣的取向頗有差異。

1980 年至現在的第三時期是費先生在研究的成果上與著作的成績上最豐富的時期。1980 年，費孝通已步入七十歲，但身體卻十分康健，他利用他早期對中國鄉村研究累積的經驗，再加上他如往日一樣勤快地赴各地區從事田野，又當是思想最成熟之期，因此其論著都比前期為多，在二十年的較短期間作品卻佔有十四大卷中

的一半，也就是有七卷之多。

費孝通是英國功能派人類學大師馬林諾斯基（Bronislaw Malinowski）的入門子弟，他深受功能理論的影響，雖然他不認為「功能」（function）一詞本身有應用之義，但是他一生思想的重心卻是在思考探討如何利用他調查研究鄉村社會所得的成果來協助重建中國鄉村的繁榮，使鄉村的人民富有起來。正如他自己所說的，他的一生研究是「志在富民」（費孝通，1991（99）×Ⅱ:185-193）。也就是因為這樣的原因，本文就以「志在富民」為題來討論費先生的社會學人類學研究。

二、費孝通的學術生涯❶

1910 年費孝通出生於江蘇吳江縣同里鎮的一個教育家庭。1928 年他在蘇州完成中學學業後考進東吳大學，就讀醫預科。1930 他因參加反帝國主義的學生運動，被逼轉學，乃北上就學於北京的燕京大學。他在與燕京大學社會學系主任與教授許仕廉及吳文藻談話之後，乃決定從醫學轉而學習社會學。他在 1987 年接受美國人類學家巴博頓（Burton Pasternak）的訪問曾說：

> 我判定社會學於我相宜，這門學科很廣泛，任何東西都可包括在內，因此我註冊成為社會系的學生。心理學著重研究個人，而我對集體行為、對社會更感興趣。事實上我一生的主

---

❶ 本節資料根據以下各篇：巴博頓：〈走在人類學的路上——費孝通教授答客問〉（1989）；James McGough: Fei Hsiao-tung (1979)；張榮華編：《薪火相傳——記費孝通教授》（1999）。

要目標、唯一目標，就是瞭解中國與中國人。這個目地從
1930 年開始就明確了。我之所以努力去瞭解中國，就是想
解決中國問題。（巴博頓，1989：I：108）。

在燕京大學，費孝通隨吳文藻先生學習社會學前後三年，成為
中國社會學界有名的師生配。在燕京時他也修潘光旦先生的功課，
後來也成為有緣的師友。在同學中他與另一位著名社會學家楊慶堃
先生是一對成績最好的好友，畢業後，他們兩人互相禮讓，後來決
定楊慶堃先拿獎學金去美國，費孝通則去清華就讀研究所。

當時北京清華大學的研究院相近的研究所稱為「社會學及人類
學研究所」，主要的負責人是俄國教授史祿國（S.M. Shirokogoroff），
費先生從史祿國先生學習人類學，那是包括文化人類學、體質人類
學以及考古學、語言人類學的人類學，這是費孝通進入人類學的開
始，他的碩士論文實際上是在史祿國先生指導下完成許多人體測量
為數據而寫成的中國民族類型與歷史融合的研究。

1935 年費孝通從清華研究院畢業，史祿國先生建議他在國內
作一年的實地田野研究再出國進修。於是他與女同學新婚妻子王同
惠女士相偕赴廣西金秀縣大瑤山調查瑤族，但不幸費先生誤陷獸
機，而王同惠夫人下山尋救途中跌落溪谷遇難，費先生雖被救起但
已足部重傷，成為中國人類學田野史上首次災難的不幸事件。

1936 年費孝通在家鄉吳江養傷痊癒後首途赴英倫，就讀於
LSE 倫敦政經學院，受業於馬林諾斯基門下，馬氏鼓勵他以他養
傷期間在他家鄉附近的開弦弓村所搜集有關中國農民生活的資料為
基礎寫論文，這也就是他的成名之作 *Peasant Life of China*（其後譯

為《江村經濟》）一書。馬大師在該書的序言中曾這樣說：「費博士著作中的原理與內容，向我們揭示了現代中國社會學派的方法論基礎是多麼結實可靠」（Malinowski, 1939 (1987): 8）。

1938 年費孝通從英倫返國，那已是抗戰的次年，政府已西遷，費先生到昆明，在雲南大學執教，也就在那一段時間中他與張之毅等人重新展開農村生活的田野工作，也就是祿村、易村、玉村等雲南村落的研究，其後出版為 *Earthbound China: A Study of Rural Economy in Yunnan*（1945）──中譯為《雲南三村》（1990），這與其後出版的 China's Gentry: Essays in Rural-Urban Relations（中國仕紳，1953），以及前此的《江村經濟》合稱為費先生中國農村研究的三本經典之作。

抗戰初期，費孝通參與民主運動，生命受到威脅，仍寫批判時政及社會改革文字不輟，這也就是前節所述發表《鄉土中國》、《鄉土重建》等文集的時代。抗戰勝利至中共建政之前，費先生在北京任清華大學教授，其間曾訪問美國及英國，在國內外都成為知名的知識份子。

中共建政之後，費孝通仍任教於清華，但不久即參加「中央民族學院」的規劃與建立，他也在西南地區進行少數民族的研究與識別工作。在這時期內他也被中共任命參與許多全國性政治協商工作。1957 年他在人民日報發表了一篇影響甚大題為〈知識份子的早春天氣〉的文章，激怒了中共當局，遂掀開了所謂「反右運動」，費孝通當然首先被打入右派，削去一切職務，只保留中央民院的教授銜，從此時起至文化大革命結束的二十多年期間，費先生的學術工作幾乎是處於完全停止的狀態。

　　文革之後，費孝通已年近七十，但是他立即重新拾回他的農村研究興趣，他十訪江村，也就是回到他博士論文田野之地——江蘇吳江開弦弓做調查，他同時擴大其研究的視野，關注到大陸西北及西南等地農村的發展問題。在這期間內費孝通也重新參與了全國性的政治活動，他先後擔任過全國政協的副主席及全國人民代表大會的副委員長等重要職務。他利用這樣的機會可以更方便地到全國各地去訪問，進行他對農村發展廣泛資料的搜集。他也在這期間內，為北京大學成立「社會學與人類學研究所」以及「社會發展研究中心」，他自己則擔任名譽所長與中心主任，把大陸社會學與人類學的研究重心轉移到北京大學來。

三、費孝通的學術思想與實踐

　　費孝通的學術思想源流來自三方面，首先他深受燕京社會學派的影響，對社區群體的實地研究有獨到之處。他在燕京就讀之時，芝加哥大學的社會學教授 Robert Park 曾在燕大講學，費先生自己承認受他影響甚大。其後他入清華研究院，受業於史祿國，因此對人類體質及人文類型的辨析以及人類整體觀的體認至為深刻。最後他赴英倫，受教於名師馬林諾斯基，不但因而對功能的觀念可以靈活地運用，而且深深地把握了社會與文化全貌一體觀的真正意義。

　　整體而言，費孝通的學術思想與成就可以說有四個特色。首先是他的社區村落實地田野工作做的很好，但是他又不為小社區的觀念所束縛，而能發揮其類型的概念，因而產生了他的從小村落到市鎮，從市鎮到大區域的宏觀理論，並把整個中國作為他論述的範疇，因而有「全國一盤棋」的概念。費孝通的農村田野調查工作開

始於他在去英國唸書之前，在他家鄉吳江縣的開弦弓研究，那時候
已觸及農村的蕭條以及村落手工業發展的問題；回國後他在昆明進
行了雲南三個不同型態村落的研究，使他對不同類型的農村發展有
進一步的思考，抗戰期間的政治環境是他更體認發展農村經濟的迫
切需要。1949 年之後他的工作雖暫停頓，但思想並未完全停滯，
所以在 1980 年之後，遂有一連串的論著闡述他的從村落到市鎮到
大區域發展的理念，而論文則集中於《行行重行行——鄉鎮發展記
述》（1992）及《從實求知錄》（1998）兩書。他在一篇題為〈農
村、小城鎮、區域發展——我的社區研究歷程的再回顧〉論文中這
樣說：

> 我一生的學術工作是從農村調查開始的，其後進入小城鎮研
> 究，近年來又開始區域發展的探索，統稱為一生社區研究的
> 歷程。流年似水，轉眼已經 60 年了。當我進入 85 歲的時
> 刻，似乎值得自己回頭反省一下。由于我已在 1985 年發表
> 過《社會調查自白》，1989 年發表過《四年思路回顧》，
> 這次反省只能說是再回顧了。（1995（98）：196）

而在本年八月於福建泉州市舉行的漢民族研究國際研討會的主題講
辭中他也說：

> 漢族的大多數人民是農民。我對漢族的研究，較為集中在對
> 漢族農民生活和農村變化的研究，較為集中在農村和農民如
> 何擺脫傳統的小農經濟生產和生活方式，逐步轉向工業化、
> 城鎮化、集約化，逐步實現現代化。（2000：7）

　　費孝通學術思想的第二個特點是他的學術以致用的態度。費孝通的學術研究無論是實地田野工作和理論創建都廣受國際學術界的肯定，但是他不是一個純學院式的學者，不是一位關在書齋裡寫理論論文的學者，就像前文所說的，他的研究從村落到市鎮，從市鎮到大區域，其目地即在把人類學社會學的研究所得用在發展農村，發展民間的財富，所以他自己說他的學術研究是「志在富民」。他在上引〈農村、小城鎮、區域發展〉一文中就這樣說的：

> 我這一生有個主題，就是「志在富民」。它是從我的學術工作中產生的，我的學術工作也是圍繞著這個主題展開的。
>
> 1936 年我在家鄉的一個農村裡進行調查，後來寫成《江村經濟》一書。我在農村實地調查裡從親眼所見的事實裡產生了一種想法：中國農村的基本問題就是農民吃飯穿衣的問題，內憂外患使他們難以維持最低生活水平，陷入不足溫飽的極端貧困境地。當時的歷史事實，促使我產生了盡力使中國農民脫貧致富的使命感，也為我後來一生「志在富民」的追求扎下了根子。
>
> 40 年代我曾在雲南內地進行農村調查，與張志毅合寫成《雲南三村》。其後，我曾應《世紀評論》之約，連續寫了十幾篇討論中國農村社會特點的文章。這些文章分期連載後，集為《鄉土中國》一書。我還在《大公報》上發表了一系列有關農村復興的文章，後來被觀察週刊社匯編成了《鄉土重建》單行本。我在這本書裡提出了農民溫飽的「小康水準」、「現代工業技術下鄉」、「鄉土工業」等問題和想

法,都是圍繞中國農民脫貧致富這個主題做的文章。(1995
(98):196)

────

1981 年我三訪江村,──讓我特別興奮的一點,是在江村
看到了我幾十年前所想像的目標已經開始在現實生活中出
現,而且今後中國經濟的特點也顯露了苗頭。中國人口有十
多億,農村人口又佔絕大多數,在這樣的國情下,我認為多
種多樣的工業不宜集中在少數城市,而應當設法盡可能分散
到廣大農村裡邊去,我稱之為「工業下鄉」。工業下鄉的意
圖,是使在國家經濟結構中增加工業比重時人口不至於過份
集中,甚至可以不產生大量脫離農村的勞動者,而在農工相
輔、共同繁榮的基礎上實現農村工業化,城鄉一體化。這可
能是中國的工業化進程不同於西方工業國家發展模式的一個
基本區別,也是我看到的適合中國國情的可行道路。(同上
引:198)

　　費孝通學術思想的第三個特點就是他能夠很有創意地把西方社
會學人類學的概念轉化成足夠表達中國社會特色的概念。費先生熟
識西方的社會學人類學概念與理論,因此也瞭解這些概念與理論對
解釋中國社會文化的侷限,所以他依據自己在田野中的體驗,從中
國文化的立場提出許多具有本土性的概念,我們今日流行的想法包
括「社會科學中國化」、「社會科學本土化」等等,其實都應該溯
源自費孝通開始。費先生所提出的這些本土化概念包括有「鄉
土」、「禮俗社會」、「禮俗秩序」、「社會圈子」、「社會繼

替」等等，但其中最重要最著名的概念，當然是「差序格局」，這
是他相對於西方的「團體格局」，而用以說明中國親屬關係的本土
概念。最近一位日本文化人類學家佐佐木衛曾在一篇題為〈亞洲社
會變動理論的可能性——重讀費孝通論述〉的論文中，重新評價費
先生的這些本土文化概念，而有如下的闡釋：

> 這些概念中，最能夠反映鄉土社會結構的核心性的概念應當
> 說是「差序格局」。西洋社會的集團、成員與非成員之間的
> 界線是很清晰的。與此相比，中國的社會關係是以己為中
> 心，同心圓狀地一圈圈推出去，集團間的分界很模糊。每一
> 個人都處於社會網絡的中心，向外推出自己的社會交往關
> 係。並且，這種網絡的圈子是不固定的，由時間、情況而
> 異。雖然每一個人都有一個以親屬關係佈出去的網，但沒有
> 一個網所罩住的人是相同的，既使是兄弟之間也各不相同。
> 所締結的無論是因血緣還是因地緣的關係網，其大小都因中
> 心人物的勢力大小而定。
> 以己為中心像水的波紋一樣推出的私人關係中，存在著父
> 子、遠近、親疏等「差序」，即是著著差別的序。在缺少對
> 成員資格有著明確規定的組織、缺乏團體道德的中國社會
> 裡，沒有能夠產生出超越了私人關係的普遍性的道德來。如
> 何與對方相處，完全由對方是誰以及與自己的關係如何而
> 定。就這樣，費孝通將社會關係的基本存在形態，與依附于
> 各種私人關係的道德觀念有機地聯繫起來加以了說明。（佐
> 佐木，2000：38）

佐佐木衛在他的論文中並且認為費孝通在早期的這些研究努力，可以作為當代亞洲社會變動理論重新發展的基礎：

> 如下所述，費孝通的研究具有著從中國社會的整體上去把握的特點。將中國社會的變動作為與政治制度、社會結構、宗教等有全面關聯的文化問題來考慮，從「數億萬中國人」的生活及價值觀念入手進行考察，超越了對西方社會科學的單純翻譯和模仿，而是努力致力于從本國民眾的社會觀中提煉出概念來。30-40 年代，費孝通的這種研究方法，不僅在中國的研究者中，在日本的社會學者中也可見到。──
> 這種立足于本國文化的構築人類學、社會學理論的努力，似乎可以認為是 20 世紀 30-40 年代的亞洲人類學、社會學者的共同特點。在當代，談到亞洲社會變動的理論，對基層社會結構的持續性，或者說對社會變化方向規定性的關注是必不可少的。「現代化」的問題只能從亞洲社會固有的歷史經驗以及社會結構出發去進行探討，此外別無他路。並且，從亞洲社會的文化、社會的本源出發，將社會現實概念化、理論化，從而探索建立亞洲人類學的學術依據和方法的時期已經到來了。這樣的一種學術關心，促使我們去重新考察立足于本國的社會和文化，致力于形成亞洲區域的人類學、社會學的 20 世紀 30-40 年代的費孝通的研究成果。（同上引：34-35）

費孝通學術研究的第四個特色是他在八十歲高齡之後，他思維的範疇大為擴大，不但超越了他前此特別注意的實質資源發展問

題，並且進而推展及於人類共同價值體系的問題，而且也著眼到全球文化的自覺與相互體諒欣賞的境界，這些很明顯的當然是與他的人類學背景有密切相關。他在討論人類共同價值體時，提出所謂「心態格局」或「心態秩序」的觀念，認為他前此所注意的較屬於「生態」的層次，但只注意「生態」的層次已不足了，所以他在他的老朋友日籍著名女人類學家中根千枝教授於東京為他舉辦的生日宴會與研討會中，就提出「心態」的觀念。而在同一研討會中，他也就文化相處的問題上，提出一句銘言：「各美其美，美人之美，美美與共，天下大同」。他對這兩項觀念的立場可見於如下的論說。在關於心態方面他說：

> 自從我 30 年代從事社會學和人類學研究以來，已經過了半個多世紀，除了由於政治原因停止了有 20 多年外，我並沒有放棄過實地觀察的研究機會。但是現在回顧一下，我所接觸的問題還主要限于中國農民怎樣解決他們基本物質需要的問題，通俗地說是解決農民的溫飽問題，也可以概括說是人對資源的利用和分配的問題，人和人共同生存的問題。這些問題都屬于人文生態的層次。這幾年，也可能是因為我已進入了老年，越來越感覺到人的研究不能僅僅滿足于這個層次了。所以在前年國外的朋友們在東京為慶祝我 80 生日而召開的討論會上，我說當前人們已迫切需要一個共同認可和理解的價值體系，才能繼續共同生存下去。並且預言 20 世紀由於地球上人和人之間信息傳遞工具的迅速改進，互相反應的頻率越來越高，集體活動的空間越來越小，原有的可以互

不相干的秩序，已經過時。必須建立的新秩序不僅需要一個
能保證人類繼續生存下去的公正的生態格局，而且還需要一
個所有人類均能遂生樂業，發揚人生價值的心態秩序（1992
（98）：188）

而在「文化自覺」與「美人之美」這一方面他則說：

文化自覺是一個艱鉅的過程，首先要認識自己的文化，理解
所接觸到的多種文化，才有條件在這個正在形成中的多元文
化的世界裡確立自己的位置，經過自主的適應，和其他文化
一起，取長補短，共同建立一個有共同認可的基本秩序和一
套與各種文化能和平共處、各抒所長、聯手發展的共處守
則。七年前在我 80 歲生日那天在東京和老朋友歡敍會上，
曾瞻望人類學的前途，說了下面一句話「各美其美，美人之
美，美美與共，天下大同」。這句話我想也就是今天我提出
的文化自覺歷程的概括。「各美其美」就是不同文化中的不
同人群對自己傳統的欣賞。這是處于分散、孤立狀態中的人
群所必然具有的心理狀態。「美人之美」就是要求我們了解
別人文化的優勢和美感。這是不同人群接觸中要求合和共存
時必須具備的對不同文化的相互態度。「美美與共」就是在
「天下大同」的世界裡，不同人群在人文價值上取得共識以
促使不同的人文類型和平共處。（1996（98）：435）

四、結語

　　大陸的學術界在 80 年代以後常常問起費孝通是人類學家或是社會學家的問題？費先生自己則認為他是研究社會文化的人，對所研究的事物，若要作全面性的了解和分析，就必須運用諸學科的方法與理論作綜合研究，至於這些研究的成果屬什麼學科就不重要了（費孝通，2000：8）。其實費先生在學習過程中是既有社會學也有人類學的訓練，因此兩種學科都對他有很深的影響。也許我們可以這樣說，費先生在研究方法上，在資料的分析上是較近於社會學，而在基本觀念上、思考的視野上，則應該說是更近人類學了，特別是對中國社會文化的整體觀，對全人類文化的整體關懷上，他應該是更具人類學家的思考特性。不過像他這樣一個寬廣視野、關懷多重問題的學者來說，其涉獵所及必然是跨學科的，他不僅是一位人類學家、一位社會學家，應該也是一位社會思想家、社會改革者，一位「志在富民」的農村社會改革復興先驅，一位能「美人之美」的文化思想家。

2000 年 11 月 10 日完稿於
南港中研院

費孝通主要著作

一、中文著作部份

1936　《祿村農田》，重慶：商務印書館

1944　《人文類型》，重慶：商務印書館

1945　《內地農村》，上海：生活書店

1948 《鄉土中國》，上海：觀察社；北京：生活、讀書、新知三聯書店，1985 年再版

1948 《鄉土重建》，上海：觀察社

1948 《生育制度》，上海：商務印書館

1981 《民族與社會》，天津：人民出版社

1983 《重訪英倫》，湖南：人民出版社

1983 《從事社會學五十年》，天津：人民出版社

1985 《社會學的探索》，天津：人民出版社

1985 《美國與美國人》，北京：生活、讀書、新知三聯書店

1986 《論小城鎮及其他》，天津：人民出版社

1986 《江村經濟》，江蘇：人民出版社

1987 《邊區開發四題》，浙江：人民出版社

1987 《邊區開發與社會調查》，天津：人民出版社

1987 《沿海六行》，江蘇：人民出版社

1987 《文化論》，北京：中國民間文藝出版社

1992 《行行重行行——鄉鎮發展論述》，銀川：寧夏人民出版社

1994 《芳草天涯——費孝通外訪雜選集》，蘇州：蘇州大學出版社

1996 《學術自述與反思》，北京：三聯書店

1998 《從實求知錄》，北京：北京大學出版社

1999 《費孝通文集》，十四卷，北京：群言出版社

2000 〈漢民族研究 2000 年國際學術研討會講話〉，《泉州學術》，第三期

二、英文著作部份

1939 *Peasant Life in China*, London: Routledge

1945　*Chinese Gentry*, Chicago: Chicago Univ. Press

1946　*Earthbound China*, Chicago: Chicago Univ. Press

1981　*Toward a People's Anthropology*, Beijing: New World Press

1982　*Chinese village Close-Up*, Beijing: New World Press

1986　*Small Towns in China*, Beijing: New World Press

引用參考文獻

巴博德（Burton Pasternak）

　　1989　〈在人類學的路上——費孝通教授答客問〉，《當代》，第 36,37,38 期

佐佐木衛作　聶莉莉譯

　　2000　〈亞洲社會變動理論的可能性〉，《雲南民族學院學報》，第十七卷，第二期

張榮華編

　　1999　《薪火相傳——記費孝通教授》，北京：群言出版社

Malinowski, B.

　　1939　*Preface, Peasant Life in China*, London: Routledge and Kegan Paul.

McGough, J.P.

　　1979　*Fei Hsiao-tung: The Dilemma of a Chinese Intellectual*, New York: M.E. Sharpe Inc

顧頡剛的經學觀

林慶彰

中央研究院中國文哲研究所研究員

一、前言

　　顧頡剛（1893-1980）是江蘇蘇州人。在大家的印象中，他是古史考辨學家，也是經學研究的專家。他於民國十二年（1923）二月二十五日向錢玄同寫信時，正式宣布了震動當代史學界的「古史層累說」❶，接著於民國十四年（1925）八月下旬起開始編輯《古史辨》第一冊，一直到民國三十年（1941），由呂思勉所編的《古史辨》第七冊出版，這十多年間有關古代史、古代典籍考辨的論文多達數百篇，重要的大多已收入《古史辨》中。《古史辨》所收的論文主題廣泛，研究的對象不一，但都有一個重要目的，即還古代史或古代典籍的真面目。

---

❶　顧頡剛給錢玄同的信，題名為〈論詩經經歷及老子與道家書〉，其中有段話：「先生囑我為《國學季刊》作文，我久有這個意思。我想做的文是〈層累造成的中國古史〉。」見《古史辨》（臺北：明倫出版社，1970 年 3 月重印本），第一冊，頁 56。

　　近年來研究顧頡剛的論著可說年年加多❷，大多從他的古史考辨入手，根據顧氏的「古史層累說」，古代史事，或古代人物的事蹟，往往是層層累積而成的，把這層層累積一層層的剝去，最後留存下來的，就是古史或古人的真面目。將這個方法應用在經典的研究上面，也使經學界造成相當大的震撼。蓋既稱為經典，就表示其中有聖人的制作和理想在內，經典的研究，也就是追尋聖人本義的過程。顧氏等古史考辨學者，認為這些古代的經典其實都跟聖人無關，根本沒有聖人的微言大義，為了證明這點，他們花費大半的工夫來考訂這些經典的作者，以還它們的真面目。經典的作者和時代已定，才能將這些經典中的材料作為政治史、社會史、經濟史等的材料來利用，這就是所謂的「經學史料化」。

　　由於研究顧頡剛的學者大多著重在他的「古史層累說」及其古史考辨的成果，對他研究這些經典的成果並不太注意，所以有關的研究成果也寥寥無幾❸。本文寫作的目的，是要看看顧氏在「古史

---

❷　筆者所知的專著即有：⑴施耐德著、梅寅生譯：《顧頡剛與中國新史學》（臺北：華世出版社，1984 年 1 月）；⑵劉起釪著：《顧頡剛先生學述》（北京：中華書局，1986 年 5 月）；⑶王汎森著：《古史辨運動的興起》（臺北：允晨文化公司，1987 年 4 月）；⑷陳志明著：《顧頡剛的疑古史學》（臺北：商鼎文化出版社，1993 年 1 月）；⑸顧潮編著：《顧頡剛年譜》（北京：中國社會科學出版社，1993 年 3 月）；⑹顧潮著：《顧頡剛評傳》（南昌：百花文藝出版社，1995 年 11 月）；⑺顧潮著：《歷劫終教志不灰──我的父親顧頡剛》（上海：華東師範大學出版社，1997 年 12 月）；⑻劉俐娜著：《顧頡剛學術思想評傳》（北京：北京圖書館出版社，1999 年 9 月）；⑼王學典、孫延杰著：《顧頡剛和他的弟子們》（濟南：山東畫報出版社，2000 年 7 月）等。

❸　筆者所知的論文僅有：⑴丁亞傑撰：〈顧頡剛經學研究──《易》學〉，

層累說」的影響下，他是怎樣來考辨這一部部的經典，他所判定的經典作者是誰，經典內容的可信度又如何？顧氏對十三經幾乎都有研究，但以考辨《周易》、《尚書》、《詩經》、《周禮》、《春秋》及《左傳》等書為多，本文即依這一順序將顧氏的說法略作論述。

二、論《周易》作者及「觀象制器」說

顧頡剛討論《周易》的論文，僅有三篇，分別是〈周易卦爻辭中的故事〉、〈論易經的比較研究及象傳與象傳關係書〉、〈論易繫辭傳中觀象制器的故事〉等。❹還有與李鏡池討論《易傳》著作時代的書信。此外，《讀書筆記》中也有相關的條目。

討論《周易》時最糾結的是它的作者問題，顧氏在〈周易卦爻辭中的故事〉先分析伏羲、文王、孔子所以成為《周易》的作者的原因。然後他說：「一部《周易》的關鍵全在卦辭和爻辭上，沒有它們，就是有了聖王，畫卦和重卦也生不出多大的意義；沒有它們，就是有了素王，也做不成《易傳》。所以卦爻辭是《周易》的

《孔孟學報》第 73 期（1997 年 3 月），頁 33-50。(2)劉起釪撰：〈顧頡剛先生與《尚書》研究〉，《社會科學戰線》1984 年 3 期（1984 年），頁 220-229。(3)劉起釪撰：〈顧頡剛先生卓越的《尚書》研究〉，《文史哲》1993 年 2 期（1993 年），頁 18-25。(4)林登昱撰：〈論顧頡剛的尚書學〉，《尚書學在古史辨思潮中的新發展》（嘉義：中正大學中國文學研究所博士論文，1999 年 6 月），第 6 章。(5)林慶彰撰，西口智也譯：〈顧頡剛論詩序〉，《村山吉廣教授古稀記念中國古典學論集》（東京：汲古書院，平成 12 年 3 月），頁 963-976。

❹ 均收入《古史辨》，第 3 冊中。

中心，而古今來聚訟不決的也莫過於卦爻辭。究竟這兩種東西是文王作的呢？是周公作的呢？是孔子作的呢？這是很應當研究的問題，因為我們必須弄清楚了它的著作時代，纔可抽出它裡邊的材料作為各種的研究。」❺顧氏認為唯有先確定《周易》卦爻辭的時代，才能利用其中的材料作各種的研究。

　　要如何確定卦爻辭的時代？顧氏不用前人引各家說法作為佐證的方法，而是：「我先把卦爻辭中的故事抽出來，看這裡邊說的故事是哪幾件？從何時起？至何時止？有了這個根據，再把它的著作時代估計一下。」❻這種方法不用說，大家也都知道是他的「古史層累說」的運用。民國十二年（1923）二月二十五日，顧頡剛正式宣布了他的「古史層累說」，這篇〈周易卦爻辭中的故事〉，發表於民國十八年（1929）十二月《燕京學報》第六期。距離他提出「古史層累說」已有六年多。他利用古史層累的觀點來研究《周易》自是得心應手，剝去層累的作者說，從卦爻辭中去尋找它們的真正作者，就經典的研究來說，也是一種「回歸原典」的方法。除去層層累積的歷史積澱，才能回歸經典的真面目。

　　顧氏認為卦爻辭中的故事，就好像現在的籤訣，紙條上端寫著「伍子胥吳市吹簫」、「姜太公八十遇文王」、「韓信登壇拜將」、「關雲長秉燭達旦」等等故事一樣。經顧氏的研究，卦爻辭中至少有下列的故事：

1.王亥喪牛羊于有易的故事

❺　《古史辨》，第3冊，頁4。
❻　《古史辨》，第3冊，頁4。

這事見於〈大壯〉六五爻辭：「喪羊于易，无悔。」又〈旅〉上九爻辭「鳥焚其巢，旅人先笑後號咷，喪牛于易，凶。」經顧氏仔細分析，才知道這是有關殷王王亥的故事。

2. 高宗伐鬼方的故事

這事見於〈既濟〉九三爻辭：「高宗伐鬼方，三年克之，小人弗用。」又〈未濟〉九四爻辭：「震用伐鬼方，三年有賞于大國。」

3. 帝乙歸妹的故事

這事見於〈泰〉六五爻辭：「帝乙歸妹，以祉，元吉。」又〈歸妹〉六五爻辭：「帝乙歸妹，其君之袂不如其娣之袂良，月幾望，吉。」這是帝乙將女兒嫁給文王的故事。

4. 箕子明夷的故事

這事見於〈明夷〉六五爻辭：「箕子之明夷，利貞。」顧氏解釋這故事是箕子遭到晦氣。

5. 康侯用錫馬蕃庶的故事

這事見於〈晉〉卦辭：「康侯用錫馬蕃庶，晝日三接」。是康侯封國之時，武王賜給馬匹，用以繁殖的故事。

顧氏根據這些故事，論斷「《易經》（即卦爻辭）的著作時代在西周，那時沒有儒家，沒有他們的道統的故事，所以它的作者只把商周之際的故事敘述在各卦爻中。」[7]顧氏根據卦爻辭中所記載的故事把《周易》卦爻辭的時代定在西周。至於為何把《周易》和伏羲、神農、黃帝、堯、舜、湯、文王、武王等聖人發生關係，完全

---

[7] 《古史辨》，第 3 冊，頁 25。

是因為〈繫辭傳〉中敘述五帝觀象制器的一段話所引起。顧氏認為
這是無稽之談。

　　至於《易傳》的作者，顧頡剛曾說：「《易傳》的著作時代至
早不得過戰國，遲則在西漢中葉。」❽對於《易傳》的時代，顧氏
並沒有花很多工夫去考證，他所在意的是〈繫辭傳〉中的一段話：

> 古者庖犧之王天下也，仰則觀象於天，俯則觀法於地，觀鳥
> 獸之文與地之宜，近取諸身，遠取諸物，於是始作八卦以通
> 神明之德，以類萬物之情。作結繩而為罔罟，以佃以漁，蓋
> 取諸〈離〉。
> 庖犧氏沒，神農氏作。斲木為耜，揉木為耒，耒耨之利以教
> 天下，蓋取諸〈益〉。日中為市，致天下之民，聚天下之
> 貨，交易而退，各得其所，蓋取諸〈噬嗑〉。神農氏沒，黃
> 帝堯舜氏作。通其變，使民不倦神而化之，使民宜之。
> 《易》窮則變，變則通，通則久，是以自天祐之，吉無不
> 利。黃帝堯舜垂衣裳而天下治，蓋取諸〈乾〉〈坤〉。刳木
> 為舟，剡木為楫，舟楫之利以濟不通，致遠以利天下，蓋取
> 諸〈渙〉。服牛乘馬，引重致遠以利天下，蓋取諸〈隨〉。
> 重門擊柝以待暴客，蓋取諸〈豫〉。斷木為杵，掘地為臼，
> 臼杵之利，萬民以濟，蓋取諸〈小過〉。弦木為弧，剡木為
> 矢，弧矢之利以威天下，蓋取諸〈睽〉。
> 上古穴居而野處；後世聖人易之以宮室，上棟下宇以待風

---

❽　《古史辨》，第3冊，頁25。

雨，蓋取諸.〈大壯〉。古之葬者厚衣之以薪，葬之中野，不
封不樹，喪期无數；後世聖人易之以棺椁，蓋取諸〈大
過〉。上古結繩而治；後世聖人易之以書契，百官以治，萬
民以察，蓋取諸〈夬〉。（〈繫辭〉下傳）

這段話就是古聖人「觀象制器」的故事。對於這一段故事，顧氏除
在〈周易卦爻辭中的故事〉中加以批駁外，另作有〈論易繫辭傳中
觀象制器的故事〉一文來陳述此一說法的無稽。

首先，顧氏質疑像觀象制器這種大事情為何卦爻辭中並沒有記
載，要等到〈繫辭傳〉才來表彰它？可見卦爻辭時代並沒有觀象制
器的說法。顧氏把觀象制器的事和專講古聖人創作的專書《世本·
作篇》作比較：

（〈繫辭傳〉）	（《世本·作篇》）
庖犧氏作八卦	無
庖犧氏作罔罟	句芒作羅（又《御覽》引，「芒作網」。）
神農氏作耒耜	垂作耒耜，作耨（又《御覽》引，「咎繇作耒耜」；又引，「穌作耒耜」。）
神農氏作市	祝融作市
黃帝堯舜（原文未分別哪一個人，故只能照樣錄之）作舟楫	共鼓貨狄作舟
黃帝堯舜作服牛乘馬	胲作服牛；相土作乘馬；奚仲作車

黃帝堯舜作重門擊柝	無（但有「鯀作城郭」。）
黃帝堯舜作杵臼	雍父作杵臼
黃帝堯舜作弧矢	揮作弓；牟夷作矢
後世聖人作宮室	堯使禹作宮室
後世聖人作棺槨	無
後世聖人作書契	沮誦倉頡作書

經這一比較，發現兩書所載各種器物的制作人完全不同。顧氏以為作《世本》時並無〈繫辭傳〉，故僅錄自己的傳聞，而當時所傳聞的並不是〈繫辭傳〉所說的那一套。《世本》是秦漢間人所作，〈繫辭傳〉的時代可能更晚，所以戰國諸子都不曾提起古聖人觀象制器的話。顧氏又將〈繫辭傳〉這段話和《淮南子·氾論篇》作比較，發現兩者不但意義全同，文字也都相同。根據劉向《別錄》：「淮南王聘善為《易》者九人，從之採獲，署曰《淮南九師書》」。可見劉安很提倡《易》學。如果那時已有〈繫辭傳〉所說的觀象制器的故事，《淮南子·氾論篇》的作者為何不直接引〈繫辭傳〉，顧氏以為〈繫辭傳〉可能在〈氾論篇〉之後，直接襲用〈氾論篇〉。

除了討論觀象制器故事的時代問題外，顧氏也認為這種觀象制器的事根本不能成立，他說：

創造一件東西，固然是要觀象，但這個象乃是自然界之象而非八卦之象。例如看了一塊木頭浮在水面從此想下去，自然可以想出造船；至于卦象，則僅木在水上耳，並沒有表示其不沉的德性，如何可以想出造船來呢？如〈繫辭傳〉所言，

看了「巽（木）上坎（水）下」的〈渙〉會造出木頭船，為什麼看了「乾（金）上坎（水）下」的〈訟〉想不出造鐵甲船？為什麼看了「離（火）上坎（水）下」的〈未濟〉想不出造汽船？❾

顧氏提出這些質疑以後，以為這是〈繫辭傳〉的新制作說取代了《世本》中的舊制作說；是〈繫傳辭〉的伏羲、神農之新五帝說戰勝了黃帝、顓頊、帝嚳、堯、舜等舊五帝說。

三、論《尚書》、〈堯典〉、〈禹貢〉是晚出之書

《尚書》是顧頡剛用力最深的一部經書，也是研究成果最豐碩的書。他在宣統元年（1909），就有志研究《尚書》。❿民國十一年（1922）開始研究。在民國十二年（1923）六月一日給胡適的信中就提出了他對今文《尚書》二十八篇的看法，他認為這二十八篇可分為三組：⓫

第一組（十三篇）

〈盤庚〉、〈大誥〉、〈康誥〉、〈酒誥〉、〈梓材〉、〈召誥〉、〈洛誥〉、〈多士〉、〈呂刑〉、〈文侯之命〉、〈費誓〉、〈秦誓〉。這一組，在思想上、文字上，都可信為真。

---

❾　《古史辨》，第 3 冊，頁 42。

❿　顧氏在 1959 年所寫的《讀尚書筆記（一）》的題記說：「予有志治《尚書》始於一九〇九年，其時對於清人考證之學，已略有所窺，而祖父令讀《尚書》，惟其難讀，是以欲窮究之，五四運動後，予放論古史，頗取資於《尚書》，若有創獲。」

⓫　見〈論今文尚書著作時代書〉，《古史辨》，第 1 冊，頁 200-202。

第二組（十二篇）

〈甘誓〉、〈湯誓〉、〈高宗肜日〉、〈西伯戡黎〉、〈微子〉、〈牧誓〉、〈金縢〉、〈無逸〉、〈君奭〉、〈立政〉、〈顧命〉、〈洪範〉。這一組有的文體平順，不似古文；有的是人治觀念很重，不似那時思想。這或者是後世的偽作，或者是史官的追記，或者是真古文經過翻譯，均說不定。不過絕是東周間的作品。

第三組（三篇）

〈堯典〉、〈皋陶謨〉、〈禹貢〉。這一組絕是戰國至秦漢間的偽作，與那時的諸子學說有相連的關係，那時擬《書》的很多，這三篇是其中最好的，那些陋劣的都失傳了。

對於第三組，顧氏想作兩篇文字，一是〈禹貢作于戰國考〉，二是〈堯典、皋陶謨辨偽〉，並都擬了大綱。〈禹貢作于戰國考〉的大綱是：

1. 古代對於禹的神話只有治水而無分州；

2. 古代只有種族觀念而無大一統觀念；

3. 古代的中國地域不大；

4. 戰國七雄的疆域開闊得大了，故有統一觀念，……九州之說得以成立了，而秦始皇亦得成統一之功；

5. 鄒衍「大九州」之說即緊接九州說而來；

6. 分野之說亦由九州說引起；

7. － 10. 考論九州州名之來歷與戰國時之關係；

11. 考定〈禹貢〉為戰國時書而非秦漢時書之故。

〈堯典、皋陶謨辨偽〉的提綱如下：

1.堯、舜之說未起前之古史；

2.春秋時代的堯、舜與戰國時的堯、舜；

3.一時并作的〈堯典〉、〈舜典〉；

4.今本〈堯典〉、〈皋陶謨〉的出現；

5.〈堯典〉、〈皋陶謨〉與他書的比較；

6.〈堯典〉、〈皋陶謨〉的批評；

7.所以考定為秦漢時書之故；

8.〈堯典〉、〈皋陶謨〉雜評❷。

這內容龐大的兩篇論文，因牽涉的問題太多，顧氏決定慢一點下筆。不過，從這裡也可以看出他對研究《尚書》已有前人所不可及的大氣魄。

民國十五年（1926）起，顧氏在廈門大學和中山大學任教，開了《尚書》和《左傳》的課，在中山大學所編的講義，是搜集自漢代至近代研究《尚書》的說法六十二種編為《尚書參考資料》八大冊。❸民國十八年（1929）起在燕京和北京大學任教，開了《尚書》課，民國二十至二十四年間（1931-1935），在北大編成《尚書研究講義》，分甲、乙、丙、丁、戊種，專門研究〈堯典〉、〈禹貢〉兩篇。

---

❷ 顧氏於 1923 年 3 月 23 日始記的《淞上讀書記（一）》，也說擬作〈禹貢作於戰國〉、〈堯典、皋陶謨辨偽〉，並有章節擬目，內容與此處所擬略有出入。詳見《顧頡剛讀書筆記》（台北：聯經出版事業公司，1990 年 1 月），第 2 卷，頁 573-574、頁 601-603。

❸ 此書似未見出版，書稿也未知收藏何處。

《尚書研究講義》丙種作於一九三一年❶，全書都在論辨〈堯典〉的時代。他認為今本〈堯典〉既非帝堯時代的作品，也非戰國時代孟子所見到的〈堯典〉。且秦是不師古的，今本〈堯典〉師古的意味相當濃厚，也不可能是秦朝的作品。經顧氏的詳細考辨，他認為〈堯典〉是漢武帝時代的作品，顧氏的理由有四：

其一，經傳的編目：顧氏以為大小夏侯的經與章句都是二十九卷，即今之《今文尚書》二十八篇及後出的〈太誓〉一篇。夏侯氏本首篇名為〈堯典〉，因當時人深信〈堯典〉為伏生所傳，夏侯氏《尚書》立學在宣帝時，則〈堯典〉必在其前。

其二，《史記》之收錄：《史記》記堯、舜事以〈堯典〉為骨幹，司馬遷作《史記》，始於太初元年改曆法之後，至天漢三年而下獄受腐刑，自惜草創未就，忍死續成。其卒年不可知，王國維作〈太史公繫年考略〉，認為與武帝相終始，應無大誤。既然《史記》已引〈堯典〉，〈堯典〉的時代就不應在武帝之後。

其三，西漢人之徵引：顧氏以為古書徵引〈堯典〉，惟《孟子》二次，《大學》一次。《孟子》所引為戰國之〈堯典〉，非今之〈堯典〉。《大學》一書，時代即大有問題。綜觀西漢人引〈堯典〉，宣帝以後，大量引用〈堯典〉之文和事。武帝之前，不論是

---

❶ 顧氏在 1931 年 11 月 22 日的《日記》說：「〈論堯典〉一文，始作於八月一號，至九月初，歷四十日，未及三分之一而上課。其後即以所搜集之材料編講義，自九月十五日起，至今歷七旬，得五萬言，未暢論也。總計關於此文，已費四月之工夫矣，然未解決之問題尚不知有多少，研究之難如是。」轉引自《文史》第 24 輯（1985 年 4 月）所載顧頡剛〈堯典著作時代考〉一文，王煦華的〈後記〉。

詔令、封禪，或學者的著作，皆未引及〈堯典〉。顧氏對《史記》之前無一人引及今之〈堯典〉，認為相當不可思議，這是當時〈堯典〉尚未出現的證據。

其四，漢武帝之志願及其時代潮流：顧氏以為漢武帝有志「上參堯舜」，所以武帝一生的政治工作和〈堯典〉相較，大抵相合。如文帝未完成的郊祀、封禪、巡狩、改正朔、易服色、舉賢良，也都由武帝來完成。且就當時的環境來說，文人學者也希望武帝大有作為，故有藉〈堯典〉一文來策勵武帝之事。❺

顧氏既確定〈堯典〉為漢武帝時之作品，乃引漢代的制度與〈堯典〉互證。以為「〈堯典〉之疆域為漢武帝時之疆域，即〈堯典〉之制度亦為漢武帝時之制度。彼固以當代之典章而託之於唐虞者也。」❻

顧氏將這本《講義》抽出其中一部分，題名為〈從地理上證今本堯典為漢人作〉，發表於《禹貢半月刊》第二卷五期中❼。引發孟森、勞榦、葉國慶等學者的質疑。❽

但顧氏對自己的說法相當有自信。直到他過世，對〈堯典〉的時代，並沒有作過修正。❾顧氏考辨〈堯典〉的時代，一面是要還

---

❺ 見顧頡剛：《尚書研究講義》（北平：景山書社，1933 年 1 月），丙種，頁25-36。

❻ 《尚書研究講義》丙種，頁 41。

❼ 見《禹貢半月刊》2 卷 5 期（1934 年 11 月），頁 2-14。

❽ 見〈堯典著作時代問題之討論〉，《禹貢半月刊》2 卷 9 期（1935 年 1 月），頁 29-38。和勞榦：〈再論堯典著作時代〉，《禹貢半月刊》2 卷 10 期（1935 年 1 月），頁 43-44。

❾ 顧氏逝世後，他的學生王煦華將《講義》對〈堯典〉的論辨，發表於《文

古籍的真相，另一方面也要摧毀歷來建立在〈堯典〉一文上的古代聖王之權威。

《尚書研究講義》甲、乙、丁三種是研究〈禹貢〉的資料。甲種是對〈禹貢〉的註解，乙種錄孫詒讓《周禮正義》中的〈夏官·職方氏〉，這是因為〈職方氏〉和〈禹貢〉性質相近的緣故。丁種錄燕京大學和北京大學同仁有關〈禹貢〉的筆記材料。從這甲、乙、丁種，看不出顧氏對〈禹貢〉的深入論點。祇有在一九四四年七月所作的《融一齋筆記》，有一條〈禹貢評判〉，談到〈禹貢〉一篇有絕對晚出的證據五點：

　1.以揚名淮以南之州，在越滅吳之後。

　2.有梁州，在秦滅巴、蜀之後。「岷山導江，東別為沱」，恐即指李冰所鑿。

　3.內方、外方依楚國方城言，所謂內、外者以楚國為本位。

　　（高重源說）

　4.有通泗與濟之菏水，在吳夫差「闕為深溝通於商、魯之間」之後。（史念海說）（與吳鑿邗溝，孟子遂謂「決汝、漢排淮、泗而注之江」同。）

　5.梁州貢鐵與鏤，在冶鐵及煉鋼術發達之後。（丁文江說）❷⓿

各條下括號內的人名，表示某人的說法。可見此時顧氏對〈禹貢〉的作成時代尚未有深刻的認識。到一九五九年作〈禹貢評注〉

時，才正式提出〈禹貢〉作於戰國時代的論證，他提出的證據有五點：

其一，在〈導山〉章裏，既有「內方」，又有「外方」，這是因為楚國都郢，在今湖北江陵縣北，他們把在河南葉縣南的方城山作為北方的屏障，在山上築有長城。外方山即今河南登封縣的嵩山，是方城之內的一座大山；內方山即今湖北鍾祥縣的章山，是方城之內的一座大山。可見所謂內、外完全是由楚國人就防地的距離遠近和設防的需要而定出的名詞。

其二，菏澤是在今山東定陶縣的一個湖，西元前四八三年，吳王夫差要和晉國爭霸權，為了便利舟運，在宋、魯兩國之間開出一條運河，北連沂水，西接濟水，因經過菏澤，稱為菏水。這條運河把泗水和濟水溝通了，而〈禹貢·徐水〉章說到貢道，是「浮于淮、泗，達於菏」，意思是由泗轉到菏，由菏轉到濟，由濟再轉到菏。從這裏，可以知道〈禹貢〉的著成時代晚於夫差開河的時代很久，那時人們早已忘記它是人工河而不是天然河。

其三，「揚」和「越」不但是雙聲，且意義也相同，所以揚州就是越地，和荊州就是楚地，都是把國名當作州名的，徐、揚兩州把淮水作為分界線，徐州地方在春秋時，北部是魯，南部是徐和楚；揚州地方，北部還是徐和楚，南部是吳，吳的南面才是越，西元前五一二年吳滅徐，吳的北境才到達淮；到西元前四七三年滅越吳，越境也就達到淮。可是〈禹貢〉說：「淮、海惟揚州」，不知在這之前越離淮還相當遠。

其四，春秋時中原各國與西南方民族沒有什麼往來，楚國也僅和巴國有些外交，且那時巴還沒有遷到四川東部。蜀雖立國已久，

但和外面隔絕,直到戰國初年,才和秦國相通。西元前三一六年秦惠文王滅蜀,蜀地才成為秦的郡縣。〈禹貢〉中的梁州正是蜀境,顯然是秦滅蜀後所得的地理知識。

其五,中國由銅器時代進於鐵器時代,始於春秋而盛於戰國,這是確定不移的事實。〈禹貢〉的梁州貢物有鐵和鏤,鏤是剛金,即鋼,這更不是虞、夏時代所可有。**㉑**

顧頡剛利用其嫻熟的古地理和古史的知識,論辨〈禹貢〉一書作於戰國時代。顧氏的考訂雖不一定和其他各家的觀點完全相合,但他考訂這些經典的目的,是要摧毀其神聖性,回歸典籍的真面目,能證成〈禹貢〉非禹所作,似乎已達到他的目的。

四、論《詩經》之性質與《詩序》作者

顧頡剛研究《詩經》是從輯集鄭樵的《詩辨妄》開始。在民國十年(1921)間,錢玄同勸顧氏要注意經部書的辨偽,顧氏就在當年秋冬之間開始輯集《詩辨妄》,準備編入《辨偽叢刊》中,接著是民國十一年(1922)十二月,向吳虞借到姚際恒的《詩經通論》,在蘇州請人抄錄。民國十二年(1923)的三月至八月間,即將該書標點完畢。可見顧氏接觸《詩經》的著作,是從前人疑古的著作入手的。

民國十二年的二月二十五日顧頡剛告訴錢玄同,說到鄭振鐸要他作一篇《詩經》的論文,他擬定了〈詩經的厄運和幸運〉的題目。認為《詩經》的厄運是:

㉑ 見《中國古代地理名著選讀》第 1 輯(北京:科學出版社,1959 年)。

1.戰國時詩失其樂，大家沒有歷史的知識，而強要把《詩經》亂講到歷史上去，使得《詩經》的外部蒙著一部不自然的歷史。

2.刪詩之說起，使《詩經》與孔子發生了關係，成了聖道王化的偶像。

3.漢人把三百五篇當諫書，看得《詩經》完全為美刺而作。

4.宋人謂淫詩宜刪，許多好詩險些兒失傳。

所謂《詩經》的幸運是：

1.詩篇有了一個結集，不致隨許多逸詩一齊亡了。

2.漢人不當它尋常的詩歌看，所以《漢書·藝文志》中許多歌詩完全亡失，而此巍然僅存。

3.宋代歐、鄭、朱、王輩肯定它的真相，不為傳統的解釋所拘；雖然蒙蔽之處還是很多，到底露一線曙光。

4.到現在可一點沒有拘束，赤裸裸地把它的真相表顯出來了。

這篇文章作了半個月，只完成第一項的厄運。顧氏把先秦各種典籍的資料，一一加以過濾，選取最可靠的部分，完成了所謂厄運的第一部分。這篇論文計分五節，即：(1)傳說中的詩人與詩本事；(2)周代人的用詩；(3)孔子對於詩樂的態度；(4)戰國時的詩樂；(5)孟子說詩。這篇論文，可以說是最詳盡的春秋戰國時代的《詩經》研究

史。㉒

由於當時研究歌謠的風氣正盛，顧氏利用研究歌謠的心得，重
新來思考《詩經》賦、比、興中的「興」字的意義，作了〈起興〉
一文。㉓他從輯集的歌謠中錄出九條，這裡僅錄前三條：

> 1.螢火蟲，彈彈開。
>
>   千金小姐嫁秀才。……
>
> 2.螢火蟲，夜夜紅。
>
>   親娘績苧換燈籠。……
>
> 3.蠶豆花開烏油油。
>
>   姐在房中梳好頭。……

從這些歌謠，顧氏看出「起首的一句和承接的一句是沒有關係
的。」他認為古樂府中也有這種例子，如「孔雀東南飛，五里一徘
徊」原與下邊的「十三能織素，十四學裁衣，十五彈箜篌，十六誦
詩書。」一點也沒有關係。所謂「興」，顧氏的看法是：

> 我們懂得了這一個意思，於是「關關雎鳩」的興起淑女與君
> 子便不難解了。作這詩的人原只要說「窈窕淑女，君子好
> 逑」，但嫌太單調了，太率直了，所以先說一句「關關雎
> 鳩，在河之洲。」他的最重要的意義只在「洲」與「逑」的

㉒　這篇論文，原刊於《小說月報》第 14 卷 3-5 號（1923 年 3-5 月）。後收入
　　《古史辨》第 3 冊，改名為〈詩經在春秋戰國間的地位〉。

㉓　原發表於《歌謠週刊》第 94 號（1925 年 6 月 7 日），後收入《古史辨》第 3
　　冊中。

　　協韻。至于雎鳩的情而有別，淑女與君子的和樂而恭敬，原
　　是作詩的人所絕沒有想到的。

也就是《詩經》中的「興」，祇有押韻的作用。顧氏的說法後來有
不少學者為文加以補充修正，基本上認為起興的句子和本事間實有
聯想的關係在。

　　受到研究歌謠的影響，顧氏又作了〈詩經所錄全為樂歌〉一
文。❷《詩經》是否全為樂歌，在宋代以前根本沒有人懷疑，宋代
以後開始有人懷疑其中有一部分是徒歌。顧頡剛根據他多年收集歌
謠的經驗，發現徒歌中章段迴環複沓的非常少，這是和樂歌最大的
不同。為什麼樂歌要迴環複沓呢？顧氏以為是受樂譜的限制。因為
樂譜是很短的，但歌卻不一定很短，所以樂譜要複奏，歌詞便因為
要複奏而分章。至於徒歌則不受這種束縛，所以不必有襯字，也不
用分章。如就這點來說，《詩經》的樂歌氣味很濃厚。

　　此外，顧氏又提出數點：(1)從春秋時的徒歌證明《詩經》是樂
歌；(2)從《詩經》本身證明《詩經》是樂歌；(3)從漢代以來的樂府
證明《詩經》是樂歌；(4)從古代流傳的無名氏詩篇證明《詩經》是
樂歌等，各提出許多證據來證明《詩經》是樂歌，顧氏觀點大抵可
以成立。

　　當時討論《詩經》的另一個重要問題，是《詩序》的作者問
題。他們以為《詩序》與孔門無關，是東漢衛宏所作。為了證成這
一說法，顧氏對《詩序》的解釋觀點作了相當詳盡的分析批評。

---

❷　原發表於《北京大學研究所國學門週刊》第 10-12 期（1925 年 12 月 16-30
　　日），後收入《古史辨》第 3 冊中。

民國十九年（1930）二月，顧頡剛作〈毛詩序之背景與旨趣〉
㉕，很確定地說：「《詩序》者，東漢初衛宏所作，明著於《後漢
書》。」民國三十年（1941）八月，《責善半月刊》二卷十一期，
「學術通訊」欄，有讀者來函質疑《詩序》是衛宏所作的說法，顧
氏在該函後面加案語，補充論證說：

> 毛公作《詩故訓傳》，而於《序》獨無注，是其書無序之證
> 也。《史記》不載有《毛詩》，遑論《毛詩序》。《漢書·
> 藝文志》於向、歆《七略》有《毛詩》及《毛詩故訓傳》
> 矣，亦不謂有《毛詩序》，是西漢時《毛詩》無《序》之證
> 也。《後漢書·衛宏傳》曰：「九江謝曼卿善《毛
> 詩》，……宏從曼卿受學，因作《毛詩序》，善得風雅之
> 旨，於今傳於世。」謂為作《毛詩序》，是《序》固作於衛
> 宏也。謂為「於今傳於世」，是宏《序》即東漢以來共見共
> 讀之《序》也。漢代史文不謂有他人作《毛詩序》，而獨指
> 為衛宏作，且謂衛宏即傳世之本，其言明白如此，顧皆不肯
> 信，而必索之於冥茫之中，是歷代經師之蔽也。

顧氏這段話有幾個要點：(1)毛公作《毛詩詁訓傳》時，並沒有為
《毛詩序》作注，可見當時並沒有《毛詩序》。(2)《史記》不載
《毛詩》，也沒有說到《毛詩序》，《漢書·藝文志》雖有著錄
《毛詩》及《毛詩故訓傳》，但並沒有說到《毛詩序》。這是西漢

㉕　原發表於《國立中山大學語言歷史學研究所週刊》第 10 集第 120 期（1930
　　年 2 月 16 日），後收入《古史辨》第 3 冊，頁 402。

時《毛詩》無《序》的證據。(3)《後漢書·衛宏傳》已說衛宏作
《毛詩序》，而且是「於今傳於世」，是衛宏所作的《序》，就是
東漢以來共見共讀之《序》。顧氏認為有這麼充足的證據，已足以
證明《毛詩序》為衛宏所作。

衛宏在作《詩序》時是否有一合理的解釋系統，顧氏提出了他
的看法：

> 《詩序》之方法如何？曰，彼以「政治盛衰」、「道德優
> 劣」、「時代早晚」、「篇第先後」之四事納之于一軌。凡
> 詩篇之在先者，其時代必早，其道德必優，其政治必盛。反
> 是，則一切皆反。在善人之朝，不許有一夫之愁苦；在惡人
> 之世，亦不容有一人之歡樂。善與惡之界畫若是乎明且清
> 也。❷

顧氏以為《詩序》解釋一首詩，論定詩旨的方法是以「政治興
衰」、「道德優劣」、「時代早晚」、「篇第先後」來衡量的。詩
篇順序在前面的「其時代必早，其道德必優，其政治必盛」，如果
順序在後面的，一切也都相反。

顧氏為了證明他的觀點，他舉例說：

> 夫惟彼之善惡不繫于詩之本文而繫于詩篇之位置，故二南，
> 彼以為文王、周、召時詩，文王、周、召則聖人也，是以雖
> 有〈行露〉之獄訟，而亦說為「貞信之教興」，雖有〈野有

---

❷　見《古史辨》，第 3 冊，頁 402。

死麕〉之男女相誘，而亦說為「被文王之化而惡無禮」。
〈小雅〉之後半，彼以為幽王時詩，幽王則暴主也，故雖有
「以饗以祀」之〈楚茨〉，而亦說為「祭祀不饗」；雖有
「兄弟具來」之〈頍弁〉，而亦說為「不能宴樂同姓」。其
指鹿為馬，掩耳盜鈴之狀，至為滑稽。㉗

顧頡剛指出，詩的好壞並不是從本文來考量，而是從詩篇的位置，
例如〈二南〉被《詩序》認為是文王、周、召之化，所有的詩，也
應該都是好詩。至於〈小雅〉方面，《詩序》將後半部定為幽王時
詩，因幽王是個暴君，所以即使〈楚茨〉篇中有「以為酒食，以享
以祀」這種歌詠祭祀的句子，《詩序》也把這首詩解釋成「祭祀不
饗」。又如〈頍弁〉一詩，即使有「兄弟具來」的句子，《詩序》
也把這首詩解釋為「不能宴樂同姓」。顧氏認為這種解釋實在是
「指鹿為馬，掩耳盜鈴」。

　　由於《詩序》論定詩旨並不是從詩的內容來決定，而是如顧頡
剛所說的，「政治盛衰」、「道德優劣」、「時代早晚」、「篇第
先後」等為標準，所以，將許多相同內容而分散在各個不同國風的
詩，合在一起比較，可發現《詩序》所定的詩旨卻大不相同，如
〈周南〉的〈關雎〉和〈陳風〉的〈澤陂〉，內容非常相似，但
《詩序》為〈關雎〉所定的詩旨是「〈周南〉、〈召南〉，正始之
道，王化之基，是以〈關雎〉樂得淑女以配君子，憂在進賢，不淫
其色，哀窈窕，思賢才，而無傷善之心焉。」而為〈澤陂〉所定的

㉗　見《古史辨》，第 3 冊，頁 402。

詩旨是「刺時也，言靈公君臣淫于其國，男女相悅，憂思感傷焉。」顧氏認為兩篇序倒換過來，也未嘗不可。也因為《詩序》本身有這種矛盾，所以不可相信。

《詩序》既不可信，《詩經》中的詩篇也無聖人的教化在內，所有的詩篇也都應重新解釋，所以當時為《詩經》詩篇作新解的也特別多。

五、論《周禮》作者及封國疆域

在《尚書研究講義》乙種中，已對《周禮・夏官・職方氏》作研究。❷這篇論文分本文、批評兩部分，本文部分是錄職方氏的原文，批評部分在分析職方的內容，認為是抄襲《尚書・禹貢》。

討論《周禮》時最困擾學者的，仍舊是該書的作者問題。顧氏在〈讀周官職方〉中引賈公彥〈序周禮廢興〉所言：「〈周官〉，孝武之時始出，秘而不傳。……至孝成皇帝，達才通人劉向校理秘書，始得列序，著於《錄》、《略》。……時眾儒並出共排，以為非是。惟歆獨識，……乃知其周公致太平之跡，跡亦在斯。」顧氏以為既云「秘而不傳」，又云「惟歆獨識」，其出現可知是有問題，因此認為是偽書，只是沒有指名劉歆而已。

民國三十一年（1942）顧氏在重慶中央大學任教的講義《春秋三傳及國語之綜合研究》中，有一段論到《周禮》作者的文字：

> 《周官》書始見於王莽時，多不可靠，〈莽傳〉：「發得

---

❷　後來發表於《禹貢半月刊》第 7 卷 6、7 期合刊（1937 年 6 月），頁 327-332。

《周禮》以明殷監」，是此書出王莽時，然此書中有飆邊
(原)等字，而他經古籍皆不見，乃於甲骨文中見之，人有
謂《周官》為真書者。然莽時存古籍尚多，自可採用成偽書
也。故《周官》係「偽書真材料」，其材料有十之二三為
真，然甚多則偽者也。要當為王莽想像之作。㉙

在這裡已明確指出是王莽的想像之作。當一九七九年六月，顧氏發
表〈「周公制禮」的傳說和《周官》一書的出現〉㉚一文時，顧氏
對《周禮》的作者有相當大的改變。他認為《周禮》是齊國人所
作，顧氏的推論是齊國的臨淄是當時各國中最大的都市，商業繁盛
自不消說，而惡劣分子混集其間的也最多，所以有大規模設官的必
要。而《周禮》中的市，組織相當細緻，市官之長為「司市」，由
下大夫二人擔任，所屬有士二十八人，府、史、胥、徒一百四十四
人，他們的職務是分割市區，平定物價，統一度量，禁止詐偽，判
決辭訟。其次有「質人」，管商品的契約；有廛人，管收稅和罰
款。此外，是司市所任命的官，每二十四肆設「胥師」一人，管政
令，又設「賈師」一人，管物價，每十肆設「司虣」一人，禁止鬥
囂和游蕩；每五肆設「司稽」一人，察盜賊；每二肆設「胥」一
人，執鞭巡查；每肆設「肆長」一人，依著價值而排列貨物，可說
是細密到了極點。顧氏以為唯有像臨淄這麼繁華的都市，才需要這
麼細密的行政組織。所以顧氏斬釘截鐵地說：「《周官》我敢斷定

㉙ 見《春秋三傳及國語之綜合研究》（香港：中華書局香港分局，1988 年 6
月），頁 87。

㉚ 發表於《文史》第 6 輯（1979 年 6 月），頁 1-40。

是齊國人所作,但今本《周官》是否即是齊國的原本,我卻不敢斷定。」

除了考辨《周禮》的作者外,顧氏又提出一個很有意思的問題,即:為何《周禮》中的疆域會這般的大?他先把《周禮》中有關封國的資料列出來,如《大司徒》說:

> 凡建邦國……諸公之地,封疆方五百里。……諸侯之地,封疆方四百里。……諸伯之地,封疆方三百里。……諸子之地,封疆方二百里。……諸男之地,封疆方百里。

又〈職方氏〉說:

> 凡邦國,千里,封公以方五百里則四公,方四百里則六侯,方三百里則十一伯,方二百里則二十五子,方百里則男。

又在講到畿服制度時,〈職方氏〉說:

> 乃辨九服之邦國:方千里曰王畿;其外方五百里曰侯服;又其外方五百里曰甸服;又其外方五百里曰男服;又其外方五百里曰采服;又其外方五百里曰衛服;又其外方五百里曰蠻服;又其外方五百里曰夷服;又其外方五百里曰鎮服;又其外方五百里曰藩服。

為何會有這麼廣大的土地?是作者的空想,還是有其他的因素,顧氏對這些記載提出質疑說:

> 這樣整整齊齊方一萬里的疆域,遠遠超出了《禹貢》五服的

方五千里，因為疆域廣了，所以封起諸侯來手面就闊，不能和《孟子》、《王制》等文相比。在《孟子》、《王制》裡，公國方百里，現在大至二十五倍了。在《王制》裡，方千里的一州要封二百一十國，現在只夠封四個公國了，就是完全封男國也只夠一百個了。為什麼中國的土地會這般地廣大？**❸**

顧氏在為自己的質疑尋求答案時，引《禮記·王制》鄭玄的注說：

《春秋傳》曰：「禹會諸侯于涂山，執玉帛者萬國」。……中國而言萬國，則是諸侯之地有方百里，有方七十里，有方五十里者，禹承堯、舜然矣。要服之內地方七千里乃能容之。夏末既衰，夷狄內侵，諸侯相并，土地減，國數少。殷湯承之，更制中國方三千里之界，亦分為九州，而達此（《王制》）千七百七十三國焉。周公復唐、虞之舊域，分其五服為九，其要服之內亦方七千里，而因殷諸侯之數，廣其土，增其爵耳。

鄭玄以為在唐、虞、夏時代，中國本來方七千里，封得下一萬方國；夏末因夷狄的侵略而土地減少，又因諸侯的兼并而國數也減少，所以湯有天下之後就把中國改為三千里之疆界，封了一千七百餘國，如《王制》所說；等到周公東征，疆界又擴大到七千里，可

是國數少，所以諸侯的封域不妨擴大。可見鄭玄有意調和《王制》和《周官》兩書間的矛盾，但還是沒有解決中國疆域廣大的問題。

對於周公的封地有多大，顧氏特別下功夫研究，〈職方氏〉說：「封公以方五百里」，《禮記·明堂位》說：「武王崩，成王幼弱，周公踐天子之位以治天下。……七年，致政于成王，成王以周公為有勛勞于天下，是以封周公于曲阜，地方七百里。」或說「五百里」，或說「七百里」。顧氏則舉《孟子·告子下》的話加以反駁說：

> 魯欲使慎子為將軍。孟子曰：「……殃民者不容於堯、舜之世！……」慎子勃然不悅曰：「此則滑釐所不識也。」曰：「吾明告子：……周公之封於魯，為方百里也，地非不足而儉於百里。……今魯方百里者五，子以為有王者作，則魯在所損乎？在所益乎？」

顧氏以為魯國初封是否方百里，孟子的話或有出入；但到戰國中葉，魯境才五百里，這可從孟子和慎滑釐的對話得到證明。魯國疆土的開拓，根據《春秋》和《左傳》兩部書，也是吞併鄰國而來，大抵經過七百年的向外擴張才有五百里的基業，可見《周官》裡「封公以五百里」的話是絕對不可信。

《周禮》雖融合西、東周各國不少的官制在內，但也有作者理想的色彩。如把封域的大小看成是實際的數目，可能扞格不通。這是討論《周禮》各種制度時，應該注意的地方。顧氏對《周禮》的理想性似乎體認有所不足，所以才處處懷疑。

六、論《春秋》作者及《左傳》經後人增飾

　　早在民國十四年（1925）三月十六日，錢玄同寫信給顧頡剛，題名為〈論春秋性質書〉，錢玄同就主張《春秋》不是孔子作的，三月二十一日顧頡剛作了〈答書〉，認為他對《春秋》的意見，和錢玄同相同，顧氏提出六點理由：

(1)《論語》中無孔子作《春秋》事，亦無孔子對於「西狩獲麟」的歎息的話。

(2)獲麟以後定為「續經」，沒有憑據。《春秋》本至「孔丘卒」，儒者因如此則不成為孔子所作，所以揀了一段較為怪異的記載——獲麟——而截止。以為此前為孔子所作，孔子所以作《春秋》是為了「感麟」，此後便為後人所續。

(3)如果處處有微言大義，則不應存「夏五」、「郭公」之闕文。存闕文是史家之事。

(4)《春秋》為魯史所書，亦當有例，故從《春秋》中推出些例來，不足為奇。

(5)《春秋》中稱名無定，次序失倫，如果出於一人之手，不應如是紊亂。何況孔子的思想是有條有理的，更何至於此。可見其出於歷世相承的史官之手。

(6)孟子以前無言孔子作《春秋》的，孟子的話本是最不可信。❸❷

---

❸❷　見《古史辨》，第 1 冊，頁 276-277。

除了這封答書提出六點理由，以為《春秋》不是孔子所作外，顧氏
在民國三十一年（1942）在重慶中央大學任教的講義《春秋三傳及
國語之綜合研究》一書中，認為《春秋》一書確經修改而成，但筆
削者並非孔子，顧氏的理由是：

⑴《春秋》經筆削有出於孔子之後者。

⑵使「亂臣賊子懼」之春秋筆法，為各國史官之天職，反觀
《春秋》，可見魯之史官獨無此膽力。如果孔子修《春
秋》，對於史官之天職，不應不用。

⑶《論語》中只有《詩》、《書》、《禮》、《樂》而無
《春秋》之文，且《論語》中謂孔子「述而不作」，足反
證孔子不作《春秋》。

⑷《公羊》襄公二十一年：「十有一日，庚子，孔子生。」《穀
梁》：「庚子，孔子生。」可見《春秋》為孔子以後所修。

⑸今文家有「張三世」即據亂世、升平世、太平世。事實
上，《春秋》世愈降則愈不太平，使孔子而果修《春
秋》，當不至將亂世指為太平。

⑹春秋初年的大事，如曲沃伐晉，晉滅耿、霍、魏，楚滅
申、息、鄧等事，如果孔子修《春秋》，為何不記。

⑺如與《竹書紀年》比較，知《竹書》皆書國君之謚號，此為
修史之例。孔子如果修《春秋》，當盡書廟謚，而不當仍為
當時之文，可知《春秋》實當時史官之作，非孔子所作。❸

---

❸　見《春秋三傳及國語之綜合研究》，頁 5-17。

上文六點加上這七點，顧氏認為《春秋》實非孔子所作。除了用以上十三點說法證明《春秋》非孔子所作之外，在上述給錢玄同的〈答書〉中，提出《春秋》所以成為孔子著作的經過，及何以能成為儒家的經典。關於這一問題，顧氏提出五點看法：

(1)《春秋》為魯史官所記的朝報。這些朝報因年代的久遠，當然有闕文，又因史官的學識幼稚，當然有許多疏漏的地方。

(2)孔子勸人讀書，但當時實無多書可讀，《詩》、《書》是列國所共有的，《易》與《春秋》是魯國所獨有的，均為後學者所讀之書。

(3)《春秋》當然不至「孔丘卒」而止，但因儒者的尊重孔子，故傳習之本到這一條就截住了。如此，《春秋》就罷是儒家所專有的經典了。

(4)《春秋》成為儒家專有的經典之後，他們尚不滿意，一定要說為孔子所作。於是又在「西狩獲麟」截住，而說孔子所以作《春秋》是因為「傷麟感道窮」。

(5)自有此說，於是孟子等遂在《春秋》內求王道，公羊氏等遂在《春秋》內求微言大義。經他們的附會和深文周納，而《春秋》遂真成了一部素王手筆的經典。❸

《春秋》是否為孔子所作，正反意見極多。肯定《春秋》為孔子所作，最具代表性的著作，是張以仁先生所著〈孔子與春秋的關

---

❸ 見《古史辨》，第1冊，頁277-278。

係）。❸該文除羅列早期孔子修《春秋》的資料外，並逐條加以檢討。對於楊伯峻否定孔子修《春秋》之說也一一提出反證。張先生認為孔子修《春秋》之說，既有早期資料為證，後人所持反對意見又皆不能成立，則應從舊說，確認今傳《春秋》實係孔子所修。

除討論《春秋》一書之作者外，顧氏也詳細研究《左傳》。由於劉逢祿的《左氏春秋考證》是一本辨偽的書，這與顧氏的學術興趣相近，所以顧氏校點了該書，並於民國二十二年（1933）由北平樸社排印出版。顧氏由於受到劉逢祿及康有為的影響，並不相信《左傳》。有關的論辨都見於《春秋三傳及國語之綜合研究》中。

關於《左傳》的作者問題，顧頡剛並沒有遵照劉逢祿、康有為的說法，以為是劉歆偽作，他引《左傳》閔公元年：

> 晉侯作二軍……趙夙禦戎，畢萬為右，以滅耿、滅霍、滅魏。……賜趙夙耿，賜畢萬魏……偃曰：「畢萬之後必大，『萬』，盈數也，『魏』，大名也，以是始賞，天啟之矣……」初，畢萬筮仕於晉，辛廖占之曰吉，公侯之卦也。公侯之子孫必復其始。

顧氏根據這段話推知《左傳》大概是魏人所作，所以才如此褒揚其先世。顧氏又引《左傳》襄公二十九年：

> 吳公子札來聘……請觀於周樂，使工為之歌……魏，曰：「美哉……以德輔此，則明主也。」……聘於齊，說晏平

---

❸ 見張以仁先生著：《春秋史論集》（臺北：聯經出版事業公司，1990 年 1 月），頁 1-59。

　　仲，謂之曰：「齊國之政，將有所歸，未獲所歸，難未歇
　　也！」……如晉……說趙文子、韓宣子、魏獻子，曰：「晉
　　國其萃於三族乎！」

又引昭公二十八年：

　　仲尼聞魏子之舉也……曰：……魏子之舉也義，其命也忠，
　　其長有後於晉國乎？

又引昭公二十九年：

　　晉國……鑄刑鼎，著范宣子所為刑書焉。仲尼曰：晉其亡
　　矣，失其度矣！

顧頡剛對所引三事加以評斷說：「後來之事，斷不當事先瞭然若
是，蓋為三家分晉之文無疑，亦即魏人之作也。」❸❻以為這些都是
後來發生的事，作者不可能事先知道得這麼清楚，應該是事後所
作，而作者即魏人。

　　再論到今本《左傳》和《春秋》的關係時，顧氏根據兩書的內
容加以仔細的比對，發現有六點關係：

　　　1.改經以立傳；
　　　2.釋不書於經之傳；
　　　3.粉飾書法；
　　　4.標舉凡例；

──────────

❸❻　見《春秋三傳及國語之綜合研究》，頁33。

5. 偽造「君子曰」、「君子謂」、「孔子曰」、「仲尼曰」；

6. 續經。**㊲**

以上種種說法，顧氏認為是引《左傳》解經時所作的加工。這種工作，如根據《漢書·劉歆傳》：「初《左氏傳》多古字古言，學者訓詁而已，及歆治《春秋》，引《傳》文以解經，轉相發明，由是章句義理備焉。」應該是劉歆所作，不過，像第五點所言偽造「君子曰」等，學者已證明非劉歆或後人所為，而為《左傳》所本有。

　　顧氏又研究今本《左傳》與原本《左傳》間的關係，認為歷來學者對《左傳》原本的改造，大抵有下列數項：

1. 本無年月日，而勉強為之安插者（例如楚武王、文王時事）。

2. 本為一時事，而分插入數年中者（如曲沃併晉時事）。

3. 將《國語》中零碎記載加以修改併作一篇者（如鄢陵之戰）。

4. 受西漢時代影響而加入者（如漢為堯後說）。

5. 受東漢時代影響而加入者（如少康中興說）。

6. 在杜預作注後加入者（如秦穆夫人登臺而請之語——此晉懷愍被虜後之作品）。

7. 《左傳》本有而後人刪之者（沙鹿崩時晉史卜之語）。**㊳**

以上七點，顧氏皆詳舉例子加以證明。從他的分析，今本《左傳》

㊲　同前註，頁 53-59。

㊳　同前註，頁 60-61。

的形成，顧氏作了一個表：

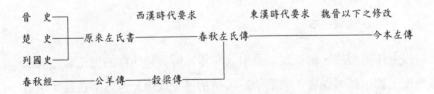

晉 史 ┐	西漢時代要求	東漢時代要求	魏晉以下之修改
楚 史 ┼─原來左氏書──────春秋左氏傳────────今本左傳			
列國史 ┘			
春秋經───公羊傳──穀梁傳			

根據這個表，可以很清楚地看出原本《左傳》是採晉史、楚史、列
國史而成，經西漢人的增飾成《春秋左氏傳》，再經東漢、魏晉人
的修改，成了今本《左傳》。

七、結論

根據前文的分析論述，關於顧頡剛對各經的看法，可得下列數
點結論：

其一，顧氏認為《周易》並非伏羲、文王、周公、孔子等聖人
所作，而僅是一本占筮之書。其中以卦爻辭最為重要，要斷定卦爻
辭的時代，就要看看其中有些什麼記載。顧氏研究卦爻辭中的五個
故事，認為卦爻辭作於西周初年。至於〈繫辭傳〉中聖人「觀象制
器」的說法，顧氏認為根本是無稽之談。一部《周易》，經顧氏的
研究，與古代聖人根本沒什麼關係。

其二，顧氏為了要研究《今文尚書》的時代，曾將該書二十八
篇分為三組，認為〈堯典〉、〈禹貢〉都是後人的偽作。他在《尚
書研究講義》丙種中，以大量篇幅考辨〈堯典〉是漢武帝時代的作
品。又在〈禹貢評注〉中以五點理由，認為〈禹貢〉是戰國時代的
作品。〈堯典〉既與堯無關，〈禹貢〉也與禹無涉。顧氏的考辨，

主要是在還經典本來的面目，連帶地也摧毀了這兩篇作品的神聖性。

其三，顧氏認為《詩經》中並沒有聖人的教化，它是一部入樂的詩歌種集，為了證明《詩經》是入樂的，他以研究歌謠的經驗，以為徒歌迴環複沓的非常少。樂歌為了要配合樂譜，所以大多迴環複沓，顧氏又認為《詩序》與孔門無關，而是東漢衛宏所作。《詩序》論定詩旨，並不是根據各詩的內容，而是以「政治興衰」、「道德優劣」、「時代早晚」、「篇第先後」來衡量，所以其中有很多矛盾衝突的地方。

其四，早期顧氏以為《周禮》是劉歆偽作，與周公無關。後來，顧氏根據《周禮》市官繁複的組織，認為應該是齊國人所作。對於中國疆域有萬里之大，顧氏也認為不可信。並考訂《周禮》所說，周公之封地有五百里的說法絕對不可相信。

其五，顧氏提出許多證據，證明《春秋》並非孔子所作，《左傳》一書也非如晚清今文學家所說是劉歆偽作，而是先秦即已出現的著作，經西漢至魏晉間的學者逐漸增飾而成。

顧氏對這幾部經書的看法，有一共通的特色，即經書和聖人並沒有直接的關係，它們不過是上古史的史料而已，這種「經學史料化」的觀點，使從經書中尋找聖人微言大義的「經學」研究，受到最嚴重的打擊，利用經書中的各種材料，探討古代各種學術史的「史學」研究逐漸興盛起來。就史學研究來說，經書祇不過是他們從事古代史研究的素材而已。

晏陽初與定縣
平民教育運動及其影響

徐　震

東吳大學社會工作學系研究教授

一、前言

　　晏陽初先生（1893-1990），美國耶魯大學畢業，以從事「華工識字教育」及推行「鄉村平民教育」聞於世。1943 年經美洲各學術團體於舉行「哥伯尼（Nicolaus Copernicus）逝世四百年紀念會」中，推選為近世紀「十大傑出革命人物」（Ten Most Outstanding Revolutionaries）之一，與愛因斯坦（Albert Einstein），杜威（John Dewey），福特（Henry Ford）等同受表揚。其定縣之平民教育工作，經美國著名女作家賽珍珠（Peral S. Buch）撰成《告語人民》（Tell The People）一書，與《讀者文摘》（The Reader's Digest）多次報導，及美國許多報紙，如波士頓的基督教科學箴言報（The Christian Science Monitor），芝加哥太陽時報（Sun-Times），華盛頓郵報（Washington Post）等的廣泛討論而為世人受重視。1947 年，聯合國文教組織

（UNESCO）曾邀請晏氏出任其基本教育計畫主任，晏氏以國內公忙未就，但曾赴巴黎為之講述中國平民教育經驗，并推介瞿世英主持此一工作，為聯合國之基本教育奠立基礎。1948 年三月美國國會兩院協議於「援華法案」中增列「晏陽初條款」（Jimmy Yen Provision），七月，中美兩國簽訂雙邊協定，設立「中國農村復興委員會」（Joint Commission on Rural Reconstruction，J.C.R.R.）。1952 年晏氏赴菲律賓協助其推動鄉村建設運動（PRRM）并先後在菲律賓設立「國際鄉村改造學院」（International Institute of Rural Reconstruction）及在美國成立「國際平民教育運動協會」（The International Committee of The Mass Education Movement），希望將平民教育運動推廣到全世界。（Davidson，1961，吳相湘，1981）

　　本文的目的在於論析晏氏之定縣平民教育運動及其影響，包括㈠對當時中國基層行政組織之影響㈡對其後各國鄉村教育之影響㈢對聯合國社區發展工作之影響。所稱「平民教育」（Mass Education）係「鄉村建設」（Rural Reconstruction）的主要工作過程，以組織鄉民與教育鄉民，協助其發揮自治自強的能力為目的。而所謂「社區發展」（Communing Development），亦係以組織社區居民，協助其自治為目的。兩者的工作目標與工作方法，十分接近。惟前者局限於鄉村及經濟落後地區，而後者則起自於經濟落後地區而漸及於城鄉各種社區之略有不同而已。由於定縣之平民教育運動試行於 1926 至 1937 年間，其工作經驗之文獻，流傳甚廣，而社區發展工作係 1951 年以後，由聯合國向各國推動。其前者與後者之間，究有那些關係或影響，其影響的內容與層面如何？均為本文求證的目標。茲依照本文所得之文獻，分為：㈠平民教育運動的時代背景㈡平民

教育運動的工作經驗㈢平民教育運動的影響地區㈣平民教育運動對
社區發展工作的影響內容等四項，并將第四項分為工作性質與工作
方法兩方面加以闡述，另提出中國與美國當年之評論。至於台灣學
術界對於此一運動及其影響與評論，本文所收集之文獻十分有限，
甚盼今日在座各位學術先進提供高見或資料，以為本文之修正與補
充。

二、平民教育運動的時代背景

中國在 1926 年以後，北伐初步成功，國事好轉，百廢待興，
有識之士，對於救國與救鄉的社會運動，多所倡導。一時各地之平
民教育與鄉村建設計畫及活動，如雨後春筍，舉其要者，如：江蘇
之曉莊學校，河南之村治學院，山東鄒平之鄉村建設，江蘇無錫之
民眾教育，河南鎮平的鄉村自治，廣東龍川的鄉村師範等，均係從
平民教育入手，以求達到建立新社會的目標。而河北定縣的平民教
育實驗，實際上，只是此項運動中比較早期與比較成名的實驗計劃
之一而已。此項運動所產生的時代背景有三：（徐震，1989，1314-
1315）

一、經濟方面——中國在民國初年，軍閥割據，戰亂頻仍，賦
稅繁苛，民不聊生，加以西方工業國家，以其工業製品進入中國市
場，使中國之鄉土工業，不能自保，於是平民教育運動者乃有「鄉
村自救」之呼聲。

二、政治方面——中國在引入歐美各種政治思想之初，民主主
義又被稱為平民主義，而當時之提倡平民主義者，或以「平民主義
首以增進平民之能力與知識為本」（蔣夢麟，1962，58），或以「啟

發平民的知識，促進平民的福利，改良平民的習慣」（張玉法，1981，335）為重點。又以中國社會原以鄉村為本，乃有人主張，中國社會之改造，須從組織鄉村入手。（梁漱溟，1936，13）

三、文化方面——五四運動以後，中國社會受西方文化的衝擊，呈現出一種文化失調的現象，於是鄉村建設運動者乃有「創設新文化，救活舊農村」的構想。（梁漱溟，1937，26）

由於上述經濟、政治、文化三方面的衝擊，乃有「救國必先救鄉」運動的興起。而當時投入平民教育與鄉村建設運動的知識份子，十分眾多，如：傅葆琛、梁漱溟、陶知行、梁仲華，而晏陽初實為其中早期倡導者之一而已。

三、平民教育運動的實驗工作

中國之平民教育運動，係從勞工識字運動開始，繼而轉入鄉村實驗工作。先是中國第一任教育總長蔡元培提倡通俗教育，令全國各地成立通俗教育館（甘豫源，1931，51-58）。繼而在第一次世界大戰期間，中國徵募十七萬五千餘人赴歐洲協助英法從事後勤工作，而晏陽初自美赴法，參與華工教育，編印「平民千字文」。先是1919 年，北京大學學生成立「平民教育演講團」，北京高等師範學校亦成立「平民教育社」（張玉法，1981，336），1920 年，晏陽初返國主持中華基督教青年會平民教育工作，於長沙、煙台、杭州、嘉興等地推行識字運動，受益者以工人及商店青年學徒為多。1923年，全國熱心平民教育之代表集會於北京，成立「中華平民教育促進會總會」（以下簡稱「平教會」），以晏陽初為總幹事（丁致聘，1961，106；吳相湘，1981，53-70），該會分「平民教育」為「城市平民

教育」與「鄉村平民教育」兩部份。1924 年，傅葆琛返國主持鄉村平民教育，1926 年選定以定縣之翟城村為實驗區，是為定縣平民教育工作之開始。

茲分為㈠實驗經過㈡理論基礎㈢組織體系㈣工作內容㈤工作方法等五項加以簡述如下：

㈠實驗經過──定縣平民教育實驗，由「平教會」負責推行，自 1926 年開始，1937 年因中日戰爭停止，其經過約可分為三階段：

1.開始實驗階段──以定縣之翟城村為中心，集中於推廣識字教育，試辦學校及推廣農業科學三項工作。

2.擴大實驗階段──三年後應定縣士紳及人民團體之請求，將是項工作推廣到全縣。基於該會三年來的調查研究及實驗之結果，認為當時農村問題為「貧、愚、私、弱」四種病象，乃提出「生計、文藝、公民、衛生」四項教育，以為對策，及「家庭式、學校式，與社會式」三種推行方式，并以「貧、愚、私、弱」之四種病象，亦為病因，且互為因果，乃將四種教育計畫結合為一體，互為輔助，聯合實施，而成為一種綜合治療劑。另舉辦社會調查，示範觀摩，及編印工作經驗報告叢書，期使此一實驗之內容與方法，可以合於西方科學之理論，并合於地方實際環境之需要而供全國各地之參考。

3.結合行政階段──該會開始實驗之初，曾極力避免與任何政治力量或宗教團體發生關係，以期保持其超然的學術立場，但經過數年的經驗之後，發現推動鄉村建設，必須與「縣府行政」、「地方公會」及「農民教育」三方面相配合，因而又興起改革縣政的企

圖（吳相湘，1981，311）。1932 年，內政部次長甘乃光赴定縣視察，深感為配合鄉村教育與建設工作，該縣之政府組織必須改組。同年十二月全國內政會議在南京舉行，乃通過鄉村建設以縣為單位，在各省進行實驗，并規定各省應設立「政治社會建設研究所」主持其事。1933 年，河北省政府率先成立「縣政建設研究院」，下設調查、研究、訓練、實驗四部門，仍以定縣為實驗區，於是，平教會所主張將縣政府從「收稅」，「徵糧」之任務改變為「教育」、「建設」之功能，乃得實現。

　　㈡理論基礎——平民教育以「除文盲，作新民」為目標，其初期理論僅限於「鄉村教育」，經實驗結果，乃推及「鄉村建設」，約分五點：

　　1.三種教育目標相結合——平民教育在教育個人成為「完整的人」，包括知識力、生產力，與公共心。

　　2.四項教育方案相結合——認為「貧、愚、私、弱」的問題，互為因果，必須使用「生計、文藝、公民、衛生」四種教育聯合推行的綜合藥方。

　　3.三種推行方式相結合——認為學校并非唯一的教育之路，必須與家庭教育及社會教育同時進行。

　　4.政治與學術相結合——認為欲實現政治改革，必須使政治學術化，前述該會於結合行政方面之努力，即基於此一理論。

　　5.理想與行動相結合——認為社會革新之道，必須付之行動，尤須從基層做起，此一論點，促成當時大批的知識份子與青年學生參與基層的鄉村建設工作。

　　㈢組織體系——平教會將其組織體分為二大部門：

1.研究機構——以平教會總會為學術研究機構，分為城市與鄉村平民教育兩部門，從事研究工作，并以各省、縣之分會為推動之組織。

2.執行機構——以實驗區之平民學校為實施機構。平民學校組織簡單，多由委員會義務管理，另聘教師任課。

㈣工作內容——針對「貧、愚、私、弱」四大問題，提供下列四項教育：（鄭世興，1974，152-170）

1.生計教育——指導農民改良生產技術，分為三階段：

⑴初為巡迴訓練，又分植物生產技術，如：育種、園藝等及動物養殖方法，為養豬、養雞，為期一年。

⑵繼為示範農家，選受訓成績優良之農家，作為觀摩仿效之對象。

⑶最後實施分類推廣訓練，以養成專業之農民，并成立合作社，以為共同經營之組織。

2.文藝教育——為農民學習知識之工具，初習「農民千字課」，繼而提供各種「農民讀物」，如：「農民的地位」、「婦女生活改善」、「怎樣養蜜蜂」、「兄弟合作」等通俗課本，并出版《農民報》以為輔助。

3.公民教育——為訓練良好之公民，特編訂公民教育教材。分為：⑴對自己的道德，如：自強、自立、自治等；⑵對他人的道德，如：慈愛、誠實、和睦等，⑶對團體的道德，如：負責、合作、互助等。另從事團體活動及推動家庭聯絡，將公民教育納入於農民生活之中。

4.衛生教育——從實際衛生保健工作入手，以推廣農民的衛生

知識。⑴縣設保健院，設醫師、護士、藥劑師、檢驗員，負責疾病治療及疾病預防工作，⑵區設保健所，亦設醫師、護士、助理員，實施疾病預防及衛生宣導工作，⑶村設保健員，由平民學校畢業同學選出，并予以基本訓練，擔任改良井水，及衛生宣傳工作。

　　㈤工作方式──定縣之平民教育實驗工作，分三種方式，相輔推行：（鄭世興，1974，171-180）

　　1.家庭式教育──將全村多數家庭聯合起來，組成家長會，主婦會，少年會等，定期開會，透過此種組織，使全村之男女老幼，均能接受到以上之四種教育。

　　2.學校式教育──以農村青年為主，按程度分為「初級平民學校」、「高等平民學校」及「工讀平民學校」，以傳授基本知識為中心。

　　3.社會式教育──以鄉村成年人為主，運用團體活動之方式，灌輸四大教育之內容。

　　上述定縣之平民教育實驗，自 1926 年開始，至 1937 年因日軍侵佔華北而結束。其後定縣之平民教育組織乃轉為民間自衛，而平教會亦遷至湖南衡山與四川新都等地推行平民教育與民眾自衛工作。其間定縣之實驗工作，雖未能獲得結果，而其工作經驗之方法與文獻，則歷經國內許多大學，如清華大學、南開大學、燕京大學、協和醫學院、及金陵大學之參加「華北農村改造協進會」（The North China Council for Rural Reconstruction）及當時國內報章雜誌，如教育雜誌、國際聯盟、民間半月刊、獨立評論等之評論，以及鄉村工作討論會之舉行（吳相湘，1981，314-341）而傳播甚廣。在國外，則以美國羅克斐勒基金會之實際資助，及美國新聞界之報導與賽珍

珠（Peral S. Buch）《告語人民》（*Tell the People*）一書之介紹，以及甘博爾（Sidney Gamble）曾參與定縣之調查研究工作，嗣後寫成《定縣：一個中國北部的鄉村社區》（*Ting-Hsien: A North China Rural Community*）一書，而多所播布。本文所討論之定縣平民教育運動所影響的若干地區及其事項，均以此為依據。

四、定縣平民教育運動之影響

㈠ 影響之地區與事項

1.中國大陸──定縣平民教育運動對於當時中國社會之重要影響有二：

⑴民眾教育與鄉村建設之推廣──由於清末以來，中國多次受挫於列強，於是，知識份子各提救國救民之道。有主張船堅砲利者，有主張政治改革者，有主張啟發民智者。由於定縣平民教育運動力主理想與行動合一。并認為救國必先救鄉，不能在都市中空喊口號，或在象牙塔裡紙上談兵，必須走向基層深入民間，乃舉行三次鄉村工作討論會。（吳相湘，1981，314-318）以廣其說。於是中國各地一時有關民眾教育、鄉村建設及地方自治之民間團體乃風起雲湧，競相實驗。據西人藍穆利（Harry J. Lamley）之考證，在 1934 年，中國從事各種鄉村建設活動之公私立團體，共六百九十一個，自 1933 年起，而參加每年舉行之「鄉村工作討論會」者第一次有三十五個團體，第二次有七十個，第三次有九十九個。（Lamley，1969，53），又據艾愷（Guy S. Alitto）所著《最後的儒者》（*The Last Confucian: Liang Shu-Ming and The Chinese Dilemma of Modernity*）一書之引證，亦稱在中日戰爭之前，有「數以百計」之鄉村改革計畫在中國

各地推行（Alitto，1979，12）。楊懋春教授在「近代中國農村社會之演變」一書中，引用上海申報年鑑之記載，計中國自 1925 年至 1934 年各地著名之鄉村建設與民眾教育實驗機構共為六十三所（楊懋春，1980，106-113）。足證在此一時期，中國各地從事於鄉村教育工作之盛。其風氣可能受晏陽初與梁漱溟等舉辦「鄉村工作討論會」之影響。

(2)縣以下基層行政組織之改變──上述定縣平民教育運動之第三階段為「結合行政」，平教會在定縣從事平民教育工作之初，極力避免與政治發生關係，但經過數年的實驗之後，認為「鄉村建設」，必須與「縣府機關」及「地方公會」相配合，乃興起改革縣政之念，已見前述。1932 年，內政會議在南京舉行，晏陽初、梁漱溟等應邀參加，會中決議：①各省設立縣政改進研究院及縣政建設實驗區，②確立地方衛生制度，③推行調查統計工作，使地方興辦事業，有所依據。1933 年七月，政府正式核定各省設立實驗縣辦法，是年秋，河北定縣，山東鄒平縣與荷澤縣，江蘇江寧縣，及浙江蘭谿縣，分別成為實驗縣（吳相湘，1981，313-314）。定縣實驗縣於 1935 年二月改組完成，下設縣政委員會，縣參議會，及農村建設輔導員，而鄉鎮亦同時改革，下設鄉鎮建設委員會，鄉鎮公民服務團，鄉鎮公民大會等，使縣政府從「催糧」、「收稅」之任務，變為「教育」與「建設」。1936 年，平教會總會南遷至湖南，在衡山縣進行實驗工作，開始組織農民抗戰教育團，另在四川新都縣進行實驗工作，設立縣政諮詢委員會。1938 年日軍攻佔武漢及廣州，政府撤守西南，以四川為基地，是年八月，中央任命「平教會」重要主幹之一的陳筑山為四川省秘書長，其後又任命原在「平

教會」主管衛生教育的重要幹部之一的陳志潛為四川省政府衛生處處長，於是，「平教會」之鄉村衛生教育制度乃得在四川各縣次第推行。是為中國政府於 1939 年 9 月公布「縣各級組織綱要」（即所謂新縣制）的基礎。其後，縣以下行政組織的新任務乃被稱為「管、教、養、衛」。（吳相湘，1981，382-398）

　　2.台灣本島──「平教會」的工作經驗對台灣農村建設的影響是間接的，多透過「中國農村復興聯合委員會」（J.C.R.R.）的措施，其見諸於歷史文獻者約為下列三項：

　　(1)農復會的鄉村衛生──據歷史學家吳相湘的記載，農復會於 1949 年曾運用四川（平教會）推行鄉村衛生機構的經驗，通過資助台灣十三縣市衛生院，四十二個衛生所，及一所鄉村醫院與一所巡迴醫療隊的工作計畫，均委託台灣省衛生處及縣市政府辦理。（吳相湘，1981，564）

　　(2)台灣的基層民生建設──1957 年，台灣在台北縣木柵鄉、桃園縣龍潭鄉、及宜蘭縣礁溪鄉等地開始推行基層農村實驗工作，稱之為「基層民生建設」，并成立「台灣省基層民生建設輔導委員會」，由「農復會」主任委員蔣夢麟兼主任委員。據農復會 1960 年出版中英文本之《實驗農村》（*Intensire Village Improvement in Taiwan*）一書之記戴，截至 1960 年年底為止，台灣共有台北、宜蘭、桃園、台中、南投、彰化、台南、屏東等八縣，二十五鄉鎮，五十七個村里，在推行此項實驗工作，其內容，即①生產建設②教育文化③衛生保健④福利康樂等四項。而其工作方式，大致與定縣平民教育運動工作方式相類似。該書并進一步指出，「民國以來，各地辦理地方自治實驗區，其性質與基層民生建設的工作大略相同，不過

其實驗地區與工作範圍有大小不同而已」，基於此一敘述，認為二次大戰前中國在河北定縣，與山東鄒平及抗日期間在四川等地推行之平民教育運動，與戰後在台灣之基層民生建設有相當的承續關係。

　　(3)台灣的社區發展工作──台灣於 1965 年由行政院頒佈「民生主義現階段社會政策」，將「社區發展」列為現階段社會福利七大項目之一。1966 年，台灣接受聯合國之協助，將「基層民生建設」與「國民義務勞動」兩項工作合併，改稱「社區發展工作」（邱創煥，1990，1）。1968 年行政院制定「社區發展工作綱要」，并由台灣省政府提出「社區發展八年計劃」，其後改為「十年計劃」，由於台灣社區發展工作之前身為「基層民生建設」，以及上述「基層民生建設」與「平民教育運動」有相當的承續關係。故有些人從歷史文化的觀點，認為台灣初期的社區發展工作仍帶有鄉村建設與平民教育的色彩（邱創煥，1990，許水德，1996，J.C.R.R., 1960）。但亦有人從社會結構的觀點，認為台灣已進入工業社會，其經濟發展已遠超過農業社會的社區生活，因而主張當前的社區工作應以日本之「社區營造」作為借鏡（陳其南，1999），亦有人認為台灣之社區營造，係時勢所趨，其力量來自民間，因而強調本土文化的創造力量（陳亮全，鄭晃二，1999）。

　　3.菲律賓與其他國家──1952 年「國際平民教育運動促進委員會」資助晏陽初訪問菲律賓、印尼、印度等東南亞及近東國家。由於這些地區當時均處於農業社會與鄉村生活相當窮困的狀態，晏氏所到之處，備受歡迎，其中尤以菲律賓政府及教育界人士最為熱烈，并組成「菲律賓鄉村改造運動促進會」（Philippine Rural

Reconstruction Movement, Inc.）簡稱「菲鄉村會」，希望仿照中國「平教總會」的方法，推動鄉村建設。1953 年，麥格塞塞（Ramon Magsaysay）當選菲律賓總統，銳意改革，聘請晏氏為「總統鄉村改造行動委員會」的顧問（Adviser to The Presidential Action Committee on Rural Reconstruction），以爭取美國援助，并希望使菲律賓成為亞洲鄉村改造的示範國家。1955 年，「菲鄉村會」及晏陽初等爭取美援因菲國內部發生異見而不成，菲國的「鄉村改造」遂更名為「社區發展」，並設置「總統府社區發展助理」（Presidential Assistant （Arm） on Community Development）主其事。1960 年菲律賓獨立十四週年紀念，菲總統加西亞（Carlos P. Garcia）特以總統勳章（The Presidential Award of Merit）頒給「菲鄉村會」，并以「麥格塞塞獎」（The Ramon Magsaysay Award）贈與晏陽初，以酬謝其為菲國策劃鄉村改造的功勞。此外，晏氏另為菲律賓建立兩項鄉村教育工作：（Davidson，1961，440；吳相湘，1981，602-651）

　　(1)協助「菲鄉村會」建立「鄉村改造實驗區」──「菲鄉村會」由菲律賓人自己經營。起初，只有三個實驗區，至 1961 年，已擴到十七個省區（吳相湘，1981，643），包含 150 個村里（Davidson，1961，440），從事於生計教育、鄉村衛生、合作社及鄉村自治教育等工作。

　　(2)成立國際鄉村改造學院──1966 年，晏氏經多方鼓吹，由美國各界人士捐助，於菲國馬尼拉市之南約二十哩之賽蘭（Sailang）鎮，成立國際鄉村改造學院（The International Institute of Rural Reconstruction），至 1967 年 5 月，該院之校舍工程初步完成，從事於中南美洲國家，東南亞地區之鄉村工作者及「菲鄉村會」之基層

工作人員的訓練，其後，該學院曾出版「鄉村改造及發展工作手冊」（Rural Reconstruction and Development: A Manual for Field Workers），并訂立鄉村改造工作人員九項守則：①深入民間（Go to the people）②與平民打成一片（Living among the people）③向平民學習（Learn from the people）④與平民共同商討鄉村工作（Plan with the people）⑤依農民所知為開始（Start with they know）⑥在平民已有的上面建設（Build on what they have）⑦不遷就社會而改造社會（Not to conform but to transform）⑧不要零碎地做，而是整合連環進行（Not piecemeal but integrated approach）⑨不是救濟而是發揚（Not relief, but release）。（吳相湘，1981，696-732）這是晏初和平民教育工作經驗的結晶。

(3)對其他國家鄉村建設之影響——1960 年代晏陽初曾應邀赴拉丁美洲各國及非洲各地講述中國鄉村建設之經驗。於是，非洲之迦納亦成立迦納鄉村改造促進會（Ghana Rural Reconsturction Movement），羅得西亞（Rhodesia）曾將定縣實驗報告（The Ting-Hsien Experiment in 1937）予以複印，拉丁美洲之瓜地瑪拉（Guatemala）與哥倫比亞（Colombia）亦曾派員到菲律賓國際鄉村改造學院受訓。1979 年世界展望會國際總會（World Vision International）在非洲蒲隆地（Bururd，Africa）舉辦蒲隆地發展講習會（Burund Development Seminer），其主講人梅爾（Buyant Myers）提出「聖經與發展」（Bible and Development）一文，其中第三部份，即指名介紹晏陽初在中國與菲律賓推行農村復興之理論與方法，足見定縣平教會之經驗，已在世界各洲流傳的相當廣泛。（徐震，1989，1345）

二 與社區發展的關係

1.工作性質——「平民教育（Mass Education）」與「社區發展

（Communing Development）」在工作性質上有其先天性的相似。

(1)名稱的換用——英國於 1944 年在其內閣教育顧問委員會對「非洲社會民眾教育的報告」中，指出民眾教育（Mass Education）的意義係以整個社區為教育單元，使社區居民認識其所處的社會經濟環境，而謀求改進。於 1948 年英在劍橋殖民地事務署夏季會議報告「對非洲社會進取心的鼓勵」一文中，認為「社區發展」可成為「民眾教育」的代名詞（U. N. 1960，2）。美國成人教育協會於 1968 年在愛渥華（Iowa）州舉行年會中，將「社區發展」列為其主體討論之一。美國的農業推廣教育係以農民及其家庭為教育對象，1958 年，美國康乃爾大學紐約州農學院出版《推廣教育與社區發展之不同》（*Differences Between Extension Education and Community Development*）一書，認為兩者在工作目標、工作過程、工作原則方面均相同，只是在行政組織上有些差異而已（徐震，1980，185-194），以上無論從英國所用的「民眾教育」一詞，美國常用的「成人教育」或「農業推廣教育」一詞來看，所謂「平民教育」實際上是「社區發展」的同義語，只是定縣當時所使用的「平民教育」一詞特指對鄉村經濟落後地區的鄉民或農民的四種教育的綜合而已。

(2)目標的相同——定縣平民教育的目標在於「除文盲，作新民」，所謂「作新民」，即在於教育鄉民使其具有知識能力、生產能力及自治能力的「新民」，今人稱「社區發展」為「人的發展」（Human Development），又稱「社區營造」在於「創造新的人和新的社會」（李登輝，1994，190-194），可見「平民教育」與「社區發展」的目標是相同的，均在於發展人的自治能力。

2.工作方法——「社區發展」在工作方法上是從許多前人的工

作經驗中集合得來的,其中似以從「貧民教育」或「平民教育」中取得的最為直接。

⑴聯合國推行「社區發展」的經過——聯合國於 1951 年經由其經社理事會（U. N. Economic and Social Council）的建議,擬採用社會工作中社區組織的社區福利中心,作為推動戰後全球經濟與社會復興的基本途徑。是項社區組織的社區福利中心源自英國濟貧工作的改革,係以宗教人士與知識青年進駐在勞工與貧民的居住社區,而與貧民生活在一起,學習在一起,以助其自強自立為中心的貧民教育,稱之為「社區睦鄰運動」（Social Settlement Movement）,其性質與定縣平民教育運動中之由許多知識份子走入鄉村,對鄉民從事教育工作,十分相似,只是有城、鄉之不同而已。其後經聯合國秘書長調查,認為經濟落後的鄉村建設與農民教育或合作事業,均可參考,又以各國的農業、衛生、教育各類專家之參加,乃將 1952 年成立之「社區組織與發展小組」改為社會局社區發展組（Section of Community Development,U. N. Bureau of Social Affairs）,并定名為「社區發展」。

⑵聯合國推動「社區發展」的策略——聯合國推動社區發展的策略與方法與定縣平民教育運動之方式,有些相似:

①先在農業國家的鄉村地區中試行。

②推動社區發展計畫均透過地方政府執行,并將社區發展之定義界定為「由人民以自己的努力與政府當局聯合一致」,去改善社區的經濟、社會、文化環境」（U. N. 1956）

③推行社區發展,主張採用綜合計畫,又稱多目標計畫。

④主張從事於科學的調查研究方法。

⑤協助各國訓練社區專業工作人員。

這些主張與措施幾乎與晏陽初在定縣或菲律賓所推行的平民教育及鄉村改造中的工作方法十分類似。由於上述定縣平民教育運動工作經驗之文獻，包括其理論與方法，在世界各國流傳甚廣，又經許多教育與歷史學家廣泛評論，其可能為聯合國有關研究者之參考，當非臆測之詞，又以 1949 年，中國社會工作專家張鴻鈞應邀參加聯合國工作，初任社會局研究主任，繼任中東社會發展辦事處主任，於 1962 年轉任聯合國亞經會（ECAFE，U.N.）社區發展顧問，負責亞太地區各國社區發展之訓練工作。張鴻鈞於戰前在中國推行平民教育與鄉村建設期間，係燕京大學教授，曾任山東汶上縣實驗縣縣長，為中國推動平民教育與鄉村建設的實地工作者之一，以其以往之工作經驗，對聯合國有關社區發展之研究與會議，每多參與，而亞太地區之社區發展計畫，亦多出自其手（張鴻鈞，1971），因此，若謂定縣平民教育之工作經驗可能對於聯合國社區發展工作有些影響，似亦并非無因。（徐震，1989，1344-1346）

五、對於定縣平民教育運動之評論

㈠中國當時之評論——中國於 1920 年至 30 年代，對於鄉村社會的改革與農民問題解決的主張約可分為三派：1.土地改革派，主張重新分配土地，從根本上解決農村問題，2.農業技術派，主張從改良農業技術與增加生產，以解決農民生活，3.鄉村教育派，主張從組織與教育入手，以增進鄉民的知識與自救能力。第一派以土地為中心，第二派以技術為中心，第三派以人本為中心。其中以第一派與第三派相互對立，而相互爭論亦最為激烈。對於定縣平民教育

運動之批評，蔣廷黻、章元善持正面看法，費孝通、孫本文持中性態度，千家駒、巫寶三、吳半農、李景漢、燕樹棠、張繼、陳序等均持反面看法，其中或以定縣平民教育對於非農民之物質方面未能改善，或以工作內容太過空洞，或以「貧、愚、私、弱」均為病象，而非病因，而千家駒則指出「平教會的哲學根本就不允許農民革命」（千家駒，1936，35），此派大都認為中國農村的問題在於土地之分配不均，并認為平民教育與鄉村建設者均係當時政府的附庸。其後，土地改革派雖屬勝利，但中國大陸城鄉生活之差距依然存在。

　　㈡美國當年之評論──美國基於援外立場，希望其援助力量能透過民間之公益或宗教團體直接送達於民眾之手，而不要經過各國政府之層層傳遞。由於「民教會」係由許多知識份子所組成，加以晏陽初之教育與宗教背景及語言表達能力與改革及服務之精神，乃深獲美國各界人士之信賴。於是不論美國之經濟援助者、或參與工作者、或參觀訪問者，總是稱讚者多而批判者少。且以在中國之知識份子一向是「四體不勤，五穀不分」的「士大夫」，而今竟然能深入農村，與平民同生活在一起，學習在一起，從而要求革新文化與改造社會。即此一點，在 1920 至 30 年代之中國，已足以使西方人士由驚訝而稱讚了。於是，美國之新聞界，如：史諾（Edgar Snow），教育家，如孟祿（Paul Monroe），大衛遜（Carter Davison），研究者，如甘恩（S. M. Gunn），文學家，如賽珍珠（Peral S. Buch）均分別為文予以推介。其中，尤其是許多學人之實際參與者為然。於是，美國當年之評論便與中國之土地改革派十分不同了。

　　㈢台灣今日之評論──「台灣今日」與「定縣當年」在時、空

上已有一段相當遙遠的距離，除非歷史學家或對於「平教會」之工作有所關聯者，誰還去浪費時間研究這一些歷史陳跡？因此，本文在收集台灣今日對於研究「定縣平民教育運動」的文獻，十分不足，除吳相湘的「晏陽初傳」、韋政通的「晏陽初先生年表」、李孝悌的「平教會與河北定縣的鄉村建設運動」、周陽山的「晏陽初先生和他的時代」、蕭新煌的「晏陽初先生：國際鄉村改造者第三世界農民」、和蘇景輝的「社區工作者的典範：晏陽初先生」外，其他便是有些書中或文中偶然提到一些評論了。大體言之，台灣今日的評論，約有三種：1.有人稱譽晏氏具有整合中西文化的特質與發揚人文關懷的精神（周陽山，1990）且「具有計劃性社會變遷的性格」（蕭新煌，1990）2.有人認為定縣平民教育運動是社區發展的先鋒，而晏氏的作法可為社區工作者之典範（蘇景輝，1990），但亦有人認為「定縣主義」對於當年中國農村問題本質的認定，有些偏差。因為在那個時代，中國農村的根本問題在於土地與產物的分配不均。因而溫和改革的鄉村建設派敗於根本改造的土地改革派之手，一如當年在大陸上，國、共兩黨之得失一樣（林萬億，1994，168-169）。這些評論，或針對晏氏個人的特質或針對晏氏的工作方法或針對晏氏對於中國農村問題本質的認定，均遠較當年中國大陸的評論，更為客觀。

六、結語

　　本文的目的在於分析定縣平民教育運動及其影響，由於文獻收集之不足，有待求證之處尚多，只能作為以後補充的初稿而已。筆者認為農村之貧困屬於貧窮問題之一種，一如都市之貧民區一樣，

而解決之道約可分為兩種策略：即結構探究法（Structural Approach），主張從根本作政治與經濟制度的改革以解決貧窮問題，與治療探究法（Clinical Approach），主張協助貧者增加其知識能力、生產能力與自治能力，前者屬於社會主義的基本改革派，後者則屬於資本主義的溫和改革派。許多人認為前者是一種根本治療，後者是一種拖延治療，然而從近世紀的歷史觀察，共產主義國家在農村中的分田分地政策（毛澤東，1929），并未成功。迄今許多共產主義國家如中國大陸、北韓的農村貧困問題，依然存在。同樣地，資本主義國家，如美國的「反貧窮作戰」（War on Poverty）亦未成功。因此，兩種策略之孰優孰劣，似難評定。筆者以為任何制度性的改革必須輔以教育性的措施，因此，解決貧窮問題的方式似可採用綜合治療法（Integrated Approach），即將經濟制度之改革與社會教育之普及相輔相成，同時推動。因此，在社區發展的層面上，亦應著重於經濟與社會的同時發展，而施行「經社平衡發展」（Socio-Economic Balanced Development）的策略。

參考文獻

丁致聘，1961，《中國近七十年來的教育記事》，台北，商務印書館。

千家駒主編，1936，《中國農村經濟論文集》，見《民國叢書》第二編，第 35 卷，上海書店編印。

中國農村復興聯合委員會（J.C.R.R.），1960，《實驗農村》（*Intensive Village Improvement in Taiwan*），台北，農復會。

毛澤東，1929，作清平樂詞，記蔣桂戰爭，末句有「收拾金歐一片，分田分地真忙」之句，見劉濟昆編，《毛澤東詩詞全集》第68頁，台北，海風出版社，1992。

世界展望會，1981，《聖經與發展》，台北，台灣世界展望會印。

甘豫源，1931，《新中華民眾教育》，上海，中華書局。

吳半農，1934，〈論定縣主義〉見千家駒主編：《中國農村經濟論文集》，見《民國叢書》第二編，第 35 卷，上海書店編印。

吳相湘，1981，《晏陽初傳》，台北，時報文化出版公司。

李孝悌，1979，《平教會與河北定縣的鄉村建設運動》，台灣大學歷史研究所碩士論文。

李景漢，1937，《中國農村問題》，上海書店印。

李登輝，1994，〈創造新的人和新的社會〉，見李登輝著《經營大台灣》，台北，遠流出版社，1995 年出版。

巫寶三，1934，〈論定縣主義〉，見《獨立評論》96 號。

邱創煥，1990，〈台灣省社區發展二十年專輯序〉，見台灣政府社會處編，《台灣省社區發二十年專輯》，中興新村，省社會處印。

周陽山，1990，〈晏陽初先生和他的時代〉，見《中國論壇》第345 期。

林萬億，1994，《福利國家：歷史比較的分析》，台北，巨流圖書公司。

孫本文，1947，《現代中國社會問題》第三冊，1947 年上海刊。

韋政通，1990，〈晏陽初先生年表〉，見《中國論壇》第 345

期。

徐　震，1980，《社區與社區發展》，台北，正中書局出版。

徐　震，1984，〈我國鄉村建設運動之淵源及影響，兼論其與當
　　　　代社區發展運動的關係〉，見《中華民國歷史與文化討論
　　　　集》第四冊，364-393 頁，台北，中央文物供應社。

徐　震，1989，〈平民教育與鄉村建設運動〉，見教育部主編：
　　　　《中華民國建國史》第三篇，統一與建設部份，第 1314 至
　　　　1351 頁。台北，國立編譯館出版。

章元善，1934，〈從定縣回來〉，見《獨立評論》95 號。

許水德，1996，〈社區營造與社區學習〉，見《1996 年台北國際
　　　　社區教育學術研討會論文集》，台北，中華民國社區教育協
　　　　會印。

張玉法，1981，《中國現代史》上冊（第四版），台北，東華書
　　　　局。

陳其南，1999，在「社區永續發展研討會」中研討三「社區永續
　　　　發展策略方案」中，由黃大洲主持，楊國賜引言，陳其南作
　　　　與談人。當時主持人黃大洲致詞強調社區發展之永續性及台
　　　　灣之社區發展與中國鄉村建設之關係，而陳其南發言，認為
　　　　台灣已進入工業社會與中國當時之經濟落後情形不能相比，
　　　　而與日本之社區營造的作法則較為接近。本文作者當時曾參
　　　　加該項研討會，時在 1999 年 4 月 24 日（星期六）下午二時
　　　　至三點四十分。在台北市政府舉行。

陳亮全、鄭晃二，1999，《社區動力遊戲》，台北，遠流出版公
　　　　司。

梁漱溟，1936，《鄉村建設大意》，鄒平，鄉村書店印，1970年，台北，文景出版社重印。

梁漱溟，1937，《鄉村建設理論》鄒平，鄉村書店印，1971年，台北，文景出版社重印。

張鴻鈞，1971，〈大學與社區〉，見《社會建設》季刊，第十號，台北，社會建設季刊社。

費孝通，1948，〈評晏陽初：開發民力，建設鄉村〉，見《觀察》第五卷第一期，1948年8月28日刊。

楊懋春，1980，《近代中國農村社會之演變》，台北，巨流圖書公司。

鄭世興，1974，《我國近代鄉村教育思想和運動》，台北，正中書局。

蔣廷黻，1936，〈中國之農業與工業〉序，見蔣廷黻：《蔣廷黻選集》，文星叢刊第127種第四冊，台北，1965年出版。

蔣夢麟，1962，《過渡時代之思想與教育》，台北，世界書局。

燕樹棠，1933，〈平教會與定縣〉，見《獨立評論》74號。

蕭新煌，1990，〈晏陽初先生：國際鄉村改造與第三世界農民〉，見《中國論壇》第345期。

蘇景輝，1990，〈社區工作者的典範：晏陽初先生〉，見《中國論壇》第345期。

Alitto, Guy S., 1979, *The Last Confucian: Liang Shu-Ming and The Chinese Dilemma of Modernity*, Berkeley, University of California Press.

Davidson, Carter, 1961, "Self-help: Jimmy Yen's Proven Aid for

Developing Nations." in *The Reader's Digest* Oct. 9161. and in Espiritu, Socorro C. and Chester L. Hunt, 1964, *Social Foundations of Community, Development: Readings on The Philippines* Manila, R.M. Garcia Publishing House.

Lamley, Harry J. 1969, "Liang Shu-Ming, Rural Reconstruction and Rural Work Discussion Society, 1933-35" in *Chung Chi Journal* Vol.8, No. 2, May 1969, P.60. Note 13 in P.53.

U. N. Economic and Social Council, Official Records of The 24th Session, Annexes, Agenda Item 4, 20th Report of the Administrative Committee on Coordination to the Council, (E/2931), Annex Ⅲ, P.14 (1956).

U. N. Dept. of Economic and Social Affairs, 1960. International Social Service Review, No.6. March, 1960, P.2.

江文也與中國近代音樂

張己任

東吳大學音樂學系教授

一

從 1980 年「江文也」這個名字重新引起音樂界的注意之後，至今已過了二十個年頭。二十年來，他的音樂在台灣從夾帶在一場音樂會中，到半場音樂會，終於在 1992 年可以全場演出他的作品，也可以舉辦全場的「江文也紀念研討會」，過程堪稱曲折、艱辛。這二十年間的前十五年，「江文也」在海峽兩岸從引起注意、昇溫到沸騰一時。1990 年到 1995 年的五年間可以說是熱潮的最高峰；在這個期間，香港、台灣、北京，分別在 1990 年、1992 年、1994 年各舉辦了一場江文也生平與作品的研討會。他的音樂也在這段時間內頻繁演出，灌製成唱片、錄音帶及 CD。然而 1995 年以後，熱潮似乎已逐漸退卻，研究他的論文與演出他的音樂相對地減少。雖然如此，「江文也」在海內外的華人音樂界中，卻已經廣為人知。

江文也曾經備受「爭議」，他的爭議性似乎總是因為把他的

「人格」與「音樂」並論。至於有關「人格」方面的爭議，無非是環繞在他曾經為不同政權的政治目的寫了一些歌曲，例如為日本政府寫過一些歌頌日本偽滿洲政府的「奴化」歌曲，因此不見容於國、共兩方；宣揚儒家精神，卻不討好中共政權的《孔廟大晟樂章》；以及歌頌中共建國，讓國民政府不悅的《更生曲》（郭沫若詞）、《真實的力量只有在行動裡產生》（巴金詩）等。這些歌曲雖然在他全部的音樂作品中份量極少，然而卻成為「人格」上極大的「污點」。這些「污點」使得他在兩岸之間「消失」了將近五十年。祇是，一個「作曲家」的名譽是因為他的作品而建立的，更何況，他的「污點」是因為中國近百年來政治上的動盪與政權的轉移而造成的。在 1980 年到 2000 年間，從「政治」的角度來評論江文也的論調逐年遞減，討論江文也音樂的論文逐年增加。「音樂家江文也」的地位才逐漸建立。

從音樂的方面看，由於江文也的風格在前後期作品中顯示極大的差異，導致人們對「音樂家江文也」的意見也相當分歧，眾說紛紜莫衷一是。然而，從「音樂」的角度來討論江文也，相對於從「政治」的角度來論斷，對「作曲家江文也」毋寧是比較公平的轉向。

二

1910 年 6 月 11 日，江文也生於當時稱為台灣州淡水郡的三芝庄（即現在台灣台北縣三芝鄉），本名為江文彬。1923 年十三歲時赴日東京就讀小學。不久，進入長野縣「上田中學」，中學時就展現出對音樂濃厚的興趣。1928 年自「上田中學」畢業，考入東京「武

藏高等工業學校」電氣機械科，課餘在「上野音樂學校」選修聲
樂。1932 年江文也二十二歲，從「武藏高等工業學校」畢業，同
年在《東京時事新報社》主辦的「日本第一屆音樂比賽」中，獲聲
樂組入選。這個比賽是決定江文也走向音樂家的重要事件。次年，
又參加由同一單位主辦的音樂大賽聲樂組，再次入選。這次的入選
奠定了「聲樂家江文也」在日本的地位。

　　1993 年，江文也在〈通過預賽的感想〉一文提到，在上一次
的音樂比賽之後，除了開始熱衷於研究法文，也與田中規矩士及橋
本國彥學習鋼琴及作曲。❶這是目前第一次披露出江文也學習鋼琴
及學習作曲的記錄。之後的許多記載中，則僅提到江文也的作曲老
師是「山田耕筰」。❷然而江文也卻不太認同山田耕筰的樂風。無
論在筆下或平常言談中都很少提到「山田耕筰」這個名字。❸他學
習作曲的方式是「自學」，自己多聽、多看、多想為主。在回答一
位小學老師有關作曲的問題時，他說：

　　　盡可能找大量的作品來聽，反覆無數次的聽，然後在五線譜
　　上，將自己耳朵裡逐漸感受到的音符實際寫出，並彈出聲音

---

❶　劉麟玉〈從戰前時音樂雜誌考證江文也旅日時期之音樂活動〉，《論江文也
　　──江文也紀念研討論文集》（中央音樂學院學報社，2000 年 9 月），頁
　　21。

❷　同上，頁 21。

❸　高城重躬，〈我所了解的江文也〉，江小韻譯，《中央音樂學院學報》（季
　　刊 2000 年第 3 期），頁 62-63。

來聽聽看。❹

吳韻真女士的回憶中談到江文也說：

> 我能有今天的成績，除了兩位恩師山田耕筰❺與齊爾品的指
> 導外，實際上作曲的功力大部分可以說是自修的，同時得益
> 於日本出版的大量唱片和樂譜，我把許多名曲幾乎背下來才
> 學和聲基礎。這樣很快的學到了歐洲音樂的作曲技法。❻

1934 年，江文也參加了第三屆音樂大賽的作曲組，榮獲第二名。得獎的作品是《來自南方島嶼的交響素描》的第二樂章，〈白鷺的幻想〉。❼ 1935 年以後，江文也在日本連連得獎，作品也接二連三的問世。逐漸在日本樂壇奠定了「作曲家江文也」的地位。

從 1934 到 1937 短短的四年間，江文也在日本作曲界鋒芒畢露，使他揚名國際的是 1936 年在柏林舉行的第十一屆奧運中作品參賽獲獎的這件事。當時的江文也已是「日本現代作曲家聯盟」的會員，這個聯盟獲得「國際現代音樂協會」總會承認為日本支會。在 1936 年日本「現代音樂協會」內部選定江文也的《台灣舞曲》

---

❹ 江文也《黑白放談》，劉麟玉譯（《聯合報》副刊，1996 年 6 月 13 日），小標題為〈回答問題〉。
❺ 江文也雖然對山田耕作的音樂與教學不以為然，在這裡提到他，「可能」是他當時已在北平師範學院教書有關，為的是要突顯他也受過「學院派」的薰陶。
❻ 吳韻真，〈伴隨文也的回憶〉，〈有關江文也的資料〉，《民族音樂研究》第三輯，劉靖之主編（香港：香港大學亞洲研究中心，1992），頁 7。
❼ 同註❶，頁 22。

做為奧運參賽作品，續獲「日本體育協會」的最後篩選通過，成為五首代表日本參賽的作品之一。五首作品中祇有《台灣舞曲》獲得柏林奧林匹克選外佳作的「認可獎」（「特別獎」）。兩年後，江文也的鋼琴作品《十六首斷章小品》（作品 8）又在威尼斯「第四屆國際音樂節」中獲獎。此時，他的一些作品也分別在歐美各地陸續上演。江文也因此成為國際性的作曲家。

這時期的作品除了先前列出的以外，有資料可查的還有管弦樂曲《第一組曲，1，2，3》（1935）、《兩個日本節日的舞曲》（1935）、《節日時遊覽攤販》（1935）、《田園詩曲》（1935）、《俗謠交響練習曲》（1936）、《複格序曲》（1936）、《北京點點》（1936）；舞劇《一人與六人》（1936）、《交流無涯》（？）、《潯陽江》（？）；鋼琴曲有《台灣舞曲》（1934）、《鋼琴短品》（1935）、《五月》（1935）、《鋼琴小品五首》（1935）、《小素描》（1935）、《譚詩曲》（1936）、《木偶戲——人形芝居》（1936）、《北京萬華集》（1938）；室內樂有《四首高山族之歌——為女高音及室內樂》（1934）、《五首高山族之歌——為男中音及室內樂》（1935）、《曼陀林奏鳴曲》（？）、《南方紀行》（1935-1936）、《祭典奏鳴曲——長笛及鋼琴》（1937）；合唱曲《潮音》（1936）；獨唱曲《台灣山地同胞歌——生番四歌》（1936）等。❽

1938 年，時年二十八歲的江文也接受了北平師範學院音樂系

---

❽　作品目錄及曲名取自江小韻編〈有關江文也的資料〉，《民族音樂研究》第三輯，劉靖之主編（香港：香港大學亞洲研究中心，1992），頁 257-267。

主任柯政和的邀請，擔任作曲與聲樂教師。從此定居北平。與在日本時期相比，他的生活明顯地趨於平淡，以創作、教學為主要的活動。1949 年後任中央音樂院作曲教授，直到 1983 年去世。

　　從 1938 年到 1948 年，可以說是江文也創作最豐碩的時期。這期間的管弦樂曲有《孔廟大晟樂章》（1939），《第一交響曲》（1940），《為世紀神活的頌歌》（1942），《碧空中鳴響的鴿笛》（1943），《第二交響曲》（北京）（1943），《一宇同光》（1943）；舞劇有《大地之歌》（1940），《香妃傳》（1942）；歌劇有《西施復國記》（1944），《高山族之戀》（未完成），《人面桃花》（未完成）（1943）；鋼琴曲有《小奏鳴曲》（1940）、《第一鋼琴協奏曲》（？）。敘事詩《潯陽月夜》（1943），《第三鋼琴奏鳴曲——江南風光》（1945）；室內樂曲《大提琴組曲》（？）；合唱曲有《南薰歌》（1939）等九首；獨唱曲則有《中國名歌樂》，《唐詩——五言絕句　九首》（1939），《唐詩——七言絕句　九首》，《宋詞李後主篇，蘇軾篇，李清照篇，吳藻篇》（1929），《古詩篇》（1939），《律詩篇》（1939），《現代白話詩詞曲》（1943），《聖詠歌曲集第一卷》（1946）（原出版名為《聖詠作曲集第一卷》）❾，《聖詠歌曲集第二卷》（1946）（原出版名為《聖詠作曲集第二卷》）❿，《第一彌撒曲》（1946），《兒童聖詠曲集》（1946）等。

　　1950 年以後，江文也的管弦樂作品祇有五首，一首遺失，最後一首《阿里山之歌》未完成。留下來的是 1953 年完工的《汨羅

---

❾　《聖詠作曲集第一卷》（北平：北平方濟堂聖經學會，1947）。

❿　《聖詠作曲集第二卷》（北平：北平方濟堂聖經學會，1947）。

沉流》，以及《第三交響曲》（1956）《俚謠與村舞》（1957）；鋼琴曲則有《鄉土節令詩》（1950），鋼琴奏鳴曲《典樂》（1951），鋼琴綺想曲《漁夫歌》（1951），為教學用的《鋼琴奏鳴曲（中級用）》（1952），《兒童鋼琴教本》（1952），及《杜甫讚歌》（1953）；弦樂合奏《小交響曲》（1951）；小提琴奏鳴曲《頌春》（1951）；鋼琴三重奏《在台灣高山地帶》（1955），管樂五重奏《幸福的童年》（1956）、《本管三重奏（一）、（二）》（1960）；獨唱曲只有《林庚抒情詩曲集十首》（1956）。

從作品表上看 1960 年到 1983 江文也去世，除了 1960 年的兩首《木管二重奏》，1962 年的《第四交響曲——紀念鄭成功收復台灣三百週年》以後，江文也只改編了一些台灣民歌，以及未完成的《阿里山之歌》。

總的說來，1950 年後是江文也一生中作品最少的時期，尤其1960 年以後實在是寥寥無幾。這當然跟他在政治鬥爭中身心受到嚴重的摧殘有關。

三

江文也在 1938 年前的作品，充滿了 30 年代歐洲最前衛的手法。從他在 1937 年為日本音樂雜誌寫的一輯名之為〈黑白放談〉❶的文章裡，可以看出江文也不僅對西方十九世紀末二十世紀的文學家如梵樂希（Valéry, Paul Ambroise. 1871-1945）、藍波（Rimbaud, Arthur.

---

❶　江文也《黑白放談》，劉麟玉譯（《聯合報》副刊，1996 年 6 月 11、12、13日）。

1871-1945）、魏倫（Verlaine, Paul. 1844-1896）等人，也對當時西方前衛
作曲家如德布西、拉威爾、瓦列滋（Varese, Edgar. 1883-1965）❿、巴托
克、赫尼格（Honegger, Arthur. 1892-1955）、辛德密（Hindemith, Paul. 1895-
1963）❸等人以及當時在西方樂壇流行的新國民樂派、新古典主
義、印象主義、表現主義、神祕主義的作品及思想認識頗深；同時
也顯示出他對當時「前衛音樂」的熱情擁護與接受的強烈情意，他
為「新東西」辯護❹，對那些不能接受「前衛音樂」的人，也毫不
留情的予以嘲諷：

> 聽德布西的〈巴格達〉、拉威爾的〈醜小鴨，寶塔皇后〉
> （選自《鵝媽媽組曲》）、瓦列滋（Varese, 1883-1965）的〈電離〉
> （Ionizations）時，他說：「這是什麼，這音樂日本及中國也
> 有，何需再聽！」遂憤怒地離席。

> 聽赫尼格的〈Pacific 231〉、辛德密（Hindemith）〈畫家馬蒂
> 斯〉（Mathis der Maler）……等音樂時，他說：「這樣的東西
> 在日本、中國、印度的音樂裡是絕對沒有的，更沒有聽的必
> 要。」遂搗住耳朵，一點也不表示出興趣的樣子。❺

　　雖然江文也的作品受到許多當時西洋前衛作曲家的影響，然而
影響他音樂思想與寫作手法最深的卻是巴爾托克，江文也在日本的

---

❿　同註❽，原譯文為「布列滋」、不知是譯著或編者或手民之誤。

❸　以上所列之人名均為江文也當時的譯名。

❹　同註❽，小標題為〈關於「新東西」〉。

❺　同註❽，小標題為〈「詭辯者的詭辯」〉。

摯友高城重躬的回憶中說:

> 江先生的作品受匈牙利巴爾托克民族樂派的影響,特別是鋼琴作品很容易聽出巴爾托克的風格。依福部昭曾講過,江文也受巴爾托克的影響……❻

　　以《十六首斷章小品》套曲中的短曲為例,可以一窺江文也當時風格的大概。第一首〈青葉若葉〉（青綠嫩葉）已經揚棄了大小調性的組織手法;第二首在節奏方面有各種不同拍子的交替,而變化半音的運用,加深了「無調性」的效果,結尾更是在以 A 音上所建構的大三和弦中附加 F 及 G# 音所產生的不協和弦為結束;第四首的音響特殊之外還有一段註釋:「演奏可以用任何他所喜歡的表情來演出,可以不停的反覆直到疲倦為止、也可以在任何一處終止」;第五首的和弦音響,有著德布西的影子;第六首的節奏鮮明,以五度音疊置四度音為整首和弦的建構,具有鮮明敲擊式的鋼琴曲風;第七首,〈墓碑銘〉是紀念弟弟文光的逝世而作,作品一開始就以 Fb-Bb-C-Eb-A-D-Eb 組成的和弦以強聲琶音開始,和聲音響非常特殊,但音中心（tonal center）的感覺卻極為強烈,說服力十足;第十二首明顯是受到巴爾托克影響的小曲,不僅節奏活潑生動,節奏交錯,五度疊置四度音的和弦又再度成為這首樂曲的核心;第十三首的結尾祇有 D、E 兩音。以四度音程疊置來建構和絃的方式在 1920、30 年代已經在歐洲蔚為風尚、成為打破以三度音疊置的三和弦為樂曲組織的方法之一,而江文也特別喜愛用五度音

---

❻　同註❸,頁 62。

程加上二度音或是以四度音程疊置建立的「和弦」。

　　從江文也的《台灣舞曲》，可以明顯地看出他吸收歐洲新潮流的程度，當時歐洲的管弦樂法盛行的是壓低弦樂在樂隊中的主導地位，而以木管、銅管以及打擊樂器為樂曲表現的中心。從管弦樂法上來看，《台灣舞曲》弦樂大部分的時候是以撥弦、長泛音或是伴奏的角色在樂曲中穿插，反而是木管、銅管及打擊樂器佔全曲中最主要的領導地位，打擊樂器的角色甚至都比弦樂器來得突出。樂曲節奏一開始即以多重拍子（polythythm）的手法呈現：弦樂部份以撥弦的方式奏出伴奏的音形，雖然拍號是三拍子，實際上卻是四拍子的寫法，然而在木管上卻是以三拍子開展，加上樂句不時以四拍子的型態出現，而且強拍常不在拍號所暗示的位置上，故而樂曲拍子節奏的組合上就造成了許多不同形態拍子的疊置，也因此出現了多重複合拍子（poly-meter）的效果；這種手法在 1920、30 年代歐洲的前衛音樂中屢見不鮮。在和聲方面，《台灣舞曲》更是大膽的突破了以大小調性三和弦為組織的規律，最後甚至在 F、E 中的長音上方加上一個 F-A-C-Eb 的和弦終了。然而，整首曲子音的中心感卻沒有因此喪失。

　　江文也早期的管弦樂曲數量不少，單單在 1938 年以前完成的，就有十部❼，雖然大部分的管弦樂曲目前已經遺失，但是從十部中僅存的五部作品來看：前期的江文也，在音樂的表現上最喜歡的媒介應該是管弦樂，也似乎必須是這種表現力強大的媒介才最適合表達江文也音樂的意念。這從他的《北京點點》可以看出，這首

---

❼　　同註❻，頁 257-258。

樂曲，是從《十六首斷章小品》中選取五段小品（No.4，11，12，14，16）重新編寫而成。重編之後，一變而為色彩繽紛、氣勢雄偉的作品。

　　1938 年以前的作品雖然前衛，但是江文也在「帶著獨特而有生氣的性格，不用傳統的表現方式而選擇新的作曲概念」⓲之外，卻還明顯的具有「民族性」的題材與內容。這個當時在江文也音樂中所呈現的「民族性」內容，顯然與他生長的環境有關。生在殖民時代的台灣，十三歲就在日本求學的江文也，早期的「民族性」顯然是比較「日本式」的，具有強烈的日本色彩、日本的聲調，甚至以「台灣」為名的「舞曲」也是日本的色彩及聲調大於目前我們所認知的「台灣」。然而，在他所身處的時代中，台灣不正是處於具有強烈的日本色彩、日本聲調「風味」的環境嗎？

四

　　影響他「民族性」風格轉變最大的，應該是俄裔美籍作曲家及鋼琴家齊爾品（Alexsander Tcherepnin, 1989-1977）。齊爾品強調音樂應該具有民族性，他也深信「歐亞合璧」（Eurasia）在世界文化藝術音樂上的可能性。1934 年旅行到上海、北京及東京，他見到當時中國音樂的情況後，對中國的音樂界提出建言：中國要在國際樂壇立足，中國音樂就必需要應用世界性的當代音樂語言、技法及使用世界通用的樂器或媒介，同時音樂的內容必須具有民族性。齊爾品除了在中國闡述「歐亞合璧」的觀念，也曾在歐美出名的《音樂季

⓲　同註❶，頁 30。

刊》（*Musical Quarterly*）撰文介紹中國當時音樂現況，在文章的結尾齊爾品明確的指出：

> 只要中國的音樂越具民族性，他們就越能在國際樂壇佔有一席之地。[19]

　　江文也與齊爾品初次見面可能是在 1935 年 2 月 14 日。[20]根據齊爾品夫人李獻敏女士的說法，齊爾品立即就體認出江文也的才華，得知他是台灣人後，就鼓勵他朝「民族性」的路線繼續創作，也引導江文也去認識中國的民族傳統。[21]他們兩人在短期間就發展出親密的「亦師亦友」關係。之後，齊爾品不僅時常在各種場合演出江文也的作品，也不時鼓勵他、指點他作曲的方向。從當時日本一些雜誌的報導，也顯示出兩人的關係匪淺。[22]

　　1936 年六月中旬，齊爾品邀請江文也一齊到中國的上海、北平，這是江文也第一次到中國。顯然，這次的旅行是影響江文也認知中國、中國文化及中國的音樂與感受中國音樂最重要的事件。旅行的經歷、見聞，讓他對「中國」著迷。他在同年九月號的日本音樂雜誌《月刊樂譜》上寫了一篇〈從北平到上海〉[23]，透露出了他的心境，顯示出無比的激動之情：

---

[19]　Tcherepnin, A: "Music in Modern China," *Musical Quarterly*, (Oct.1935), p. 399.

[20]　同註❶，頁 28。

[21]　李獻敏女士在紐約寓所與筆者的口述，1980.03.12。

[22]　同註❶，頁 27-28。

[23]　江文也〈從北京到上海〉，《月刊樂譜》劉麟玉譯（《聯合報》副刊，1995 年 7 月 29─8 月 3 日）。

清楚的感覺到心臟鼓動的鳴聲，我的全身有如市街的喧擾般沸騰的要滿溢出來。我竟能在憧憬許久的古都大地上毫無拘束地疾駛著。

啊！何等的不可思議！何等的感動啊！……

我好似與戀人相會般，因殷切地盼望而心焦，魂魄也到極點。……

「我好似與戀人相會般，因殷切地盼望而心焦，魂魄也到極點。」這似乎已經顯示出日後江文也決定定居北京的強烈意念與心情。

對中國音樂也有強烈的體認：

我是下了很大的決心要學平劇的……。可是在這一晚看了實際的舞台演出後卻覺得無此必要了。這個好似要將耳朵震裂，從熱烈的的氣氛中醞釀出的音樂是大陸自己原始的音樂。從赫尼格（Honegger, Arthur，1892-1955）的 Pacific 231，莫索洛夫（Mosolov, AlelsssandrVasilevich, 1900-1973）的鐵工場的音樂，托斯卡的戲劇表現，到有如蜜一般的愛情的場面，用三、四種打擊樂器與胡琴、笛子便能十二分的描寫出來。

我痛切的感受到了！在那頭上演著的不就是你所想知道的全部嗎！

事實上，如果我貧乏的本能不能對那音樂有任何感覺，就算知道它們的歷史和理論又能如何呢？

「……用三、四種打擊樂器與胡琴、笛子便能十二分的描寫出來。」平劇中音樂精簡的表達手法及其所能表達的內容及效果，已經讓江文也感受到中國音樂的精妙！重要的是江文也是以「感性」為依歸的「藝術家」，他清楚地表示在音樂藝術的創造與體認中，「感性」應該凌駕於「理性」：「事實上，如果我貧乏的本能不能對那音樂有任何感覺，就算知道它們的歷史和理論又能如何呢？」何等率直又明確的表白！

在〈從北平到上海〉文章的結尾中，江文也寫道：

> 我實際的接觸了過去龐大的文化遺產，而在很短的時間內被這些遺產所壓垮，壓得扁扁的。……

> 雖然如此，當我直視遙遠的地平線上的白雲，卻在彼端發現了貧弱的自己。……❷❹

「……卻在彼端發現了貧弱的自己。」這樣的覺醒，與在北平所受到的極度感動，使他在 1938 年接受了「北平師範學院音樂系」系主任柯政和的邀請，擔任作曲與聲樂教師。接受「教授」這樣的職位，江文也並不是沒有考慮。日本樂壇一向認為江文也是「在野派」或是「非學院派」，以山田耕筰為首的「學院派」江氏也不以為然。❷❺高城重躬在回憶中談到了這一點：

---

❷❹　同註⓲，1995 年 8 月 3 日。

❷❺　同註❶，頁 23，雖然在許多有關江文也生平的論著都談到這點，由日本當時音樂雜誌上的報導更能加確定這種觀點。

江文也要到北京當教授前，有一天他突然來我家對我說要到
北京任教授。在開始談話時，我感到他還有點猶疑，想徵求
我的意見。我說到學院當教授（即學院派教授）你能適應嗎？
會不會有問題啊？停頓了一下，後來江文也講，俄國的管
弦樂法權威里姆斯基－科薩科夫是海軍出身，後來當了彼
得堡音樂院管弦樂法的教授。已有前人引路，我也想努把
力。㉖

　　從上面這一段話，不難看出江文也應聘「北平師範學院音樂
系」之前的心境，以及對歐洲音樂歷史的瞭解與受到歐洲國民樂派
影響的程度。到北平以後，里姆斯基－科薩科夫的《和聲學》與
《管弦樂法》，也成為江文也常用的教學教材。
　　也是這次的中國之旅，他注意到當時中國的作曲現象與環境，
在〈從北平到上海〉中，江文也寫道：

　　在北平及上海都有不少作曲家。但他們的音樂都有如教會音
　　樂般，皆是以半終止、終止為作曲方式的二一添作五的作曲
　　大師。……
　　對我們而言，一首曲子完成時，用什麼方法可讓曲子被演
　　奏、被發表、被出版、甚至被機械化般，作曲家傾向於將作
　　品視為提升自己的一種手段。但大陸的某幾位作曲家看起來
　　對這一些毫不關心。他們不太作曲，就算作曲了，對演奏及
　　出版作品的心態也和我們的大不相同。

㉖　同註❸，頁 64。

如果從進步的角度來說，作曲存在的理由可說是為了社會，
是給民眾們聽覺的食糧，此外從結合芭蕾、為劇場作曲、到
即使覺得勉強也得去做一些無聊的宣傳為止，為了開作品發
表會費盡力氣。但大陸的幾位作曲家，卻是遠超過我們所想
像的悠然自在的看待這些事。

只因他們將作曲視為茶餘飯後般的消遣，既非功力的表現，
也不為供給大眾們食糧，作品本身即是目的，是個小宇宙，
一個微粒子。因此作品本身幼稚與否，單純與否完全不在
乎。對他而言曲子已經是個完成品了。他們超脫了功利的想
法，更自由自在且游刃有餘地作曲。事實上我三小時便能寫
成的作品，老志誠先生卻需要花一個月的時間。❷

　　江文也的觀察敏銳，事實是 1930 年代的中國幾乎沒有作曲的
「專業」，所有的正是「作曲視為茶餘飯後般的消遣」，這種觀念
仍然是中國傳統士大夫思想。李叔同、趙元任也正是這種傳統下的
典型「作曲家」。而且中國當時大部分身兼教職的「作曲家」，作
曲的態度也仍然是業餘性質的。當時在日本身為「專業作曲家」的
江文也曾經思考過中國的作曲環境。但是他堅信作曲方面的功力靠
的是「自修」，這一點對他移居中國的考慮反而比較少。

五

　　1938 年返回中國，江文也作品很快出現了音樂風格的轉向，

---

❷　同註⓲，小標題為〈作曲家〉。

明顯的揚棄了日本時代所受到的西方當代主流風格的寫作方式。逐漸以五聲音階為寫作中心，然而在和聲的運用上卻不以當時流行於中國境內混合五聲音階與類似歐洲十八、十九世紀功能性三和弦的作曲方式為準則，他的樂曲寫作多是以線條為出發點，在樂曲織度方面越來越單純。《孔廟大晟樂章》可以說是江文也在音樂風格上一個明顯的分界點。

1939 年，江文也完成了返回中國後第一首大型管弦樂曲《孔廟大晟樂章》，對他自己來說，這是在研究了祭孔音樂及孔子音樂思想以後所最「偏好」的大型管弦樂曲。他在 1940 年由「日本東京交響樂團」演奏的唱片解說中，以《孔廟的音樂──大晟樂章》❷❽為題，花費了許多文字來說明這首樂曲的寫作背景、樂曲內涵等等……，詳細交待了孔廟音樂演出的形式，對音樂的考據以及作曲的態度。一開始江文也也寫道：

> 沒有歡樂，也沒有悲傷，祇有向東方「法悅境」似的音樂。

> 換句話說，這音樂好像不知在何處，也許是在宇宙的某一角落，蘊含著一股氣體，這氣體突然間凝結成了音樂，不久，又化為一道光，於是在以太中消失了。

> 這音樂，在世界音樂中，的確是一個「新大陸」的發現，也可以說是東方音樂文化的金字事件。

---

❷❽　同註❼，《孔廟的音樂一大晟樂章》江小韻釋譯，頁 301-306。

然後，江文也敘述了他對〈祭孔儀式〉的觀察，繼而又對祭孔的音樂作〈音樂考〉；在考據中，不時提出疑問與自己的感受。〈音樂考〉之後，又很謹慎的說明了他的〈作曲態度〉：

> 在用西洋管弦樂把「大晟樂章」呈現之際，我沒有拘泥於某一朝代的某形式，而是把他們都當成正雅樂給予均稱的重視；作為一部樂曲，在其結構、形式許可的範圍內，把「大晟樂章」有機地觸合起來，進行了全面的編配。根據自己的分析，我認為：把中國音樂文化加以批判性的發展，是我應當嘗試的。這種批評性的發展，後人是可以知道的，正像孔子所說的：殷禮繼承夏禮有所損益，都是可以知道的，那麼如有人繼承周禮，「就是百世以後，也是可以知道的……」那樣。㉙

文中江文也一再的強調要能真正的瞭解這首樂曲，必須先拋棄西洋音樂的美學觀點與心態。這裡也顯示江文也已經開始瞭解中西音樂在本質上的差異，兩者是有異同之分，卻不應該有高下之別。江文也肯定中國「雅樂」的態度，透過《大晟樂章》的研究、「編寫」，也明白的表現了出來。他主張這種代表中國傳統精神的音樂，應該代代相傳，因此用現代管弦樂曲的形式來呈現，除了方便承傳以外，還希望能為世界音樂做出貢獻。㉚

㉙　同註㉓，頁 306。
㉚　同註❼，《孔廟大晟樂章》，頁 308。

　　江文也以寫作管絃樂曲為特長，從目錄與一些記載來看，一生總共寫過二十一首管絃樂曲，目前僅存九首，其中一首還是未完成的。已經出版的只有《台灣舞曲》與《汨羅沉流》。雖然大部份樂譜已經遺失，但以量來說，在中國堪稱少有。就大部分的作品完成於 1950 年以前來看，江文也絕對稱得上是中國近代音樂史上管弦樂曲的先驅。1950 年以前中國的管絃樂曲可以說是稀有樂種，囿於環境限制，即使寫出管絃樂曲也難得演出。曾經是江文也學生的鄧昌國回憶時，談到「江文也先生作品極為豐富，當時北平器樂不甚發達，許多他的作品如《孔廟大晟樂章》試奏不甚理想，《台灣舞曲組曲》❸更是複雜難奏。」❸ 1934 年完成的《台灣舞曲》，除了音樂語彙「前衛」，管弦樂的配器俐落、清澈與不落俗套，顯示 1934 年時，江文也對管弦樂已經能運用自如了。五年後的《孔廟大晟樂章》，在配器法上更是特殊，創意十足，他對管弦樂隊以及配器的掌握，在 1950 年以前的中國的確無人能出其右。在《孔廟大晟樂章》中，西洋管弦樂隊居然奏出令人錯以為是中國樂器合奏的音響與意境，使人想起周文中的《漁歌》（1965），那已是距離《孔廟大晟樂章》完成二十六年以後的事了！這種創作方法，正是齊爾品鼓勵中國作曲家創作的方向之一！

　　1938 到 1958 的二十年間，江文也的聲樂曲與鋼琴曲佔了多數，聲樂曲的音樂風格和早期作品比較，樂風顯得質樸、端莊、含

---

❸　應為《台灣舞曲》之誤。
❸　鄧昌國：〈受教江文也先生拾零〉，《現代音樂大師──江文也的生平與作品》（Monterey Park, CA,: Taiwan Publishing Co. 台灣出版社，1981），頁247。

蓄，調性明確、節奏平穩、結構也十分單純。幾乎所有的作品全都以五聲音階來寫作。早期江文也喜愛的多變化音、複雜生動活潑的節奏、西方當時的前衛手法幾乎已不見蹤影。鋼琴的伴奏特別具有特色，每首伴奏都隨詩詞的內容而不同，寫作呈線性思考，而且使用的「和弦」也仍然不是出自於大小調性以三度音疊置的三和絃，以四度音疊置構成的「和弦」依舊是特色，雖然「不和」的音響依然充斥，早期的辛辣刺激感幾乎已經消失。只是到了情緒奔放、激動之時，仍會毫不猶豫的使用早期手法。他的鋼琴伴奏與詩詞配合十分精妙，在歌聲已了之後，鋼琴仍然能夠引領聽者的情緒，大有詩韻猶存之感，顯示出鋼琴的獨立性。在中國大量的藝術歌曲作者中，能像江文也這樣細緻的處理聲樂曲中聲樂與鋼琴的作曲家，實在寥寥無幾。

中國近代鋼琴音樂創作歷史中，江文也是同時期音樂家裡寫作鋼琴曲數量最多的一位，在這些鋼琴音樂反映了他一生音樂風格的發展過程。他的鋼琴作品全部完成於 1953 年之前，總共二十二部，約佔全部作品的四分之一。中、後期的鋼琴作品，乍聽之下與 1950 以後，中共大力標榜的民族主義，並以俄國十九世紀末期國民樂派為範本所產生的作品風格「似乎」相似。然而在呈現「中國風格」時，江文也的作法仍然是與 1950 年代的中國作曲家大不相同。必須注意的是，江文也的鋼琴作品，大部份在 1950 年以前完成，早期的技術與觀念並沒有從中、後期的鋼琴音樂作品中消失。而鋼琴音樂真正開始大量在中國出現，卻是在 1950 年以後。因此，「江文也的鋼琴創作歷程正處於我國鋼琴音樂文化的開拓和初步發

展時期。他的許多作品與我國鋼琴音樂發展有著直接聯繫」。❸周
行先生在〈論江文也的鋼琴作品在我國鋼琴音樂發展中的貢獻和地
位〉一文的結論中，這樣寫道：

> 江文也的鋼琴創作正處於我國鋼琴音樂文化的開拓和初步發
> 展時期，他是此時在鋼琴音樂創作領域中創作最多、取得成
> 就最大的作曲家之一。江文也的鋼琴作品體材廣泛、語言純
> 樸、情感真摯，與祖國的古老文化傳統、民俗和鄉土風情有
> 緊密的聯繫。同時，江文也的鋼琴作品又具有鮮明時代感和
> 富於探索精神，表明了他對不斷發展的世界音樂潮流的參與
> 意識。江文也的鋼琴作品以鮮明的藝術個性在我國鋼琴音樂
> 發展中獨樹一幟，……❸

返回中國後，江文也除了寫作音樂與教學之外，還醉心於研究
中國古代的音樂與音樂理論，並且以詩人情懷寫了許多他在北京的
種種感受。他的文字著作中關於音樂的研究有〈孔廟大晟樂章〉
(唱片說明)（1940），〈作曲美學的觀察〉（1940），〈上代支那音
樂考——孔子的音樂論〉（1941），〈孔廟大晟樂章〉（1943），
〈俗樂、唐朝燕樂與日本雅樂〉（1943），〈關於孔廟大晟樂章的
研究〉（？），〈儒教的音樂思想〉（？），與音樂有關的文字著作有
〈謹白〉（1945 年 6 月 21、22 日〈獨唱音樂會〉節目單）以及〈寫於〈聖

---

❸ 周行，〈論江文也的鋼琴作品在我國鋼琴音樂發展中的貢獻和地位〉，《中
央音樂學院學報》（季刊）2000 年第 3 期，頁 213。
❸ 同註❷，頁 224-225。

詠作曲樂〉（第一卷）完成後〉（1947）。詩集有〈北京銘〉
（1941），〈大同石佛頌〉（1942），〈天壇賦〉（1944）。❸單單從
這些文字篇章的名稱中，就不難看出江文也定居中國以後，對中國
的音樂、音樂文化的內涵是多麼的心醉，以及沈浸在中國古代文化
之中的諸種豐富的感受。

在 1941 年以日文出版的〈上代支那音樂考——孔子的音樂
論〉中，江文也第一句話是：

> 「樂」永恆的與國家並存。

又接著說：

> 當今，已十分習慣於西洋式音樂史的人們，如果閱讀此文，
> 首先會覺得奇怪，然後會起疑，……
>
> 此即中國音樂文化更與其他國家有其特異的不同處。以西洋
> 式的想法或許無法相信，或者也是難以理解的特徵之一。❸

雖然，江文也是在〈孔子的音樂論〉探討孔子的音樂思想，然
而「『樂』永恆的與國家並存」這句話其實已經表明了「音樂具有
國家民族的特點」。而且接下來的話，也顯示 1941 年的江文也已
經深深了解不能「以西衡中」。

在教學方面，江文也可以說非常稱職，在課堂上不時提醒學生

---

❸ 同註❼，頁 255-256。

❸ 《江文也文字作品集》，張己任主編（台北縣：台北縣立文化中心，1992 年
年），頁 19。

思考音樂民族性的問題。他顯然深受學生的愛戴。曾經是江文也的
學生，一向不太談自己過去的史惟亮，有一次卻出乎大家意料之外
的回憶說：

> 有一件事倒可以說說……那一年裡有過一個很好的老師，叫
> 江文也，是個台灣人。在日本學音樂，後來就到北平教書。
> 這個在一九三六年世界作曲比賽中得了獎的老師，把世界音
> 樂中各種流派和思想，都清清楚楚地攤開給他的學生看，告
> 訴學生：這麼些路子，未必都是你們可以走的，你們的道
> 路，恐怕還是去發現一條中國音樂的路子來。
>
> 他告訴我們：藝術的特質之一，是在與眾不同，有獨特的風
> 格。……
>
> 中國的音樂，有中國音樂獨有的特色，雖然這些特色很難說
> 清楚，卻要靠你們自己去領會從而去創造、去發展。❸❼

這番鼓勵學生去尋求中國音樂特色的話，影響了史惟亮往後的
一生。

六

綜觀江文也的一生，1938 年以前，誠如韓國鐄所說是「國際

---

❸❼ 〈史惟亮心目中的江文也〉，《現代音樂大師——江文也的生平與作品》
（Monterey Park, CA,: Taiwan Publishing Co. 台灣出版社，1981），頁 143-
144。

的作曲家」❸，不僅活躍於日本，作品也在國際間演出而受到矚目。他的樂風前衛、生動，有創造力、具有自己獨特的風格，與當時的國際音樂創作潮流同步。1930 年代中國的作曲環境不如日本，雖然有自己悠久的音樂傳統，但是在中、小學及大學都以西方音樂作為教育內容，創作也多以歌曲為主，風格則以模仿歐洲十八世紀末、十九世紀初「藝術歌曲」的作曲手法為主流。在中國當時貧瘠的音樂環境下，江文也竟然在 1938 年決定返回中國，放棄在日本的錦繡前程，這一直是以前研究江文也生平的謎。而這個謎，終於由他與齊爾品共赴上海、北平之後所寫的文字解開。

　　1938 年後的江文也，拋棄了西方當代主流音樂風格的寫作方式。許多人對江文也的轉向非常不解，對他中、後期的音樂作品也深深不以為然，也有人認為他的創作從 1938 年開始日漸走下坡！這些人顯然是以西方的音樂美學標準、以西方的音樂認知，來作為評論江文也作品的尺度。然而江文也卻不以為意，在他最後一篇談論對中國音樂的瞭解的文字〈寫於《聖詠作曲集》（第一卷）完成後〉❸，充分的說明他自己的轉向，全文於後：

　　　　自從我見了雷永明神父 P. Allegra，同時，〈聖詠〉❹也重
　　　新提醒了我的意識，在我進中學時，有一位牧師贈我一部

---

❸　韓國鐄，〈江文也的生平與作品〉，《現代音樂大師——江文也的生平與作品》（Monterey Park, CA,: Taiwan Publishing Co. 台灣出版社，1981），頁 4-5。

❸　《聖詠作曲集第一卷》（北平：北平方濟堂聖經學會，1947）。

❹　即是《聖經》中的〈詩篇〉。

《新約》，《新約》的卷末特別附印《舊約》中的〈聖詠一百五十首〉，從此它就成了我愛讀的一本書，可是我之於它，是像看但丁的《神曲》，或者讀梵樂希 Valery 中的詩品似的。二十多年來，總沒有一次想把它作出音樂來。

有了某一種才能，而要此才能發揮於某一個工作上時，真需要一種非偶然的偶然，非故事式的故事！我相信人力不可預測天意！

這《聖詠作曲集》裏邊的一切，都是我祖先所賦與的，是四、五千年來中國音樂所含積的各種要素，加以數世紀來正在進化發展中的音響學上底研究而成的。

「樂者天地之和也」

「人樂與天地同」

數千午前我們的先賢已經道破了這個道理，在科學萬能的今天，我還是深信而服膺這句話。

我知道中國音樂有不少缺點，同時也是為了這個缺點，使我更愛惜中國音樂：我寧可否定我過去半生所追究那精密的西歐理論，來保持這寶貴的缺點，來創造這寶貴的缺點。我深愛中國音樂的「傳統」，每當人們把它當作一種「遺物」看待時，我覺得很傷心。「傳統」與「遺物」根本是兩樣東西。

「遺物」不過是一種古玩似的東西而已，雖然是新奇好玩，可是其中並沒有血液，沒有生命。

「傳統」可不然！就是在氣息奄奄下的今天，可是還保持著它的精神與生命力。本來它是可以創造的，像過去的賢人根

據「傳統」而在無意識中創造了新的文化加上傳統似的，今天我們也應該創造一些新要素再加上這「傳統」。

「金聲也者，始條理也。玉振之也者，終條理也。」

「始作翕如；縱之純如，皦如，繹如，也以成。」

在孔孟時代，我發現中國已經有了他固有的對位法和大管弦樂法的原理時，我覺得心中有所依據，認為這是值得一個音樂家去埋頭苦幹的大事業。

中國音樂好像是一片失去了的大陸，正在等待著我們去探險。

在我過去的半生，為了追求新世界，我遍歷了印象派、新古典派、無調派、機械派……等一切近代最新底作曲技術，然而過猶不及，在連自己都快給抬上解剖台上去的危機時，我恍然大悟！

追求總不如捨棄，

我該徹底捨棄我自己！

在科學萬能的社會，真是能使人們忘了他自己，人們一直探求「未知」，把「未知」同化了「自己」以後，於是又把「自己」再「未知」化了，再來探求著「未知」，這種循環我相信是永遠完不了的。其實藝術的大道，是像這舉頭所見的「天」一樣，是無「知」，無「未知」，祇有那悠悠底顯現而已！

普通教會的音樂，大半是以詩詞來說明旋律，今天我所設計的，是以旋律來說明詩詞。要音樂來純化語言的內容，在高一層的階段上，使這旋律超過一切語言上的障礙，超過國

界，而直接滲入到人類的心中去：我相信中國正樂（正統雅樂）本來是有這種向心力的。

一個藝術作品將要產生出來的時候，難免有偶然的動機——主題，和像故事似的——有興趣底故事連帶發生。可是在藝術家本身，終是不能欺騙他自己的，就是在達文西的完璧作品中，我時常覺得有藝術作品固有的虛構底真實在其中，那麼在一切的音樂作品中，那是更不用談了。

在這一點，祇有盡我所能，等待天命而已！對這藍碧的蒼穹我聽到我自己：對著清澈的長空，我照我自己；表現的展開與終止，現實的回歸與興起，一切都沒有它自己。

是的，我該徹底捨棄我自己！

　　1947年9月　江文也寫於《聖詠作曲集》（第一卷）完成後

　　這一段文字正說明了江文也回到中國以後的研究與思考的總結。

　　早在 1936 年，江文也與齊爾品到北京時就已經感受到了中國音樂簡潔的表現方式，這種方式對他而言，絕對不輸於西洋龐大複雜的呈現手法。江文也不僅在心中感受到中國音樂的本質，也以他直覺的感受接受了中國音樂的價值。1930 年代的中國，仍然普遍依賴西樂的觀念，一切都是以西樂的標準來衡量中國音樂的種種現象；一切都主觀的以為西方是新的，所以是好的；中國是舊的，所以是壞的。江文也雖然在追求西方音樂的過程中大有斬獲，而且也看似「前程似錦」，但他卻能夠憑著直覺的感受擁抱傳統的中國音樂，看他回到中國之後對中國音樂近乎宗教似的狂熱，實在不能不

佩服他不以西衡中的態度。在經過徹底的反省與內化，他明確地說：「我知道中國音樂有不少缺點」，他所指的「缺點」─即是以西洋音樂的標準作為衡量中國音樂所得到的「結論」，也就是那些以西衡中的人對中國音樂批評時所慣用的指責。❹

接著江文也又說「我同時也是為了這個缺點，使我更愛惜中國音樂」，這些「缺點」在江文也的眼中其實就是中國音樂的「特色」，也就是他接下去說的「我寧可否定過去半生所追究那精密的的西歐理論，來保持這寶貴的缺點，來創造這寶貴的缺點」。這些話也透露出，他認為用西歐精密的創作理論與寫作技巧是不能維護中國音樂「特色」的，甚至可能毀損中國音樂的「特色」！這種論調對熟悉西樂、推崇西樂的人來說，簡直是匪夷所思，不能理解的。

〈寫於《聖詠作曲集》（第一卷）完成後〉這篇文字已經明確解釋了江文也 1938 年後音樂風格轉向的原因，也說明了他作品風格由國際性到民族性，從複雜龐大轉為單純短小，以及從西方作曲材料上看似無限的可能，轉到看似發揮空間有限的五聲音階及近乎單旋律的音樂風格的原由。江文也因此成為一個「保守主義者」，

---

❹ 代表「以西衡中」這個觀念，最有名的一段文字記載或許是刊載於《北京導報》英文特刊中，由劉大鈞所寫的〈中國音樂〉。在結語時，劉大鈞說：「總而言之，中國音樂從各方面而言都缺乏準則，沒有標準的音階，沒有標準的樂器，沒有標準的樂曲。這些問題無法全部從外國借來的資料獲得解決……所以，儘管中國音樂有悠久的歷史和許多優點，它的改革仍然是迫切需要的。」（D.K. Liu: "Chinese Music" China in 1918, ed. by M.T.X.Tyau, being the Special Anniversary Supplement of the Peking Leader Fed. 12,1919）pp.103-110.

那些追隨西方傳統或追逐西方潮流的人，總覺得江文也的轉向對中國音樂的發展是負面的，是開中國音樂的倒車。然而就〈寫於《聖詠作曲集》（第一卷）完成後〉所表現的思想來看，他認為「傳統」：「就是在氣息奄奄下的今天，（傳統）可是還保持著它的精神——生命力。本來它是可以創造的，像過去的賢人根據『傳統』而在無意識中創造了新的文化加上傳統似的，今天我們也應該創造一些新要素再加上這『傳統』」。這顯示江文也是一位「真正的」「保守主義者」，真正瞭解他所要繼承的中國音樂傳統是什麼，又能確實守住所要繼承的傳統：不同於那些封閉、狹窄、頑固的「守舊主義者」。關於這一點、與江文也生前即相識相知的蘇夏先生說：

> 江文也一生在音樂創作上追求中國風格……，一生都在追求和探索和聲、複調、曲式、配器的民族特色，取得了很大的成就……。江從「古琴、笙管、琵琶」的演奏譜中歸納和聲，在「金聲玉振」的「基本精神」中尋找對位，在織體寫法上刻意模擬拙稚體、模擬民族樂器或樂器合奏的新寫法，對此，作曲同行中頗有微言，認為音響太單一、太單薄了！為此，我和江老交換過看法：他認為「足夠了」。也許這是構成他音樂風格中的最難選擇。他寫的旋律與和聲是直接互為因果的，也可以說是較自由的投影關係。在戲劇性展開中，作曲家寧願藉助於其他音樂表現因素，也要避免採用功能和聲中那種動力型的和聲結構，目的自然是要保持和聲色

彩的民族特色。**㊷**

1948 年暮春，江文也完成了中國音樂史上第一部以中文為歌詞的《彌撒曲》（作品四五）**㊸**，在這首《彌撒曲》之後，他寫了這樣的「祈禱」：

> 這是我的祈禱
>
> 是一個徬徨於藝術中求道者最大的祈禱
>
> 在古代祀天的時候　我祖先的祖先把「禮樂」中的「樂」
>
> 根據當時的陰陽思想當作一種「陽」氣解釋似的
>
> 在原子時代的今天
>
> 我也希望它還是一種的氣體
>
> 一種的光線在其「中」　有一道的光明
>
> 展開了它的翼膀　而化為我的祈願
>
> 縹縹然飛翔上天
>
> 願蒼天睜開他的眼睛
>
> 願蒼天擴張他的耳聽
>
> 而看顧這卑微的祈願
>
> 而愛惜這一道光線的飛翔
>
> > 1948 年暮春 江文也

㊷ 蘇夏，〈江文也與中國大陸的作曲界〉，《江文也紀念研討會論文集》，張己任主編（台北縣：台北縣立文化中心，1992 年），頁 60。

㊸ 《第一彌撒曲》〈寫於「第一彌撒曲」完成後〉（北平：北平方濟堂聖經學會，1947），頁 28。

　　對江文也來說，中國古代音樂文化的傳統，不單單只是創作的根源，也同時是他的「信仰」！在這個史惟亮稱之為中國音樂史上「對中國音樂傳統認識最少的時期」與「對中國音樂最無信心的時期」❹的時代裡，江文也對中國古代音樂文化傳統的「信仰」，後人會視之為白癡？或是先知？

　　江文也仍然是信守齊爾品當初的教誨的，在他看似單純中國式的作品裏，其實已巧妙地運用了二十世紀的許多前衛技巧來表現；他的作品絕大多數都是為西洋樂器或人聲而作，這也實踐了齊爾品當初提醒中國作曲家，要推展中國的音樂，必須要應用世界性的當代音樂語言、技法與國際性的樂器媒介來作曲。江文也對中國音樂傳統的熱愛、維護、堅持與信仰，在他後半生的作品中，的確毫無疑問而且明確的呈現了出來。在活躍於 1930、40、50 年代以西洋樂器為媒介的作曲家裡，江文也在許多以西洋樂器為媒介的樂種之中，都位居中國先驅者、領導者的地位；許多人或許精通某種西洋樂器、或許精通西方文化，但是能像他這樣深刻瞭解西方文化與西方音樂，也能自由運用二十世紀前衛的技法，卻仍然能夠堅持「不以西衡中」，又如此忠於傳統中國音樂的「特性」，如此努力於保存中國音樂「傳統」的「作曲家」，在中國近代的音樂史上，除了江文也以外，似乎還沒有第二個人！

---

❹　史惟亮，《音樂向歷史求證》（台北：台灣中華書局，1974），頁 4。

氣節與學術
——論馮友蘭的道術變遷

周質平

普林斯頓大學教授

一、以氣節論人是殘酷的

馮友蘭（1895-1990）生在甲午戰爭的後一年，卒于文革結束以後 14 年，改革開放以後 10 年。他一生經歷了滿清，民國和共產黨三個不同的政權，是個名副其實的「世紀老人」。他親歷了清末的腐敗，民初的軍閥割據，三四十年代的國共內戰、抗日戰爭，以至于中華人民共和國的成立，由一個極端封閉的社會主義社會漸漸走向市場經濟。1949 年之後，他在「土改」、「文革」、「批林批孔」等歷次的政治運動中都有所表現。他的學術觀點和他對孔子的評價也隨著歷次政治運動的風向而游走變遷，前後矛盾。並作了許多自殘，自賤，自辱式的所謂「檢討」和「自我批評」。

海內外學者對馮友蘭在歷次運動中的表現大多感到錯愕，惋惜和不齒。早期的批評可以張君勱 1950 年 8 月在香港《再生雜誌》

上發表的〈一封不寄信——責馮芝生〉為代表。他將馮友蘭比為五代時的馮道，在看了馮友蘭 1950 年發表的〈學習與錯誤〉一文之後，張君勱「身發冷汗，真有所謂不知所云之感。」接著，張君勱嚴厲的責備道：

> 足下讀書數十年，著書數十萬言，即令被迫而死，亦不失為英魂，柰何將自己前說一朝推翻，而向人認罪，徒見足下之著書立說一無自信，一無真知灼見，自信不真而欲以之信人，則足下昔日之作為，不免于欺世，今日翻然服從馬氏，列氏之說，其所以自信信人者又安在耶？……足下竟不識人間尚有羞恥事乎？❶

國內學者對馮友蘭的批評集中在「批林批孔」時期，馮氏迎合江青，為四人幫做顧問的那段歲月。這樣的批評，可以在王永江，陳啟偉 1977 年發表在《歷史研究》上的〈評梁效某顧問〉為代表。在文中，除指出馮友蘭對江青讒媚逢迎的醜態之外，並說明過去馮曾是蔣介石的「御用哲學家」和「謀臣策士」。最後則奉勸馮友蘭：「好生記著偉大的領袖和導師毛主席解放初年對你的告誡，做人還是採取老實態度為宜。」❷

1987 年，已故華裔美籍學者傅偉勳，在臺灣《當代》雜誌發

---

❶ 張君勱，〈一封不寄信——責馮芝生〉，發表在 1950 年，香港《再生雜誌》，收入藍吉富，《當代中國十位哲人及其文章》（台北：正文出版社，1969），頁 66-70。

❷ 王永江，陳啟偉，〈評梁效某顧問〉《歷史研究》（北京，1977，第 4 期），頁 12-23。

表〈馮友蘭的學思歷程與生命坎坷〉一文，也是對馮氏在 1949 年之後未能堅持自己的學術信念與立場而深致惋惜與責備：

> 馮氏把握不住生命的學問的結果，終于隨波逐流，造成了 30 多年來學術與現實雙層生命的坎坷萎縮，更令我感到，他是欠缺真實本然（true and authentic）的哲學家性格的悲劇人物。**❸**

類似對馮友蘭的批評文章散見各處，其結論大抵不出無恥逢迎。我在此絲毫無意為馮友蘭許多令人齒冷的作為作任何辯護，我只想指出一點：即在論人時過分的「氣節掛帥」，實際上也就是「政治掛帥」。

我在〈胡適與馮友蘭〉一文中曾經指出：「中國人，尤其是知識分子，所謂氣節，絕大部分也只能表現在對當道的態度上。過分從這一點上來寓褒貶，不知不覺之中，是把學術當成了政治的附庸。一個學者無論在學術上的成就多高。只要一旦在政治上有了妥協，此人即不足論，這不正是『以人廢言』的老規矩嗎？」**❹**

1949 年之後，中國知識分子所受到的迫害真可以說是三千年來所未曾有。過分在氣節上求全生活在那個苦難時代的知識分子，都不免是為那個殘暴的政權在作開脫。在義正辭嚴的批評那個時代的知識分子「無恥」的時候，若對他們所經歷的客觀環境有些認

---

❸ 傅偉勳，〈馮友蘭的學思歷程與生命坎坷〉，《當代》（臺北，1987，5，1，第 13 期），頁 109。

❹ 周質平，〈胡適與馮友蘭〉，收入，周質平，《胡適叢論》（臺北：三民，1992），頁 133。

識，那麼，對像馮友蘭這樣在學術上有過幾度變遷的學者，就會多了一些「同情的了解」。

1952 年 4 月 29 日，胡適在紐約「中國知識分子救援會」（Aid Refugee Chinese Intellectuals, Inc.）上作演說，題目是〈鐵幕裏苦難的中國知識分子〉（The Suffering Chinese Intellectuals Behind the Iron Curtain），其中對中國知識份子在共產政權之下所受到的磨難，有極為動人的描述。他沉痛的指出：

> 這是一個不容否認的事實──也是一個過分低估的說法──在我們悠久的歷史上，沒有任何時代像今天的知識分子在共產中國之下受到如此道德和精神上的荼毒。
>
> 即使在長達幾世紀的統一大帝國之下，帝王有無限制的權力，也不及紅色中國每天對知識分子無所遁形而又無所不在的迫害。

> It is an undeniable fact, -- and an understatement -- that in the long history of my people, there has never been a period in which the intellectuals are subjected to so great moral and spiritual torture as they are today in Communist China.
>
> Not even in the long centuries of the unified empire under the unlimited powers of the absolute monarchy, was there such universal and inescapable oppression of intellectuals as is daily and everywhere practiced in the Red-controlled mainland today.

胡適在講演中接著說道，古代中國既沒有如現在龐大的軍隊，也沒

有無所不在的秘密警察和密探，人們至少還有沉默的自由，而今連沉默的自由都沒有了。父子夫婦互相告發是政府所鼓勵的，在這樣嚴密統治之下，還有什麼個人自由和尊嚴可言。他用胡思杜（胡適的兒子）在報上公開批判胡適是「人民的公敵」為例，說明「沒有沉默的自由」是如何的可怕！❺最後他指出中共取得政權之後的兩年半之內是要把知識分子轉化成一種「自動的口號傳聲筒」（slogan-mouthing automation）。❻

　　胡適所提出的「沉默的自由」是遠比「言論自由」更基本的一種人權。「沉默的自由」也就是一個人有不表態的權利，等到連這個權利都被剝奪的時候，那麼，一個人也就沒有不說假話的自由了。

　　1953 年 4 月 1 日，胡適在遠東學會第五屆年會上發表英文論文〈共產中國思想改造的三個階段〉（The Three Stages of the Campaign for Thought Reform in Communist China）❼，在這篇文章中，胡適對所謂「洗腦」和「思想改造」作了最嚴厲的指控，這種在「暴力和威嚇」（force and intimidation）之下所進行的「坦白」、「自我批評」和

---

❺　胡適次子胡思杜，1950 年 9 月 22 日，在香港《大公報》發表〈對我父親——胡適的批判〉，文中有「他（胡適）是反動階級的忠臣，人民的敵人」的句子。這篇文章頗引起海外輿論的注意，《時代雜誌》（Time）曾訪問時在紐約的胡適，並以〈沒有沉默的自由〉（No Freedom of Silence）為題在1950 年 10 月 2 日刊出這篇訪問。參看 1950 年 9 月 23，24，26 日《胡適的日記》手稿本，第 16 冊。

❻　講稿藏紀念館，編號為「4-2 6 美國一」，Aid Refugee Chinese Intellectuals, Inc. 發了新聞稿。

❼　原稿藏紀念館，編號為「6-17，美國一」。

「自我批評的批評」都是對人格尊嚴和獨立思考所作最徹底的侮蔑和摧毀。胡適以馮友蘭、周培源、金岳霖、梁思成等北大和清華的著名教授為例,說明他們當時所作的自我批評是如何的不可思議又慘不忍睹。

馮友蘭只是無數被轉化成「自動的口號傳聲筒」的知識分子之一。在這樣悲慘的情況下,若依舊以氣節求全知識分子,實無異逼人做烈士。表面上看來義正辭嚴,骨子裡卻充滿著不同情,不容忍的冷竣和殘酷!這種要人做烈士的正義批評也正是戴東原所說的「以理殺人」❽,五四時期,所極欲打倒的「吃人的禮教」。

看了胡適這段演講,我們在批評馮友蘭無恥的時候,不妨設身處地的想想,我若身處在那樣沒有不說話自由的環境裏,我可有能力和膽識不隨波逐流,保持住自己的獨立人格?這樣設身處地一想,就能了然「易地則皆然」的簡單道理了。一個有人味的社會是允許一個人有不做烈士的自由的。

二、哲學只是一種遊戲和工具

今人論馮氏在文革期間的種種言行,大多不免是在道德或氣節的層面上,說他投機、無恥、苟且。但在馮友蘭自己看來,這樣的論斷或許不免「拘于行跡」。

對馮友蘭來說,哲學概念上的改變與其說是思想上的衝突,鬥爭或掙扎,不如說只是一種遊戲。這一點往往為論者所忽略。他在

❽　戴東原,〈與某書〉有「酷吏以法殺人,後儒以理殺人」之句。見胡適,《戴東原的哲學》(臺北:商務,1968),附錄頁2。

《中國哲學史新編》第七卷，第 81 章〈總結〉之中，從中國哲學史的傳統看哲學的性質及其作用。他藉著金岳霖的看法，來說明自己的一個概念：

> 金岳霖在英國劍橋大學說過：「哲學是概念的遊戲。」消息傳回北京，哲學界都覺得很詫異，覺得這個提法太輕視哲學了。因為當時未見記錄，不知道他說這句話時候的背景，也不知道這句話的上下文，所以對這個提法沒有加以足夠的重視，以為或許是金岳霖隨便說的。現在我認識到，這個提法說出了哲學的一種真實性質。❾

《中國哲學史新編》第 7 卷是馮友蘭的絕筆之作，而〈總結〉又是全書的最後一章，大約寫在他死前兩三個月❿，是他對「哲學」真正的「最後定論」。在這一章裏，他對哲學的性質三致其意，並提出了金岳霖「哲學是概念的遊戲」這一說法，肯定這一提法說出了「哲學的真實性質」。馮友蘭研究了一輩子的哲學，結果竟只是一種概念的遊戲。他如此「輕薄」自己的生平志業，也可以解釋為這是為自己當年在思想上的改變，作一定的解嘲。「哲學」既然只是一種「概念的遊戲」，那麼，馮友蘭在「道術」上的幾度變遷，也無非只是一種遊戲罷了。後人又何需過分認真呢！

這種遊戲的態度在馮友蘭 1948 年出版的英文《中國哲學小

---

❾　馮友蘭，《中國哲學史新編》，第 7 冊（臺北：藍燈文化公司，1991），頁197。

❿　參看，〈馮友蘭先生年表〉，在宗璞，蔡仲德，《解讀馮友蘭──親人回憶錄》（深圳：海天出版社，1998），頁219。

史》（*A Short History of Chinese Philosophy*）的最後一章中，也有類似的表示。在這一章裏，他以自己為例來說明現代世界中的中國哲學（Chinese Philosophy in the Modern World）他為哲學家所下的定義是這樣的：

> 哲學家只不過是「某種主義的信仰者」，與其說他創造了解，不如說他創造誤解。
>
> A philosopher is a certain "ist" and nothing more, one usually creates misunderstanding instead of understanding.**⓫**

當然，馮友蘭這麼說有他一定的幽默。但哲學家在他看來並不需要一種道德上的使命卻是事實。他在 1933 年《中國哲學史》下卷的序言中所引張載的「為天地立心，為生民立命，為往聖繼絕學，為萬世開太平」**⓬**，是他著書立說的宗旨。但這種繼往開來的胸襟也罷，使命也罷，對馮友蘭而言，與其說是道德的，不如說是學術的，或智識的。

馮友蘭在英文的《中國哲學小史》中說：「哲學，尤其是形上學，對具體事物知識的增加是無用的，但對一個人心智境界的提升卻是不可缺的」。（Philosophy especially metaphysics, is useless for the increase

---

⓫ Fung Yu-lan, *A Short History of Chinese Philosophy* (New York: The MacMillian Co. 1959), pp. 332.

⓬ 馮友蘭，《中國哲學史》下卷，〈自序〉，在《三松堂全集》，第 3 卷，頁 3。這句話又見《新原人》，〈自序〉，在《三松堂全集》，第 4 卷，頁 511。馮友蘭在《中國哲學史新編》第 7 卷（頁 202-204）中對這四句話有進一步的解釋，可參看。

of our knowledge regarding matters of fact, but is indispensable for the elevation of our mind.) ⓭

　　類似的話在《中國哲學史新編》第 7 卷的〈總結〉中又說了一次，但加了一些補充說明：

> 哲學的概念如果身體力行，是會對于人的精神境界發生提高的作用。這種提高，中國傳統哲學叫做「受用」。受用的意思是享受。哲學的概念是供人享受的。⓮

哲學，對馮友蘭來說，一方面是一種概念的遊戲，一方面又帶著一定的「工具性」。哲學是一個為人享用的概念。因此他所謂的「身體力行」，絕不是一種「道德實踐」。「身體力行」只是為了「提高精神境界」所必不可少的實際操練。一種未經操練的哲學概念是無法真實「受用」的。這樣對待哲學的態度不僅是功利的，同時也帶著一定工具主義和享樂主義的色彩。

　　馮友蘭這樣對待哲學的態度，和傳統中國知識分子把孔孟的哲學和教訓當成自己的信仰和行為的規範，是截然異趣的。對馮友蘭而言，生命的意義並不在實踐某家的哲學。他所謂「哲學的概念，是供人享受的」，也就是，哲學的概念是為「我」服務的；「我」不是為哲學概念服務的。這個為我服務的概念可以是孔孟的「成仁取義」，也可以是莊子的「逍遙遊」、「應帝王」，當然也不妨是馬列主義的條條框框。

⓭　Fung Yu-lan, *A Short History of Chinese Philosophy*, PP.336-337.
⓮　馮友蘭，《中國哲學史新編》第 7 卷，頁 199。

　　這樣的研究寫作態度，可以用馮友蘭在《新原人》自序中的一段話作為注腳：其引古人之言，不過與我今日之見相印證，所謂六經注我，非我注六經也。❺「我注六經」是我為六經服務，而「六經注我」，則是六經為我服務。

　　1959 年，馮友蘭寫〈四十年的回顧〉長文，檢討自己過去四十年來在研究工作中所犯的錯誤，在完成《中國哲學史》之後，他理解到：「研究歷史，特別是研究古代歷史，真是好玩，就是那麼些材料，你可以隨便給它解釋，差不多是你願意怎麼說就怎麼說。」❻這段話雖然是在共產集權下的自我批評，但與馮友蘭視哲學為一種工具的看法，卻若合符節。哲學既可以為我所用，歷史又何嘗不可呢？在相當的程度上，馮友蘭把歷史的解釋（interpretation）也當成了一種「遊戲」。

　　馮友蘭把二戰以前中國的哲學研究，分成兩大營壘，北大著重歷史發展的研究，而清華則強調哲學問題的邏輯分析。他自己是清華學派的代表，他自稱「我在《新理學》中所用的方式完全是分析的」（The method I use in the *Hsin Li-hsueh* is wholly analytic）。❼這種所謂「完全分析」的方法是把中國哲學中的一些概念諸如「理」、「氣」、「仁」、「性」等等，視為一個理解的「對象」而進行「解剖」。這個過程和化學家或生物學家在實驗室中工作的態度，並沒有基本的不同。

---

❺　馮友蘭，《新原人》，〈自序〉，《三松堂全集》，4 卷，頁 511。

❻　馮友蘭，〈四十年的回顧〉，《三松堂全集》，第 14 卷，頁 188。

❼　Fung Yu-lan, *A Short History of Chinese Philosophy*, pp. 333-334; 336.

馮友蘭在〈四十年的回顧〉一文中,對自己在《新理學》一書中所用的方法,作了分析和批評:

> 《新理學》所說的邏輯分析法,正是脫離了歷史,脫離了實際,專用抽象力在概念和思維中打圈子的方法。這種方法離開了歷史和實際,就只能作《新理學》所謂形式的分析。⓲

這段話或許不免受逼于當時的政治形勢,帶著較多的自我批評。在馮氏死前不久所寫的《中國哲學家史新編》第7卷中,有一章專論他自己,他對「新理學」(此處非書名,而是學派)在中國哲學界的貢獻,作了如下的評價:

> 新理學對宋明理學中的一些重要問題,都利用近代邏輯學的成就加以說明,這對于中國哲學近代化是有益的。⓳

這幾句話,就一定的意義上來說,是「接著」上引的一段話而說的。主要在說明邏輯分析的方法對中國哲學的近代化是有貢獻的。這個貢獻也就是將哲學徹底的從道德的範疇裏獨立出來。這個獨立的過程則是一個邏輯化的過程。馮氏在同一章節中清楚的指出:

> 馮友蘭對于哲學是從邏輯學入門的。用古人的話說,就是從邏輯學「悟入」;用今人的話說,就是從邏輯學「打開一個

⓲　馮友蘭,〈四十年的回顧〉,在《三松堂全集》,第14卷,頁212。

⓳　馮友蘭,〈中國哲學近代化時代中的理學(下)──馮友蘭的哲學體系〉,在《中國哲學史新編》第7卷,頁176。

缺口」。**⑳**

馮友蘭在《新原人》第 7 章〈天地〉中，指出宗教和哲學的基本不同。他說：「宗教使人信，哲學使人知」**㉑**在馮友蘭的哲學體系中，他謹守著「知」和「信」的分際。從他的《貞元六書》中可以清楚的看出，他的興趣在「知」，不在「信」。一般人在研究哲學問題時，因為不能有意識的區分「知」和「信」這兩個範疇，由「知之深」，在不知不覺之間，轉成了「信之堅」。當然，也有人往往誤「信之堅」為「知之深」。

馮友蘭對孔孟哲學，宋明理學的了解，少有人能出其右。但對他來說，「了解」並不代表「信仰」。這樣的態度，就好處看，是不做禮教的奴隸；就壞處看，就不免是「信道不篤」了。但「篤信」，在馮友蘭看來，不但不是他所期望達到的境界，反而是他所極力避免的「魔障」。「篤信」，實際上，也就是「黏著」。

馮友蘭在《新原人》中，把人生分為「自然」、「功利」、「道德」和「天地」四個境界。「道德境界」並非最高境界，最高境界是「天地境界」。馮友蘭把天地境界英譯為 the transcent sphere **㉒**，亦即「超越的境界」，一旦篤信，即無法超越。一個在天地境界中的人，一個講「最哲學的哲學」的人「對實際是無所肯定」的**㉓**，因此，也就唯恐信道過篤了。

---

⑳ 同上，頁 166。

㉑ 《三松堂全集》，第 4 卷，頁 627。

㉒ Fung Yu-lan, *A Short History of Chinese Philosophy*, P.339.

㉓ 參看，馮友蘭，〈緒論〉，《新理學》，《三松堂全集》，第 4 卷，頁 11，《中國哲學史新編》第 7 卷，頁 196。

張君勱在〈一封不寄信〉中，指責馮友蘭：

> 足下將中國哲學作為一種智識，一種技藝，而以之為資生之
> 具，如牙醫之治牙，電機工程師之裝電燈電線，決不以之為
> 身體力行安心立命之準則，此其所以搜集材料，脈絡貫通，
> 足見用力之勤，然與足下之身心渺不相涉。

在我們看來，張君勱的批評是切中馮友蘭要害的。但從馮友蘭
的觀點言之，或不免是一個在「道德境界」中的人用世俗道德的標
準來批評一個在「天地境界」中，已對實際一無肯定的一個人。馮
友蘭對儒學、理學的研究，都是進行一種「邏輯化」、「知識化」
的研究，缺乏一種真信仰，因此也就缺少一種精神和人格的力量。

1997 年，馮友蘭的女婿蔡仲德在臺灣《清華學報》發表〈論
馮友蘭的思想歷程〉，將馮氏一生思想分為三個階段：1918 年到
1948 年是第一個時期，在此期間，馮氏建立自己的思想體系；
1949 年到 1976 年是第二時期，這一時期馮氏被迫放棄自己的體
系；1977 年到 1990 年是第三時期，馮氏回歸自己的體系。❷

蔡仲德的分期是符合馮友蘭思想發展的。在這三個時期之中，
1949 和 1977 是關鍵的兩年，1949 是馮友蘭一生由順轉逆的開始，
而 1977 則由逆轉順。若說馮友蘭的思想隨著客觀環境的順逆或政
治局勢的興亡而有所改變，應該是一句公允的論斷。1972 年，馮
友蘭在〈贈王浩詩〉中有「若驚道術多變遷，請向興亡事裏尋。」

---

❷　蔡仲德，〈論馮友蘭的思想歷程〉，收入蔡仲德編，《馮友蘭的研究》（北
　　京：國際文化出版公司，1997），頁 522-562。

的句子❷。這也無非是說：只要了然興亡之後，道術之變遷，又有什麼可驚怪的呢？

這個變遷固然有其不得已，但「與時抑揚」，這個概念卻並不與馮友蘭哲學的基本信念有太大的衝突。換句話說，若把馮友蘭1949 年以後，思想上的變遷，完全說成是共產黨迫害的結果，這不但與事實不符，而且還不免把馮友蘭的哲學看「僵」了，也看「小」了。

馮友蘭在《新世訓》，〈道中庸〉一篇中說道：

> 「言必信，行必果」，是俠義的信條。「言不必信，行不必果，為義所在」，是聖賢的信條。此所謂義，即「義者，宜也」之義。所謂宜者即合適于某事及某情形之謂。作事須作到恰好處。但所謂恰好者，可隨事隨情形而不同。❷

這是馮友蘭文革期間「權宜」和「便宜行事」的主導思想。

借用蔡仲德的話來說，馮友蘭的第一個時期是「建立自我」，第二個時期是「失落自我」，而第三個時期是「回歸自我」。我認為這三個時期的馮友蘭既不宜以真假分，也不宜以高下或優劣分。馮友蘭不但是多變的，也是多面的，他唯一不變的是「義者，宜也」的這個「聖賢信條」。在馮氏看來，為自己信念而殉道的烈士，不免都是「尾生之信」，犯了過分拘泥的毛病，是不足為訓的。❷馮

---

❷　馮友蘭，《三松堂自序》，在《三松堂全集》，第一冊，頁 291。

❷　馮友蘭，〈道中庸〉，《新世訓》，《三松堂全集》，卷 4，頁 432。

❷　參看，〈道中庸〉，《新世訓》，《三松堂全集》，卷 4，頁 432-440。

氏在文革期間的種種醜態醜行，從《新世訓》的這個角度而言之，毋寧是「宜」的。

同情馮氏的論者或不免將第二時期之馮友蘭說成不得已或被迫，因此，此一時期之馮友蘭，在一定的程度上，是「假」的馮友蘭。其實，1949-1976 是馮友蘭求生哲學與「應帝王」哲學應用的最徹底的一段時間，他把哲學和歷史真正當做遊戲和工具。從這一角度而言，這一時期之馮友蘭，反成了最「真」的馮友蘭。

三、相互的戲弄和侮辱

馮友蘭的多變，從一方面來說，固然是受到了共產黨的擺佈和戲弄；但從另一方面來說，又何嘗不是馮友蘭在戲弄和擺佈共產黨呢？我看馮友蘭一些檢討，認錯，和懺悔的文字，往往是隨著政治風向，在一夜之間「脫胎換骨」❷⑧，覺今是而昨非。每次都寫得如此誠懇，如此深情。初看或不免覺得有種可慘的無恥，但多看幾回，就不難看出它的可笑。人的思想那有可能是如此輕易「脫胎換骨」的？

馮友蘭在 1950 年 10 月 5 日致函毛澤東時表明：「決心改造自己思想，學習馬克思主義，準備於 5 年之內用馬克思主義的立場、觀點，方法重新寫一部中國哲學史」。這是馮友蘭在 1949 年之後，把寫中國哲學史作為一種「遊戲」和「工具」的第一次嘗試。

毛顯然洞悉馮的用心，在回函中要他「不必急于求效，可以慢

---

❷⑧　馮友蘭在 1962 年寫《中國哲學史新編》〈題詞〉，其中有「此關換骨脫胎事，莫當尋常著述看」句。《三松堂全集》，卷 7，首頁。

慢地改，總以採取老實態度為宜。」換句話說，毛對馮的急于皈依馬列是有些懷疑的，這是毛的高明處。「總以採取老實態度為宜」，對馮友蘭來說，則是一句切中要害的告誡。❷⁹

馮友蘭並沒有接受毛澤東的勸告，採取老實態度，相反地他「嘩眾取寵」，急于求功。在 1962 年 9 月，由人民出版社出版了《中國哲學史新編》（試行本）第一冊。1980 年，他在回憶這段往事時，有下面的一段檢討：

> 解放以後，提倡向蘇聯學習。我也向蘇聯的學術權威學習。看他們是怎樣研究西方哲學史的。學到的方法是，尋找一些馬克思主義的詞句，做為條條框框，生搬硬套。就這樣對對付付，總算是寫了一部分《中國哲學史新編》……到了 70 年代初期，我又開始工作。這個時候，不學習蘇聯了。對于中國哲學史的有些問題，特別是人物評價問題，我就按照評法批儒的種種說法。我的工作又走入歧途。❸⁰

從這段相當「老實」的自述中，我們可以看出，馮友蘭在思想上的改變，實無任何衝突、矛盾、掙扎之可言。它的改變輕易和隨便到了談不到任何意義，因此，也就談不到什麼改變了。馮友蘭 1980 年這樣的懺悔，曲折的為自己當年的多變和善變做了一些辯護。他一再要說明的無非是，那些文字全是應景敷衍之作。並不曾花過多

---

❷⁹　參看馮友蘭，《三松堂自序》，在《三松堂全集》（河南：人民，1985），頁 147。

❸⁰　馮友蘭，〈中國哲學史新編自序〉，在《三松堂全集》，第 8 卷，頁 1。

少心思，當然，也就不代表他的思想了。後世讀者又何須大驚小怪
呢？

1959 年，馮友蘭在〈四十年的回顧〉中講到人民公社，有如
下一段話：

> 我們說人民公社好。杜勒斯說：人民公社是有史以來最壞的
> 東西。現在也可以得到這樣的結論：凡是社會主義國家以為
> 是的，帝國主義國家必以為非。我們所做的事情，如果受到
> 帝國主義的誣衊和誹謗，那就證明我們做的對了。**㉛**

我之所以引這段話，不僅是因為內容荒唐，而且邏輯錯亂。一個精
于邏輯分析的馮友蘭，竟說出如此不通的話來，他豈能不知。這種
超出常情的愚蠢，不妨解釋為馮友蘭的一種戲弄。

馮友蘭在許多自我批評的文章中，引馬、列、毛的著作來作踐
自己當年的思想，這種自我醜化的過程，最可以看出共產黨在 50
年代進行思想改造的殘酷手段，那就是中國知識份子必須為加害于
我的人高歌歡呼！這種對人性尊嚴的踐踏，其慘毒之程度，遠非秦
始皇、漢高祖之所能比擬。馮友蘭寫那樣不堪的懺悔和檢討的文
字，一方面固然是侮辱自己，但另一方面又何嘗不是侮辱共產黨
呢？以馮氏思想之縝密，對這一點，他不致全未想到。

四、最後的一擊

批評馮友蘭的人大多只看到他多變、善變、逢迎、讒媚的一

㉛　馮友蘭，〈四十年的回顧〉，《三松堂全集》，卷 14，頁 243。

面;而忽略他也有「見侮不辱」的堅毅和超越。「見侮不辱」是一種「不動心」,也是一種「忘情」,將之理解為「無恥」固可,將之視為「堅毅」,亦未嘗不可。我們在論人時,往往過分強調「殺生成仁,舍生取義」的壯烈,而忽略了在亂世中苟全性命所需要的忍耐、堅持與智慧。誠如馮友蘭的女兒宗璞在〈向歷史訴說〉一文中所說:「他在無比強大的政治壓力下不自殺,不發瘋,也不沉默」。❸❷在這「三不」之中,體現了馮友蘭頑強的生命力與創作力。

馮友蘭生命中的最後 10 年(1980-1990),是精彩重要而又多產的一段歲月,也是他結束 30 年「檢討」之後,開始寫「檢討的檢討」,他在 90 歲的高齡出版《三松堂自序》,這是他的回憶錄。對自己 1949 年之後的升沉坎坷,有比較誠懇的反思和剖析,讀來親切有味。❸❸

馮友蘭就死之前的力作則是《中國哲學史新編》第 7 卷,「修史」是中國歷朝知識分子對當道迫害的最後反擊,也是一種永恆的抗議。公道即使在今生討不回,可以俟諸來世,俟諸千萬世!

在自序中,馮友蘭預計到,《新編》第 7 卷在中國大陸,一時之間,或許沒有出版的可能。他說:「如果有人不以為然,因之不能出版,吾其為王船山矣。」❸❹

---

❸❷ 宗璞,〈向歷史述說〉,在宗璞,蔡仲德《解讀馮友蘭。親人回憶卷》(深圳:海天出版社,1998,頁 59-60)。

❸❸ 《三松堂自序》,1984 年 12 月,由三聯書店出版。

❸❹ 馮友蘭,〈自序〉,《中國哲學史新編》,第 7 冊(臺北:藍燈,1991),頁 1。

　　果然，如馮氏所料，《新編》的第 7 卷在大陸出版遭到了困難，書成 9 年之後（1999），更名為《中國現代哲學史》，才由廣東人民出版社出版。當然，這比起王船山來，已經是很幸運的了。

　　馮友蘭究竟發了什麼議論，讓他有「吾其為王船山矣」的悲懷呢？細讀全書，我們可以從孫中山、陳獨秀和毛澤東三章之中，看出端倪。

　　馮友蘭稱孫中山為「舊民主主義革命的最大理論家和最高領導人」，可見他是充分肯定孫中山的思想和貢獻的。馮友蘭巧妙的藉著孫中山之口，說明何以「階級鬥爭」和「無產階級專政」並不適用于中國。他引用孫中山在《三民主義》一篇講稿中的話說：

> 階級鬥爭不是社會進化的原因，階級鬥爭是社會當進化的時候，所發生的一種病癥……馬克思研究社會問題所有的心得，只見到社會進化的毛病，沒有見到社會進化的原理。❸❺

在這一章中裏，馮友蘭是「項莊舞劍」，用孫中山的文字來批評馬克思階級鬥爭的理論，而劍鋒所指最終的對象則是毛澤東。

　　馮友蘭這種借刀殺人的手法，在陳獨秀一節中，有更為露骨的表現。他引了陳獨秀在〈資產階級的革命與革命的資產階級〉一文中的一段話，來說明「偉大人物」的空幻和有限：

> 沒有階級意義和社會基礎的革命，在革命運動中雖有一、二偉大人物主持，其結果只能造成這一、二偉大人物的奇蹟，

---

❸❺　同上，頁 35。

必不能使社會組織變更。❸

馮友蘭引這段話，是用中國共產黨奠基人陳獨秀之筆，指出 1949
年革命，就深層來看，並沒有改變多少舊中國的社會組織，而只是
造成了毛澤東的個人奇蹟。

在這一節的結論中，馮友蘭更清楚的指出：從半封建半殖民地
的社會是不可能直接進入社會主義的，而「一些教條主義者，患左
傾幼稚病者，被勝利沖昏頭腦者」卻以為不但可以直接進入社會主
義，甚至可以立即實現共產主義，這種思想發展的結果使中國「陷
入了十年動亂的浩劫」。❸在這段結論中明眼人是不難看出：毛澤
東正是馮友蘭筆下的「偉大人物」、「教條主義者，患左傾幼稚病
者，被勝利沖昏頭腦者」，也是造成文化大革命十年浩劫的罪魁禍
首。這樣的論斷是符合歷史實際的，也是當今中國知識分子想說而
不敢說、不能說的。

馮友蘭圖窮匕現的最後一擊則表現在第 77 章〈毛澤東和中國
現代革命〉中。在篇首他指出：

> 毛是中國歷史上一個最有權威的人。在幾十年中，他兼有了
> 中國傳統文化中所謂「君、師」的地位和職能。因此，他在
> 現代革命中，立下了別人所不能立的功績，也犯下了別人所
> 不能犯的錯誤。❸

---

❸　同上，頁 86。
❸　同上，頁 90-91。
❸　同上，頁 115。

馮友蘭將毛澤東的思想分為三個階段:新民主主義階段,社會主義階段,極左思想階段。而這三個階段發展的內容則是由「科學的」,轉入「空想的」,而歸結于「荒謬的」。❸❾毛澤東在第二個階段所犯最大的錯誤,照馮友蘭的說法,是由「對症下藥」,漸漸轉變成了「對藥害病」。❹❷

第三個階段的主要錯誤則是在發動大躍進,人民公社和文化大革命。從 1949 到 1979 這 30 年之間,馮友蘭一針見血的指出:中國既「沒有出現由生產工具的革命引起的生產力的突飛猛進發展,也沒有出現由生產力的發展造成的生產關係的改變」❹❶,在這樣的情況下,又如何有可能一躍而進入社會主義呢?這種空幻的妄想和唯物史觀是互相矛盾的。

社會的發展只能以實際來決定理論,而不能強實際以符合理論。中國,可憐的中國!在一個偉大人物的空想和荒謬中,已經為馬克思的理論做了最悲慘的犧牲和最慘烈的試驗。而這在人類史上空前的大實驗中,億萬中國老百姓生離死別,家破人亡,可曾在「風流人物」的心中蕩起過半絲波瀾?

毛澤東這一章是馮友蘭《中國哲學史新編》第 7 冊中,最精彩的一章。「吾其為王船山矣」只不過是為這一章所佈下的伏筆。這一章可以一洗馮友蘭在「批林批孔」時期的醜態和媚骨。也可以看出他就死之前,發憤著書的「志」與「感」。行將就木,其言也

---

❸❾　同上,頁 139。

❹❷　同上,頁 122-133。

❹❶　同上,頁 141。

善，其情也哀。㊷

看了馮友蘭《中國哲學史新編》第 77 章，再回看他 1962 年在初寫《新編》時對毛澤東的吹捧，馮友蘭在就死之前，經歷又一次的「脫胎換骨」。㊸

五、結論

論晚近中國學人，「骨氣」往往成了一個測試要項。這一現象在海外華人月旦國內人物時尤其顯得突出，骨氣有時竟成了唯一標準。

梁漱溟與馮友蘭是代表這一現象的兩個顯例。梁漱溟以「硬骨」名，而馮友蘭則以「軟骨」名。梁漱溟最為人所稱道的既不是他的《東西文化及其哲學》，也不是他的鄉村建設，而是他和毛澤東的一次衝突。1953 年 9 月 16 日到 18 日在北京中央人民政府委員會第 27 次會議期間梁有過一次工人生活在「九天之上」，而農民生活則在「九地之下」的發言，受到毛澤東破口大罵式的嚴厲批

㊷　以上這一小節引用了我在〈馮友蘭的最後一擊〉中的部分文字，收入周質平《儒林新誌》（臺北：三民，1996），頁 197-203。

㊸　在《中國哲學史新編》的〈自序〉中，馮友蘭說了這樣的一段話：
「現在，社會就是一個大學校，黨和毛主席是偉大的導師，馬克思列寧主義經典和毛主席的著作是高深的課程。在這種教育下，我的《新編》也得到了正確的方向。我的主觀企圖是，寫一部以馬克思列寧主義，毛澤東思想為指南的中國哲學史。實際上這只是一個方向，一個奮鬥的目標。馬克思列寧主義，毛澤東思想越研究越見其高深，真是仰之彌高，鑽之彌堅。」《三松堂全集》，第 7 卷，頁 2。在《新編》的〈題詞〉中，馮友蘭有「此關脫胎換骨事，莫當尋常著述看」的句子。

判，說他「反動透頂」。❹

自從這一罵之後，梁漱溟硬骨之名，迅速傳遍海內外。美國學者艾愷（Guy Alitto），在他的英文專著《最後的儒家》，梁漱溟傳中（*The Last Confucian: Liang Shu-ming and the Chinese Dilemma of Modernity*），就是以梁與毛的這次衝突，作為全傳戲劇性的開始❺。1990 年，由陸鏗、梁欽東主編的《梁漱溟先生紀念文集》更以《中國的脊梁》作為文集的書名。周策縱在序中指出：「歷史上有些人往往因為一件意想不到的事，變得千古知名，甚至掩沒了他們一生別的重要言行。」❻說的就是梁漱溟與毛的這次衝突。

在中國哲學史的研究上，馮友蘭是個集大成的學者。1934年，他的《中國哲學史》由商務印書館出版之後，立刻取代了胡適的《中國哲學史大綱卷上》，1953 年，賓州大學（University of Pennsylvania）的卜德（Derk Bodde）教授將馮著翻譯成英文，由普林斯頓大學出版社（Princeton University Press）出版。從此，馮著幾乎已成了海內外中國哲學史的定本，建立了馮氏在這一界中不可動搖的地

---

❹ 在毛澤東的講話中有如下一段話痛罵梁漱溟：「一生一世對人民有什麼功？一絲也沒有，一毫也沒有。而你卻把自己描寫成了不起的天下第一美人，比西施還美，比王昭君還美，還比得上楊貴妃」。參看毛澤東〈批判梁漱溟的反動思想〉，《在毛澤東選集》，第 5 卷（北京：人民，1977），頁 107-115。

❺ 參看，Guy Alitto. *The Last Confucian: Lian Shu-ming and the Chinese Dilemma of Modernity*. California, 1979。本書有中譯，王宗昱，冀建中譯，《最後的儒家》（江蘇：人民，1992），頁 1-3。

❻ 周策縱，〈梁漱溟可以當雷丸吃〉，在陸鏗編，《梁欽東主編中國的脊梁》（香港：百姓，1990），頁 1。

位。

1963 年，陳榮捷（Wing-tsit Chan）在《中國哲學資料》（*A Source Book in Chinese Philosophy*）一書中，稱馮友蘭是中國在過去 30 年來最傑出的哲學家，而他的《新理學》則是本世紀最具原創性的哲學著作。**❹**這樣一位有卓越成就的學者，1949 年之後，由于他在政治上的妥協，靠攏和跟進。馮氏竟成了一個海內外交責的人物。論者所樂道的，不是他在學術上的建樹，而是那幾首讒媚毛澤東的詩和不少自辱式的自我檢討。**❹**這種以人廢言的評人方式，毋寧是帶有中國特色的。本文嘗試擺脫以氣節論馮友蘭的多變，而從他哲學的涵義，來分析馮氏在道術上幾度變遷的內在原因。

從梁漱溟和馮友蘭這兩個例子來看，在中國，一個人的骨氣往往比他的學術更能決定他的身後名。這樣的傳統是專制獨裁政權低下必然的結果，只要專制獨裁的政體不變，學術就永遠得不到真正的獨立。今天我們論馮友蘭，與其把他的多變和善變歸咎到他的骨氣上，不如說那是一個不允許任何人有獨立人格的時代。我們希望這樣的制度和時代能盡快的過去，學術的獨立和知識分子的氣節不需要以身相殉，才能獲致；而是法律保護之下，每個人起碼的人權。

---

❹ Wing-tsit Chan, "The New Rationalistic Confucianism: Fung Yu-lan," in *A Source Book in Chinese Philosophy* (Princeton University Press, 1963), P.751.

"There is no doubt that Fung Yu-lan (1895-) has been the most outstanding philosopher in China in the last thirty years … Hsin li-hsueh … is the most original Chinese philosophical work in the century."

❹ 參看，馮友蘭，《三松堂全集》，第 14 卷。

錢穆先生的思想

王吉林

文化大學史學系教授兼文學院院長

一、家庭略述

　　錢穆，字賓四，江蘇無錫人，生於清光緒二十一年（乙未，西元 1895 年）六月初九，時為甲午戰爭之次年，清廷即於是年割臺灣與日本。

　　賓四先生生於無錫縣南延祥鄉嘯傲涇七房橋之五世同堂。江浙錢氏，多自承為五代時吳越王錢鏐之後，七房橋錢氏，亦不例外。無錫位於太湖北邊，鄰於太湖，自是魚米之鄉。七房橋錢氏，亦以田產雄於一方，至賓四先生幼時，其家似已式微，不如往昔，家產之一分再分，當為一主要原因。

　　由賓四先生之追述，知其父承沛公以十六歲為縣之第一名秀才，三次鄉試，皆因病未能終場而罷。文雖佳而無法中舉。

　　承沛公對賓四先生之教育，極為用心，知其聰明，戒其驕心，以義喻之，而不責罰，故賓四先生受教而心存感激，數十年後述之，如在目前，如同親見。細讀錢先生〈八十憶雙親〉一文，覺其

父母對子女之導正教育，對賓四先生日後之發展，有其不可估量之影響。

賓四先生兄弟五人，姐妹四人；兄弟中夭折一人，四姐妹中唯長姐成人，餘皆早逝。

賓四先生兄弟與其伯父之諸子聯合排行，故其兄摯最長，先生第四，其兩弟為第六、第八。先生兄弟之字，皆其父所定，而將聯合排行之順序，含於其內。賓四先生之長兄摯，字聲一，先生字賓四；其六弟藝，字漱六，八弟文，字起八。

賓四先生年十二喪父，其兄年十八，一弟七歲，幼弟三歲，其母以閒話家常之方式教誨其兄弟，無教條味，反更親切而感於心。賓四先生在父母不教而教之下成長，故其思想不墨守成規，亦不迷信古代或當代權威之言，必考而後信，亦即信其所當信，疑其所當疑。

人之思想，莫不受其時代之影響，而亦為時代之產物。時代之中，直接影響於人之思想者，莫大於教育，以及其師友。

錢先生生於光緒二十一年（1895），其前一年，甲午戰爭，滿清敗於日本。當年，清割讓臺灣與日本。其後數年，外患日深，內部各種改革意見日起，而清廷無力亦無法應付此一變局。中國之何以弱？列強之何以強？當時之人有以為應廢科舉，設學堂，效西式教育者，故有光緒二十七年（1901）之廢八股，設學堂之舉。

二、學校教育

賓四先生之學校教育，詳於其所著〈師友雜憶〉一文中。先生七歲入私塾，十歲入新式之果育小學。其入新式小學之年，當為光

緒三十年（1904）。是年日俄戰爭，日本於打敗滿清十年後，再敗帝俄，而其戰場竟在中國境內，其對國人刺激之深，不下於甲午戰爭。

賓四先生在果育小學四年，成績優異，特以作文一項，使其獲得兩次「跳級」之機會，故當其兄讀高級小學四年級時，賓四先生已讀至高小三年級。其兄長其六歲，而讀書只差一年級，可見賓四先生之聰慧善讀而能文。

賓四先生十三歲時，與其兄同考入常州府中學堂，時當在光緒三十三年（1907）。賓四先生入學未一周，學校出布告，許諸生量力報考二年級，賓四先生又獲錄取。賓四先生之兄聲一入師範班，一年即可畢業，畢業後能為小學老師，可以贍家。

賓四先生在常州府中學堂讀至四年級時，因同學不滿舍監（如後之訓導主任）陳士辛，以全班退學要挾監督（即後之校長），雖未全班退學，但因賓四先生為班上五代表之一，堅決自行退學。監督介紹其至南京私立鍾英中學五年級肄業。鍾英中學未畢業，辛亥革命成功，賓四先生回鄉任教小學，從此再未受學校教育，而以教書、讀書、著作為終身事業。

從錢先生追憶之文章中，可以看出當時創設之新式教育，制度未定，學生老少不一，雖有各科學程，然以國文為重。賓四先生雖未畢業於常州府中學堂，然為府學之第一屆學生。賓四先生在常州府中學堂三年讀書期間，對其以後之學術發展，影響很大。

常州府中學堂監督屠孝寬，為屠寄之長子。屠寄著有「蒙兀兒史記」一書，為蒙古史之經典著作，譽滿中外，屠監督亦必長於文史。時任府學之史地兩科教席者，為呂思勉。呂氏對錢先生之歷史

研究，誘導有加，但二人在論及理學時，意見相左，師弟皆君子。

三、初爲人師

民國元年前後，各級學校聘任教師，重實學而略學歷。若如今日之先學歷而後實學，各校將無教師可聘。

當時之學校，學生數少，教師亦少，常有數十人之學校，百人以上者不多，尤以小學爲然。

錢先生自民國元年在小學任教，雖所教學科不一，亦有一學期教數學科者，然仍以國文爲主。當時因無教科書，教材往往由老師自行編選，此亦可能爲驅使錢氏更上層樓之一原動力，不似今日教師之得照本宣科，或以背誦教科書爲學問。

民國元年賓四先生應三兼小學之聘，爲該校教師。三兼小學爲秦仲立所創，仲立與其二弟共任課務，另一外聘教師即錢先生。錢先生在小學教國文、史地、英文、數學、體育、音樂等科，絕似今日小學之包辦制。

賓四先生既任教於三兼小學，「念自此升學絕望，一意自讀書。」❶在三兼一年，校主秦仲立求其與之共學，實則仲立督促賓四先生讀書，對先生影響甚大。

錢先生在三兼一年，次年即轉至鴻模小學任教。鴻模即錢先生前所就讀之新式學堂果育小學，後改名鴻模。鴻模較三兼略有規模，錢先生所教爲國文及史地，鐘點減少，薪水略增。

---

❶　錢穆：《八十憶雙親》、《師友雜憶》合刊，臺北東大圖書公司，1986 年 10 月再版，頁 65。

　　賓四先生在鴻模任教時，始讀夏曾佑《中國歷史教科書》，此書為北京大學之教科書。錢氏從此書始知經學有今古文之異。夏氏書抄史記十二諸侯年表及六國年表，不增減一字。錢氏自承後為《先秦諸子繫年》，更改史記六國年表，最先受夏氏之影響。❷今商務印書館將夏氏之書改名《中國上古史》，吾人徒見其抄錄之功，而非著作，但在民初，亦算有創見之課本，後人轉更精密也。

　　民國三年，錢先生在縣立第四小學任教，校址在梅村，因鴻模之不肯放行，改為在鴻模兼課。

　　錢先生在梅村鎮縣立第四高等小學任教時，讀書漸有規律，讀孫詒讓之《墨子閒詁》，始知孫氏改定墨子錯誤處，必有明確證據，而非闇解。錢先生之遊情乾嘉考據之學，由孫氏閒詁啟之❸。錢氏自言清人考據自經學入，錢氏則自子部入，因與乾嘉諸老異。錢氏之作《先秦諸子繫年》，可為其自子部入之一證明。

　　賓四先生自民國元年開始在小學任教，自知無法升學，讀書反而更勤，同事互勉，學問益更精進，範圍亦更廣闊。錢氏自言：

> 回念余自民元出任鄉村教師，得交秦仲立，乃如余之嚴兄。又得友朱懷天，乃如余之弱弟。惟交此二人，獲益甚深甚大。至今追思，百感交集，不能已。❹

　　錢氏所言之朱懷天，乃松江人，上海師範學校畢業，其人偏重

---

❷　同前，頁 75。
❸　同前，頁 80。
❹　同前，頁 87。

思想方面，喜佛書及共產思想。賓四先生由朱懷天之介而愛讀六祖壇經，但不因朱懷天之故而不反共產主義思想，然無害於二人之感情。

在縣立第四高等小學時，錢氏已習靜坐，而若有成。在讀書方面，雜治理學家及道家、佛家言，尤喜天臺宗之小止觀，其書亦自朱懷天桌上得之。錢氏之深於理學，至老彌篤，當始於此。

錢先生在鴻模學校任教時，校內管事者為須霖，自請約集六、七人，於暑假中請賓四先生為此須霖及此六、七人講莊子內篇七篇。經此講解，錢氏自認於莊子所未解者實尚多。後賓四先生撰《莊子纂箋》，實以講莊子而益求深解，遂有是書。由此觀之，錢氏於書未解處，不輕易放過，研究有得，筆之於文。其著作大都如此完成。

四、任教中學

民國十一年秋，錢先生獲廈門集美中學聘，教高中部師範部三年級畢業之兩班國文。在集美之一年，教課負擔輕而薪水較前高數倍，因此益能讀書。船山遺書，即在集美所讀，《中國近三百年學術史》中船山一章，即用在此讀書所錄資料為依據。

先生在集美僅一年，次年即轉入無錫第三師範學校任教。錢氏之能去三師，係由錢基博之介紹。錢基博之肯推荐賓四先生，讀其文而知其人。在三師期間，賓四先生得識錢基博及其子鍾書。時錢基博已在上海聖約翰及光華大學任教，在三師兼課，錢鍾書時在小學肄業，聰慧異常。錢先生對錢基博推崇備至，認為係其在中學任教最值得敬事之同事，故賓四先生云：

> 然余在中學任教，集美無錫蘇州三處，積八年之久，同事踰
> 百人，最敬事者，首推子泉。生平相交，治學之勤，待人之
> 厚，亦首推子泉。❺

錢氏去三師一年後，錢基博即離三師，不復再兼課矣。

在三師期間，對賓四先生影響最大者，厥為三師對國文老師之
規定，即須自編講義，此亦督促錢氏讀書著作之一方法，而不可抄
他人之講義以為己用。錢氏回憶云：

> 三師又規定，每一國文教師，隨班遞升，於國文正課外，每
> 年必兼開一課。第一年為文字學，第二年為論語，第三年為
> 孟子，第四年為國學概論。子泉穎若各自編講義，余亦循
> 例。❻

錢先生第一年之文字學講義，講六書大義，以篇幅未充，沒有
付印，後遂失之。第二年之講義，成《論語要略》一書，由商務印
書館出版。第三年所編《孟子要略》，由另一書肆出版。此二書，
皆收入錢氏之《四書釋義》中。《國學概要》成書一半，後轉任蘇
州中學時完稿，亦由商務印書館出版。

前引文提及之子泉、穎若，即錢基博、沈昌直二人。

賓四先生於錢基博外，甚推崇沈昌直。沈氏較錢鍾書年長，喜
詩，尤愛東坡詩文。昌直為人謙和，以詩人而兼有儒者風，故為錢
氏敬重，以為錢基博離三師後，沈昌直最為三師國文科之老師。

---

❺　同前，頁115。
❻　同前，頁118。

在三師時,賓四先生曾細讀三民主義,且以三民主義為其所著《國學概論》之殿。

錢氏任教三師時,獲交二前輩,一為孟憲承,另一為唐文治。唐氏為賓四先生交遊中最年長者,曾為南洋大學校長（即上海交大）,在無錫創國學專修館,地址在三師對面。唐氏與賓四先生所語為何,已不復記憶。其記孟憲承云:

> 時憲承將轉北平清華大學,任中文系主任。憲承告余,出國前,國學根柢未深。此去當一意通體細誦十三經注疏。俟閱讀此書畢,庶對國學或可稍有所窺。余聞語深為感動。十三經注疏常在余案頭,然余迄今始終未通讀其全部。每念憲承言,心終不能釋。❼

讀書有得,進而從事研究,但喜讀某類書籍,方能從事某類研究。錢氏絕無意批評孟憲承,亦不指其讀十三經注疏為非,但賓四先生言迄今未通讀其全部者,蓋言其不喜經學,而喜子書,如此而已!

五、風雲際會

賓四先生自民元在小學任教,後至集美中學,無錫第三師範學校,至民國十六年秋,轉入省立蘇州中學任教。錢氏從教小學至中學,自學不懈,又多益友良朋,互相切磋,發而為文,為有識者所激歎。即任教蘇州中學,為其進入大學任教成為學術重鎮之一重要

---

❼　同前,頁120。

關鍵。

蘇州為江南古城，人文薈萃，錢氏任教於此，自非昔比。校長汪懋祖，留學美國，曾為北平師大校長，回籍為蘇州中學校長，其氣象自不同於一般人。

賓四先生在蘇州中學任教時，著作漸多，而為當代學者所重。其在無錫師範起草之《國學概論》，至蘇州中學時完稿出版，又由方壯猷之介，為商務萬有文庫寫《孟子》、《王守仁》二書。

錢先生在蘇州中學時，可能致力於其《先秦諸子繫年》，稿雖成而自覺有未妥處，必細加研究，覓前人之言，以證己之不虛。然有一插曲，即胡適至蘇州演講，時在東吳大學任教之陳天一曾柬示胡適，至蘇州則莫忘一見蘇州中學之錢穆。錢氏後記其事云：

> 適之與余本不相識，蓋以詢典存，故典存招余同坐也。余時撰先秦諸子繫年，有兩書皆討論史記六國年表者，遍覓遍詢不得。驟遇適之，不覺即出口詢之。適之無以對。演講畢，典存留宴，余亦陪席。適之午後即欲返滬，典存告以太匆匆，何不再留一宵。適之謂，忘記帶刮鬍子刀，今晨已不耐，不可再留。典存謂，刮鬍子刀可購可借，區區小事，何足為困。適之言，積習非此常用刀不可。❽

錢氏與胡適之初次會面，即如此不愉快，宜乎以後之如冰炭。民國十六、七年，胡適已名滿天下，錢氏以僻書相詢，不知為不知，無害其為名學人。錢氏與胡適初見面，即詢以僻書，且在公開

❽ 同前，頁 127。

場合，胡適可能認為錢氏故意刁難，自覺無趣。

對賓四先生而言，其《先秦諸子繫年》一書，使其能在大學任教之憑藉，始終維護錢氏在大學任教者，則為顧頡剛氏。

陳天一曾陪顧頡剛訪錢氏，顧氏見賓四先生桌上之《先秦諸子繫年》稿，因請攜返詳讀。錢氏同意，顧遂攜稿而歸。越數日，陳天一又約賓四先生至顧宅答訪，錢乃同去。顧頡剛言其匆匆翻閱繫年稿，言賓四先生不宜長在中學教國文，宜去大學教歷史。因言彼離廣州時，副校長朱家驊託其物色新人，因薦錢氏去中山大學。越數日，得廣州中山大學電，聘其前往。錢氏持電面見校長汪懋祖。汪氏言君往大學任教，乃遲早事，明年，余亦當去大學任教，因挽錢氏多留一年，可同進退。錢氏遂辭中山大學聘。

顧頡剛曾告錢氏，彼在中山，以講述康有為今文經學為中心，此番去燕京大學，仍述前志。顧氏又兼編燕京學報，囑錢氏為燕京學報撰稿。

六、講學古都

民國十九年秋，錢氏轉入北平燕京大學任教，時年三十六，已入中年。

錢氏於民國十八年辭中山大學聘，次年又獲燕京大學聘，此皆由顧頡剛之推薦。世有伯樂，而後有千里馬。若無顧氏，賓四先生能否進去大學任教，甚至任教第一流高等學府，都成問題。然顧頡剛何以垂青錢氏，筆者以為顧氏在民國十五年已出版第一冊《古史辨》，以後續有出版，至民國三十年，出版七大冊《古史辨》，被

推許為現代卓越的史學家。❾顧氏初識賓四先生時，當在民國十八年，《古史辨》第二冊所收文章，止於是年。顧氏以編《古史辨》之故，對當時古史考辨之文章，自必廣為閱讀且能第其甲乙，及見賓四先生之《先秦諸子繫年》稿，自當驚其對先秦諸子之全面考定，非探究一二人者可比。且其方法之周嚴，又非前人所能。故錢氏曰：

> 蓋昔人考論諸子年世，率不免於三病。各治一家，未能通貫，一也。詳其著顯，略其晦沉，二也。依據史籍，不加細勘，三也。❿

錢氏針對前人之三失，故詳考諸子，始於孔子生年，下逮李斯卒歲，排比聯絡，一以貫之，此非治一家者所能比。其次顯晦通考，幾無遺漏，此又非昔人所能為。最後則詳考史記六國表之誤，還先秦史事以正確年代，諸子所處時代方可排比。錢氏於《先秦諸子繫年》之自序中，詳述此書之貢獻。《先秦諸子繫年》若無暇詳讀，但其自序當為中國讀書人所必讀。

錢氏之《先秦諸子繫年》，為其在小學、中學教書時研究之所得，彼亦先治一家一人，再及其他，所涉既多，遂為諸子繫年。其論前人之三病，錢氏可能亦曾經歷。《先秦諸子繫年》稿創於賓四先生任教無錫師範時，為民國十二年秋，及顧頡剛見此稿，已在六

---

❾ L. A. Schneider "Ku Chieh-Kang and China's new History" 引言中語。

❿ 錢穆《先秦諸子繫年》，香港大學出版社，1956 年 6 月增訂出版。〈自序〉，頁 1。

年之後，時為民國十八年秋。此書寫成經過，錢氏在《先秦諸子繫年》跋中已有詳述，此處不再徵引。

前文言及孟憲承氏欲通體細誦十三經注疏，錢氏自言其至今未能全讀，是知錢氏不喜經學，而鍾情諸子。關於此點，錢氏自言：

> 余本好宋明理學家言，而不喜清代乾嘉諸儒之為學。及余在大學任教，專談學術，幾乎絕無書院之精神。人又疑余喜治乾嘉學。則又一無可奈何之事矣。⓫

錢氏之喜理學，疑今文經學派之說，可能早在其為常州府中學堂之學生時，彼時方為一十幾歲之童子，然其思辨已若老儒。錢氏曾為經今古文學之問題，與其中學老師呂思勉有所論辨，後追憶云：

> 惟憶誠之師謹守其鄉前輩常州派今文學家之緒論，而余則多方加以質疑問難。誠之師最後一書，臨了謂君學可比朱子，余則如象山，僅可有此異同。余不知此係誠之師之謙辭，抑更別有所指。惜後再見面，未將此問題細問，今亦終不悟當時誠之師此語是何意義也。⓬

在基本上，清末民初今文經學派盛行，可能與其時之政治有關，希望改革，而錢氏反今文經學家，而不認同古文經出於漢儒偽造。再則錢氏不喜乾嘉考據，而好宋明理學家言。

⓫　錢穆，《八十憶雙親》、《師友雜憶》合刊，頁137。
⓬　同前，頁47。

　　錢氏不喜乾嘉考據，以更精進之方法，遍考先秦諸子而成繫年一書，可謂超出乾嘉考據之上的大著作，代表錢氏三十六歲以前的成績。

七、平息今古文經之爭

　　錢先生之教育生涯，約可分為三個階段。

　　從民國元年至十一年秋，為在小學教書之時，約十餘年。由民國十一年秋，至十九年秋，前後八年，任教中學。自十九年秋，使在大學任教，以迄民國七十四年八月退休，在大學任教逾五十餘年，至為難得。

　　錢先生去燕京大學之前，同年在燕京學報發表其〈劉向歆父子年譜〉❸一文。此非為劉向歆父子二人撰年譜，而實為證明劉向歆及王莽未嘗偽造古文經。清末康有為著《新學偽經考》，而謂古文經皆出諸王莽之新朝所偽造，而為王莽篡位立說。

　　有關康有為之新學偽經考，其弟子新會梁啟超嘗略述云：

> 偽經者，謂周禮、逸禮、左傳及詩之毛傳，凡西漢末劉歆所
> 力爭立博士者。新學者，謂新莽之學。時清儒誦法許、鄭
> 者，自號曰漢學。有為以為此新代之學，非漢代之學，故更
> 其名焉。新學偽經考之要點：一、西漢經學，並無所謂古文
> 者。凡古文皆劉歆所偽作。二、秦焚書，並未厄及六經，漢
> 十四博士所傳，皆孔門足本，並無殘缺。三、孔子時所用

---

❸　〈劉向歆父子年譜〉發表於民國十九年六月燕京學報第七期。

字，即秦漢間篆字，即以文而論，亦絕無今古文目。四、劉
歆欲彌縫其作偽之跡，故校中秘書時，於一切古書多所羼
雜。五、劉歆所以作偽經之故，因欲佐莽篡漢，先謀湮滅孔
子之微言大義。❹

康氏之《新學偽經考》，雖其弟子亦病其武斷。梁啟超云：

> 有為弟子有陳千秋、梁啟超者，並夙治考證學，陳尤精洽，
> 聞有為說，則盡棄其學而學焉。偽經考之著，二人者多所參
> 與，亦時時病其師之武斷，然卒莫能奪也。❺

然在當時，今文經學為學術界之重鎮，其大師則為廖平與康有
為二人。康有為受廖平影響，為一不爭之事實。廖平之說，與康有
為略有不同。康指古文經全為劉歆所偽造，廖則認為今文學家，其
家法可追至兩漢以前，此康廖之所異也。錢氏總序其兩人之失曰：

> 清季今文學大師凡兩人，曰廖季平與康有為。康著新學偽經
> 傳，專主劉歆偽造古文經之說，而廖季平之今古學考，剔抉
> 益細，謂前漢今文經學十四博士，家法相傳，道一風同，其
> 與古文對立，則一一追溯之於戰國先秦，遂若漢代經學之今
> 古文分野，已遠起於先秦戰國間，而夷考漢博士家法，事實
> 後起，遲在宣帝之世。及其枝分脈散，漫失統紀，歧途亡

---

❹ 梁啟超《清代學術概論》附於臺北里仁書局所出梁啟超《中國近三百年學術
史》後。頁 66-67。

❺ 同前，頁 67。

羊，無所歸宿。不僅無當於先秦之家言，抑且復異於景、武之先師，兩漢書儒林傳，可資證明。**⑯**

廖平之為人，不若康氏之堅持與武斷。廖平為王闓運弟子，闓運以公羊學聞於時，所著公羊箋，梁啟超以為不逮孔廣森。梁氏言廖平云：

> 平受其學，著四益館經學叢書十數種，頗知守今文家法；晚年受張之洞賄逼，復著書自駁，其人固不足道，然有為思想，受其影響，不可誣也。**⑰**

梁啟超以廖平「其人固不足道」評之，當責其未能守今文學家法而言。廖平之學，晚年確有改變，賓四先生任教無錫師範，曾在學校週會講先秦諸家論禮與法，講辭刊於無錫師範校刊，川人蔣錫昌在重慶任教，得此校刊，以示其同事蒙文通。錢氏追記其事云：

> 文通川人，其師廖平季平，乃當時蜀中大師。康有為聞其緒論，乃主今文經學。而季平則屢自變其說。文通見余講辭，乃謂頗與其師最近持義可相通。遂手寫一長札，工楷，盈萬字，郵寄余。及余在蘇中，文通已至南京，在支那內學院聽歐陽竟無講佛學。**⑱**

後蒙文通至蘇州訪錢氏，同游甚歡，特讚錢氏《先秦諸子繫

---

⑯ 　錢穆《兩漢經學今古文平議》自序頁 4，收入聯經，錢賓四先生全集八。

⑰ 　同注**⑭**，頁 66。

⑱ 　同注**⑮**，頁 126。

年》稿體大思精，可與顧炎武諸老輩中求其比，乾嘉以來，少其匹矣。

可能因廖平不再堅持其說，而蒙文通又言其師最近持義可與錢氏相通，故對廖氏，賓四先生言辭甚為平和。

賓四先生最不滿於康南海者，為其誣古文經皆出於劉歆偽造，而不追溯古文經之源流，以及其文之不同。錢氏著〈劉向歆父子年譜〉者，即將康有為之武斷，徹底解決，還古文經以應有之源流。

〈劉向歆父子年譜〉發表後對學術界究有何影響，錢氏於素書樓講課時曾云：此後再無人爭辨經今古文問題，此一問題於焉解決。錢氏晚年追憶此一經過云：

> 余撰劉向歆父子年譜，及去燕大，知故都各大學都開設經學史及經學通論諸課，都主康南海今文家言。余文出，各校經學課多在秋後停開。但都疑余主古文家言。❿

錢氏並非主古文家言，乃還經學以歷史真相，不可厚誣古人，以馳己說。

八、各術清代學術

梁啟超先撰有《清代學術概論》，後有《中國近三百年學術史》之作，此二書在當時定有相當之影響力，且為學人所稱述。梁氏卒於民國十八年，其時錢氏尚在蘇州中學任教，對於梁氏在政學兩界，皆有重名，晚年講學於清華大學，清華學生以南海聖人再傳

---

❿　同前，頁 139-140。

弟子以為榮者，頗不乏人。錢氏於民國十九年秋始至北京，任教燕京大學。次年，轉任北京大學，在清華大學兼課。

賓四先生在燕京大學相處不洽，遂辭，轉回蘇州。得北大聘，仍回故都。錢氏自云：

> 民二十之夏，余在蘇州，得北京大學寄來聘書。待余赴平，清華又來請兼課。此必顧剛在北平先與兩方接洽，故一專任，一兼課，雙方已先洽定也。但余亦未以此面詢之頡剛。⓴

錢氏在北大教必修課之中國上古史、秦漢史，另一門選修課可自定，賓四先生遂開近三百年學術史。

梁啟超之《中國近三百年學術史》，為在清華及南開講學之講義，部分曾發表於東方雜誌。任公卒後，有單行本出版。凡此，錢氏均曾讀過，且有深刻印象，但意見相左，因開此課，編寫講義，以成錢氏之《中國近三百年學術史》一書。

梁氏為今文經學家，曾從事保皇，故其書重清代漢學，兼及畸人。錢氏尚宋學，喜性裡，其路數與梁氏迥異，從其目錄即可分辨。今不詳論。

九、明於理學

賓四先生喜理學，當代亦認其為理學家，抗戰時期，馮友蘭以其所著《新理學》示錢氏。賓四先生以馮氏書獨論理氣，不及心性，恐有未得。又言朱子論鬼神，亦有新創之言，可以加入。後馮

⓴　同前，頁 141。

氏告賓四先生曰，鬼神一章已加入，惟未加入論心性者。

　　馮氏與賓四先生論學不洽，除理學觀念不同外，馮氏以治哲學，自以受嚴格學術訓練，頗為自負。國府頗重視錢氏，常請其演講，馮氏口吃，其對張儐生先生言：

> 錢賓四生就一條好喉嚨，唱的雖好，畢竟是票友下海；我馮某人是富連成科班出身，怎麼樣也不會差到那裡去。❷

　　錢氏似與胡適系統人物，均有意見，惟一例外，為顧頡剛。顧氏之愛才及容納不同意見，於此可見。

十、小結

　　由《先秦諸子繫年》及〈劉向歆父子年譜〉，《中國近三百年學術史》，所作均有深意，且代表賓四先生之思想。錢氏對國史有溫情，於其著《國史大綱》引論中可見。然錢氏自幼喜理學，尤其朱子，晚年著《宋子新學案》，有以朱子為依歸，終身不移之表示。

---

❷　此為筆者親聽之於儐生師，儐師生於光緒甲午，長賓四先生一歲，民國七十四年春歸道山。

何廉及南開經濟學家對
戰後經濟政策發展之貢獻

徐振國

東吳大學政治學系副教授

一、前言

　　何廉（1895-1975）是一位經濟學家，早年獲得耶魯大學經濟學博士學位，回國後在南開大學任教，開創南開大學經濟學院，培育了許多優秀的經濟學家，對於中國早其經濟學術的發展有重要的貢獻。此外，何廉早在 1930 年代中期，便被延攬到政界，曾在蔣委員長的侍從室中任職，對蔣直接提供經濟政策上的諮詢與意見，其後擔任過農經局局長，經濟部次長，中央設計局副秘書長等要職，對戰時經濟政策的執行和戰後經濟政策的規劃有過重要的貢獻。

　　對於何廉的生平及其個人對經濟政策上的作為和影響，我已經寫過專文做過初步的探討（1994）。本文的目的，首先是要討論何廉創設南開經濟學院的過程和意義。其次，是要說明何廉規劃戰後「計畫自由經濟」的過程，以及執行戰時管制政策時所寓含的「計

畫自由經濟」原則。再其次，是要依據兩篇南開經濟學家的論文，討論他們對經濟制度的界定和對公私混合體制的辯護，藉此來理解何廉當時規劃「計畫自由經濟」的理論憑藉。最後，依據七位南開經濟學家的十一篇相關的論文，是要呈現當時經濟學界對中國戰後經濟政策發展的認知變化。

　　本文所稱戰後經濟政策的發展，是指從「計畫經濟」到「計畫自由經濟」的轉變。「計畫經濟」是國民政府從 1934 年開始標榜的基本政策觀點。「計畫自由經濟」是政府在 1944 年末正式宣示，在 1947 年有過深刻的檢討，其後在台灣一直被高舉為經濟發展的基本指導方針，直到 1984 年才轉變為「自由經濟」。這種基本政策概念的轉變，包含了許多意識形態的檢討，和相關基本政策的辯論，值得詳加研討。本文所探討的僅是抗戰末期的這一段，所依據的資料主要是何廉的口述歷史和七位南開經濟學家的十一篇論文。

二、現代經濟學家出現的意義：
何廉和南開經濟學院的創設

　　Vivienne Brown 認為經濟的現代性特色表現在電子和文字媒體每天大量的報導經濟事物和政策爭議。這種現象包羅了三個方面的發展：第一，高教育程度和高專業程度的勞動力（workforce）的形成，在各行各業進行著商品和勞務的產銷；第二，專業經濟學家的形成，運用現代經濟理論，研究社會經濟問題，提出解決的意見和方案；第三，知識程度高且消息靈通的社會公眾的形成，直接或間接的參與經濟議題的討論和辯論（128）。我認為特別值得注意的

是，迥異於經濟學家們一般都以國民所得的成長和產業結構的變化來顯示經濟的發展，Brown 是以人們對經濟事務的關懷之大幅提升，以及相關之勞動力，經濟學家，和關心經濟事務的公眾等三類社會群體之成長，來顯示現代性經濟的發展。從這樣的角度切入，並特別注意當時代的政策議題和內容，我們才能呈現出一個時代在論述主題和認知觀點上的抉擇和成長。

就本文的主旨而言，我特別著重現代經濟學家的形成和他們觀念發展。這在中國的現代化過程中尤為重要。按 1905 年清廷廢除科舉和改採新學制之後，舊的士大夫階層和以儒家教義為中心的傳統知識型態便伴隨著傳統的帝制結構的終結開始瓦解，而新的知識菁英和知識內容伴隨著新的國家體制開始延伸。在新知識菁英的誕生過程之中，最先受到人們重視的是梁啟超和胡適之等通才性的文史哲學家，後者所提倡的白話文運動，尤其表了新時代社會大眾的啟蒙和覺醒。此外，人們也很重視理工知識和人才的培育，認為這才是有份量的「實學」。相對而言，經濟學家和其他社會科學家出現的時間要來的遲，他們能夠有充分成長和發揮影響力的時間要來的晚。套用 Brown 的眼光來看，這種情勢有其必然。按民初之時，現代經濟在整個社會經濟中的比例很低；現代工業勞動人口在整個勞動人口中的比例尚不及百分之一；經濟學家的數量很少，還未凝聚成一種和中國社會本身需要密切結合的學術社群，同時也和通才知識份子和意識形態理論家處一種對立和競爭的狀態，而未確立他們在社會上的地位和影響力。然而也正因為如此，也就特別值得我們去注意民初的經濟學家，去觀察他們的萌芽和成長中，從而反映現代經濟在中國知識觀點和內涵上的發育和成長。基於此種興

趣，還基於目前資料的限制，我在本文僅以何廉和若干南開經濟學家作為探討之對象。

何廉湖南邵陽人，1895 年出生，正值甲午戰敗之時，中國政治局勢由此開始大逆轉。何廉出身中農之家，八歲方入私塾，其後逢學制改變，十四歲才有機會進入新式學校。何廉少時曾進廣西初級陸軍學堂就讀，甚至在辛亥革命之時跟著部隊行軍，然終覺志趣不合，輟學而去，最後考上長沙的雅禮學校（Yale-in-China Academy），是一所「耶魯國外佈道團」創立的學校。在這所學校裡，何廉奠定了相當良好的基礎，並經校中外籍師長的鼓勵和指導，於畢業後獲得留美深造的機會。何廉於 1917 年赴美，進 Pomona 學院，接受通才性的基礎教育，然後於 1922 年進入耶魯大學經濟研究所，於 1926 年完成博士學位，旋即自美返國，在南開大學商學院擔任教職，主授財政學和統計學。從此簡履來看，何廉正生於一個新舊傳承的機會，作為一個農家子弟，他很幸運地接受了完整的現代教育，甚至成為一位經濟家。

何廉學成歸國的時間甚早，然而並非歸國最早的經濟學人。何廉在其口述歷史中指出，中國第一位經濟學家是陳錦濤，於 1906 年在是耶魯大學獲得經濟博士學位，1912 年曾經擔任國南京臨時政府的財政總長，其後亦曾一度擔任北洋政府財政總長。然而，其後陸續歸國的經濟學們卻不再有這麼好的際遇。何廉在開創南開經濟學院之前，曾特別訪問了國內各主要大學的經濟系，對於當時中國經濟學家的處境有這樣的描述：

　　在當時二十世紀 20 年代，在中國大學中的經濟學教育十分

慘澹，總體來講，所有的社會科學學科的教育，都是可憐巴
巴的。教學方面的這種普遍的不正常的情況，主要是由於
20 年代的政治動亂，中國的大多數大學不能按時如數地給
教師們工資。收入不穩定導致教師們工作過於繁重，對於師
生和教學、研究都有損害。從一開始，教師們就擔任過多學
時的課程，每週最少 12 節課，最多 30 節課不等。其中有些
不僅僅在一個學校任課，有的還在兩個城市的學校中同時任
課。這樣一來國立北京大學的教授常常同時在天津教書，上
海一些大學的教授常常在南京教課，反過來也是一樣。（51-
52）

除了待遇菲薄和教學負擔沉重之外，教材不切合中國社會的實際需
要也是另一嚴重問題。何廉指出，教師們經常以他們西方（主要是
美國和英國）留學時所學到的時髦課題，如「經濟循環」或「証卷分
析」等，來教授給中國學生。

偏巧，像「經濟循環」或「証卷分析」之類的課程和中國的
現狀幾乎不沾邊，對中國學生根本沒有什麼現實意義。在當
時的中國經濟之中，根本不存在所謂「經濟循環」的作用。
而在中國尚無証卷市場可言的當時，怎麼叫中國學生生吞活
剝一門講「証卷分析」的課程呢？讓中國學生來學習這類課
程，簡直是丈二金剛，摸不著頭腦。然而我在北京、上海和
南京的大學中的經濟學課程中看到這類的教材屢屢出現。我
發現所有這些大學連一門涉及中國的經濟發展和組織情況或
有關中國農村經濟的課程都沒有。

和當時一般經濟學家們的處境相比，何廉要幸運的多，他在南開大學得到充分的發展機會，使經濟學成為該校的一項發展重點。何廉和南開之間相得益彰的關係，可以說是中國近代大學發展史上的重要一頁。按南開大學的創辦人是知名的教育家張伯苓先生。他原於1903 年創辦南開中學，聲譽昭著，便於 1919 年繼續開辦南開大學。張先生辦學著重優良師資的聘任，也鼓勵教授發揮他們的所長，故短期內南開已成為全國知名的高等學府。1926 年何廉進南開時，它已是一個五百多人的大學，包括文、理、商、礦等四科。就當時高等教育的萌芽階段，這已經是一所很有規模的大學了。當時南開的知名教授，包括了蔣延黻、蕭公權、李繼侗、和蕭遽等人。這些對中國現代學術發展有長遠貢獻的人，當時都還是少壯年輕學者。

從 1919 年到 1929 年，由於政局渙散，南開倒還處於在一種「世外桃源」的環境之中，有著蓬勃的發展。唯自 1919 年之後，政局趨穩之時，南開反而面臨了發展危機。此乃因為國家統一之後，中央政府已有固定之預算撥給國立大學。這使北大和清華具有財務上優勢。清華尤其有庚子賠款的挹注，發展經費更為充裕，故可高薪聘請師資。上述在南開具有指標地位的教授，竟都悉數被挖到清華去了。此外，從南開等私立大學的觀點來看，北大夾其學界龍頭的地位，有壟斷資源和壓制私校的意圖。為此，南開和北大及清華之間，形成了嚴重的對立衝突。

進入南開之後，何廉原來也有跳槽的機會。他曾先後接到「中華文化教育基金會」社會研究部和中央研究院社會所的邀請。然何廉思之再三，認為自己並不喜歡在純研究機關中做事，而應該繼續

留在大學中，貫徹其「教學和研究相輔相成」的理念。張柏苓十分感念他的抉擇，故減少了何廉的教學時數，並特別設立了一個「社會經濟研究委員會」，從學校預算中撥出一定數量的經費，專供研究中國社會中的實際經濟問題。及至南開面臨了基本的發展危機，張柏苓和何廉商議，不能一直和北大清華處於緊張對立的狀態，而應去強化南開本身的特色，發揮高校之間相輔相成的關係。他們意識到南開座落在商業都會天津，而天津是未來華北的大工業中心。依據這樣的遠景，南開應該把發展重心放在培育企業人才和工程人才方面。基於此，張伯苓校長決定加強商學院，並伺機建立工學院。

在加強商學院方面，張校長自然要借重何廉。於是在原來的社會經濟研究委員會之外，張校長遂任命何廉主持商學院和文學院的經濟系。隨後又依據何廉的建議，將社會經濟研究會，商學院，和文學院經濟系等三個機構，合併為「南開經濟學院」，藉以發揮教學和研究並重的任務。另為此學院，還設立了一個獨立的董事會，聘請顏惠慶博士為董事長，負責對外募款事宜。經此改革後，南開大學終於確立了它的一個主要特色。及至抗戰前夕，也就是 1936 到 1937 學年，南開經濟學院的成員擴大為 32 人，其中包括了十位教授，九位講師，五位教員，八位研究助理（47）。大學本科的學生達到 172 人。

秉持「教學和研究必須兼顧和相互聯繫」的理念，何廉從進南開的第一年，便展開了研究工作。按何廉在耶魯時曾經跟隨費喧教授，參與編製「物價指數百科全書」和每週商品批發指數。回到南開任教，他馬上展開編製物價指數的工作，先後編製了華北商品批

發指數和天津生活費用點數，另將天津歷年來的進出口貨物名稱、數量和價格分析等作一整理，最後將各類指數和資料合併為一年出版一次的「南開指數」。從 1935 到 1952，其中包括了日本人佔領的時代和中共統治初期，這本南開指數年刊的編製一直不曾間斷。

在教學方面，何廉從一開始便朝經濟學教學「中國化」的方向發展，盡量在經濟學的各門課程中，納入中國社會的教材。在這當中他遇到了經濟學術語標準化的問題。他原利用南開社會經濟研究委員會，每週兩次邀請相關學者來討論這個問題。後來南開社會研究委員會的影響力越來越大，便透過南京教育部國立編譯館，邀請各知名大學的經濟系教授成立一委員會，統一了經濟學的專門用語。

除了教學和編指數的例行工作之外，何廉還推動了兩項大型的研究計畫：華北的工業化問題和東北移民問題。為了研究華北的工業化問題，何廉從耶魯大學請回了他的密友方顯廷。方攻經濟史，專精英國的工業結構和工業史，另對民國初期的工業狀況也有相當的了解。何廉和方顯廷此後成為密切的搭檔。何廉從政之後，方顯廷繼續經營南開經濟學院，並與何廉保持密切的關係。

值得注意的是，何廉和方顯廷對華北工業問題和東北移民問題研究到一定程度之後，便將研究重點轉到中國農村，特別著重「構成中國鄉村社會的經濟與政治機構」方面。他們從華北工業化問題的研究中看到，所謂中國沿海地區的現代工業，都由西方移植而來，而非基於社會本身的結構性蛻變。而所謂工業化在整個中國經濟的比重中無足輕重，此時必須致力於健全農業體制，否則也就沒有健全的工業化。另外他們從東北移民的研究中看到，華北居民大

量移向東北，實由於「匪盜橫行，打架鬥毆，連年內戰，苛捐雜稅，高利貸而被迫背井離鄉」。然而大量移民遷到東北後，情況並未感善，同樣的社會形狀況。基於這樣的體認，何廉和方便決定把實際考察的重點移到三項相關連的研究：華北地區的農業經濟，特別是關於土地所有權，農業信貸與市場以及合作事業等制度面的問題；鄉村工業；地方行政與財政。

三、何廉對「計畫自由經濟」
政策觀點形成的貢獻

何廉對於中國經濟政策發展的貢獻有兩方面，一是經濟政策概念的開創，另一是經濟政策的執行。在這一節，我們將側重於經濟政策概念的形成，下面且從何連在侍從室的政策建議，在行政院政務長任內的政策規劃，在三青團兼職時召開的經濟會議，和在中央設計局局長任內研擬的計畫自由經濟方案等幾項事故來討論。經濟政策執行方面，也隱含了一些重要的政策概念爭執和發展，將留在下一節討論。

㈠侍從室的建議和在行政院的政策規劃：早在 1963 年 10 月，何廉便在蔣委員長的洛陽侍從室工作。在這個工作崗位上，何跟蔣有六個多禮拜的密切相處時間。除了一般性的晤談以外，委員長要何廉每隔一天的下午五點對他本人講個把鐘頭有關經濟學相關的知識。蔣當時非常有興趣瞭解德國的四年計劃和蘇聯的五年計劃；另外也想知道美英兩國的財政制度和預算稅收制度；此外也要何廉談中國的經濟問題。何廉於是有充分的時間將他個人的意見和研究心得向蔣報告。只要一有機會，何便敦促委員長花更多的精力去注意

中國的農村建設工作。在這方面，蔣似乎也接受了何的意見，他要
何在這方面多操心，委員長甚至有一次表示，要翁文灝負責工業建
設的工作，何廉注意農業方面的工作。（何廉 113-117）遺憾的是，
1936 年底發生了西安事變，自此舉國注意力完全集中到對日抗戰
的問題，軍政掛帥，經濟建設也就成為次要問題了。

　　另在抗戰前夕，也就是 1937 年 6 月，蔣介石出任行政院長，
邀請何廉擔任行政院的政務長。蔣隨後要何進行三項研究任務：研
究政府中負責經濟建設的機構，檢討當時政府在經濟建設中的工
作，和分析政府的財政收入和支出，並對此三項問題提出一項研究
報告。對於其中第二項問題，何廉認為必須探討它後面更根本的一
個問題：那就是政府根據什麼樣的基本原則來從事經濟建設？何廉
指出，當時黨政軍方面的官員，一般都宣稱是根據「三民主義」或
「民生主義」的概念來建設新中國。至於什麼是「三民主義」或
「民生主義」的基本理念，何廉指出，唯一能援引的一個名詞是
「節制資本」，或者是「節制私人資本，發達國家資本」。另在政
策執行的層次，當時政府人員普遍強調由政府直接擁有和經營工
業。例如當時在實業部下就有不少公司，如中國茶葉公司和中國植
物石油公司。何廉認為「節制資本」並不是明確的建設計劃，「也
不意味著政府應自己去從事經營每項工業。」他認為：「經由政府
佔有和經營的辦法以實現工業化是不可取的，政府根本就缺乏實力
和資源。政府只能制定基本原則，而這些原則是依據對政府實力的
現實估計而作出的，並應遵循這些原則進行工作」（105）。對於蔣
委員長交辦的三項問題，特別對經濟建設原則的問題，何廉認為並
不是遞一個研究報告就可以了事的，對於經濟發展的問題上，尤其

要請蔣委員指派一個委員會來制定一套基本原則。唯抗戰爆發後，軍馬倥傯，一直拖到抗戰末期，任命何廉當中央設計局副秘書長之後，才有機會繼續研議這個基本政策課題。

㈡三青團的經濟會議：何廉在農本局任職期間，曾經有一段時間兼任三青團（三民主義青年團）經濟處處長。何廉本人並非國民黨黨員，然陳誠（任三民主義青年團書記長）希望能藉重他的學術聲望來號召知識青年。陳誠原曾想由三青團員來經營某些事業或組織消費合作社。何廉認為這些做法並不切實際，建議不妨以三青團名義召開一個經濟會議，討論民生主義的基本經濟原則，藉以闡述國民黨的意識形態，並確立未來經濟發展的綱領。陳誠對此大表贊成，呈報給蔣委員長，也大獲其支持，甚至特別撥了一筆會議預算。何廉於是邀請了重慶各大學有名的經濟教授，然而這些人大都不是國民黨黨員；黨部方面則邀請了一批三民主義的意識形態理論者來參與會議。結果這兩批人，在語言、觀點和認知上都格格不入。

雙方的爭辯，主要還是在「平均地權」和「節制資本」這兩句話。黨政意識形態理論家們認為平均地權的原則已具體的展現在1930年的土地法裡面，認為必須以平均土地所有權的方式來進行改革。教授們則主張採取較溫和的方法，以減租、減息和加強農業信貸的做法，來改善農民經濟能力，如此終能提高其社會地位。

更明顯的歧見是在「節制資本」方面，意識形態理論家們具有國家社會主義的傾向，主張工業應由國家所有和歸政府經營。何廉和大部分的教授則反對這種主張，認為政府沒有能力經營工業。政府直接經營工業，可能變質成官僚資本，易流於腐化，且難於吸收外資。教授們也主張區劃公民營企業的範圍，某些太龐大的事業，

如鐵路、公路、發電廠等由政府經營,其餘皆可交民間企業經營。教授們基本上也同意「節制資本」中所寓含的追求財富平均的意思。但這可藉財政手段來達成。他們還主張對全國土地重新估價,改善徵稅基數,實行農業收益稅等方法來改善土地稅收。

會議的結果,意見無從整合,於是教授們提出了一個「多數報告」,黨員們提出了一個「少數報告」。兩個報告都由陳誠遞交給蔣委員長(何廉,201-205)。這次會議可以說是經濟學家和意識形態理論家的一次正式交鋒。「多數報告」的意見最後反應在戰後的經濟原則之中,而「少數報告」的意見也繼續停留在國民黨的意識形態號召之中。

㈢中央設計局的政策研擬:國民政府於 1940 年設中央設計局。唯自珍珠港事件後,蔣委員長始再度考慮到戰後經濟建設的問題,於是決定讓中央設計局發揮政策規劃的功能,遂於 1943 年底,任命熊式輝維中央設計局秘書長,何廉為副秘書長,而由何廉實際負責研擬和規劃戰後建設經濟建設的方案。何廉當時想到三個基本問題。第一個是他一向關心的經濟制度問題:「我們需要知道經濟在何種制度下進行的。我們是設計一個集中的有計劃的經濟,還是根據私營企業體系進行設計?」(同前,240-241)第二個是全國區域發展問題。第三是經濟建設的主要目標問題,是為增加國防力量?或為改善人民生活?或為達成經濟成長?(同前,243)其中第一和第三個問題都和基本經濟制度的發展有直接的關係。

關於經濟建設目標的問題,作為一個經濟學家,何廉關心的是「經濟增長」。然而在請示蔣委員長時,委員長的答覆是「國防與民生」。何指出任何類型的發展都應符合這兩個目標,但作為一個

經濟計劃，必須「有某種數量上的指導」，例如國防在我們目中佔多大範圍，民生又佔多少等等。蔣當時僅說應該修建某些鐵路，略作思考後，又要熊式輝召開一次會議討論設計目標。會議召開後，也只能定出三項大而化之的目標：⑴滿足最低限度的國防需要，⑵奠定工業化的基礎，⑶提供全國健康和教育水平（同前，244）。

關於經濟制度原則的問題，何廉本人主持了經濟事業原則的委員會。委員會成員包括了經濟部長翁文灝、交通部長張嘉璈、副部長盧作孚、行政院政務次長蔣廷黻、中央銀行總裁兼財政部長孔祥熙、國民黨財政委員會主任委員徐堪等人。除了孔祥熙向不露臉外，大家都很認真的參與。就當時國民黨的意識形態傾向而言，一般是主張國營企業。然而這個委員會的成員中，翁文灝是主持國營企業的靈魂人物，一向主張公營企業；張嘉璈和盧作孚曾經是上海著名的銀行家和企業家，故主張私營企業；何廉處於折衷的立場，主張公私混合經濟體制。何廉指出，十九世紀以來的「官辦」和「官督商辦」成績都令人失望，形成貪污腐化的根源。然而完全依賴私營，私人資金都會集中在上海、天津、廣州等地，完全無法關照西北那類地方。在熱烈的討論中，何廉的意見獲得蔣廷黻的支持，因而得在委員會通過。隨後該案提交最高國防委員會常務委員會，為此何特地再去見蔣委員長，請其務必就此案主持該次會議，獲得蔣的支持。1944 年夏該案先在最高國防委員會常務委員會通過，再於同年 12 月 28 日經最高國防委員會通過。這便是（戰後）「第一期經濟建設原則」（經濟部出版的「經濟部問題資料彙編」）。開啟了一些重要的政策改變和反省。

㈣戰後基本經濟政策的轉變和反省：戰後基本經濟的變革與反

省可以分兩波出現。第一波是在抗戰末期和勝利之後政府所作的政策性宣示。這包括 1944 年 12 月國防最高委員會第一四八次會議通過的「第一期經濟建設原則」；1945 年蔣中正先生以國民政府主席身分在國慶日告全國同胞廣播詞中宣佈的「經濟建設的方針」；1945 年 11 月行政院草擬的「確立戰後我國之經濟事業制度」；1945 年中央設計局編製的「物質建設五年計畫草案提要『總論』」。

　　這四項文件，除了行政院所擬者外，如上節所述，主要是由何廉在中央設計局研擬出來的，有其漫長醞釀和演變過程。其中以「第一其經濟建設原則」最能呈現何廉的觀點。該項原則宣稱，「……以有計劃的自由經濟發展，逐漸達到三民主義經濟制度之完成。對於經營方式，應在不違背節制資本之原則下，儘量鼓勵民營企業。……總期以企業自由刺激之發展，完成建設計劃之實施」。（經濟部，72 頁）在這段文字中，「有計劃的自由經濟發展」，「鼓勵民營企業」，和「以企業自由刺激之發展」，都是非常有價值的政策概念，反映了戰後基本經濟政策觀點的轉變與反省。

　　這裡必須一提的是，行政院所擬的「確定戰後我國之經濟事業制度」，相當保守，並未觸及計劃自由經濟的主題概念，而僅強調戰後經濟事業之經營方式的分類及國營事業管理的建立。該文認為經濟事業之經營方式可方為國營、民營、政府與人民合營、中外合營，和外資單獨經營等五類。「原則上應由政府獨佔經營之事業」包括：「直接涉及國防秘密者」、「有獨佔性質者」、「國防關係密切之大規模煉鋼練焦煉油等」，甚至「惟人民力量有所未逮時，亦得由國家經營」。（經濟部編印，民國四十年，89-90）此實非常強調

國營企業的範圍和重要性。這份文件反應了更多翁文灝的意見，而非何廉的觀點。此亦顯示戰後雖然有「有計劃的自由經濟發展」觀點的出現，然而在政策內涵上還未定型。

第二波經濟政策觀點的改變出現在 1947 年 2 月中旬以後，當時法幣嚴重貶值，通貨膨脹的危機全面浮現。為因應危機，政府一方面恢復了許多戰時的管制政策，包括糧食和花紗布等的管制；另一方面卻對「計劃自由經濟」等類概念有更深更廣的反省。後者包括了 1947 年 3 月 24 日國民黨三中全會通過的「經濟改革方案」及該案所附的「附經濟改革方案一般檢討全文」。「經濟改革方案」其後於 1947 年 7 月 21 日經全國經濟委員會審查修正，又於 8 月 1 日經國務會會議決議通過，是一個經正式程序獲黨政雙方通過的文獻。這些文獻對於國民政府過去在金融政策和產業政策上的失敗都有認真的檢討，並提出了具體的改善之道。例如為應付財政赤字和通貨膨脹之壓力，「經濟緊急措施方案」中宣稱：「凡國營生產事業，除屬於重工業範圍，及確有顯著特殊情形，必須政府經營者外，應即分別緩急，以發行股票方式，公開出賣或售與民營」（同上，106 頁）（經濟部出版的「經濟部問題資料彙編」）。

政府決策者此時已明確的意識到到，國營事業若經營不善，耗費國家預算，不如出售給民間，任其經營獲利，政府亦可徵得稅收。就政策概念而言，這樣的體會和做法已對「節制私人資本，發達國家資本」的原則作了根本的修正。

1947 年的「經濟改革方案」和相關文件是出自誰的手筆？代表那些社會的力量呢？依據何廉在其口述歷史中稱，彼早於 1946 年 6 月離開政府工作，故這些文件已非由何廉所擬。我初步的判斷

是，1947 年的文獻反映了張嘉璈和盧作孚的政策觀點，此可回歸到 1920 年代至 30 年代上海工商界的主流意見。當時工商界的主要結盟力量是行政院長宋子文，裡應外合之下，曾深切的表達了工商界的觀點和需求。問題在於民間經濟建設的需求和國家軍政統一的需求之間，的確有著嚴重的干隔和衝突。最後宋子文掛冠求去，工商界的組織和需求受到壓制；在內戰和抗戰的過程中，軍政組織和需求則大幅膨脹。然而在這種失衡的發展過程中，一個基本的難題卻也不斷地在擴大著：那便是以要以什麼樣的生產基礎和財經抽取方式來維持這麼龐大的軍政開支？隨著金融危機的爆發，宋子文再度擔任行政院長，上海工商團的需求聲浪再起，這可能是 1947 年政策反省的基礎。我這一項假設性的看法自然需要另外找資料來證實。

　　除掉 1947 年的政策改變不論，本文可以明確的說，作為一個參與高層的經濟學家，何廉對於戰後初期的「計畫自由經濟」基本方向之確立，有其重要的貢獻。至於何廉如何思考「計畫自由經濟」這個政策或制度概念，我們無法從何廉的口述歷史中得到完整的答案，而必須對和何廉學脈關係深遠的南開經濟學家當時的論文中作一番分析的工作。然而在討論這個問題之前，我們還得檢討一下何廉在執行糧食和花紗布的管制政策中所寓含的「計畫自由經濟」原則。

四、何廉在管制政策中寓含的
「計畫自由經濟」原則

　　何廉在經濟政策執行方面，主要表現在他擔任農業信貸管理局

（農本局）局長時推動的基層農業金融制度，以及他擔任農業調整委員會主任委員時推行的糧食和花紗布的管制政策。何廉以其經濟學家的素養，在推行這些政策之時，都保存了利潤誘因的空間，並隱含了他後來所主張的計劃自由經濟的基本原則。此已有別於當時黨政軍領袖所慣用的強制手段，其中的爭執和發展值得回顧。

何廉在戰時主持的農本局，其創設實源於 1923 年的華北大水災，當時由華洋義賑會在河北省組織農村信用合作社，其後一些商業銀行團參與推動這種新興的農貸制度。是因應這樣一個民間組織得發展，政府於 1926 年春成立了農本局，其主要任務是在於促進農村信用的流通和促進產業運銷。這個機關的組織方式很像後來的農復會，以半官方機構的形式組成。其理事會的二十五名理事是由政府官員和銀行界負責人合組而成。該局設定資本額六仟萬國幣，一半由政府撥發，一半由各參與之銀行攤付。其後局勢動盪，這個新機關亦難於有所作為。1937 年，在蔣委員長的授意下，何廉出任農本局總經理。前面提到，何廉早在南開大學主持研究計畫之時，便意識到農村經融的重要性，故他在自己的口述歷史中表示，在歷任政府的各項公職之中，農本局總經理是最切合他志趣和心意的工作。

何廉擔任農本局總經理後，特別致力於「分配信用的基層組織單位」之改善，希望做到為「農民所有，為農民掌握，和為農民服務」，藉此打破地方上的壟斷和剝削的勢力（何廉，145）。此外，他也致力於建構一個完整的農業金融體系，那便是在廣大農村合作社的基礎上，建立縣農業合作金庫，在向上發展為省農業合作金庫，最後甚至創立一個農業金融中央銀行。在每一個縣合作金庫成

立時，農本局提供十萬元國幣的創辦基金，等縣合作金庫的股金由參與之合作社認足時，農本局便收回資金，而使縣合作金庫能轉由農村合作社所有和經營。

關於促進農業運銷方面，何廉也是從建立地方基層組織單位著手，按中國農村市場，向來由中間商人把持操縱，他們甚至組織秘密的行會，來控制價格，壟斷市場。何廉決定在建立農村合作社和合作金庫的同時，建立一系列的由糧產區，到城鎮，而後到大都市的倉庫。透過這種以倉儲串連運銷合作社，希望能突破中間商把持和壟斷。此外，儲糧戶將糧食存放倉庫，又可以倉單向合作社抵押貸款，貸款則限於生產方面，如購買改良種子和肥料及改善灌溉方面。這樣，產銷和借貸的功能就可連繫起來（何廉，145-146）。

為了貫徹農本局的業務，何廉在重慶成立了訓練班。他們召收和培訓了許多流亡到後方的大學畢業生，派到各地方合作社和倉庫從事基層工作。他們也吸收了原來在長江黃淮任職的水利工程師，委派到鄉下改善農村水利（153）。何廉十分滿意於他在農本局的工作，認為有其真正的價值和意義。農本局的組織方式和工作形態，可能為後來的「農復會」提供了重要的基礎。此外，農本局建立農業信貸和產銷的作法，跟日本人在台灣立信用合作社的和農會制度是一致的。這也許能說明為何農復會來台後能那麼順利的沿襲和運用日本在台所建立的制度。

何廉很成功的建立了農本局的發展方向和制度，然而農貸信用制度的建立終於和孔祥熙主控的財政金融系統發生衝突。更嚴重的是，戰時重慶米糧供應的問題越來越緊張，必須採取管制和分配的工作，此事亦由何廉主持，招來許多是非和攻擊，終至撤銷了農本

局。此事對何廉的打擊甚大,造成他後來退出實際政務工作的主因。

戰時物質的生產的供應原來就很艱難,其中尤其以米糧供應最為敏感尖銳。1940 年在重慶,這個問題已到了爆炸性的嚴重地步,各方指責糧價太高,糧食供應不足。蔣委員長親自為此召開會議,各方交相指責,何廉所主持的農本局,漸成眾矢之的,認為農本局轄下各地合作社倉庫的米糧應拿來拋售,以平抑糧價。何廉指出各地合作社的米價元為各地農民所寄放,不能平白徵收收挪作他用,何況杯水車薪,終難阻止糧價的飛騰。何廉指出,四川原為產糧區,供給不成問題,問題在於物價攀昇,糧商惜售。政府若真要農本局扮演提供各政府機關和重慶市民糧食的功能,應給予足夠的資金,以市場價格收購,便可解決問題。而更基本的解決之道,何廉一再強調,還是應該建立一個獨立的糧食管制機構,採取田賦征實等類政策,根本解決戰時的糧食生產和供應問題,而不應將此重任委之於一個半官方,其原來功能是提供農業金融和解決一般性產銷問題的農本局。然而當時軍政首長並不能理解何廉的觀點,總認為戰時經濟應該「有錢出錢,有力出力」。逼急了就指責有貪污腐化,為此槍決不少人,甚至包括了成都市長。何廉及其他糧政和財經官員當時實生活在一種非常險惡的環境之中。所幸政府終於於1940 年末在行政院下面設立了糧食管理局。其後於 1942 年將糧食管理局擴大為糧食部,並實施田賦徵實政策。這才建立了戰時的糧食供給制度。

戰時棉花和紗布的採購和供應也非常的重要性。何廉是以農產調整委員會主任委員的地位來推行這項工作。按四川原非產棉地

區，須輾轉自敵後和國外採購棉花。何廉負責籌措資金，另外組織了「福生庄」來負責原棉採購的工作。當時特別吸收了一位有經驗的綿商，原來在中棉公司（中國銀行的一個附屬企業組織）任採購部經理的吳味經先生主持福生庄的業務。何廉等人發現四川當時並無棉紡織工業，都還是由家庭婦女以手工紡紗。他們於是決定重振和開展現行的家庭手工紡織業。由福生庄採購原棉，儲存於農本局所屬的各地合作金庫和農業倉庫中，由他們將原棉發放給農家，農家紡成的紗再向合作社交換等值的棉，或者是給付現款。在這樣的交換過程中，農民享有 10% 的利潤，故非常樂意接受。農產調整委員會（後與農本局合併）收購到的棉紗則送到重慶售出作織布之用。農本局撤銷後，政府成立了一個獨立的花紗布管理局，秉持相同的原則，進行紗布的生產和分配的管理工作。

在解決戰時糧倉問題和花紗布的背後，實隱含的一個非常根本的觀念問題。軍政首長認為「糧食市場可以用強制力量來穩定」，「砍掉幾個人的頭就能威懾大多數人」（173）。何廉和其他具有現代財經觀念的人則瞭解，「問題是不能靠武力或衝動解決的」（173）。他們懂的運用市場機制和利潤誘因，來誘導民間的生產意願和力量。另外在組織和制度方面，農本局本身就是一個半官半民的組織，一方面承擔了政府規劃政策和執行政策之功能，另方面又直接參與了農村合作社的建立和動員，惟仍肯定私有財產權的地位。另農產調整委員會固為官方機關，然亦創設了福生庄那樣傳統形態的民間公司，向敵後地區採構原棉，又和四川地區的家庭手工業進行交易，在商言商，許以什一之利，誘導民間的生產。值得注意的是，這套管制體制，在 1947 年金融危機之時，經獲得美援組

織的同意，又再度予以恢復，直到中央政府遷至台灣，仍維持了非常長的時間。這種融合政府和民間社會的經濟管制形態，根植中國的傳統社會之中，具有實質的管制和干預功效，雖未獲理論家的青睞，卻具體的呈現了「計畫自由經濟」的內涵，值得重新思考和界定。

五、南開經濟學家隱含的 「計畫自由經濟」政策觀點

　　何廉在抗戰末期提出「計畫自由經濟」的主張，然而依據的是什麼樣的理論？另提到在三青團經濟會議中，經濟學和黨意識形態理論家對於「節制資本」等觀念有嚴重的分歧，然而其理論上的憑藉和意義又是什麼？行文至此，我們都是依據 1950 年代哥倫比亞大學製作的何廉口述歷史來做敘事和鋪陳。從本文分析的觀點，需要警惕的是，時空遙隔，何廉在自由氣氛濃厚的美國大學校園中回顧當年，是否能精確的刻畫出他自己參與決策的那個時代的思想特性？他是否會不自覺的以 50 年代美國自由派教授的口吻回顧他自己的歷史？此外，我本人作為一個研究者，是否受限於自己的時代觀點，而不經意地扭曲了抗戰末期的思想潮流和氛圍？當我強調從「計畫經濟」，到「計畫自由經濟」，甚至後來到「自由經濟」的演變趨勢時；我實是以自由經濟或以自由化的觀點，來反觀整個時代思潮或意識形態的演變。需要警覺的是，一個時代的思潮或意識形態，是否就是以這樣直線的演變？這當中是否有過曲折的變化？

　　要回答這個問題，我曾嘗試著找出何廉任職中央設計局時撰寫

的文章，然而卻輾轉找到方顯廷於 1944 年 4 月編輯出版的《中國戰後經濟問題研究》。前面我們提到，方顯廷是何廉的密友，繼何廉之後擔任南開經濟學院院長，並一直和何廉保持密切的聯繫。方顯廷編的這一本書，包羅了七位南開經濟學教授，從民國三十年到民國三十三年三月間，在全國主要報紙和雜誌所寫的二十四篇論文。由於該書出版的時間和其中論文所涵蓋的時段，正是何廉構思「計畫自由經濟」政策概念的時間。基於本文對基本經濟制度發展的關懷，我採取了其中相關的十一篇來做分析和檢討。這十一篇論文依出版時序陳列如下表：

表 1　南開經濟學家有關經濟制度發展之論文

作者	論文名稱	出版刊物	出版時間
楊叔進	中國的工業化與資本來源問題	──	民 31 年底
宋則行	經濟建設的遠景和近路	新經濟	民 31/8/16
吳大業	戰後建的經濟	經濟建設季刊	民 32/1
陳振漢	放任政策干預政策還是計畫經濟	當代評論	民 32/3/28
陳振漢	經濟政策在蘇德經濟建設中之地位	東方雜誌	民 32/8/15
陳振漢	中國政治傳統與經濟建設政策	東方雜誌	民 32/9/15
陳振漢	中國戰後經濟建設與計畫經濟	東方雜誌	民 32/10/15
騰維藻	工業化與農業	大公報	民 32/2/21、22
方顯廷	戰後中美經濟合作	大公報	民 33/2/27
李卓敏	世界經濟與中國	大公報	民 33/3/6
方顯廷	戰後世界經濟建設	大公報	民 33/3/19

　　這裡必須一提的是，在上述各論文中並沒有直接提到「計畫自

由經濟」這個名詞。畢竟,這要到 1944 年年底蔣委員長正式宣布「有計畫的自由經濟發展」,「計畫自由經濟」的說法才漸漸流行起來。然而,自抗戰末期,南開經濟學家們的確認真的討論過戰後中國經濟制度的選擇問題。其主流見解卻也暗合後來的「計畫自由經濟」觀點。特別值得注意的是,當時經濟學家們對於黨政軍人士所提的「計畫經濟」不以為然,然而對西方主流學者所提的「計畫經濟」確有高度的評價和期許。那是認為中國社會的條件不足,才以一種「取法乎上,得乎其中」的策略,來為中國未來應採行的某種「公私並存」的制度作辯護。我姑稱這一種論述觀點為一種隱含的「計畫自由經濟」觀點。依據這樣的認識,我在本節首先要對宋則行的〈經濟建設的遠景和近路〉和陳振漢的〈放任政策干涉政策還是計畫經濟〉作全面整體的探討,因為這兩篇文中有相當完整的理路,很認真的對基本經濟制度作界定,對「民生主義」做詮解,藉此檢討了當時中國社會的基本條件和政府的基本國策,然後做出制度和政策抉擇之判斷。

㈠基本經濟制度的概念釐清:宋則行在〈經濟建設的遠景和近路〉一文的開宗明義處提出:

> 近數年來無數在政府當局的宣言文告裡,或是在學者專家的大小論著中,一提到今後我國經濟建設的方針時,差不多一致地說:「我們必須走上計畫經濟的大道」。的確,為了確保戰後迅速的工業化,為了建立強固的國防,為了人民生活水準的提高,我們不能讓我們的國民經濟去自生自滅;我們需要一個有目標有計畫的發展。然而各人口中的「計畫經

濟」，似乎並沒有一個清晰的一致的涵義。有的似乎把計畫
經濟只看作政府大規模的建設計畫；亦有把它只看作政府對
人民經濟活動的一種統治政策。

細讀這一段話，包括了三個轉折。首先，作者意識到「我們必
須要走上計畫經濟的大道」是政界和學界的主流意見。其次，「為
了建立強固的國防，為了人民生活水準的提高」，他也因而肯定
「我們需要一個有目標有計畫的發展」。然後他又指出「各人口中
的『計畫經濟』，似乎並沒有一個清晰的一致的涵意」；於是，他
要進行一些概念釐清的工作。

宋則元強調，計畫經濟的概念必須放在經濟制度脈絡中來瞭
解，於是他很認真地介紹了經濟制度的定義，然後討論當代兩個對
立的經濟制度：資本主義的自由經濟和社會主義的計畫經濟。簡略
而言，資本主義是以生產工具私有和企業私營為基本要件，「以尋
求個人之利潤為目的」，「以企業間的自由競爭為生產活動的主導
力量」。社會主義則是以生產工具公有和企業公營為基本特色，
「以尋求社會的福利為目的」，「以中央政府的集中計畫為生產活
動的主導力量」。當然，現實世界之中並無這樣純粹的經濟制度。
宋則元特別引皮古在《資本主義與社會主義》書中的一段話：「在
資本主義的大海裡，固然有社會主義的島嶼；在社會主義的大陸
上，也難免有資本主義的湖沼。」

對於經濟制度的概念做過交代之後，宋則元繼續對社會主義的
計畫經濟制度作了兩項釐清。首先，他指出社會主義和計畫經濟並
不必然為一。社會主義的基本要件是取消私人利潤和生產工具公

有。然而公有制可以由中央政府統籌,也可由合作社和地方政府經營,故並不必然是全面統籌的計畫經濟。此外,計畫經濟也可能在少數貴族統治的奴隸社會中實施,利益歸少數貴族。宋則元藉此強調,社會主義和計畫經濟合而為一實乃現代人的概念。「在現代人的心目中,計畫經濟已是構成社會主義特色的不可或缺的部分;而計畫經濟也祇有在社會主義的基礎上,才有圓滑進行的可能」(30)。

宋則元要釐清的第二項問題是,在計畫經濟下人民是否必須犧牲消費的自由和擇業的自由。宋指出,這是基於對蘇聯現狀而產生的誤解,也是基於自由主義者對社會主義的否定和貶謫。宋認為社會主義並不必然要犧牲消費和擇業的自由,如能在技術上和制度上作適當的安排,是可能保障這兩方面的自由。

在釐清上述第二項問題時,宋則元進一步觸及西方學術界當時爭議很深的一項課題,那便是在缺乏「市場價格變動機能」的狀況下,社會主義的計畫經濟是否能對生產資源作有效的分派?同時對所得作有效的分配?宋指出學界對這個問題的看法分歧,不過他一再引用皮古的見解,「如果計畫當局採用一種計算價格制度,可能從不斷的試驗和錯誤中得到解決……」(31)。

綜觀宋則元的全文,他對 Lange 和 Pigou 等人所構想的社會主義有相當的憧憬和期待,這也就是他文章標題中所稱的「遠景」。然而由於中國社會條件的落後,無法實現這樣的理想的社會主義,而必須另抄「近路」,就是以擴展國營事業,並同時採取某種程度和形式的國民營配合的方式,來建構戰後的經濟體制。下面這一段話最能精簡的說出他的意見:

今後經濟建設的理想是計畫經濟制度的樹立，它是一副遠景。而目前可能的路：是有目標、有計畫、有步驟的去擴展國營事業，以其逐漸造成其在全經濟領域的支配作用，這是接近遠景的階梯，在這過程中，我們最須注意的是：怎麼使全國生產資源在國營事業和民營事業間有一個合理分配，和怎樣使外來的經濟勢力不致成為國營事業擴展的擾亂因素，而反為擴展的重大助力。這是抉擇若干統制政策時的關鍵。

㈡民生主義的詮釋：陳振漢在〈放任政策干涉政策還是計畫經濟〉一文中，也同樣著重基本經濟制度的界定，並特別強調要釐清「經濟政策與經濟制度的關係」。基於這樣的觀點，他帶有幾分疑惑的筆觸，來檢討民生主義的特性和位置。他在文章開始處，已相當迂迴的方式指出：

因為如果放任政策只能適用於資本主義制度，又像有的著者如丕果（A. C. Pigou）、朗格（Oskar Lange）、狄更生（H.D. Dickinsen）等把計畫經濟看為社會主義的必備條件，而民生主義（照我們一般的認識）既不同純粹的資本主義，又非社會主義，則如果戰後中國所「應」採取的經濟制度，既已決定為「民生主義」，戰後中國所「能」採取的經濟政策，已沒有放任主義與計畫經濟的餘地。

這一段話說出了陳振漢本人沿襲於皮古等人的學理觀點，說出了當時黨政界對民生主義的執著與「定見」，也點出了民生主義在經濟制度地位上的疑義。他在緊接著的一段繼續指出：

普通所謂資本主義社會的條件，是私有生產工具（資本土地）與利潤制度。社會主義制度的特徵是公有生產工具，以及因之而起的依勞役與能力而異的分配制度，近來則又加上計畫經濟。與此二者鼎立的民生主義，卻沒有與上述可以平行的特徵。我們只知道民生主義非上述意義的社會主義（否則實在也不必要另立一名詞），因此可以推知民生主義承認私有財產與利潤制度的存在。同時民生主義既然揭櫫平均地權與節制資本，自然也不是上述意義的資本主義。

陳振漢要說的是：由於民生主義作為經濟制度的性質不明確；故無從推行資本主義的放任政策；也無法推行社會主義的計畫經濟政策；充其量只能推行干涉政策。按自 1943 年之後，黨政官方文件每稱自己推動的基本經濟政策為「計畫經濟」或「統籌經濟」。另黨政軍人士也期望戰後推行蘇聯和德國那樣的「計畫經濟」。陳振漢從其理論觀點做了如下的判斷：

民生主義之下，是否又可實行計畫經濟？如果上述我們對民生主義的看法不錯，我們的答案是否定的。所謂的計畫經濟，我們是說一個社會，其中的主要經濟問題，是由一個中樞機關根據一定目標或原則來做全盤決定的。在這意義之下，普通幾種工業或一部分經濟活動的公營或計畫的經營，只能算是干涉，不是計畫。

陳振漢在文章終結處指出：

歸結言之，戰後中國如還忠實的履行民生主義，放任主義固

嫌不足，計畫經濟又嫌太過。從重工業建設的目標而言，在
原則上徹底的干涉或全盤的計畫固是最理想的政策，但我們
的政治社會環境，恐怕並未具備實行這種政策的條件。好在
就國家情形而言，我們戰後的途徑，不必一定是用國民拐腹
節儲的結果來在短時期內求高度的重工業發展，而可以是利
用外資來逐步推行工業化，因此部分的干涉或現行的國營政
策或已足以達到目的了。

　總括而言，宋則元和陳振漢的兩篇文章，都深受 Oskar Lange
和 A. C. Pigou 等人的影響，認為社會主義的經畫經濟有實現的可
能，並能摒除資本主義的所得分配不均和景氣不穩定的一些弊病。
宋陳兩人對社會主義的計畫經濟有相當的憧憬，然而都認為中國的
社會還相當落後，無法採取這樣理想的社會主義，而必須符合現實
的需要，採取某種形式的公私混合的經濟體制。

　我感到好奇的是，何廉是否也是循宋陳兩人相同的理論途徑來
為其「計畫自由經濟」辯護？或者他有其他的理論憑藉？這個問題
當然要等找到足夠的相關資料後才好回答。然而西方流行的學術風
潮，的確會影響到中國知識分子的認知取向。按自蘇聯共產革命成
功之後，西方學者一直在進行著社會主義和資本主義孰優的大辯
論。Lange 和 Pigou 等人指出資本主義的弊病和社會主義的可行
性，主領了 1930 年代的風潮，留風遺韻所及，中國經濟學界到
1940 年代還深受其影響。西方學界要到 1945 年，海約克在出了
《到奴役之路》之後，自由主義才再度揚眉吐氣。然而海約克對中
國學術界的影響，要遲至 1950 年代才浮現出來。不過此時整個中

國的局勢已有了天旋地轉的變化，中國大陸被共產黨佔領，國民政府搬遷到了台灣。胡適之，周德偉，和殷海光等人在台北引介海約克的《到奴役之路》，而有著痛定思痛的反省。由此觀之，經濟政策概念的發展和變化，有其自身的理路與脈絡，必須放在歷史和文獻的詮釋中，才能呈現出來。

六、南開經濟學家對戰後經濟制度的認知變化

上面介紹了宋則元和陳振漢的觀點。我們可以以他們的意見為起點，然後按時序閱讀上面《表一》所列的文章，可以清楚的意識到其中的轉變。其中特別是方顯廷和李卓敏兩人在 1944 年所寫的三篇文章，隨著當時英美政治領袖提出二戰末期的新號召，展現了新的國際觀和新的期望。我們可以將這些變化歸納成下面幾方面來討論。

㈠從蘇德模式的嚮往到中美合作的期待

早在抗戰發生之前，國人對蘇聯和德國的計畫經濟發展模式，便顯示了濃厚的興趣和嚮往。按何廉早先在侍從室工作時，對蔣委員長隔日講課，蔣便想多聽德國的四年計畫和蘇聯的五年計畫。陳振漢在〈經濟政策在蘇德經濟建設中的地位〉一文中，就指出國人因嚮往蘇德模式，而偏好計畫經濟。

> 我們細察國人所以要求計畫經濟，或默認計畫的必要，其原因與其說是個人主義經濟制度的缺陷所引起的反感，不如說是對於蘇聯三次五年計畫德國兩次四年計畫在經濟國防上所著成效的艷羨。……在我國因經濟發展的落後，有些（市場

> 經濟的）缺陷未嘗發生；或因基本國策的不同，並不主張平
> 均貧富；計畫經濟對於我們的誘惑，不在這些方面。我們所
> 羨慕與想望的主要是蘇聯與德國在計畫經濟下建設重工業與
> 恢復國防力量上的成就。尤其因為我們只聽到蘇聯在短短時
> 幾年的完成英國一百五十年間的進步，德國在七八年內不特
> 恢復了第一次大戰與凡爾賽合約的創傷，而且更增強了國力
> 與軍備……

陳振漢對於國人的這種嚮往，不以為然，故寫〈經濟政策在蘇
得經濟建社中之地位〉一文，旨在說明蘇德的經濟建設的成就，不
能全歸之於計畫經濟的實施，而應該了解其歷史背景和地緣條件。
陳還指出，蘇德早期都曾推行過放任經濟，並大量引進外資和外國
技術，從而奠定了重工業的基礎。陳振漢甚至指出，蘇德為實施計
畫經濟，人民壓低了日常生活的需求，付出了慘痛的代價。從陳振
和所寫的各篇文章的字裡行間來看，他並不主張走蘇德模式。如前
所述，他心中嚮往的，是 Lange 等人所建構的理想社會主義。然
而，他認為中國並無足夠的社會條件來推展這種制度，故主張採取
一種以國營事業為主的公私混合體制。

相對而言，方顯廷和李卓敏提出了「合作開發」的可能性，特
別是對「中美合作」的新期望。李卓敏在原來寫給美國 Foreign
Policy Report 的文章，在《大公報》被譯之為〈世界經濟與中
國〉，其中提到「孤立統制呢？還是合作開發呢？」一段：

> 中國是否應藉統制政策來籌措建設資本？這要看她有多少外
> 資可以支配而定。毫無疑問，她絕不會自願採取統制的措

施，因為大眾的生活標準已經低到再減少消費就必然招致貧苦的地步了。而且此種政策需要政府嚴格統制整個國家的全國經濟生活，以政府的力量把消費財的生產減少到最低限度，而以最大的人力與天然力生產資本財。財貨的生產，分配及消費之種類和數量悉依政府計畫而決定，國外貿易的重要性將全被抹煞。進口貨必須以出口貨及僅有的少量外國信用來平衡，除了經濟的獨裁，別無他法可以本國的努力來實現積聚大量的資本的目的。（16）

方顯廷在〈戰後中美合作〉一文中提到：

所以戰後中美經濟合作，無論中國美國，都相當需要。現在有一種論調，以為十九世紀英國開發了美國，到了二十世紀，美國便要繼續這種工作來開發遠東。中美合作經濟如能成功，中國將要成為美國一個極大的市場。同時，美國人又深深的感覺到，過去遠東所以動盪不安，最大原因是由於中國的積弱。一個富強的中國，不僅可以確保遠東的安全，對於世界整個的和平，也可以發生極大的作用。美國人的這種看法，是非常正確的。（24）

□基本目標之界定：以國防為重抑或以民生為重

由於艱苦的對日抗戰，國人普遍都強調國防的重要性，也由此強調重工業，並因而嚮往蘇德的計畫經濟。經濟學們，固有其專業的思考；然而作為一個國民，他們也肯定建立堅強國防和貫徹工業化是國家必須要達成的基本目標。上面我們引李卓敏的話，表示他

願意循「合作開法」的途徑而不願意走「孤立統制」的路線。然而他也說：

> 中國的工業家，財政家，商人及知識分子都很明白，他們知道這樣籌措資金（孤立統治）的方法異常不易，……但他們一致同意，若以可接受的條件來求取外資的勢力，不幸失敗，一如第一次大戰後的俄國那樣，則中國將不得不毫無猶豫地採用這最後的手段。在此次戰爭中已有數百萬生命犧牲，不得已時，中國人是會願意在忍受一個時期的窮苦以期達到戰爭的目的——即締造獨立的國家。無論走那一條路，工業化的計畫是一定要完成的。

相對於李卓敏表達的決心，方顯廷則婉轉地要求國人：

> 我們工業建設的計畫是國防第一，民生次之，因為我們的軍用工業如鋼鐵生產，與美國比較，實相差太遠。不過我們只能在國內向人民說國防是國家的生命。沒有國防，國家便不能生存。在國外就不能這麼說。因為外國人對我們的國防情形並不熟習，見中國如此堅強抗戰能支持六年多。他們已經佩服的不得了。我們若是還要強調建設國防，在他們看來，恐怕又將威脅世界的和平了。

(三)資本來源的爭議：憑藉內資抑或仰仗外資

南開經濟學家經常會談到內資或外資的問題。如上面引李卓敏的話，便顯示了對外資的期望。然而對資本來源問題討論最全面的是楊叔進。他對於中國工業落後的狀況以及工業化所需資本數量有

一番詳細的分析。另外他也分析了經濟學界對資金來源的觀點轉變。下面一段話很精要的表達了他的分析和看法：

> 我們可以看出中國的工業資本是如何的稀少，中國的工業化是如何的需要大量的資本。可是這些資本從何而來呢？關於這個問題，討論的已有很多，值得我們注意的是兩種不同的意見。一種意見是主張中國工業化的資本，應該由國內人儲蓄而來，並懷疑國外資本的利用。一種意見是主張利用外資，認為國內資本的積聚非常困難，甚至不可能，即或可能也數量有限，如果靠國內資本的積聚來完成工業化，那麼工業化的完成，不知道要延遲到何年何月，因此中國的工業化，非利用外資不可，而利用外資若條件適當，也不會有被外資利用的結果。持前一種說法的可以丁洪範和祝世康兩位先生做代表，持後一種說法的，可以谷春帆和錢昌照先生作代表。（116）

四偏重工業抑或偏重農業／偏重生產抑或偏重消費

前面提到，何廉在南開任教時，曾和方顯廷研究過華北的工業化問題和東北的移民問題。他們認為工業化是外來的影響，中國基本的問題是農業，特別是農業行政和金融的問題，必須把這個問題處理好，才談得上工業化的問題。

然而歷經抗戰的過程，國人對工業的發展，特別是跟國防有關的重工業發展，有極高的期待。經濟學也普遍地接受了這樣的價值前提，對於農業有相對輕忽的傾向。另由於太強調重工業和國防工業，經濟學家也有一種輕忽消費的傾向。前面所提宋則元和陳振漢

的文章，字裡行間，常充滿這一類的想法。

　　相對而言，方顯廷的文章，開始援引凱恩思的觀點，認為戰後最須解決的是開拓就業機會，解決失業問題。此外，他也一再介紹美國工業界的看法，認為石化塑膠產業是未來工業的新希望，可解決許多輕工業的需求問題。這當中隱含了一個從重工業到輕工業，由過度強調工業生產到適度重視消費的觀念轉折過程。這個轉折過程不顯著，但卻十分重要。

(五)經濟理論的憑藉和移轉

　　前面介紹過，宋則元和陳振漢很崇尚 Lange 和 Pigou 等人的理想社會主義。然而在二次大戰末期，凱恩思漸居主導地位。這代表西方正統經濟學界，有了推陳出新的觀點，也顯示了自由主義經濟學又開始回到顯學的地位。方顯廷於 1944 年寫的「戰後世界經濟建設」一文，對凱恩思有深入淺出的介紹，啟發了知識分子新的思維方向。這個新的學術轉變，再加上後來海約克所出的《到奴役之路》，反對所有形式的「計畫經濟」或「統治經濟」。凡此，皆有助於中國的自由派經濟學家和知識分子，從「自由」的觀點，來詮釋和強化「計畫自由經濟」的觀點。基於此，何廉在 1944 年中國大陸促成的基本政策觀點，才能繼續在台灣延伸到 1984 年。

六、結論

　　何廉回到南開大學任教，並創辦南開經濟學院，代表了中國現代化經濟學家學術社群的形成。何廉本人長期在政府任職，曾致力於規劃戰後的「計畫自由經濟」，以取代了過去一直標榜的「計畫經濟」。從何廉的口述歷史來看，他很反對黨政軍人士權力掛帥式

的「計畫經濟」,也反對語意不清的「節制資本」的概念。然而衡諸當時南開經濟學家的言論,他們也不喜歡界定不清的「民生主義」,卻很嚮往當時西方 Pigou 和 Lange 等人理想社會主義的理論。唯基於中國落後的社會條件和必須儘速發展國防工業的基本國策,他們主張以國營事業為主導的公私混合體制。由此推論,對於「計畫自由經濟」,他們偏重的還是「計畫」的部份。唯自 1944 年之後,受到西方政治領袖對戰後重建政經原則的號召,更受到凱恩思總體經濟理論的影響,方顯廷等經濟學家有了明顯的觀念轉變,開始強調國民所得,充分就業,和消費需求等概念。這種觀念的轉變,有助於「計畫自由經濟」中「自由」成份的成長。

參考資料

方顯廷

　　1944a 年 3 月 19 日〈戰後世界經濟建設〉,《星期論文》
　　〈重慶:大公報〉。

　　1944b 年《中國戰後經濟問題研究》(重慶:商務)。

宋則行

　　1942 年 8 月〈經濟建設的遠景和近路〉,《新經濟》7 卷
　　10 期。

何廉,朱佑慈,楊大寧,胡隆昶,王文鈞,俞振基等譯

　　1988 年《何廉回憶錄》(哥倫比亞大學口述歷史原稿),
　　中國文史出版社出版。

徐振國

　　1944 年 11 月 20 日〈從何廉口述歷史看「計畫自由經濟」

概念在大陸時代的萌芽與發展〉，《國父建黨革命一百週年學術討論會》。

陳振漢

1943a 年 3 月 28 日〈放任政策干預政策還是計畫經濟〉，《當代評論》3 卷 15，16 期合刊座談會意見

1943b 年 8 月 15 日〈經濟政策在蘇德經濟建設中的地位〉，《東方雜誌》39 卷 11 期。

1943c 年 9 月 15 日〈中國政治傳統與經濟建設政策〉，《東方雜誌》39 卷 13 期。

1943d 年 10 月 15 日〈中國戰後經濟建設與計畫經濟〉，《東方雜誌》39 卷 15 期。

吳大業

1943 年 1 月〈戰後建設的經濟〉，《經濟建設季刊》1 卷 3 期。

經濟部

1951 年，《經濟部政策資料彙編》。

騰維藻

1944 年 2 月 21、22 日〈工業化與農業——與錢穆先生論「農業國防」〉，《大公報》。

楊叔進

1944〈中國的工業化與資本來源問題〉於方顯廷編《中國戰後經濟問題研究》pp.101-131。

Brown, Vivienne

1992 "The Emergence of the Economy", in Stuart Hall and

Bram Gielen ed. (*FORMATIONS OF MODERNITY*), Cambridge: The Open University, pp.128-175.

Hsu Chen-Kuo

1987 *The Political Base of Changing Strategy Toward Private Enterprise in Taiwan*, 1945-1955. The Ph. D. Dissertation of the Ohio State University.

尖端與洞見：
李方桂先生的語言學研究*

何大安

中央研究院語言研究所研究員兼所長

一、前言

「尖端」與「洞見」，都是知識創造工程中不可缺少的要素。尖端，是指領域的突破點、著力處；洞見，則是指面對尖端的鑿空能力。知識之創造，往往是在尖端處一擊鑿破，始有新天地的出現。而一位從事創造的的學者之是否成功、是否偉大，也往往可以就其尖端與洞見之有無、多少而為之論斷。李方桂先生的語言學研究，正可以印證這一點。

李先生的生平與學術歷程，已有多種紀錄問世。他在漢語、藏語、台語、美洲印第安語的卓越貢獻與所獲榮譽，也早為人所傳誦。本文不擬重複相同的內容。與這些紀錄異趣的，我們將著重在

* 本文初稿曾蒙姚榮松教授與與會學者惠賜修改意見，謹此致謝。

了解李先生的研究工作何以有成就；而尖端與洞見，即為一探究竟的兩扇窗口。

二、「尖端」：從哪裡突破？

民國以後的漢語音韻學，有著與之前不同的面貌。簡單的說，就是在清代的古音學研究之中加入了印歐歷史語言學的方法。新方法是以方言比較為基礎，利用音標為工具，重建古代的音韻系統；並以此重建的系統解釋其後的流變與差異。這一套方法盛行於十九世紀的歐洲語言學界，獲得了極大的成功，成為人文科學之中的典範。1915-1926 年瑞典人高本漢（Bernhard Karlgren）首先把這套方法用到漢語的研究上來，立刻引起漢語學界極大的震動和迴響，從此開展了漢語歷史語言學的新階段。李方桂先生是第一位針對高本漢的上古漢語音韻學說提出討論的人；上古音的研究，也就成為李先生終身從事的研究課題之一。他的第一篇上古音論文發表於 1931年，從檢討高本漢的缺點出發，到了 40 年後的 1971 年，李先生終於提出了一個終結高本漢時代的上古音理論，新的典範、新的知識內容成功的出現了。

回顧民國以來的漢語上古音研究史，20 年代的高本漢和 70 年代的李方桂無疑是兩座高峰，各自垂示了一套典範，引導當時的研究方向。李先生為高本漢學說籠罩了四十年，他是從哪裡找到舊理論的突破口的呢？

舊理論的缺點到處可見。首先，高本漢的古韻分部就有問題，他捨棄了清代古音學的精華，以致淆亂了韻部間的合理的界限。其次，他的諧聲條例失之於寬而仍不免於例外。他的中古音基礎不夠

堅實，取才的方言不夠全面、而又疏於鑑別。這些種種，成為高本漢時代學術界不斷論難、檢討的問題。然而作之者既不在少，何以獨有李先生能夠成功的終結舊理論，而他人不能呢？關鍵就在於李先生著眼的是「尖端」的課題，而他人不是。那麼什麼是尖端的課題呢？尖端的課題有一個特徵，他往往是許多看似不相干的課題的交集點，而這個交集點當時不為人所察覺。掌握「尖端」如執肯綮，一旦奏刀，砉然都解。相反的，如果不能認識到尖端所在，不但有如面牆而立，還可能問出錯誤的問題，緣木求魚，虛擲光陰。

　　高本漢時代最尖端的課題，現在回過頭來看，應該是元音系統的設計；尤其同韻部元音必須相同這個原則是否能確實遵守最為關鍵。高本漢擬測的上古元音有 14 個，董同龢更增加到 20 個。不但元音系統過於複雜，而且明顯抵觸了同部同音的原則。這樣的系統之欠缺解釋力，是極為明顯的。對於這個尖端問題的討論，如下面所列的幾家學說所顯示的，可以在分兩個階段。第一個階段是引入了「音位論」，將元音的數目減少到 10 個以下，代表學者有蒲立本、雅洪托夫、王力。第二個階段是引入「r 介音」，以增加內部的區別力來回歸同部同音的原則，同時以圓唇舌根音聲母取代合口介音以減少韻母的開合對立；代表學者就是李方桂。

高本漢　(14)　　â, a, ǎ, ə, ɛ, ě, e, u, ǔ, o, å, ǒ, ô, ǫ

董同龢　(20)　　â, a, ǎ, ä, ɐ, ê, ɜ̌, ə̂, â, ə, ě, e, u, û, ɔ, ǒ, ô, ǒ, ô, ǫ

蒲立本　(10)　　i, iː, e, eː, a, aː, u, uː, o, oː

雅洪托夫　(7)　　ü, e, a, ə, u, o, ɑ

王　力　(6)　ə, o, a, e, ɑ, u
李方桂　(4)　i, u, ə, a

「音位論」是 30 年代才成熟的理論，時間在高本漢提出他的上古音理論之後。但是直到 50 年代末期，當音位論已經成為一項公認有效的工具時，高本漢卻拒絕接受。他出版於 1953、1957 旨在為自己學說重作總結的書中，仍然沒有簡化他龐大系統的意圖。也因此，他被自己的停滯不前淘汰了。

然而音位論並不能解決元音的問題。王力雖然為二等韻構擬了一個 "e" 介音，但是只是「頭痛醫頭、腳痛醫腳」的局部性作法，欠缺系統性的理據。而開合口的區別，更是一座難以跨越的障礙，使得尖端突破的工作，可望而不可及。

當時一定沒有人會想到，對這兩個難題的解決之道，不在元音或韻部本身，而是在聲母。一項學說如果出錯，一定是全面的，因此正確的解答不會只對局部的問題有效。也可以說，那些沒有從整體去思考問題的人、沒有從看似不相干的課題中察覺到交集點的人，並沒有真正掌握到知識的尖端。李先生從聲母的「精莊同源」出發，提出聲母後的 "r" 成份，不但解決了莊系聲母的來源問題，更給二等韻的介音區別以及中古二等韻母的央化演變一個絕好的解釋，真可謂「一箭三雕」，構思的精采，令人不得不嘆服。開合問題，也是一樣。從高本漢開始，上古韻部之分開合，是從沒有人懷疑過的事。董同龢先生在他為上古音的研究所編製的《上古音韻表稿》之中，就是以開合分舉的辦法表列各韻部的。但是李先生一方面看到諧聲行為之中開合口並不互諧，其嚴格的程度只有以

聲母的大類分別方足以當之，已經疑心到開合不一定是韻部介音的問題；另一方面又發現《上古音韻表稿》所列舉的開合之分，實在蘊有一定的條例，可以從聲母的立場加以解釋。現在我們先看根據《上古音韻表稿》所做的開合簡表：

	開口			合口		
1.之部陰聲		T	K	P		K
之部入聲		T	K	P		K
蒸部		T	K	P		K
2.幽部陰聲			P	T	K	
幽部入聲			P	T	K	
中部			P	T	K	
3.宵部陰聲			P	T	K	
宵部入聲			P	T	K	
4.侯部陰聲			P	T	K	
侯部入聲			P	T	K	
東部			P	T	K	
5.佳部陰聲	P	T	K	(T)		K
佳部入聲	P	T	K			K
耕部	P	T	K			K
6.歌部陰聲		T	K	P	T	K
祭部陰聲		T	K	P	T	K
祭部入聲		T	K	P	T	K
元部		T	K	P	T	K
7.微部陰聲		(T)	K	P	T	K
微部入聲			K	P	T	K
交部		(T)	K	P	T	K

8.脂部陰聲	P	T	K		(T)	K
脂部入聲	P	T	K		(T)	K
真部	P	T	K		(T)	K
9.葉部陰聲		(T)	K		(T)	
葉部入聲		T	K	P		
談部	(P)	T	K	P		
10.緝部陰聲		T	(K)		(T)	K
緝部入聲	(P)	T	K		(T)	
侵部	(P)	T	K	P		

　　表中的"P、T、K"分別代表"唇音、齒音、舌根音"，加括弧的部份表示字體稀少或有例外；"幽、宵、侯"及相配的陽聲韻部不分開合，其他各部都有開合之分。如果不仔細的檢查這個表的每一的部份，不能把其中罕見的或例外合理的排除，我們根本不會想到韻部的開合分布是有條件的。這個條件就是：除了"歌祭元"部之外，真正有開合對立之分的，只在舌根音之後。如果我們以複元音 ua 解釋"歌祭元"部的例外，那麼合口的產生就可以用圓唇舌根音聲母來解決。這個設計也同時解決了諧聲的現象。這又是一個一舉數得的例子。《上古音韻表稿》是研究上古音的學者經常翻閱的工具書，可是沒有人注意到韻部開合的有條件分布，更沒有人想到，這種條件與聲母的諧聲行為有關。當然，也就不能察覺到這裡竟是解決元音問題的關鍵。

　　李方桂先生的〈Certain Phonetic Influences of the Prefixes upon the Root Initials〉（1933），是一篇研究古藏文音韻系統的經典之作。這篇文章很詳盡地分析了古藏文詞頭跟詞根聲母所引起的語音

變化。它的寫作動機，是替漢藏語比較研究奠定基礎。為了進行漢藏語比較研究，詞根的原形必須先加以確定。但是藏文的動詞有像下表的所謂「三時一式」的變化：

現在時	完成時	未來時	祈使式	字義
a-dud-pa	b-tud	g-dud	thud	to bend down
a-gegs-pa	b-kag	d-gag	khog	to hinder

那麼究竟哪一個形式才是動詞詞根的原形呢？

在這篇論文寫作的 30 年代，藏文音韻研究的規範是 Conrady（1896）的《*Eine Indochinesische causatiy-Denominativ-Bildung, und ihre Zusammenhang mit den Tonaccenten.*》和 Wolfenden（1929）的《*Outlines of Tibeto-Burman Linguistic Morphology*》。這兩部書都主觀的認定「完成時」的{tud}、{kag}是動詞詞幹的原形，其他帶有聲母 d、th 和 g、kh 的形式都是{tud}和{kag}的不完全形式（contaminated forms）。Conrady 甚至認為「祈使式」的聲母 th-和 kh-是詞頭 s 作用（s-t->th-、s-k->kh-）的結果；完全無視大量 s-t-、s-k-複聲母存在的事實，簡直是信口開河。這些主張，當然令人懷疑。

李先生從音韻結構上注意到某些詞頭和聲母有分布上的限制，這些限制如果配合構詞現象一起觀察，更具有啟發性。例如藏文雖有 s-k-的組合，但是卻沒有 s-kh-；而 s-k-和 kh-之間，又有著構詞上的派生關係。請參看以下的比較：

s-k-	kh-
s-kam-pa "to long for"	kham "appetite"
s-kor-ba, b-s-kor "to surround"	khor-mo-yug "continually"
s-kol-ba "to boil"	khol-pa "boiled, bubbling"
	khol-ma "anything boiled"
s-kyogs-pa "to turn the neck"	khyogs-po "curved, bent"
s-kyor "the hollow of the hand filled with a fluid"	khyor "a handful"
s-kyes, s-kyas-ma, s-kyos-ma "a present"	khyos-ma "a present"

　　表中帶 kh-聲母的，是名詞、形容詞，拼寫上沒有任何附加成份；帶 s-k-複聲母的大部分是相對應的動詞，拼寫上都有表示詞頭 s-的附加成份。這些帶 s-k-複聲母的詞無疑是從帶 kh-聲母的詞幹加上詞頭 s-而來的。也就是說從 s-kh-變成了 s-k-：

　　kh > k/s-___

　　s-kh-變成 s-k-的例子我們並不陌生，只要比較一下英語 cope[khoup]：scope[skoup]、tone[thoun]：stone[stoun]的語音差異，就知道這是再簡單不過的一種異化音變。由於 s-之後帶不送氣清塞音的複聲母與僅具送氣清塞音的單聲母之間的轉換關係，在藏文包括各種部位的塞音，不限於表二中的 s-k-~kh-而已，從而也就可以確定，這些帶送氣清塞音單聲母的形式，就是詞根原形。

　　李先生的論證方式可以簡述如下。首先假設狀態上有別的同根詞之中，有一個形式反映了詞根原形，其他的則是原形的派生方式；其次以音韻結構上的分布限制、和音變的合理性，推求出詞根原形。他以同樣的方式，探討了整個藏文詞頭與詞幹聲母的互動關

係，並且得到以下的結論：㈠藏文詞頭有抑制聲母送氣的作用；㈡三時一式的基本規律是濁聲母與送氣清聲母的轉換（g~kh、d~th、b~ph）；㈢儘管一些動詞變化不完整，他們當中若干形式也可以推定來自帶送氣清聲母的詞根原形。由於詞根原形的確認有了一套科學的方法，比較研究也才能有可靠的憑藉。

丁邦新（1974）先生曾經正確地指出：「李先生所分析的字根用現在的的術語來說就是『基底語式』（underlined form）」。李先生這篇論文寫作的當時，學者們的古藏文音韻知識水平，僅限於對藏文語法書的表層理解，其中還不免有自相矛盾的臆測；「音位論」正在發展，而「基底語式」這個術語還要等二十年才會出現。這個例子告訴我們：「尖端」，就是超越當代。

三、「洞見」：察微知著

上古音研究中，有一個困擾人至久的問題。那就是與明（m-）母字諧聲的曉（x-）母字如何擬音的問題。董同龢先生在《上古音韻表稿》中擬測為 m̥，並且說：

> 高本漢似乎也注意到了這些現象。雖然沒有做任何的解釋，他卻在許多地方把這裡面一些 x-母字的上古音寫作 xm-。如"悔"xmwəg、"昏"xmwən 是。他這種做法自然算不得是問題的正式解答。只可以說他在表示有那麼一層關係而已，所以李方桂先生就以為寫作 mx-也沒有什麼不可以，或許"悔昏"等字的聲母更會是個清的唇鼻音 m̥。……在那種情形下，"悔昏"等字的聲母會不會就是李方桂先生隨便

提出來的那個清的唇鼻音 m̥ 呢？我以為那是很可能的。至
少我還可以說，用了那個音的話，的確可以使目前所有的現
象都得到圓滿的解釋。……近年李方桂、張琨兩先生在貴州
一帶調查若干台語與苗傜語的方言，正發現不少清鼻音的存
在。……由於他們的發現，我倒是得了一些勇氣，把這樣一
個陌生的音介紹到古代漢語來。（董同龢 1944:12-13）

董先生說到的清的唇鼻音 m̥ 是李方桂先生「隨便提出來
的」，又說到「近年李方桂、張琨兩先生在貴州一帶調查若干台語
與苗傜語的方言，正發現不少清鼻音的存在」，這兩句話是很值得
玩味的。「隨便提出來的」，是李先生發表於 1935 年的一篇文
章，而李先生對台語的調查，則始於 1930 年。換句話說，李先生
提出清的唇鼻音 m̥ 時，並非憑空想像，而是已有實際的調查經驗
作依據。「隨便提出」云云，只是狀其舉重若輕而已。

不過董先生說：「用了那個音的話，的確可以使目前所有的現
象都得到圓滿的解釋。」這句話卻興奮得過了頭。如果真是那樣的
話，何以李先生不在「隨便提出」的當時就加以論定呢？其實這裡
有一個重要的考慮，那就是音韻系統的整體結構問題。如果一個語
言果然有清的唇鼻音，那麼是不是也應有清的舌尖鼻音、清的舌根
鼻音、甚至清的邊音呢？如果沒有，這樣的系統未免太不經濟、太
不自然。但是如果也有這些音的話，為什麼又看不出痕跡呢？這個
問題不解決，清的唇鼻音 m̥ 的地位就不能確定，它的價值和高本
漢先生的 xm- 一樣，只是局部現象的處理，「算不得問題的正式解
答」。無怪乎董先生提出這個擬音之後二十多年間，沒有得到大家

的認同。二十多年之間，這個問題始終無解。

這個問題在李方桂先生的《上古音研究》中獲得了徹底的解決。李先生從諧聲、借字和對音，證明了上古應該有一套清鼻音、清邊音聲母；不但確保了 $\underset{\circ}{m}$ 的地位，而且使整個系統更完整，更有解釋力。李先生以清的舌尖鼻音來解釋泥（n）、娘（ŋ）、日（ńź）、書（ś）母字與透（th）、徹（ʈh）母諧聲的現象；以清的舌根鼻音來解釋曉（x）母字和疑（ŋ）母諧聲的現象；以清的邊音來解釋透（th）、徹（ʈh）母字與來（l）母諧聲的現象。檢查這些擬音的依據，我們發現，清的舌尖鼻音來自李先生對貴州黑苗語言的調查，清的邊音來自李先生對唐蕃會盟碑中藏文對音的研究；這些都是與上古漢語音韻迥不相涉的領域。換句話說，李先生所以最終能夠解決這個問題，證成他在三十多年前「隨便提出」的擬音，從而使這項擬音成為超越時空的「洞見」，是有著與眾不同的憑藉的。這個憑藉來自於他的豐富的知識背景和對研究對象的整體性的掌握。「洞見」是一種「鑿空」，但是並非真的是無中生有。所謂無中生有，只是就局部而言。往往在局部為無中生有的，就事理之通則而言，多屬本然。識其本然，而後援通則以入局部，就能破除我執打開局面。李先生精熟印歐歷史語言學，又有調查美洲印第安語、台語、苗傜語、藏語的經驗，以這樣的語言背景來回頭研究古漢語，當然能高瞻遠囑、當然不會自困牖下。然而這只是一方面。如果徒有博聞，而不能有一種整體的敏感，雖能察微而不能知著，則博聞也只能見小，不能識大。李先生在 1935 年捨小就大，才是成就洞見的關鍵。

李先生（Li 1954）曾經根據比較研究推測古泰語應該有 *tl-、

*tr-、*thl-、*thr-等複聲母，但是受到法國學者 A. G. Haudricourt 的批評，認為這樣的擬測不能接受，因為這些複聲母在當時已知的方言之中都不存在。有趣的是不久 Haudricourt 本人再調查泰國東北部的 Seak 方言時，竟然發現這個方言中確實有 tl-、tr-等複聲母；後來另一位學者 W. J. Gedney 更發現 Seak 方言中還有 thl-、thr-複聲母。這是李先生在壯洞語言研究上有一件膾炙人口的掌故（請參見丁邦新 1974）；從現無之中見其本有，這更是「鑿空」本領的最佳註腳。

四、結語

能掌握尖端的人，最易展現洞見；也唯其有洞見，才能掌握尖端。我們以漢語上古音的研究作例子，說明了李方桂先生語言學研究所以值得後人取法的緣故。現在再舉一個例子，提供讀者比較。這個例子是提出量子理論的普朗克（Max K. E. L. Planck 1858-1947）。

熱力學中黑體輻射問題，是十九世紀末歐洲物理學界的尖端科學。當時黑體輻射最為核心的關鍵課題，是以波長和頻率為計算基準的輻射能量的分布何以在接近長波（紅外線）和接近短波（紫外線）的計算上，會出現與實驗不符的數據（即所謂「紫外線災變」(ultraviolet catastrophe)）。1900 年，普朗克將長波計算法與短波計算法加以折衷，以數學的「內插法」推導出他的輻射公式；並且為了滿足這條公式的要求，他在其中設計了一個常數 h，也就是著名的「普朗克常數」（Planck's constant h）。普朗克這條公式的重要，在於以普朗克常數界定的能量變化是不連續的，或者說是以分立的單位「量子」（quantum）進行的；而量子的分布則由機率決定。這一項

發現，是由古典物理（classic physics）進入現代物理（modern physics）的轉折點。普朗克也因此被尊為量子力學的開創人。

量子觀念是當時前所未聞的新思想，然而它的產生卻全然是數學和邏輯推導的結果。普朗克雖然成功的折衷出一條公式，卻並不明瞭數學關係中的物理意義。如殷正坤在《探幽入微之路：量子路程》中所說的：

> 普朗克已經敲開了量子世界的大門，他完全可以大膽地闖進門去摘取更多豐碩的果實。他不僅可以利用量子概念解釋黑體輻射現象，而且還可以進一步把這個新概念應用到其他的研究領域，解釋更多古典理論難以解釋的事實，預言更多的新現象。可惜的是，普朗克猶豫了。他只是把量子概念看成是解決黑體輻射問題的一個形式上的假說，也就是說，他當時並沒有了解量子概念具有的更深遠的革命意義。因此，他基本上還是一個保守型的物理學家。後來，當愛因斯坦提出光量子學說時，他認為愛因斯坦的觀點有的太遠而加以拒絕。他為了把量子概念納入古典理論的框架，進行了十多年徒勞無功的努力。（p.29）

殷正坤的意見，代表不少科學史家的看法。他所謂「其他的領域」，指的是像電磁波、光電效應、鐳的放射性等使古典物理的理論為之技窮的新課題。如果對這些課題有足夠的整體性的敏感，一定會察覺到其中看似不相干的交集處。可惜普朗克只局限在熱輻射一端，以致於雖然借數學推理之助撞開了新物理的大門，卻無從就整體系統上的意義有正確的掌握和理解，終至空入寶山蒙昧以出。

他的故事令人想起 50 年代的高本漢，也不禁讓人對李方桂的語言
學研究格外佩服。

引用書目

丁邦新　1974　〈「非漢語」語言學之父：李方桂先生〉，《中華
　　　文化復興月刊》7.8。

王　力　1958　《漢語史稿》。北京：科學出版社。

李方桂　1971　〈上古音研究〉，《清華學報》新 9.1，2：1-61。

徐　櫻　1994　《方桂與我五十五年》。北京：商務印書館。

殷正坤　1990　《探幽入微之路：量子歷程》。台北：台灣高等教
　　　育出版社。

董同龢　1944　《上古音韻表稿》。李莊：中央研究院歷史語言研
　　　究所。1991，台北，中央研究院景印臺四版。

Conrady, A.　1896　Eine Indochinesische causatiy-Denominativ-
　　　Bildung, und ihre Zusammenhang mit den Tonaccenten. Leipzig.

Karlgren, Bernhard (高本漢)　1915-1926　*Etudes sur la phonologie
　　　chinoise*. Leiden: E.J. Brill; Uppsals: K.W. Appelberg〔《中國
　　　音韻學研究》，趙元任、羅常培、李方桂合譯，上海商務印
　　　書館，1940。〕

　　　1953　Compendium of Phonetics in Ancient and Archaic
　　　Chinese, *BMFEA* 26:211-367.

　　　1957　Grammata Serica Recensa, *BMFEA* 31:1-332.

Li, Fang-kuei (李方桂)　1933　Centain Phonetic Influences of the
　　　Prefixes upon the Root Initial，《中央研究院歷史語言研究所

集刊》4.2:135-157。

1935　Archaic Chinese -iwəng, -iwək, -iwəg,《中央研究院歷史語言研究所集刊》5.1:65-74。

1954　Consonant Clusters in Tai, *Language* 30:368-379.

1955　The Tibetan Inscription of the Sino-Tibetan Treaty of 821-822, *T'oung Pao* 44:1-99.

Pulleyblank, Edwin G.(蒲立本)　1962　The Consonantal System of Old Chinese, Part 1, *Asia Major* 9:59-144.

Wolfenden, Stuart N.　1929　*Outlines of Tibeto-Burman Linguistic Morphology*. London: The Royal Asiatic Society.

Yakhontov, S.E. (雅洪托夫)　1960　Fonetika kitajskogo jazyka v tysjaciletije do n.e., *Problemy Vostokovedenija* 6:102-115.

蕭公權與中國政治思想史研究

黃俊傑

國立臺灣大學歷史學系教授

一、引言

蕭公權（跡園，1897.11.29-1981.11.4）先生是二十世紀人文社會科學界的巨擘，著述宏富，在思想史、社會史、近代史等各個學術領域，均有重要論著發表。❶本文主要討論蕭公權的中國政治思想史研究，並將其政治思想史研究業績，置於中西政治思想史學界的學術脈絡中加以衡量，並加以定位。

蕭公權一生任教於國內外大學，裁成弟子甚多，在人文學術研究上也獲得了世界學壇一致的推崇。他的一生可以很明確地劃分為兩個時期：㈠從光緒 28（1902）年到民國 15（1926）年是蕭公權的學生時代。在這二十四年中，他從家鄉私塾舊式教育開始，直到青年會中學、清華學校、美國密蘇里大學，以至康乃爾大學哲學系完成

---

❶ 蕭公權先生著作目錄，另詳本文附錄。

博士學位。在蕭公權學思歷程中，清華人文教育對他影響深遠。❷
這一段時間在中西新舊學問之間的涵詠培育，奠定了他畢生治學的
紮實基礎，也是他教育事業的內在能源。㈡從民國 15（1926）年到
民國 57（1968）年是蕭公權的教學時代。在這四十二年之中，先後
或同時任教於國內十二所大學：國民、南方、南開、東北、燕京、
清華、北京、四川、光華、華西、政治、台灣等大學，以及美國西
雅圖華盛頓大學。民國 71（1982）年 11 月 4 日凌晨一時，蕭公權以
心臟病仙逝於西雅圖寓所。❸

　　本文將在第二節說明蕭公權寫作《中國政治思想史》這部鉅著
的教學背景及準備工作，在第三節介紹蕭公權對中國政治思想史的
特質與分期之看法，第四節則在中西政治思想史的研究脈絡中，考
察蕭公權的《中國政治思想史》的定位。第五節則綜合全文，提出
結論性看法。

---

❷　關於清華大學人文教育傳統，參考：蘇雲峰：〈清華的人文教育傳統〉，
　　《中央研究院近代史研究所集刊》，第 20 期（1991 年 6 月），頁 131-151。

❸　以上有關蕭公權一生行誼階段，根據蕭公權回憶錄加以歸納，參考：蕭公
　　權：《問學諫往錄》（台北：傳記文學出版社，1972）。另詳：黃俊傑：
　　〈蕭公權與中國近代人文學術〉，收入：拙著：《儒學傳統與文化創新》
　　（台北：東大圖書公司，1983，1986），頁 109-148。關於蕭公權學術與行
　　誼，參考：《蕭公權與中國近代學術——中華民國史料研究中心第 99 次學術
　　討論會紀錄》（台北：國史館，1984 年 8 月）所收各家之文章或演講；汪榮
　　祖：〈傳世詩文盡雅言——蕭公權先生的生平與學術〉，《中國文化》第 6
　　期（1992 年 9 月），頁 199-202；汪榮祖：〈蕭公權先生小傳〉，收入：劉
　　夢溪主編：《蕭公權卷》（石家庄：河北教育出版社，1999），頁 1-3。

二、《中國政治思想史》撰寫前的預備工作

蕭公權的《中國政治思想史》這部巨著，約 70 萬字，完成於 1940 年夏季抗戰時期的四川成都；五年之後，在 1945 年才由上海商務印書館出版。此書出版以後，頗獲學界重視，史學界前輩繆鳳林先生在出版前審查此書時就推許備至。1958 年，蕭公權早年的弟子普林斯頓大學教授牟復禮（F. W. Mote）開始譯此書為英文，首卷於 1978 年由普林斯頓大學出版，❹第一冊英譯本只譯第一至十一章。《中國政治思想史》這部書的實際撰寫雖然僅費時二年（1938-1940），❺但是在執筆前卻有長期的準備工作：（2:1）首先是蕭公權問學北美時接受嚴謹的政治哲學訓練，以及（2:2）1927年返國後長期教授「中國政治思想史」與「西洋政治思想史」課程的教學經驗，以及編纂《中國政治思想史參考資料輯要》，作為撰寫之基礎資料。

（2:1）問學北美：蕭公權於 1920 年至 1923 年在美國密蘇里大學先後完成學士及碩士學位，在碩士論文指導教授佘賓（George H. Sabine）引導之下，以英國學者拉斯基（Harold J. Laski, 1893-1950）所提出的多元政治理論作為主題。誠如汪榮祖所說，佘賓教授「後來於1937 年完成《西洋政治思想史》（*A History of Political Theory*）一書，名噪一時，而三年之後蕭公權也完成《中國政治思想史》，師弟東

❹ 書名是 Kung-chüan Hsiao, tr. by F. W. Mote, *A History of Chinese Political Thought*, Volume I: From the Beginning to the Sixth Century A.D. (Princeton: Princeton University Press, 1979).

❺ 《問學諫往錄》，頁 127-129。

西輝映，而二書皆成經典之作，可稱美談」。❻ 1923 年 6 月蕭公
權在密蘇里獲碩士學位之後，接受佘賓教授建議前往康乃爾大學攻
讀博士學位。❼

　　蕭公權在康乃爾大學三年（1923-1926）受教於狄理門下，1926
年提出博士論文《政治多元論》（*Political Pluralism: A Study in
Contemporary Political Theory*）分析近代西方政治思潮，於 1927 年在倫
敦出版，❽並列入「當代心理學哲學以及科學方法叢書」
（International Library of Psycholoy, Philosophy, and Scientific Method），牛津
大學曾指定為「近代名著」（Modern Greats）之一。

　　北美問學的六年（1920-1926），使蕭公權嫻熟西洋政治哲學傳
統，成為他後來治中國政治思想史的學術資產。舉例言之，蕭公權
批評馬克斯，❾比較邊沁與墨子政治思想，指出邊沁認為「功利」
乃左右人類行為之動力，而功利之運用則有賴於政治、道德、宗教
等因素的制裁。墨子之政治思想既以利害為起點，亦立為尚同、天
志、明鬼諸義，以保障兼愛之施行。「尚同」可視為墨子思想中之
政治制裁，而「天志」「明鬼」則其宗教制裁。❿他同意馮友蘭所
說墨子與霍布士思想相近之說，但又指出霍布士否認神權，而採用

❻　汪榮祖：〈增訂版弁言〉，見：蕭公權：《中國政治思想史》（台北：聯經
　　出版事業公司，1982，1983）（上冊），頁 6。
❼　《問學諫往錄》，頁 49。
❽　Kung-chuan Hsiao, *Political Pluralism: A Study in Contemporary Political Theory*
　　(London: Kegan Paul, Trench, Trubner & Co., Ltd, 1927).
❾　《問學諫往錄》，頁 64。
❿　《中國政治思想史》（上），頁 141。

民約，墨子則承認天志而未有民約之觀念。⓫他比較莊子與歐洲自由主義者之異同，認為約翰穆勒之鼓吹自由，即以發展個人之智能為一重要之根據。老莊則堅持人類天然本性可貴，而反對一切後天之培養發展。歐洲自由主義者欲政府「為道日損」，以謀個人之「為學日益」。老莊則教個人以去智寡欲，求自得而不求自進，與君長各相契於損道。故在宥之術，無須「民智」，不待平等。⓬他將老莊與希臘西閨學派、伊比鳩魯學派、犬儒學派比而觀之，指出莊子與 Max Stirne 思想之相似性。⓭他又比較管子與西洋中古世紀政治思想、英國憲法，⓮比較法家與柏拉圖，⓯比較韓非與馬基維利，⓰比較章太炎與潘恩（Thomas Paine）。⓱凡此種種都顯示蕭公權北美問學六載，奠定紮實的西洋政治哲學基礎，使他日後治中國思想史可以出入中西，別出新見。誠如汪榮祖所說：⓲

> 中國政治思想史一題為西洋體裁，不見於傳統的著作之林，故作者必須自闢蹊徑。然若要開出康莊大道，不入歧途，則必須於西洋政治思想史著作有所涉獵，以及於政治思想一概念有明確的認識。

⓫　《中國政治思想史》（上），頁 166，註 45。

⓬　《中國政治思想史》（上），頁 192。

⓭　《中國政治思想史》（上），頁 203，註 118。

⓮　《中國政治思想史》（上），頁 231-2，註 73-78。

⓯　《中國政治思想史》（上），頁 262。

⓰　《中國政治思想史》（上），頁 268，註 37；頁 269，註 48。

⓱　《中國政治思想史》（下），頁 927。

⓲　汪榮祖：〈增訂版弁言〉，《中國政治思想史》（上），頁 5-6。

汪榮祖這一段話確實道出蕭著《中國政治思想史》之所以在同類著作中出類拔萃的主要原因。

（2:2）返國任教與編輯《中國政治思想史參考資料輯要》：蕭公權在完成博士學位返國任教之前，就已立定志向以他在國外所接受的治學訓練為基礎，專治中國政治思想史，他說：❶

> 我出國以前讀過一些中國書，也得到一點實際生活的親身體
> 會。由此我得到一個認識：中國文化當中固然有不合時，不
> 合理的成分，但也有若干觀念仍然有現代的意義。例如「民
> 惟邦本」，「天視自我民視」，「臨財毋苟得，臨難毋苟
> 免」乃至「戶開亦開，戶闔亦闔，有後入者，闔而弗遂」
> 等，在今日任何「文明的社會」裡可以適用。根據這認識，
> 我立了一個志願：我今後要利用留美所受的一點訓練，所得
> 的一點知識，去從長研究中國文化。我在美國曾研究西洋政
> 治思想。我回國後的主要工作當是中國政治思想史的研究。

蕭公權在民國 15（1926）年 8 月返國抵達上海，民國 16（1927）年 2 月起，開始在天津的南開大學任教，講授「政治學概論」、「比較政府」、「法理學」，第二年起講授「中國政治思想史」、「西洋政治思想史」和「社會演化論」。此後，在瀋陽的東北大學（1929-1930）、北平的燕京大學（1930-1931）及清華大學（1931-1937）、北京大學（兼課），成都的四川大學（1937-1939）、華西大學、光華大學等校，所開課程都以「中國政治思想史」及「西洋政

---

❶ 《問學諫往錄》，頁 70。

治思想史」為主。❷以上豐富的教育經驗以及留學北美所接受的學
術訓練，是蕭公權撰寫《中國政治思想史》的重要預備工作。

蕭公權任教清華大學（1932 年 9 月至 1937 年 7 月）五年期間，講
授「西洋政治思想史」與「中國政治思想史」等課程，為了「中國
政治思想史」授課之方便，「從許多舊籍裡摘選了有關的資料，請
人抄出，印成『講義』，隨堂發給他們。……可惜抄錄和排印的進
度都頗遲緩。清代的資料，抄寫未竟，七七變起，無法繼續完成。
所幸已經印成從先秦到明末總共一千四百多面的資料，我存留一
份，給我後來《中國政治思想史》的撰寫不少方便」。❷這一批史
料選編，是蕭公權撰寫《中國政治思想史》最重要的參考。蕭公權
在民國 27（1938）年秋至 29（1940）年夏兩年之間，在四川峨嵋西郊
完成《中國政治思想史》的撰寫，他說：❷

> 我在農家寄居兩年，完成了《中國政治思想史》的撰寫。我
> 在清華任教時所編的參考資料和我歷年授課所用的教材，全
> 部帶到了成都。我在城內川大任教時又從圖書館所藏的中國
> 舊籍中搜集了一點補充資料。現在利用鄉間的安靜環境，著
> 手寫一部適合大學生和一般讀者參考的《中國政治思想
> 史》。坊間雖然已經出版了兩三部《中國政治思想史》，我
> 相信還有餘地寫一部根據政治學觀點，參酌歷史學方法，充
> 分運用原始資料，儘量避免臆說曲解的書。每天晚飯已畢，

---

❷ 《問學諫往錄》，頁 89、94、97、101、123、125、126。
❷ 《問學諫往錄》，頁 101-102。
❷ 《問學諫往錄》，頁 127。

稍事休息之後，我便獨坐書齋，在燈下構思走筆，日復一
日，很少間斷。到了二十九年夏天，全書脫稿，償了懷抱十
幾年的夙願。

作為《中國政治思想史》的預備工作的《中國政治思想史參考
資料輯要》，選錄自先秦至清末諸家之著述。「選錄之標準有二：
一曰盡量收錄有理論價值之文獻，二曰酌量收錄有歷史價值之文
獻。其純乎針對一時一地實際問題而發之政論則不選入」，❷蕭公
權進一步解釋選材之標準說：❷

編中次序以年代之先後為準。其中偶有例外，則以參考之便
利為斷。全書為章凡五十三，為附錄凡三十一。各章所錄，
以人為主。其標準為：㈠一家之言。㈡影響重大之著述。其
思想相近，時代相及而文獻不豐者，則仿史書合傳之例，酌
併於一章之中，藉便比觀，且省篇幅。附錄所收者為：㈠不
合上述標準而足資參考之述作；㈡雖合上述標準而文獻過於
簡短或殘缺者；㈢真偽未定之書。

上述選編政治思想史基本史料之原則亦通貫於所著《中國政治思想
史》之中，蕭公權解釋《中國政治思想史》之寫作凡例有云：「本

---

❷ 蕭公權：《中國政治思想史》（下），附錄：〈中國政治思想史參考資料輯
　　要凡例〉，頁 941。

❷ 《中國政治思想史》（下），頁 942。這套資料選輯並未正式出版，當年印
　　製作為講義之原本，現在美國西雅圖華盛頓大學與普林斯頓大學圖書館各收
　　藏乙套。

書體例以時代為經，以思想派別為緯，其取材以前人著作之具有理論價值者為主。影響較大之政論亦酌量述及，專對一時一地實際問題之政論則一概從略。」㉕這項原則是蕭公權選取史料並從事政治思想史的撰述的基本準則。

三、蕭公權對中國政治思想特質及其發展的定論

蕭公權論述中國政治思想史，（3:1）首先指出中國政治思想之特質在於重實際，多因襲。（3:2）蕭公權之方法論特重將政治思想置於歷史背景中考察，（3:3）因此，他對中國政治思想史之分期方式，特別從政治思想之演進及其歷史背景著眼。謹闡釋以上三項命題如下：

（**3:1**）**中國政治思想的特質**：蕭公權指出，中國政治思想有兩項顯著特點，第一是重實際而不尚玄理。他認為：㉖

> 中國學術，本於致用。致知者以求真理為目的，無論其取術為歸納、為演繹、為分析、為綜合，其立說必以不矛盾，成系統為依歸。推之至極，乃能不拘牽於一時一地之實用，而建立普遍通達之原理。致用者以實行為目的，故每不措意於抽象之理論，思想之方法，議論之從違，概念之同異。意有所得，著之於言，不必有論證，不求成系統。是非得失之判決，只在理論之可否設張施行。荀子所謂「學至於行而

㉕ 《中國政治思想史》（上），凡例，頁 10。

㉖ 《中國政治思想史》（下），附錄：〈中國政治思想史參考資料緒論〉，頁 946。

止」，王陽明所謂「行是知之成」者，雖略近西洋實驗主義之標準，而最足以表現中國傳統之學術精神。故二千餘年之政治文獻，十之八九皆論治術。其涉及原理，作純科學、純哲學之探討者，殆不過十之一二。就其大體言之，中國政治思想屬於政術（Politik; Art of politics）之範圍者多，屬於政理（Staatslehre; Political Philosophy, Political Science）之範圍者少。

第二項特質是多因襲而少創造。蕭公權認為，中國之政治體制除了商周之交與周秦之際，曾有部落變為封建以及分割歸於統一之重大變遷以外，由秦漢至明清二千餘年之中，君統無改，社會少變。環境既趨固定，思想自多因襲。必至海通以後，外患與西學相繼侵入，然後社會騷然，人心搖動，激成清季思想空前之轉變。他進一步指出：❷

> 中國之君主政體，秦漢發端，明清結束，故二千餘年之政論，大體以君道為中心。專制政體理論之精確完備，世未有逾中國者。然而二十餘朝君主之中，能實行孔墨以來所發明之治術者，實無多人。正確之學說以未行而保持其信仰，錯誤之理論亦以未試而得隱其弊謬。修改思想之必要因此減少，崇古守舊之習慣隨以養成。

（3:2）**在歷史脈絡中分析政治思想**：蕭公權分析中國政治思想史的方法論傾向是：扣緊歷史背景分析政治思想之針對性及其內

---

❷ 《中國政治思想史》（下），頁947。

涵。他強調：「任何政治思想家必有其時代之背景，亦必有其思想
上之背景」，❷認為：❷

> 一種政治學說是否包含真理，可以從兩方面去判斷。第一、
> 人類的思想，尤其是社會和政治思想，不能離開歷史環境而
> 發生。因此衡量一種學說是否真確，便可依照其是否能切合
> 一個時代的需要，或反映一個時代的實況而斷定。第二、思
> 想雖然不能完全脫離環境，偉大的思想家卻能夠不受時代的
> 限制，在當前的環境裏面發現人生和社會的基本原理。

他又說：「政治思想雖不能離環境以產生，而在同一歷史環境中，
所有思想之內容不必皆出一轍。個人之品性，家庭之生活，師友之
影響，凡此一切均可使個人對於同一環境發生不同之反應而促成其
思想之分歧。」❸這種看法是他論述中國政治思想史的基本立場與
方法。

蕭公權從這種方法論立場出發，論述中國政治思想史的發展，
特重政治思想與歷史情境之互動關係。我曾在另一篇文章中說明，
❸蕭公權論述先秦政治思想之發展，對於先秦諸子各家各派思想之
交互影響賦予高度的注意，其理由乃在於「先秦學說既產生於大體

---

❷ 蕭公權：〈拉斯基政治思想之背景〉，收入：氏著：《跡園文錄》（台北：
　聯經出版事業公司，1983），頁 3-20，引文見頁 3。

❷ 蕭公權，〈孔子政治學說的現代意義〉，收入：氏著：《跡園文錄》，頁 56-
　74，引文見頁 57。

❸ 《中國政治思想史》（上），頁 175。

❸ 黃俊傑：前引〈蕭公權先生與中國近代學術〉。

相近之歷史環境中，各派之間豈能避免交互之影響。」❷他根據這個理由，指出，墨子曾受儒家之影響，法家思想一部份殆由儒學蛻變而來，法家亦受道家影響，而道家與墨家殆亦相通。❸在先秦孔門之內，孟荀俱傳孔子之學，以其所處之歷史環境與仲尼不同，故其思想之內容亦略有變異。❹荀子之尊君態度則為專制天下前夕歷史背景之反映。❺孔墨不同道，然二者行跡實有相似之處，此因孔墨之歷史時代及政治環境大體相同，故墨子乃一平民化之孔子，墨學乃平民化之孔學。❻蕭公權也根據同樣觀點認為，韓非為法家之殿軍，而實集前人之大成。法家思想中「法」「術」「勢」三個主要觀念，皆為歷史環境之產物，孕育長養，至韓非而達其最後成熟之型態。孕育滋養此諸觀念之歷史環境，一言以蔽之，即封建天下崩潰過程中之種種社會政治事實而已。❼

　　蕭公權亦以歷史背景之轉變，解釋秦漢以下政治思想史之發展。在秦漢思想史上，墨學之消沉為一大因緣，歷來思想史家說法不一，民國初年學界對此一史實之原因的爭論尤其激烈。蕭公權認為，墨家衰亡之最大原因，在於環境之改變，而墨徒不能修改師說以適應之。秦始皇統一天下，封建為郡縣所取代。劉邦更以白衣而為天子，皇權大興，凡此皆與尚同、非攻、尚賢之主張格格不入。

---

❷　《中國政治思想史》（上），頁 35。

❸　《中國政治思想史》（上），頁 35。

❹　《中國政治思想史》（上），頁 91。

❺　《中國政治思想史》（上），頁 108。

❻　《中國政治思想史》（上），頁 136。

❼　《中國政治思想史》（上），頁 242。

因為墨家政治思想本是針對晚周之歷史背景而產生，其不能昌明於一統之專制天下，誠勢所必至。❸除墨學消沉此一史實之外，漢代思想之由黃老當令轉變為儒術獨尊，亦為值得深思之問題。蕭公權認為，漢代黃老所以由養生改為治世，復由臨民以返於為我者，其根本原因仍當於歷史背景求之。中國經六國及秦楚之長期爭亂，天下困窮，達於極點。故魯儒生不肯附和叔孫通以興禮樂，文帝不納賈誼之言以改制度，可謂深合時代之需要。經惠文景三朝數十年休養生息，至武帝初年遂大臻於富庶。國力既已充裕，政策自趨積極。又適值武帝為好大喜功之主，於是黃老清靜之徒「功成身退」，儒家禮樂之術亦應運而興矣。昭宣以後，黃老漸歸隱微，至東京晚世而復成為在野之學術者，其最大之原因，則在歷史背景之轉變。❸

　　蕭公權也一貫從歷史背景這個因素，解釋漢代以降中國政治思想的轉折變化。例如，他認為魏晉時代，自恣之思想所以一時盛行者自有其歷史之原因。約言之，曹魏東晉之百餘年間，乃中國社會之衰亂時期，亦為對抗禮教之反動時期。此反禮教運動與反專制之潮流匯合，遂蔚為一種以放浪人生觀為基礎之無君論。《列子》一書殆為此種背景下最重要之代表作品。❹同樣地，他也指出，唐代儒家政論隨時勢之盛衰而變化其內容。❹這種政治思想與歷史背景相呼應之事實，在反對君權之思想發展線索中最能得之。蕭公權對

---

❸　《中國政治思想史》（上），頁281。

❸　《中國政治思想史》（上），頁357-358。

❹　《中國政治思想史》（上），頁402。

❹　《中國政治思想史》（上），頁441。

於這一點有極精彩的分析,如指出,中國之專制政體肇端於秦,歷漢唐而其弊大見於世。先秦所未有之激烈反君言論,遂應衰政而迭出,漢末有王充,東晉有鮑生,晚唐則无能子。其時代有先後,思想之主旨則不謀而大致相同。然而出世愈晚者對專制痛苦之體念愈深,所得之政治經驗較富,其言論之深切感憤亦每超邁前人。蓋李唐一朝不獨懿僖之君昏政亂,諸禍並臻,為前代所罕覯,而太宗征撫外藩,交通遠國,道佛爭長,朝野風靡,其情形亦屬僅見,无能子生當唐末,其所得之政治知識與痛苦經驗,必遠有過於鮑敬言者。其毀棄君親之言詞,遂為空前未有放膽肆情之奇謗。此由時勢所激,因果顯然。㊷在同一觀點之下,蕭公權也以時勢及思想背景之轉變,申論儒學大變於宋代之原因。㊸蕭氏對王夫之政論推崇備至,許其「就事實以立原理,通古今而權得失」。㊹蕭氏也以歷史環境之變化析論嚴復思想在民國元年前後之轉變,㊺並解釋辛亥革命所以成功之部份原因。㊻

(3:3)*中國政治思想史的分期*:蕭公權對中國政治思想史的發展,提出兩種分期方式。第一種分期方式是依思想演變的大勢分為四大段落:㊼

(一)創造時期:自孔子降生(西曆紀元前 551)至始皇統一(紀元

㊷　《中國政治思想史》(上),頁 460-461。
㊸　《中國政治思想史》(上),頁 480。
㊹　《中國政治思想史》(下),頁 677。
㊺　《中國政治思想史》(下),頁 864。
㊻　《中國政治思想史》(下),頁 891。
㊼　《中國政治思想史》(上),頁 3。

前 221）為時約三百年，包括春秋晚期及戰國時代，學者
通稱之為先秦時代。

㈡因襲時期：自秦漢至宋元（紀元前 221 至紀元 1367）為時約一
千六百年。

㈢轉變時期：自明初至清末（1368 至 1898）為時約五百年。

㈣成熟時期：自三民主義之成立以迄於今。（三民主義之講演
在民國十三年。其最初完成則在孫中山先生倫敦被難以後居英之兩年
中，即 1896 與 1898 之間。）

他接著再就中國政治思想之歷史背景，將中國政治思想史劃分為三
個時期：❹

㈠封建天下之思想：包括春秋及戰國時代，與上述之「創造
時期」相當。

㈡專制天下之思想：包括秦漢至明清之二千年，與「因襲時
期」及「轉變時期」之前大部份相當。

㈢近代國家之思想：包括清末戊戌維新時代及辛亥革命以迄
今日，與「轉變時期」之後部及「成熟時期」相當。

蕭公權認為「政治思想與政治制度相推移，以故政治思想史亦
可按制度演變之大勢而分期。吾國政制自商周以來，凡經三變。商
周之際，部落社會漸進而成封建天下，此為一變。始皇併吞六國，
劃天下為郡縣，定君主專制之制，此為二變。晚清失政，民國開

---

❹　《中國政治思想史》（上），頁 8。

基，二千年之君制遂告終止，此為三變」，❹依政治制度史劃分政
治思想史之時期，段落分明。

四、從中西政治思想史研究脈絡看
蕭著《中國政治思想史》

我們現在將蕭公權的《中國政治思想史》，置於中西政治思想
史研究論著的脈絡中加以考察。蕭氏書稿完成於 1940 年抗戰時期
的四川，1945 年在上海正式出版。（4:1）蕭著《中國政治思想
史》以其資料之全面性以及論述之系統性，而與 1945 年以前所出
版之各種有關中國政治思想史著作，有顯著之差異。（4:2）蕭著
出版後，在對中國政治思想史的分期、研究的方法，乃至特定論點
上，對於以後出版之著作均有影響。（4:3）蕭著與同時代西洋政
治思想史論著，頗可互相呼應。（4:4）從 1960 年代以後歐美政治
學界關於政治思想方法論之爭論來看，蕭著的方法論傾向有待深入
考量。我們闡釋以上四點看法。

（**4:1**）**蕭著與 1945 年以前中國政治思想史論著之比較**：二十
世紀中國學術界第一本以「政治思想史」為題的著作，是梁啟超
（任公，1873-1929）的《先秦政治思想史》，此書是民國 11（1922）
年 10 月 23 日至 12 月 20 日，梁任公在東南大學與法政專門學校授
課內容，於 1924 年出版。❺這部書雖然一如任公其他著作，才氣

---

❹　《中國政治思想史》（上），頁 8。
❺　美國哈佛燕京圖書館藏有此書 1924 年初版本。此書在 1936 及 1941 年均再
　　版，現有 1968 年台北之台灣中華書局台五版。

橫溢，但因係演講稿，內容頗為凌亂，不成體系，而且僅以先秦為研究範圍。

接著，在三十年代中國社會史論戰中居重要地位，並創辦《食貨》半月刊的陶希聖於民國 21（1932）年至 25（1936）年在北平撰成《中國政治思想史》，共四冊，涵蓋時代從原始時代到明代末年，此書在 1932 年由上海新生命書局出版，1933 年在重慶南方印書館再版，民國 43（1954）年在台灣食貨出版社印台灣版。陶希聖說：「我在北京大學本習法律，畢業後在各地大專學校講授親屬繼承法前後九年之久。我在這九年中間，旁及民族學，從民族學而理解中國古代社會組織，再演進而講述中國社會史。這部政治思想史，乃是從中國歷代社會政治的演變來講解思想的演變」，(51)此書企圖從社會史立場解明政治思想史，但由於對政治思想史之內容，缺乏明確之定義，全書論述較為零散。

除了以上梁啟超與陶希聖兩家之外，1945 年以前出版中國政治思想史論著的學者，尚有陳安仁（1932）、(52)李麥麥（1937）、(53)

---

(51) 陶希聖：《中國政治思想史》（台北：食貨出版社有限公司，1954，1972，1982），〈台灣版印行記〉。

(52) 陳安仁：《中國政治思想史》（台北：台灣商務印書館，1980 台四版，初版係 1932 年）。在 1935 年《全國總書目》著錄為《中國政治思想史大綱》，作者在本書〈序〉中說：「中國已於政治哲學見長，而幾千年來政治思想的體系，竟無專家為之記述，除了梁啟超先秦政治思想史一著外，沒有發見完善的專書，不無遺憾。」（頁 3）。

(53) 李麥麥：《中國古代政治哲學批判》（上海：新生命書局，1933），全書包括五篇論文，作者在〈序二〉中說：「這幾篇東西的性質是：前五篇是研究先秦階級鬥爭的，後一篇是研究先秦哲學鬥爭的」。

呂振羽（1937）、❺❹楊幼烔（1937）、❺❺劉麟生（1934）、❺❻吳國禎（1928）、❺❼謝旡量（1923）、❺❽謝扶雅（1941）❺❾等各家。但通讀各書，我們可以發現各家均有所不足，有的是在時代風潮之中生吞活剝馬克思學說，硬套到中國史解釋之上；有的是取材氾濫無所歸，舉凡社會史、政治史、經濟史均在討論範圍之內，故雖名為「政治思想史」，但實際上則內容至為龐雜，主題不彰。汪榮祖曾說中國政治思想「資料雖多，但散在群藉，非有明銳的觀察力與極大的耐心與勞力，難獲全豹。有些中國政治思想史著作之所以掛一漏萬，即因此故。至於在選擇工作方面，有兩重困難，一為甄別政治思想史料，不與其他思想史料相混，此有賴於對『政治思想』這一概念能確實地掌握，譬如鋪軌馳車，才有所準則。有些作者排列史料，上下幾千年，無論政治、社會、經濟、文化、各種文獻少加分辨，

---

❺❹ 呂振羽：《中國政治思想史》（上海：黎明書局，1937 年，增訂版 1947 年由上海生活書局出版），本書採唯物史觀，將政治思想視為階級鬥爭的反映。

❺❺ 楊幼烔：《中國政治思想史》（上海：新生命書局，1937），此書涵蓋時代自上古至民國成立以來的孫中山與各派社會主義，有兩種日譯本，係古賀鶴松（東京，1940）及村田孜郎（東京：大東出版社，1940）所譯。

❺❻ 劉麟生：《中國政治思想史》（上海：商務印書館，1934）。

❺❼ Kuo-cheng Wu（吳國禎），*Ancient Chinese Political Theories*（上海：商務印書館，1928）。

❺❽ 謝旡量：《古代政治思想研究》（上海：商務印書館，1923）。

❺❾ 謝扶雅：《中國政治思想史綱》（湖南藍田 1941 年石印，台灣正中書局 1954 年台初版），作者自序云：「此書曾於民國三十年在湖南藍田之師範學院公民訓育系石印五百冊。此書研究之時代由部落時代至三民主義政治思想」。

於是猶如迷航，不知所至。」❻這種說法完全切中蕭著出版之前許多政治思想史論著之問題。一部完整而有系統中國政治思想史正是學界一致的期待。

正是在這樣的學術史背景中，蕭著《中國政治思想史》一經出版，就獲得學界重視。相對於在蕭著之前的同類著作，蕭著《中國政治思想史》建立在《中國政治思想史參考資料輯要》（線裝六冊）的紮實基礎上，對第一手資料的掌握極具全面性，其他同類著作實難以望其項背。此書惟一的白璧之暇就是第五編「近代國家之政治思想——成熟時期」第二十五章「孫中山」未及撰寫，僅以「本編缺文」交代，至為遺憾。除此之外，蕭著析論中國政治思想史時所展現之系統性與原創性，都使它別樹一幟而為眾所矚目。蕭公權弟子汪榮祖就指出：❻

㈠全書於政治思想的範疇內，上自文獻可徵之晚周，下迄辛亥革命，作極有系統的敘述與分析。二千五百餘年中，凡可述之政治思想靡有遺留，而所述論的詳略則視創獲性與影響力之大小而定，故通篇完備而勻稱。……

㈡全書論及古來學者六十餘人，皆就原作取精用宏，就政治學觀點分類徵引，並加以綜合與分析，不僅使作者之政論「暢所欲言」，而且使其意義更加明晰。……

---

❻　汪榮祖：〈增訂版弁言〉，見：蕭公權：《中國政治思想史》（上），頁 6-7。

❻　汪榮祖：〈增訂版弁言〉，見：蕭公權：《中國政治思想史》（上），頁 7-8。

(三)全書既採歷史的方法，故對思想的時代背景特為留意。思
想雖有其永久性，但政治思想必有時間性。所謂時間性乃
指思想在其一時間裡的出現或實施。政治思想除理論一面
外，尤有其實踐的一面，故不知歷史背景不能瞭解政治思
想。從整體看，全書是在一演進的歷史間架上發展，自
「創造」而「因襲」，由「因襲」而「轉變」，再由「轉
變」而「成熟」，即從各個時期去了解政治思想的史之發
展。

蕭著《中國政治思想史》的出版，使「中國政治思想史」正式成為
二十世紀中國學術界的一個學門，❻️也為後繼者奠定了研究這個學
門的基礎。

（4:2）**蕭著對後學之影響**：1945 年蕭著《中國政治思想史》
出版以後，神州板蕩，禹域二分，蕭著對 1949 年以後台灣學術界
影響較大。從 1949 年以後，在台灣地區所出版研究中國政治思想
史的論著，有陳啟天（1951）、❻️曾繁康（1958）、❻️萬世章與汪大
華（1968）、❻️王雲五（1968-70）、❻️薩孟武（1969）、❻️鄔昆如（1981-

---

❻️　這是汪榮祖教授在 2000 年 11 月 30 日提示的意見。

❻️　陳啟天：《中國政治哲學概論》（台北：華國出版社，1951）。陳啟天認為
　　中國政治思想自漢代以後沒有發展，故不願寫「中國政治思想史」。

❻️　曾繁康：《中國政治思想史》（台北：大中國圖書公司，1959）。

❻️　萬世章、汪大華：《中國政治思想史》（台北：帕米爾書店，1968）。

❻️　王雲五：《先秦政治思想》、《兩漢三國政治思想》、《晉唐政治思想》、
　　《宋元政治思想》、《明代政治思想》、《清代政治思想》、《民國與中國
　　政治思想綜合研究》（共七冊）（台北：台灣商務印書館，1968-70）。

82)、❻葉祖灝（1984）、❾張金鑑（1989）、❼鄭昌淦（1995）、❼孫
廣德與朱浤源（1997）❼諸家。

　　以上各家論述時代及重點各不相同，但是諸多論點尤其是對中
國政治思想史的分期，頗受蕭著之啟發。例如萬世章與汪大華合撰
《中國政治思想史》，將中國政治思想史分為上古、中古、近代、
現代四期，作者明言受蕭著啟發。作者說：❼

> 　　本書對中國政治思想史之分期，係採用歷史分期法。分為上
> 古政治思想史，中古政治思想史，近代政治思想史，及現代
> 政治思想史之四大時期。但此種分期法與蕭公權氏之分期
> 法，大致相同。蓋吾人所謂「上古」時期，乃指虞、夏、
> 殷、周至先秦以前時期而言，較蕭氏之「創造時期」提前一
> 千餘年，即將中國政治思想之萌芽時期概括在內。吾人所謂
> 「中古」時期，乃指自秦漢至唐宋時期而言，約與蕭氏之
> 「因襲時期」同。吾人所謂「近代」，乃指明清時期而言，

❻　薩孟武：《中國政治思想史》（台北：三民書局，初版 1969，增訂版
　　1972）。

❻　鄔昆如：《中外政治哲學之比較研究》（台北：中央文物供應社，上冊
　　1981，下冊 1982）。

❻　葉祖灝：《中國政治思想精義》（台北：中央文物供應社，1984）。

❼　張金鑑：《中國政治思想史》（三冊）（台北：三民書局，1989）。

❼　鄭昌淦：《中國政治學說史》（台北：文津，1995），作者為大陸學者，書
　　則在台灣出版。

❼　孫廣德、朱浤源：《中國政治思想史》（台北：國立空中大學，1997）。本
　　書是空中大學的教科書，性質與其他同類著作稍有不同。

❼　萬世章、汪大華：《中國政治思想史》，頁6。

約與蕭氏之「轉變時期」同。吾人所謂「現代」，乃指清末
至今，與蕭氏之「成熟時期」同。

萬世章與汪大華明言他們的分期方式與蕭著相同，但也有掩襲蕭著
之分期方式而不明言者，例如鄔昆如也將中國政治思想分為四期：**❼❹**

一、創造期：自孔子生到秦始皇的統一中國，即有紀元前
　　 551 年到 221 年，其間諸子百家爭鳴，各種政道和治道
　　 都有大規模的建立。

二、因襲期：自秦漢至宋元，即自紀元前 221 年至公元
　　 1367 年，近十六個世紀的時間，都是在註釋先秦的諸
　　 家理論，尤其是設法以儒家的理想，來修、齊、治、
　　 平。

三、轉變期：自明初到清末，即自公元 1368 年至 1898 年，
　　 五個世紀期間，中國開始接觸相當不同的西洋政治思
　　 想，而自身漸漸走向轉變之路。

四、成熟期：自三民主義成立至今，即自公元 1896 年開
　　 始，直至現在。

鄔昆如的分期方式完全襲自蕭著，但並未在附註中聲明。

除了對中國政治思想史的分期方式之外，蕭著諸多具體論點，
對後學仍有可觀之影響，舉例言之，葉祖灝**❼❺**、張金鑑**❼❻**論儒家的

---

❼❹ 鄔昆如：前引書，頁 17-18。

❼❺ 葉祖灝：前引書，頁 65。

❼❻ 張金鑑：前引書，頁 698-699。

仁與墨家兼愛之不同，均襲取蕭公權的論點。其中葉祖灝所撰《中國政治思想精義》第一章「歷史背景」、「文化背景」、「思想內容」、「地理分布」、「交互影響」、「時代先後」等六節，顯然均承自蕭著。葉祖灝是蕭公權在北京授課時的學生，他的書獻詞云：「謹以此書，紀念先師蕭公權博士，在國立大學循循善誘之教澤。」1969年薩孟武出版《中國政治思想史》，他在序言中也明言：「蕭著對余，裨益更大。」即使是標新立異的王雲五，也以蕭著作為比較之對象，王雲五說：「拙著《先秦政治思想》與《兩漢三國政治思想》兩書中，在體裁上頗異於蕭氏之作，即所論述之政治思想家，無不先摘述其有關政治之言論，然後加以論評，使客觀的資料顯現於讀者眼前，縱使個人所作論評，不免失諸主觀，仍難逃讀者之鑒衡。」**⑦**

除了以上所述中文著作之外，戰後日本學術界也出版少數有關中國政治思想的著作，如小島佑馬、**⑱**黃廷富、**⑲**守本順一郎、**⑳**岩間一雄、**㉑**小倉芳彥**㉒**以及中江丑吉**㉓**各家，但是都是論文集，

---

⑦　王雲五：《晉唐政治思想》（台北：台灣商務印書館，1969），頁1。

⑱　小島佑馬：《中國の政治思想》（京都：ハーバート燕京同志社，東方文化講座委員會，1956）。

⑲　黃廷富：《周代政治思想史研究》（東京：井上書局，1963）。

⑳　守本順一郎：《東洋政治思想史研究》（東京：未來社，1967），本書內容研究朱子學，以及朱子學與佛教之關係等。

㉑　岩間一雄：《中國政治思想史研究》（東京：未來社，1968），本書研究朱子學、陸象山、元代儒教、陽明學等課題，與政治思想關涉不深。

㉒　小倉芳彥：《中國古代政治思想研究─『左傳』研究ノト─》（東京：青木書局，1970），本書主題以《左傳》為主，旁及孔、孟、荀、老、韓、董仲

諸作者雖然在中國古代或宋明儒學史研究領域中自成一家之言，但是上述日文著作都不是針對「中國政治思想史」而進行的系統研究，與中文學術界的同類論著如蕭公權的《中國政治思想史》，也毫無互動。

（4:3）從同時代西洋政治思想論著之脈絡看蕭著：在蕭公權《中國政治思想史》脫稿的 1940 年之前，以英文發表的西洋政治思想史著作為數不少，較為重要的有 Frederick Pollock、❽ William Archibald Dunning、❽ Raymond G. Gettell、❽ Charles Howard McIlwin、❽ George H. Sabine、❽ George Catlin ❽各家，其中

舒。

❽ 中江丑吉：《中國古代政治思想》（東京：岩波書局，1950），本書是作者之論文集，尤其以《尚書》研究為主，並非體系化之政治思想史研究。

❽ Frederick Pollock, *An Introduction to the History of the Science of Politics*, 1890。此書有中譯本：張景琨：《政治思想史概論》（初版年份不詳，長沙：商務印書館，1939）。

❽ William Archibald Dunning, *A History of Political Theories* (New York: The Macmillan Company, vol. 1, 1902; vol. 2, 1905; vol. 3, 1920) 此書有中譯本：謝義偉譯（上海：神州國光社）；鍾挺秀等編輯：《近世政治思想史大略》，此書翻譯原書之第三冊「從 Rousseau 至 Spencer」部分。

❽ Raymond G. Gettell, *History of Political Thought* (London: George Allen & Unwin Ltd., 1924)，此書有數種中譯本：陸國香、馮和法節譯近代部分，書名是：《近代政治思想史》（1930）；戴克光有全譯本，由上海神州國光社，在 1932 出版；南京獨立出版社，在 1944 再版。

❽ Charles Howard McIlwain, *The Growth of Political Thought in the West: From the Greeks to the End of the Middle Ages* (New York: Cooper Square Publishers, Inc., 1968, originally published by Macmillan Company, N. Y. 1932).

❽ George H. Sabine, *A History of Political Theory*, 1st ed., 1937; 4th ed. rev. by

Sabine 是蕭公權在密蘇里大學讀學士及碩士學位時哲學系的教授，是蕭公權碩士論文指導教授，引導蕭公權進入政治哲學領域。Sabine 的書出版於 1937 年，當時蕭公權在「抗戰期間，僻居後方，交通梗阻，『精神糧食』的匱乏更甚於物質供應。成都各大學圖書館裡極少近年出版的西方書刊。我不免感到孤陋寡聞，學業落後的苦悶」，❾蕭公權很可能並沒有看過 Sabine 的書，但 Sabine 將西洋政治思想史分為 city-state, universal community, nation state 三期，與蕭公權依「思想之歷史背景」及「政治制度」，將中國政治思想史分為封建天下、專制天下、近代國家之思想三期，❾則可謂師生互相呼應。另外，Catlin 是蕭公權在康乃爾大學時期的老師，據蕭公權說 Catlin：「給與我的啟迪和鼓勵也使我畢生難忘。我寫博士論文時，他悉心與我研討。……1926 年 5 月我的論文脫稿，他立即介紹到英國出版。我回國之後他繼續關心我的學

Thomas Landon Thorson (Hinsdale, Illinois: Dryden Press, 1973)。此書之中譯本狀況如下：

㈠劉遐齡節譯：《西洋政治思想史》（臺北：中華文化出版事業委員會，1958）。

㈡王兆荃譯：《西洋政治思想史》（上）（臺北：幼獅文化事業公司，1974）。

㈢劉山等譯：《政治學說史》（上下兩冊）（北京：商務印書館，1986，1990）。

㈣李少軍、尚新建譯：《西方政治思想史》（臺北：桂冠，1991）。

❽ George E. G. Catlin, *The Story of the Political Philosophers* (New York: Tuder Publishing Co., 1939).

❾ 《問學諫往錄》，頁 206。

❾ 蕭公權：《中國政治思想史》（上），頁 8。

業。」❾ Sabine 和 Catlin 對蕭公權的中國政治思想史研究有深刻之
啟示。蕭公權對 Dunning 等人著作也頗為熟悉，他說：「近世歐美
學者動輒輕視中國政治思想。例如雅勒（Janet）鄧林（Dunning）諸
君，或謂中國無政治思想，或謂其淺陋零碎不足觀。非不加論述，
即置諸波斯、印度及其他『古代民族』之例。一若中國之文化已成
過去，而其政治思想亦應同歸漸滅也者」，❾他對 Dunning 等人對
中國政治思想傳統之誤解，深以為憾，成為他決心撰寫《中國政治
思想史》的部分原因。

　　從蕭公權對中國政治思想的分期方式來看，蕭著展現一種目的
論的傾向，與當時歐美政治學界的傾向互相呼應。蕭著以戊戌維新
之辛亥革命為「轉變時期」，以孫中山（1866-1925）為「成熟時
期」，這種目的論、進化論的史觀，與同時的西洋學者相近。
Gunnell 就指出 Dunning 等人的西洋政治思想史著作與二十世紀初
的意識型態之爭有密切關係。他指出❾，Dunning, Gettell, McIlwain
通過西洋政治思想史的研究，來支持歐美的自由、民主、立憲等政
治價值。蕭公權將孫中山的三民主義視為中國政治思想的成熟作
品，用以批評軍閥割據和共產黨，兩者的做法有其相近之處。❾總

---

❾　《問學諫往錄》，頁 62。

❾　蕭公權：《中國政治思想史》（下），附錄：〈中國政治思想史參考資料緒
　　論〉，頁 945。

❾　John G. Gunnell, *Political Theory: Tradition and Interpretation* (Cambridge, Mass.:
　　Winthrop Publishers, Inc., 1979)，見：王小山譯：《政治理論：傳統與闡釋》
　　（杭州：浙江人民出版社，1988），頁 18、22、23、25、30-31。

❾　這一點是詹康博士與我討論時提出的意見。詹博士同意我引用他的意見，謹
　　申謝意。

之，從方法論傾向觀之，蕭著展現某種目的論傾向，並將孫中山視為中國政治思想演進的最成熟之表現，實有他個人傾向唯心論之思想背景，❾❻也有其時代背景。

但是，我們必須進一步指出，蕭公權雖然深受業師 Sabine 的啟發，但是他在「事實」與「價值」之關係，以及政治思想是否有其終點這兩點上，與其師看法並不一致。Sabine 說：❾❼

> 政治理論不能有終點，正如政治本身不能有終點一樣，因此政治理論的歷史沒有什麼結論。如果有一個神聖、遙遠的事件，為人類歷史的歸趨，本書的作者（指 Sabine 本人）不敢自命知道那個歸趨是什麼。就整個來看，政治理論簡直不能說是真的。……我們不要以為現代任何政治哲學，能夠跳出現代的問題、評價、習慣、甚至偏見的圈子，遠勝於過去的哲學。

Sabine 接受休姆將「事實」與「價值」二分的做法，認為「價值」「只是人類對於某種社會的和有形的確實之偏好而起的反應」，也就是「無法證實的觀念」，所以將「事實」與「價值」兩者相混淆，將引起「知識上的混亂」。❾❽政治思想史研究的責任，

---

❾❻ 蕭公權求學時代的康乃爾大學是唯心論重鎮，見：《問學諫往錄》，頁 49。

❾❼ George H. Sabine, *A History of Political Theory*, 王兆荃譯：《西洋政治思想史》（上）（台北：幼獅文化事業公司，1974），〈原著一版序〉，頁 7-8。詹康博士提示我這一段引文，謹申謝意。

❾❽ Sabine 著，王兆荃譯：《西洋政治思想史》（上），〈原著一版序〉，頁 8。

是將「價值」、「事實」、可行性之估計等清楚劃分開來,各歸其位,史家若是企圖指出某種價值是千古不移的真理,便是濫用史筆,為他個人的主觀價值牟利。

蕭公權對政治思想史的看法,與其師大不相同。我在上文已指出,蕭公權在問學北美畢業之際對自己學業有所反省,他擬定以研究中國政治思想史為其後工作之目標,他的理由是中國文化中「有若干觀念仍然有現代的意義。例如『民惟邦本』、『天視自我民視』、『臨財毋苟得,臨難毋苟免』乃至『戶開亦開,戶闔亦闔,有後入者,闔而弗遂』等,在今日任何『文明的社會』裡都可以適用」。⑨這段話表明他相信有些「價值」是永恒的,不會隨時代變動而更易。他在 1979 年春間也對前來請教的學生,表示同樣看法。⑩

蕭公權對中國政治思想史發展上的進化論、目的論看法,也與其師認為西洋政治思想史沒有終點,現代政治思想不能說是勝過既往的政治思想等看法,大相逕庭。

(4:4)蕭著的方法論問題:我在本文第三節(3:2)中說,蕭公權常常在歷史背景與脈絡中解明各家政治思想之內涵。這項判斷也獲得蕭先生本人的印可,蕭著「凡例」云:「本書體例以時代為經,以思想派別為緯,……本書採政治之觀點,用歷史之方法,略敘晚周以來二千五百年間政治思想之大概」,⑩正是他的歷史研究

---

⑨ 《問學諫往錄》,頁 70。

⑩ 見:蕭公權口述,黃俊傑筆記:〈儒學傳統與中國文化的創新〉,收入:黃俊傑:前引《儒學傳統與中國文化的創新》,頁 149-158。

⑩ 《中國政治思想史》(上),「凡例」,頁 10。

法的說明。

為了說明蕭著的歷史研究法，我們可以蕭公權對宋儒政治思想之評論為例加以說明。孟子政治思想中的王霸之辨是宋儒政論之重大問題，「孟子所想像湯武之仁政，既不見採納，而定一之理想轉為『暴秦』所實現。徒留一王霸問題為此後儒生爭辯之資。宋時朱熹陳亮書札來往討論至數萬言，斷斷於天理人欲之辨，竟不知孟子之尊王黜霸，尚有其歷史及政治之意義，是亦不善讀孟子之過矣。」⓾蕭公權認為：程朱之政治哲學大體上以《大學》一書為根據。表面視之，固遠承先秦儒學之正統。然就歷史背景論，則程朱之言正心修身，又與孔孟之意義有異。孔孟思想以封建宗法為對象，世卿宗子既為統治階級之重心，君長之德行自可成為維繫人心，安定社會之重要力量。秦漢以後，歷史之環境大變。千五百年間「堯舜二王周公孔子所傳之道，未嘗一日得行於天地之間」，此乃歷史之邏輯使然，毫不足怪。宋儒不明此理而欲障川東流，期堯舜之心傳於專制政體發展垂成之際，實為不切實用之高談。⓾諸如此類論點，均一再印證蕭公權的方法論立場傾向於在具體而特殊的歷史脈絡中考量政治思想的內涵。

正是蕭著中這種方法論傾向，使我們可以從 1960 年代以後歐美政治學界，關於政治思想史研究方法論的論辯背景中，考量蕭著的優點及其限制。

關於政治思想史研究方法論，1960 年代歐美政治學界有一場

⓾　《中國政治思想史》（上），頁 100。
⓾　《中國政治思想史》（上），頁 537。

爭論。首先是伊斯頓（David Easton）與史特勞斯（Leo Strauss）對政治思想研究中的「歷史主義」方法展開批判，接著三位英國政治思想史學者波卡克（J.G.A. Pocock）、敦（John Dunn）與史基納（Quentin Skinner）各有撰文對研究方法提出反省。[104]根尼爾（John G. Gunnell）對這一場論辯有所檢討，他認為這場論戰涉及對於二十世紀政治學（political science）之性格的反省。Gunnell 認為，David Easton 等行為主義政治科學家主張「事實」（fact）與「價值」（value）分離，而當時的政治思想史研究已陷入「歷史主義」的陷阱，所以唯有實證的科學研究可供為研究政治行為的唯一模式。Gunnell 認為這場戰火最可能重創的是政治思想「傳統」的地位，於是有 Strauss, Voegelin, Arendt 等人揭竿而起，為政治思想經典辯護，主張研讀經典對融鑄一個良好的政治觀是絕對必要的。Gunnell 接著將 Skinner, Dunn, Pocock 倡導的方法論運動，看成是因應戰後政治學界對政治思想史的敵意，而主張「非量化、非行為主義的政治科學」仍有其價值。[105]

我們在此不擬討論這一場論辯對政治學研究的意義，我們將扣緊這場論辯的方法論問題，[106]並將蕭著置於這個方法論脈絡中討

---

[104] 關於這一場政治思想史方法論的反省之介紹，參考：陳思賢：〈語言與政治：關於政治思想史典籍詮釋的一些論爭〉，《政治學報》第 17 期（1989），頁 30；Richard Tuck, "History of Political Thought," in Peter Burke ed., *New Perspectives on Historical Writing* (University Park: Pennsylvania State University Press, 1991), pp. 193-205.

[105] John G. Gunnell, *Political Theory: Tradition and Interpretation*, pp. 4-32.

[106] 關於 Leo Strauss、J. G. A. Pocock、Quentin Skinner、Hans-Georg Gadamer、Sheldon Wolin 以及年鑑學派方法論的介紹，參考：小笠原弘親、飯島昇藏

論。正如楊貞德在介紹波卡克的政治思想研究方法論時所指出的，波卡克和史基納所提倡的研究方法大抵具有兩項特色。一是採取歷史的進路，強調探討文本作者與其所出歷史情境的關係。另一是作者進行論述（discourse）的活動中心，就作者所處語言方面之語境（linguistic context），分析他選擇與使用語言的動作，以及這一動作對該語言所產生之影響。⑩史基納強調在歷史脈絡中，分析政治思想「文本」的意涵以及政治思想家的歷史地位。⑱史基納則將思想史家解析思想時的方法區分為兩種進路：一是注意文獻或典籍的宗教、政治或經濟因素等「脈絡」（context），一是在假定「文本」（text）有其自主性的前提之上，注意解析「文本」本身的意義。史基納對兩種研究進路都有批判，但他對第二種方法批判較為激烈，並對羅孚若（A. O. Lovejoy）的思想史方法論有所批評。⑩

編：《政治思想史の方法》（東京：早稻田大學出版部，1990）。

⑩ 楊貞德：〈歷史、論述與「語言」分析——波卡克之政治思想研究方法述要〉，《中國文哲研究通訊》第7卷第4期（1997年12月），頁151-180。

⑱ J. G. A. Pocock, "Political Ideas as Historical Events: Political Philosophers as Historical Actors," in Melvin Richter ed., *Political Theory and Political Education* (Princeton: Princeton University Press, 1980), pp. 139-158.

⑩ Quentin Skinner, "Meaning and understanding in the History of Ideas," *History and Theory*, 8:1 (1969), pp. 3-53, esp. 11ff. 史基納以為羅孚若最大問題是在追溯單位觀念發展之時皆假定不同思想家使用相同的字眼皆指涉相同內容。他對羅氏在抽離「單位觀念」之過程中傾向於建立觀念之「理想型態」（Ideal type）一節亦頗致詰難，以為如此將不免於誤認前人思想係為後人鋪路而已。史基納由此提出研究思想家寫作時之意向（intentions）作為思想史研究之要務。史基納之方法備受 Bhikhu Parekh 及 R. N. Berki 兩氏之批評，兩氏認為作品本身乃係極複雜之思想建構，任何先驗的（a priori）假設均不能在作

　　從研究方法論觀之，蕭公權分析中國政治思想史之立場，基本上很接近波卡克和史基納的立場。蕭公權分析各家政治思想之內容前，必先說明政治思想家的身世及其時代背景，並在歷史脈絡中解讀政治思想並加以定位，這種研究方法正符合孟子（371-289B.C.）所謂「知人論世」之原則。舉例言之，蕭公權從孔孟所處時代背景之差異，解釋孔子欲君子之以德致位，孟子則以德抗位。⑩蕭公權也從歷史環境之變遷，解釋儒家與法家政治思想中君民地位之完全顛倒。⑪他也指出法家思想之「法」、「術」、「勢」觀念皆孕育於戰國之歷史環境，此種環境「即封建天下崩潰過程中之種種社會政治事實而已。就政治方面言，封建崩潰之直接結果為天子微弱，諸侯強盛。然強盛之諸侯非舊日分土之世家，而每為新興之權臣所篡奪。其幸保君位者，多不免名存實亡，成一『政由寧氏，祭則寡人』之局面。始則卿大夫侵君，繼則家臣凌主，於是昔日維繫社會之綱紀逐漸失效。且諸侯強大之事實，與攻伐兼併，互為因果。強大者致力兼併，既兼併而愈臻強大。侵略與自衛皆有待於富強。於是君權之擴張遂同時成為政治上之需要與目的，而政治思想亦趨於尊君國任法術之途徑」。⑫諸如此類例證，在蕭著中俯拾皆是，毋庸贅舉。

　　品與作者的意向之間建立起關係。參看：Bhikhu Parekh and R. N. Berki, "The History of Political Ideas: A Critique of Q. Skinner's Methodology," *Journal of the History of Ideas*, 34: 2 (Appil-June 1973), p. 163-184.

⑩　《中國政治思想史》（上），頁97。

⑪　《中國政治思想史》（上），頁206。

⑫　《中國政治思想史》（上），頁242。

　　從上述蕭公權的方法論傾向來看，波卡克評論蕭著《中國政治思想史》時說蕭著是「古典的哲學學派」的寫作方法，只注重典籍內容，研究少數幾個主要哲學派別的互動。他認為，對蕭公權和大多數哲學史作者而言，「歷史」是典籍詮釋而已，⓽蕭著仍不能視為當代西洋政治思想史家史基納（Quentin Skinner）等人定義下的嚴謹意義的歷史論著。他認為蕭著在很多方面不是完整的歷史論著。⓾波卡克的評論，如果從波卡克所重視的語言哲學觀點而言，或許可以成立，但是，我要強調的是，蕭著特重「文本」的脈絡性，強調將政治思想置於歷史脈絡中解讀，蕭公權的方法論立場實與波卡克及史基納相去不遠。

　　問題也許不在於：蕭公權是否是一個方法論的「脈絡主義」者（contextualist）？而是在於：蕭公權將政治思想史的「事實」（fact），與政治思想中的「價值」（value）如何安頓？⓫這個問題

⓭　J. G. A. Pocock, "Review of K. C. Hsiao, A History of Chinese Thought, vol. 1," *International Studies in Philosophy* 13:2 (1981), pp. 95-100.

⓮　同上註，尤其是 p.96 及 p.100。波卡克雖不懂中文，也不是漢學家，但曾依據英譯資料撰文討論過中國政治思想：J. G. A. Pocock, "Ritual, Language, Power: an Essay on the Apparent Political Meaning of Ancient Chinese Philosophy," *Politics, Language, and Time: Essays on Political Thought and the History* (Chicago: The University of Chicago Press, 1989 [1971]), pp. 42-79.

⓯　遠在 1940 年代，政治學者就對於政治學研究中應否介入倫理學問題，而有所爭辯。W. F. Whyte 撰文主張政治學家應專責政治問題，而將倫理問題交給哲學家。見：William Foote Whyte, "A Challenge to Political Scientists," *The American Political Science Review* 37:3 (August,1943), pp. 692-697。他的主張受到 John H. Hallowell 的駁斥，Hallowell 主張政治學家如放棄對政治現象施以價值（倫理）判斷，就形同放棄作為一個人的責任。見：John H. Hallowell,

之所以是一個關鍵問題，乃是因為它正是實證主義與詮釋學的重大差異所在，也是「文本主義」（textualism）與「脈絡主義」（contextualism）的歧異所在，也是 1960 年代歐美政治學界的政治思想史方法論討論的主要課題。更重要的是，「脈絡主義」的研究方法，如果持之太過，常常就會使得思想史中的「價值」問題為之晦而不彰，甚至完全摒棄不論，於是古今中外為各種專制政體辯護的政治思想，遂得以在歷史脈絡中獲得合理化之理由。

從蕭公權畢生著作看來，他雖然在方法論上傾向於在歷史脈絡中解析政治思想之內涵，但是，他不是一個極端的「脈絡主義者」。在蕭公權的學術世界中，價值關懷甚至道德關懷仍居於首出之地位。正如我過去所指出，⑯蕭公權於 1926 年撰寫博士論文就有心於從對於「政治多元論」的探索批判之中找出人類的新出路。⑰蕭公權隱約但肯定地表示了他對霍布士（Thomas Hobbes, 1588-1679）和盧梭（J. J. Rousseau, 1712-1778）的不滿之情。他認為，霍布士的「大巨靈」（Leviathan）及盧梭的公意（general will）均與個人的尊嚴與價值有牴牾之處。他對亞里斯多德及中古時代的亞奎那（Thomas Aquinas, 1225-1274）則深具好感，因為亞里斯多德的國家理論有深厚的倫理基礎，而亞奎那的政治思想則寓有高遠的宗教情操。⑱蕭公權對西洋政治思想史上諸大家的衡評且自有其一貫之標準，此即

"Politics and Ethics," *The American Political Science Review*, 38:4 (August, 1944), pp. 639-655。

⑯ 拙作，前引〈蕭公權與中國近代人文學術〉，頁 119。

⑰ Kung-chuan Hsiao, *Political Pluralism*, ch. 10, pp. 248-257.

⑱ Kung-ch'üan Hsiao, *Political Pluralism*, p. 225 ff.

是道德優先性此一原則之考慮。所以,他批評二十世紀的政治多元論思想家,指出就當前世局言,我們應當賦予經濟階級更多的責任,而不是給予權力;我們應給予經濟階級更多的正面的合作的機會,而不是給予他們更多的自主性。**⑲**

任何人通讀蕭公權著作,都可以感受到從字裡行間透露出來的強烈的價值關懷。蕭公權論明代政治思想,很推崇明代的反專制政治思想,認為:「明代政論特點之一即為注意於民本民族之觀念,上復先秦古學,下開近世風氣。明初之劉基、方孝孺與明末清初之黃宗羲、王夫之分別代表此兩種趨勢,皆對專制天下之弊政加以嚴重之攻擊。」**⑳**蕭公權論十九世紀大清政府對中國鄉村之控制,亦指行政腐敗為控制瓦解之重要原因。**㉑**凡此種種皆顯示:蕭公權雖然強調政治思想應置於歷史脈絡中加以理解,但是他並不將政治思想化約為環境的產物,從而將價值問題從政治思想研究中抽離而出。相反地,價值關懷一直是蕭著《中國政治思想史》的一大特色。

五、結論

這篇論文介紹蕭公權及其對中國政治思想史的研究,實有其特定之用意。國內政治學者黃紀等人最近說:「中國政治思想雖非當今的顯學,然而放眼國際性的政治學界,唯有台灣與大陸兩地的政

---

⑲ Kung-ch'üan Hsiao, *Political Pluralism*, p. 225 ff.

⑳ 《中國政治思想史》(下),頁557。

㉑ Kung-ch'üan Hsiao, *Rural China: Imperial Control in the Nineteenth Century* (Seattle: University of Washington Press, 1960), pp. 504-505.

治學者最具鑽研資格,而可能在國際學界佔有一席之地,故應予以鼓勵。」[122]盱衡海峽兩岸政治學界與思想史學界,中國政治思想史仍是一個有待開發的學術領域。蕭公權的《中國政治思想史》雖然有其寫作時代背景的種種限制,但仍是今日我們重訪中國政治思想史領域時,最重要的學術資產之一。

蕭著《中國政治思想史》是一部「不廢江河萬古流」的著作,雖然成書於抗戰時期的大後方,圖書設備不足,物質條件極差,但這部書有蕭公權長期的學術準備工作為其憑藉,自成一家之言,問世以來,不僅對此後的同類著作深具啟發,而且時至今日仍有其重要之參考價值。

蕭著《中國政治思想史》展現某種「脈絡主義」的方法論傾向,與 1960 年代以降歐美政治學者如波卡克與史基納的研究方法,頗有神似之處。但是,蕭公權並不因其方法論傾向,而將價值問題從政治思想史研究中完全抽離。通貫蕭公權的所有著作,價值關懷仍是蕭公權學術世界中的核心。正是在這個意義上,我們可以說蕭先生不僅是一個文化的折衷主義者,[123]也是一個方法論上的折衷主義者。

---

[122] 黃紀、朱雲漢、郭秋永、蕭全政、何思因:〈政治學門成就評估報告〉,《人文與社會科學簡訊》,第 3 卷第 2 期(2000 年 10 月),頁 48。

[123] 蕭公權生前在華盛頓大學的同事俄國史著名學者屈萊果(Donald W. Treadgold)教授嘗稱蕭公權為「文化的折衷主義者」,其說甚是。見:Donald W. Treadgold, *The West in Russia and China: Religious and Secular Thought in Modern Times* (Cambridge: Cambridge University Press, 1973), vol. 1, preface, p. xiii. 最近有人撰寫專著研究蕭公權的政治思想:張允起:《蕭公權の政治思想》(東京大學法學政治學研究科博士論文,2000 年 3 月提出)。

2000 年 11 月 12 日初稿，2001 年 1 月 31 日定稿。本文撰寫期間承
詹康博士協助影印資料，並參與討論，惠我良多，謹申謝意。謹以
此文奉獻於先師蕭公權先生之靈前。

附錄

蕭公權著作目錄

一、書籍

1927　*Political Pluralism: A Study in Contemporary Political Theory.*
　　　　London: Kegan Paul, Trench, Trubner & Co., Ltd.; New
　　　　York: Harcourt, Brace and Company, 1927.

1945　《中國政治思想史》，商務印書館，1945；臺北：中華文
　　　　化出版事業委員會，1954；臺北：華岡出版有限公
　　　　司，1971；臺北：中國文化學院出版部，新一版，
　　　　1980；「蕭公權全集之四」，聯經出版事業公司，
　　　　1982；「民國叢書」，上海：上海書店，1989。A
　　　　History of Chinese Political Thought, vol. 1, *From the
　　　　Beginning to the Sixth Century A.D. Trans. F.W. Mote.*
　　　　Princeton: Princeton University Press, 1979.

　　　　China's Contribution to World Peace.　Chungking and New
　　　　York: China Council, Institute of Pacific Relations, 1945.

1948　《憲政與民主》，上海：中國文化讀物社，1948；「蕭公
　　　　權全集之八」，聯經出版事業公司，1982。

　　　　《自由的理論與實際》，上海：商務印書館，1948 年 10
　　　　月初版。

1960   *Rural China: Imperial Control in the Nineteenth Century.*
        Seattle: University of Washington Press, 1960.

1970   《跡園文存》，汪榮祖編，臺北：環宇出版社，1970，精
        裝一冊，平裝二冊：第一冊《思想與學術》，第二冊
        《政論與時評》；臺北：大西洋，1970。

1972   《問學諫往錄》，臺北：傳記文學出版社，1972；上海：
        學林出版社，1997。

        《跡園詩稿》，臺北：環宇出版社，1972。

        《跡園文稿》，（線裝）十卷，汪榮祖編，臺北：環宇出
        版社，1972。

1973   《畫夢詞》，香港：萬有圖書公司，1973。

1975   *A Modern China and a New World: K'ang Yu-wei, Reformer*
        and Utopian, 1858-1927.   Seattle: University of
        Washington Press, 1975. 《康有為思想研究》，汪榮祖
        譯，「蕭公權全集之七」，台北：聯經出版事業公司，
        1988。《近代中國與新世界：康有為變法與大同思想
        研究》，汪榮祖譯，南京：江蘇人民出版社，1997。

1979   *Compromise in Imperial China.*   Seattle: School of
        International Studies, University of Washington, 1979.
        〈調爭解紛——帝制時代中國社會的和解〉，陳國棟
        譯，收於《跡園文錄》，頁 91-152。

1983   《小桐陰館詩詞》，「蕭公權全集之二」，聯經出版事業
        公司，1983。

        《翁同龢與戊戌維新》，楊肅獻譯，「蕭公權全集之五」，

聯經出版事業公司，1983。〔譯自 1957 年論文〕

《跡園文錄》，「蕭公權全集之九」，聯經出版事業公司，1983。

二、論文、書評

1929　Book Review: "Heinrich Hackmann, Chinesische Philosophie" (Munchen, 1927). *The Philosophical Review*, 38.3 (May 1929): 262-5.

1930　〈評張士林譯賴斯基『政治典範』〉，《天津益世報》，1930 年 5 月 27 日，政治副刊。

1937　"Anarchism in Chinese Political Thought." *T'ien Hsia Monthly* 5 (Mar. 1937): 247-263.

1938　"Li Chih, an Iconoclast of the Sixteenth Century." *T'ien Hsia Monthly* 6 (Apr., 1938): 317-341.

1953　"Rural Control in Nineteenth-Century China." *Far Eastern Quarterly* 12 (Feb. 1953): 173-181.

1955　Book Review: "Thomas Taylor Meadows, The Chinese and Their Rebellions, Viewed in Connection with Their National Philosophy, Ethics, Legislation, and Administration," (Stanford, 1954). *Pacific Affairs* 28.3 (Sep., 1955): 275-6.

1957　"Weng T'ung-ho and the Reform Movement of 1898." *Tsing Hua Journal of Chinese Studies*, new series, 1.2 (Apr. 1957): 111-245. 《翁同龢與戊戌維新》，楊肅獻譯，「蕭公權全集之五」，聯經出版事業公司，1983。

Book Review: "Hsin Ya Hsüeh Pao (The New Asia Journal)," (Hong Kong, Feb., 1956). *Journal of Asian Studies* 16.4 (Aug. 1957): 611-2.

1958   Book Review: "Jen Yu-wen, T'ai p'ing t'ien-kuo tein-chih t'ung-k'ao (Studies on the Institutions of Taping tienkuo)" (3 vol., Hong Kong, 1958). *Journal of Asian Studies* 18.2 (Feb., 1958): 490-1.

1959   "K'ang Yu-wei and Confucianism." *Monumenta Serica* 18 (1959): 96-212.

1960   Book Review: "Richard B. Mather (tr. and anno.), Biography of Lü Kuang" (Berkeley and Los Angeles, 1959). *Journal of Asian Studies* 20.1 (Nov. 1960): 101-2.

1962   "K'ang Yu-wei." *Encyclopedia Britannica*, 1962.

Book Review: "Arthur F. Wright (ed.), The Confucian Persuasion" (Stanford, 1960). *Journal of Asian Studies* 21.3 (May 1962): 364-6.

Book Review: "Ch'u Chai and Winberg Chai, The Changing Society of China" (New York, 1962). *Journal of Asian Studies* 21.4 (Aug. 1962): 546-7.

1963   "The Philosophical Thought of K'ang Yu-wei: An Attempt at a New Synthesis." *Monumenta Serica* 21 (1963): 129-193.

"Chinese Philosophy." *Collier's Encyclopedia*, 25:358-367, 1963.

Book Review: "Sybille van der Sprenkel, Legal Institutions in Manchu China, A Sociological Analysis" (London, 1962). *Journal of Southeast Asian History* 4.1 (Mar. 1963): 126-9.

"Preserving the Chinese Cultural Heritage." *Chinese Culture* 5.1 (June 1963): 142-50.

1964   "Legalism and Autocracy in Traditional China." *Tsing Hua Journal of Chinese Studies*, new series 4.2 (Feb. 1964): 108-22.〈法家思想與專制政體〉，劉紀曜譯，收入於《跡園文錄》，頁 75-90。

"Chinese Studies and the Disciplines: The Twins Shall Meet." *Journal of Asian Studies* 24 (Nov. 1964): 112-4.

1965   "The Case for Constitutional Monarchy: K'ang Yu-wei's Plan for the Democratisation of China." *Monumenta Serica* 25 (1965): 1-83.

1967   "In and Out of Utopia: K'ang Yu-wei's Social Thought." *The Chung Chi Journal*, 7.1 (Nov. 1967): 1-18; 7.2 (May 1968): 101-149; 8.1 (Nov. 1968): 1-52.

"K'ang Yu-wei's Excursion into Science: *The Lectures on the Heavens.*" *K'ang Yu-wei: A Biography and a Symposium.* Ed. with Translation by Jung-pang Lo, Tuscon, 1967. 375-403.

1968   "Economic Modernization: K'ang Yu-wei's Idea in Historical Perspective." *Monumenta Serica* 27 (1968): 1-90.

"Han Fei Tzu," "Yen Fu," "Yen Yüan." *Encyclopedia Britannica*, 1968.

1970　"Administrative Modernization: K'ang Yu-wei's Proposals and their Historical Meaning." *Tsing Hua Journal of Chinese Studies*, new series, 8.1-2 (Aug. 1970): 1-35.

學析法儒　詩兼唐宋
德齊往哲　書澤來賢
迹園先生千古
楊聯陞敬輓

以仁心說以學心聽以公心辯
此荀卿子之名言也余往歲竊
取其意而為治學之座右銘曰
以學心讀以平心取以公心述
壬子初夏錄應
復禮教授吾兄雅屬
七十五叟公權

較執難易上下千世中懿德同極至兒以純孝名馨聞永

錫類

戊申夏年逾七十循例退休答施友忠教授

坐破寒氈老不知德形天許兩支離手胼胝筆成章少目
睞塵編見道遲萬里寄蹤長是客一身有患在為師從今
匪迹銷聲去隱几空齋息舊疲
屈指星霜過七十從頭生理作商量未曾經眼書須讀久
已縈心事可忘輕楊委安宜畫寢好花多種待春陽殊方
儘有容身地動學行屍靜飯囊
頃得拜讀蕭公權師戊申退休答友二律謹次韻

李濟與中國現代考古學
傳統的建立

臧振華

中央研究院歷史語言研究所研究員

摘要

　　現代考古學於十九世紀中葉以後產生於歐洲，大約是在十九世紀末至二十世紀初期從西方傳到了中國，逐漸成長並結合中國固有的金石學傳統，發展成中國人文學術中一門嶄新而又極為重要的學問。在過去將近一個世紀中，中國考古學的研究取得了重大的成就，在世界考古學中已獨樹一幟，自成傳統。而這一傳統的奠基者即是李濟先生。本文首先從研究領域的開拓、研究課題的關懷和研究方法的建立三點，對李先生在中國考古學研究上的成就略作論述。然後再從研究的取向、學術的傳承和研究的方法三點對中國現代考古學傳統建立的過程及李濟先生在其中所扮演的角色，提出敘論。最後，筆者認為李濟先生因偶然的機緣進入考古學的事業，但是他的一些特質，使他能夠掌握了機緣，而將成功的果實變成必

然，並深深地影響到二十世紀一門中國新學術的誕生和發展。

一、前言

　　現代考古學是十九世紀中葉以後產生於歐洲，其主要任務是透過遺物和遺跡來研究古代人類的歷史、社會和文化。而由於遺物和遺跡大都埋沒在地下，必須藉由調查和發掘來發現和研究；所以田野考古，成為其特色。這門學問大約是在十九世紀末至二十世紀初期之交從西方傳到了中國，逐漸成長並結合中國固有的金石學傳統，發展成中國人文學術中一門嶄新而又極為重要的學問。在過去的一個世紀中，中國考古學的研究取得了重大的成就，不但大量增補和擴展了中國傳統的文獻歷史、揭露了豐富燦爛而多元的中國古代文明遺產，而且更將中國土地上的人類歷史推早到百萬年以前。如今，中國考古學在世界考古學中已獨樹一幟，自成傳統。回顧這一過程，不能不將奠基者的榮耀，歸諸李濟先生。

　　李濟先生，字濟之，1896 年出生於湖北省鐘祥縣，1907 年隨家遷居北京，1911 年考入留美預備學校清華學堂，1918 年由官派赴美留學。首先進入美國麻州克拉克大學攻讀心理學，次年獲文學士學位後，專攻人口學，一年後，得到社會學碩士，再轉入哈佛大學唸人類學，追隨狄克森和虎藤等著名人類學者，1923 年以「中國民族的形成（The Formation of the Chinese People）」博士論文獲得人類學博士學位，成為中國第一個人類學博士。李濟先生學成後，即應南開大學之聘回國，在該校教授社會學，並擔任了一年文科主任。1925 年夏，離開南開，受聘至清華國學研究院擔任人類學特約講師，教授「人文學」、「普通人類學」、「考古學」和「人體測量

學」等課程❶。在李濟先生回國後的這段期間，偶然的機緣使他沒
有達到原先研究人類學的志願，卻走上了田野考古學的道路。1926
年，李濟先生由於受到美國佛利爾藝術館（Freer Gallery of art）駐北京
的專門委員畢士博（C. W. Bishop）約請參加該館的考古隊，因而促
成發掘山西夏縣西陰村遺址。這次發掘不但是李濟先生治學生涯中
第一次正式的考古工作❷，也是第一次由中國人自己所領導的考古
發掘。此後，李濟先生的一生，就全部奉獻給了中國考古工作，他
一生的業績對這門學問在中國的發展有著重要的影響，可以說，中
國現代考古學的傳統，即是在李濟先生領導下所奠定；而這樣的貢
獻，至今在此學界中尚無能出其右者。

　　筆者有幸於李濟先生晚年親聆教誨，對於他的學問功業和生平
事蹟略有所聞，本文以「李濟與中國現代考古學傳統的建立」為
題，記述濟之先生對中國考古學的貢獻和對中國考古學傳統的建立
所起的作用。

二、李濟先生的考古學研究

　　西陰村遺址發掘之後，李濟先生就投入了中國考古學的研究和
發展以及相關的學術活動之中。綜觀他一生的業績，可以說幾乎每

---

❶　參見李光謨〈李濟之先生小傳〉，收入劉夢溪主編，《中國現代學術經典，
　　李濟卷》，河北教育出版社，1996 年，頁 1-7。

❷　1923 年李濟先生曾受丁文江先生的邀請，發掘河南省新鄭縣的一處墓地遺
　　址，但是據李先生的記述，這是一次失敗的發掘，未有什麼發現。只是獲得
　　了許多經驗。參見〈我與中國考古工作〉，收入李濟著《歷史圈外》，台
　　北，萌芽出版社，1970，頁 1-8。

一項都具有劃時代的意義和重要性。李濟先生的哲嗣李光謨先生曾經將之作成這樣的歸納：

> （李濟先生）領導并親自參加了多處重要的考古發掘，其中最主要的有：1926 年山西西陰村新石器時代遺址發掘，1930 年山東城子崖黑陶文化遺址發掘，1928 年－1937 年河南安陽的 15 次殷虛發掘及河南其他地方的重要發掘。這些都屬於中國自己主持的現代考古的奠基工作。
>
> 主持了許多重要學術單位，包括：中央研究院（以下簡稱中研院）歷史語言研究所（以下簡稱史語所）的考古組，中央博物院（以下簡稱中博）籌備處，台灣大學考古人類學系等；並擔任過史語所所長 17 年和「中研院」代理院長（兩度）。去台灣後還擔任過多種學術團體的領導職務。
>
> 寫成人類學考古學專著十餘種及學術論文 150 篇左右。……一些重要論著，如《中國民族的形成》、《西陰村史前的遺址》、〈再談中國上古史的重建問題〉、《中國文明的開始》、〈記小屯出土的青銅器〉（上、中篇）、《殷虛器物甲篇：陶器》、《Anyang》、及《古器物研究專刊》五本等，已被公認為治中國的考古學的必讀之作❸。

　　顯然，以李濟先生業績之宏豐，本文不能逐一介紹。下面僅擬從三方面，即研究領域的開拓、研究課題的關懷和研究方法的建立，對李先生在中國考古學研究上的成就略作論述。

---

❸　見前引《鋤頭考古學家的足跡——李濟治學生涯瑣記》，〈前記〉，頁 4。

㈠ 研究領域的開拓

李濟先生在求學的過程中，曾經三次改行，首先是心理學，其次是人口學，再來是 (體質) 人類學❹，但是他最後投入的事業則是考古學。然而，這一個在中國前所未有的學術領域，卻給了他「開疆拓土」的機會，而他也能充分掌握機會，取得了傲人的成績，確立了中國考古學的發展方向。西陰村新石器時代遺址的發掘、河南安陽殷虛遺址的發掘和山東歷城城子崖遺址的發掘等，都是明顯的例子。

西陰村遺址的發掘，雖是一個偶然的機會所促成，但是對李濟先生而言，卻是懷抱著一個「目的」去做這個工作的，即是要為瑞典人安特生在華北地區所發現新石器時代晚期文化的來源以及其與歷史時期中國文化關係的問題，作一個專題的研究。雖然發掘結果，最後並未能解決想要問的問題，但是這項工作不但提供了「實驗這科學的考古的一個機會」❺，更重要的，這是第一次由中國人自己領導進行、自己設計方法，自己撰寫報告的考古工作，為爾後的中國考古工作開創了風氣。而西陰村發掘的經驗，也為李濟先生帶來了另一個開拓的機會，那就是安陽殷虛的發掘。

1928 年中央研究院歷史語言研究所成立，李濟先生接受傅斯年所長的邀請，擔任該所考古組主任，並於 1929 年 2 月起接替董作賓先生主持安陽殷虛的發掘。殷虛發掘係從 1928 年起至 1937 年

---

❹ 見前引《鋤頭考古學家的足跡——李濟治學生涯瑣記》，〈三次改行〉，頁 49。

❺ 李濟，《西陰村史前的遺存》。北平：清華學校研究院叢書第三種，1927，頁 2。

止,持續進行了十五次,規模之宏大、收穫之豐富,享譽國內外。
這一考古工作,不但找到殷商晚期的王都和王陵,出土大批珍貴的
青銅器、玉器、陶器、石器和甲骨文等文物和史料,更重要的是殷
虛的發掘證實了《史記·殷本紀》的大部分記載,為中國信史的建
立,開闢了一條前所未有的途徑。此外,安陽殷虛的考古,無論在
考古田野方法學的建立、考古組織和制度架構的擘劃,以及考古人
才的養成等方面,對爾後中國考古學之成長和發展,都具有開創之
功和深遠的影響。❻

　　1930 年,安陽殷虛發掘因河南地方勢力之阻擾被迫中斷,而
改在山東省歷城縣龍山鎮的城子崖發掘。其動機有三:「第一是想
在采(彩)陶區以外作一試驗,第二是想看看中國古代文化的濱海
性,第三是想探探比殷虛——有絕對年代知識的遺跡——更早的東
方遺址❼。」從最後的發掘結果來看,李先生此一抉擇顯然是正確
的。城子崖的發掘出土了兩層文化;下層屬於史前時代的「黑陶文
化」,上層被認為是春秋戰國時代的「灰陶文化」。「黑陶文化」
的發現是這次發掘最大的收穫。在「黑陶文化」層中不但發現了與
仰韶文化彩陶迥然有別的黑陶,而且也發現了城牆和卜骨。但更有
意義的是,這個文化的內涵一方面與殷虛文化有所聯繫,另外也與
中國西方的史前文化系統有明顯的區別,而自成一個東方的系統,
顯現中國早期歷史的「夷夏東西」之勢。所以,城子崖的考古工

---

❻　參見 Li Chi, *Anyang*. Seattle: University of Washington Press.1977.

❼　傅斯年等著《城子崖》,中國考古報告集之一。中央研究院歷史語言研究
　　所,1934,頁 viii。

作,「不但替殷虛一部份文化的來源找到一個老家,對於中國黎明時期文化的認識也得到了一個新的階段。」更「替中國文化原始問題的討論找到了一個新的緒端。」❽

(二) 研究課題的關懷

綜觀李濟先生的著述,他一生在中國考古學的研究上的業績,其實集中於一個學術關懷:探尋中國民族與文化之起源。

在這一課題上,李濟先生早在他進入哈佛大學唸書的時候,就已經懷抱了這樣一個心願。在他 1920 年前後所寫的一篇自傳以第三人稱這樣寫著:

> 他的志向是想把中國人的腦袋量清楚,來與世界人類的腦袋比較一下,尋找出他所屬的人種在天演路上的階級出來。要是有機會,他還想去新疆、青海、西藏、印度、波斯去刨墳掘墓,斷碑尋古蹟,找些人家不要的古墓,來尋繹中國人的原始出來。❾

在哈佛就學期間,李濟先生「最感深切及有興味的一點是:只有用人類學的方法去研究中國文化的發展,及若干歷史的現象,方能得到(就中國學術發展的現階段論)有意義的結果。」❿在這個思路之下,李濟先生選擇以「中國民族的形成」為題,作為他博士論文,便是很自然的事。在這篇論文中,他用了體質人類學的人體測量和

---

❽ 同上註,頁 iv, ix。

❾ 李光謨,〈從一份自傳簡歷說起〉,前引《鋤頭考古學家的足跡——李濟治學生涯瑣記》,頁 8-9。

❿ 李濟,《感舊錄》,台北,傳記文學出版社,1967,頁 34。

中國古代歷史文獻資料，並且採用民族學的觀點和方法，從中國人的體質特徵，築城的發展，姓氏之源流和分布，族群遷徙和融合的歷史記載等面向，對中國民族的構成和其成分，作了細密的分析與探討，得出現代中國人是由五個大的民族單位和四個小的民族單位所構成，成為有史以來研究中國民族形成問題的第一本專著。**⑪**

　　從這樣的一個研究中，李濟先生體認到「順著這條路線展現出進行巨大科學探索的廣闊天地。在中國這個研究領域，需要有考古學的調查、民族志的調查和人體測量學的調查。這些問題都是規模宏大的，需要有極大的匠心獨運的心智來作出答案。」**⑫**

　　而從李濟先生學成回國以後的研究業績來看，他正是一個具有「匠心獨運的心智」的人。踏入考古的道路，讓他把注意力從人體測量轉向文化問題時，李濟先生即志在追求中國文化的起源這個規模宏大的問題。不過，李濟先生在探究這個問題的時候，絕不只是將目光侷限在中國這一空間範圍內，他更要以寬廣的格局將之與全人類的歷史聯綴起來。「中國歷史是人類全部歷史最光榮的一面。只有把他放在全人類歷史的背景上看，他的光輝才更顯得鮮明。把它關在一間老屋子內，孤芳自賞的日子已經過去了。」**⑬**充分顯現

---

⑪　這本論文於 1928 年由 Harvard University Press 出版，書名為 *The Formation of Chinese People: An Anthropological Inquiry*。

⑫　李濟，〈中國的若干人類學問題〉，收入張光直、李光謨編《李濟考古學論文選集》，北京：文物出版社，1990，頁 7。本文原文發表於 *Harvard Graduate Magazine* Vol.123 (1923)，李光謨中譯。

⑬　李濟，〈再談中國上古史的重建問題〉，收入《李濟考古學論文選集》，頁 97。

了在當時那個閉塞的時代，他在此一問題上過人的見識。

　　所以，李濟先生處理西陰村、城子崖和安陽殷虛等遺址所出土的考古材料時，都涵蓋了：遺址內出土材料本身的問題、與傳統中國史實的聯繫問題，以及與整個人類史的關係問題。例如，他對於西陰村遺址所發現的彩陶文化的研究，即注意到：「這文化與後來的文化有沒有關係？或是這時期的文化完全淪沒了，後來的文化是另起的？這時期的文化與西方歷史有何關係？又與甲骨文關係是並行的，還是一條線上原來的文化？」**⓮**這些重要的問題。又如，李濟先生對城子崖發掘遺址最重要的發現之一──卜骨所進行的研究，不只是從地層上確定卜骨與黑陶文化的關係，更藉以建立與殷商文化的聯繫，並追溯其在中國以外地區的傳播和原始。**⓯**而，李濟先生所主持的殷虛發堀，出土的大批資料，除了「肯定了甲骨文的真實性及其在中國文字學上的地位」，「將史前的資料與中國古史的資料聯繫起來」，「對於殷商時代中國文化的發展階段，作了一種很豐富而具體的說明」，也「把中國文化與同時的其他文化中心，作了初步的聯繫，證明中國最早的歷史文化，不是孤獨的發展，實在承襲了若干來自不同方向的不同傳統，表現了一種綜合性的創造能力。」**⓰**

⓮　李濟，〈中國最近發現之新史料〉，收入李光謨編《李濟與清華》，1994，
　　pp. 94-95。

⓯　李濟，〈黑陶文化在中國上古史所佔的地位〉，《李濟考古學論文選集》，
　　頁 203。

⓰　李濟，〈安陽發掘與中國古史問題〉，《中央研究院歷史語言研究所集刊》
　　第四十本，下冊，1968，頁 937。

顯然，把中國文化起源問題放在世界歷史文化的脈絡中來研究，一直是李濟先生所懷抱的觀點和態度。即使後來離開了中國大陸的考古田野，他仍堅持著這樣的觀點。1960 年代，李濟先生擔任中央研究院歷史語言研究所期間，主持編輯的一套《中國上古史》計畫。對於這套書的內容，他一方面要求把「（這套書）的重心放置在民族的發展與文化演進兩組主題上」❼，同時也要求「中國上古史須作為世界史的一部份看，不宜夾雜偏狹的地域成見。」❽

李濟先生這一學術研究的堅持，證諸今日西方考古界所流行的文明過程（civilization process）和文化互動（cultural interaction）的研究，可謂是先知卓見，令人欽佩。誠如張光直先生所言：「這種把中國文化放在世界文化裡面來研究的態度，也是李濟先生在學問研究上留給我們的寶貴遺產的一個重要部份。」❾

(三) 研究方法的建立

在中國早期的人文學者中，李濟先生大概是比較特殊的一位。特殊之處即在於他堅持以自然科學的精神和方法來研究人文的學術，特別是他所從事的考古學，對於考古學與自然科學的關係，李濟先生在 1936 年為《田野考古報告》所寫的〈編輯大旨〉中作了這樣的說明：「田野考古工作者的責任是用自然科學的手段，搜集

---

❼ 見《中國上古史待定稿·第一本·史前部份》，中央研究院歷史語言研究所中國上古史編輯委員會編，1972，頁 i。

❽ 同上註，頁 iv。

❾ 張光直，〈編者後記〉，前引《李濟考古學論文選集》，頁 981。

人類歷史的材料，整理出來供史家採用。」**⑳**，而在〈中國古器物學的新基礎〉一文中，說得更清楚：

> 科學的田野考古工作……絕不是一種業餘的工作，可以由玩票式的方式所能辦理的。……現代科學所要求的，只是把田野工作的標準，提高到與實驗室工作的標準同等的一種應有的步驟。……重複實驗……到現在，已經成為實驗科學的一種固定習慣了。靠田野工作得原始材料的科學家，卻享受不了這種實驗室的互助。田野考古的情形尤為特例。冰川的遺跡、火山的遺跡、火山的構造、斷層的暴露，均可供給無數的地質學家繼續的踏查、複查及再複查；但人類的歷史卻永不重演。一個重要的遺址、一座古墓、一尊紀念石刻，若是被毀了、沒有第二個同樣的遺址、古墓、或石刻可以代替的；同樣地，若經手發掘古代遺址，古墓的工作者有了錯誤的觀察，或不小心的紀錄滲入他的報告內，這種錯誤卻很難用直接的方法在短期內校勘出來；一個嚴重的後果就是謬種流傳，無形中構成這學業前進的一大障礙。像這樣的情形，除了古生物學外，沒有其他的科學可以比擬的。因此，我們更感覺到從事田野考古工作的人們所負科學使命之重大。**㉑**

---

⑳ 李濟，〈編輯大旨〉，前引《李濟考古學論文選集》，頁53。
㉑ 李濟，〈中國古器物學的新基礎〉，《歷史圈外》，台北：萌芽出版社，1970，頁38-39。

李濟先生本著這種科學的態度所建立起來的一些考古研究方法，對中國考古學的發展可以說有著深遠的影響。

李濟先生在美國讀書的時候，似乎並沒有受過田野考古學的訓練，而且回國後第一次在河南新鄭的考古調查，也是失敗的；但是他從失敗中獲得了經驗㉒。因此，從西陰村的發掘開始，他就很講求工作的方法。為了有效率地作最詳細的研究，在這次發掘中，李濟先生發明了「三點記載法」和「層疊法」㉓。前者就是記錄器物在發掘坑中出土位置的縱長、橫長和深度三個座標值，他稱為 x-y-z 值。而「層疊法」則是進一步將出土的地層按標準面下的深度區分成大層（人工層位），然後再在各層中按土色分為若干分層（自然層位）㉔。如此，不但顯示了遺址的地層堆積情況，而且也精確記錄了每件器物的出處。這兩個方法是很科學性的，可以很簡便而精確地記載遺物出土的三度空間位置。雖然，從現在考古學方法發展的程度來看，它們已經是考古發掘者的基本常識，但是在當時卻有很大的啟蒙意義。

李濟先生對考古學研究方法的精心講求，繼續呈現在他以後的一些工作當中，特別是長達九年的安陽殷墟發掘和以後對於殷墟出土陶器和青銅器等文物的整理和分析。其中，最主要的是對於「地層學」和「類型學」方法的設計和運用。

地層學（stratigraphy）是 18 世紀末期以來地質學研究中的一個主

㉒　參見註❷。

㉓　李濟，《西陰村史前的遺存》，北平：清華學校研究院叢書第三種，1927，頁 7-8。

㉔　李濟，《西陰村史前的遺存》，清華學校研究院叢書第三種，1927。

要部份，被引用到考古學中，逐漸發展出考古學的地層學。它是研究人類的文化遺留在地層中的堆積狀態和層序，以求瞭解其時、空的相對關係，進而可在其基礎上探究人類社會文化的變異。而類型學（typology）或稱「形制學」，則主要是指依據文化遺留所具有的共同屬性或特徵，進行系統化的組織和分類，其目的是要瞭解文化遺留之間在形制上的變化關係，並可進而探尋其中所蘊含人類社會文化的意義。這兩個在西方現代考古學中非常基本的方法概念，在中國考古學的研究中，成為非常重要的方法，在實際的研究中發揮了重大的作用。

首先，在地層學方面，由於安陽殷虛出土重要的甲骨文，是殷商最後的一個都城，其地下地層堆積，可謂極其複雜。李濟先生從開始主持安陽的發掘，即很敏銳地觀察到這一點，並提出了正確的研究策略；以致將安陽發掘引領到正確的方向，最終獲得了豐富的成果。這可由他出任中央研究院歷史語言所考古組主任，並開始主持安陽第二次發掘計畫後的一些作為看得出來。1928 年，他與當時負責安陽第一次發掘的董作賓先生接觸並閱讀了他寫的報告後，即掌握了殷虛現狀的一般常識，並設定了三個假設：

1. 小屯遺址明顯是殷商的最後一個都城。
2. 雖遺址的範圍未確定，但有自甲骨出土的地方一定是都城遺址的一個重要中心。
3. 在地下堆積中與有字甲骨共存的可能還有其他遺物。這些遺物的時代可能與有字甲骨同時，或者較早或較晚，當然

要是埋藏處多種因素而定。㉕

根據這三個假設，李濟先生定立了發掘計畫，決定具體的工作步驟：

1. 聘用一個稱職的測量員對遺址進行測繪，以便準確繪出以小屯為中心的詳細地形圖。

2. 繼續在遺址內若干地點以挖掘深溝的方法進行試堀，主要目的是清楚了解地表下地層情況，以便找到包含未觸動過的甲骨的堆積特徵。

3. 系統地記錄和登記發掘出的每件遺物確切出土地點、時間、周圍堆積情況和層次。

4. 每個參加發掘的工作人員堅持寫關於個人觀察到的及田野工作中發生情況的日記。

這樣一個周密的研究步驟的設計，使得李濟先生很快就能掌握到殷虛的地下堆積的情況㉖。不過，因為殷虛地層的複雜和出土遺物的繁多，在整個發掘過程中，李濟先生對於這個遺址地層的分析研究，曾經過了不斷嘗試錯誤和修正的試煉，因而對於這種方法的運用也就有了比較深入的認識。並進而認識到：地層的問題必須與

㉕ 參見李濟先生"Anyang"之李光謨先生中文譯本，收入前引，《中國現代學術經典，李濟卷》，497。

㉖ 他將小屯的地層分為三層：⑴殷商時期主要文化堆積；⑵覆蓋其上的是分散而眾多的隋唐墓葬；⑶覆蓋這些墓葬的是現代堆積層。見李濟，〈小屯地面下情形分析初步〉，《安陽發掘報告》第一期，1929，頁37-48。

類型學的分析相互運用。這可以從李濟先生當時所說的一段話反映出來：

> 我們可以明瞭要是我們挖掘的時候觀察疏忽一點，那堀出的實物意義就完全失了。除非我們能證明所堀的地層沒有翻動過，實物的同層也許是偶然的；「並著」並不能算「同時」的證據。不過地層並不是證實實物的唯一的線索；實物的形象，差不多是一樣的重要。在翻動的地層中，同著的實物自然也有同原的可能；要是從形象中可以定出他們的相似來，那就沒有什麼疑問了❷。

其中的道理，現在看似是很簡單，但是整個殷虛的發掘卻是在此一指導原則下完成的。在殷虛的研究中，由於地層學和類型學這兩種方法交互為用、相輔相成，因而解決了許許多多田野中的問題。在此舉一個李濟先生所做過的工作❷為例。

李濟先生曾藉由殷虛第十三次至十五次發掘所出土的 469 個灰坑，來找尋小屯地面下的先殷文化層。但是這些灰坑不但是形制、大小和深淺不一，而且內容和構造上，非常紛亂複雜：

> 468 個灰坑中，有將近 60 個，可以說是被另外的一個灰坑破壞過；有 50 個以上的灰坑，破壞了另一個或一個以上的灰坑。還有幾組表現著三層的秩序。這些上下成層的灰坑，

---

❷ 李濟，〈小屯地面下情形分析初步〉，頁 47。

❷ 李濟，〈小屯地面下的先殷文化層〉，《學術匯刊》第一卷第二期。現收於前引張光直、李光謨編《李濟考古學論文集》，頁 284-296。

可以說是同時建造的可能。但那上下層相差時間的長短，卻
是每對每參各不一樣。有的可以近得幾乎同時，有的可以相
差幾十年，甚至幾百年。比較上下灰坑自身的構造與包含的
內容，似乎是可以用著斷定它們時間相距長短的唯一標準
㉙。

對於此種情形，李濟先生所採用的辦法，首先就是對各個灰坑出土
的陶片進行分類，分出其種類和式樣：

在殷虛發掘的最後三次（13、14、15），陶片的種類樣式已經
有一個圖譜可供參考，每一式有它的一個固定號碼。這些號
碼的制定大致是按照器物的型制為次序的：以底部的形狀為
第一個考查的部份：圓底最先，次為平底，再次為圈足、三
足、四足等。其次再以色澤分判，灰色、紅色在前，隨之以
釉為釉胎，白色、黑色等㉚。

然後進行統計，比對上下疊壓的成對灰坑內所具陶片類別的相似程
度，並找出其各自異於他坑的特點，結果，找出了三個主要出土黑
陶的坑，這三個坑都是下層坑；都是被另一個灰坑破壞過的。於
是，李先生就進一步分析了這三對灰坑顯示上下層陶片的變遷。為
了再進一步瞭解各坑上下層的時間差距，接著分析了各坑中的全部
包含，及其差異。最後，斷定黑陶在小屯代表一種先殷的文化層。
　　地層學和類型學的運用，對於揭露和瞭解殷虛遺址的結構和內

㉙　同上註，頁 285。
㉚　同上註。

涵，可以說發揮了重要的作用。我們不能想像，假如當時殷虛的主
持者和發掘者未能具有這兩種方法的正確概念、或運用這兩種方法
的能力，則對於這個堆積甚為複雜、內涵極為豐富的遺址，其發掘
的結果會是一個什麼的局面？所以，規模龐大的殷虛發掘，在地層
學和類型學的運用上，提供了一個非常具體的示範。

惟李濟先生對於地層學和類型學方法的運用，並不僅限於田野
發掘，即使在殷虛出土器物的整理和分析之中，也作了最充分的運
用❸。例如對於殷虛出土陶器的研究，即指出：

> （殷虛）將近二十五萬塊的陶片以及一千五百餘件可復原形
> 的陶器所具的歷史意義，靠著下列的三種記錄與研究：（甲）
> 出土時的記錄及它們在地下的原在情形，以及所在的地層與
> 其他地層的相對位置。（乙）與同時同地層或墓葬出土的他種
> 器物的關係。以上兩項紀錄包括發掘時的記載，照相及圖錄
> ——這都是斷定他們歷史價值之原始證據。（丙）他們的質
> 料、作法、形制、以及文飾的研究，為出土後的幾種基本工
> 作。❸

---

❸ 參見李濟先生對殷虛器物所作的整理分析，主要包括《殷虛器物甲篇：陶
器》（1956），〈殷虛有刃石器圖說〉（1951），〈記小屯出土之青銅器·
上篇〉（1948），〈記小屯出土之青銅器·中篇〉（1949），《中國考古報
告集新編——古器物研究專刊》（1964-1972共五本，包括觚形器、爵形器、
斝形器、鼎形器、35件青銅容器）。
❸ 李濟，〈殷虛陶器研究報告序〉，收入《感舊錄》。台北：傳記文學出版
社，1967，頁149。

　　基於這樣的理念，李濟先生對殷虛出土陶器的分析，原計畫出版上下兩輯。「上輯是一種分析性的描述，報告材料本身的性質；下輯報告陶器在地面下分佈情形及其歷史意義。」，但是由於這批數量龐大的材料，隨著戰亂播遷而失散甚多，因而影響到分析的工作，最終只完成了上輯。但是從其中李濟先生對於這批陶器所編的「序數」的工作，即可顯示出他的類型學方法，及其所抱持的嚴謹態度。

> 　　所採用的編製（序數）方法，雖是很簡單易曉的，卻是經過了一段長時間的實驗與不少的改正方達到的一個階段。編製內的第一個標準之選擇——即以容器底部的型態作類別形制的基本標準——為全部編製工作一個劃時代的決定；……按照這一編製方法，殷虛出土的一千五百餘件全形及全形可以復原的陶器都可納入這一系統；在系統內的每一式，每一型，都有了一個固定的名稱。這些名稱聽來雖沒有考古圖、博古圖所用名稱那樣典雅，卻也沒有那樣渾沌的含意；每一名稱都有一個圖樣替它作界說；這一名稱在本報告內統稱為「序數」。❸❸

　　總之，在田野之外，李濟先生也將類型學和地層學的概念和方法運用到考古出土器物的分析和研究上，為中國考古學豎立了一個典範，並且將中國八百年來的古器物學的傳統推向一個全新的，更穩固的基礎上。

---

❸❸　同上註，頁152。

三、李濟與中國現代考古學傳統的建立❸

考古學在中國的發展已有很長久的歷史，但從東周以降，概屬古物、金石學的傳統；至二十世紀初期以後，才有現代考古學從西方傳入中國。這門學問之所以能夠在中國出現，主要是導因於二十世紀開始前後，在中國學術界裡所醞釀出來的三項因素：

其一，中國的金石學從東周以降，經過宋代的發展高峰而正式成為一門學問，到了有清一代，已經累積了豐富的內涵，從金石碑刻，擴及到印璽、封泥、畫象石、瓦當、錢幣和墨硯等各類遺物，最後由於十九世紀末到二十世紀初，西域木簡、敦煌文獻和殷虛甲骨的出土，而促使中國長久發展的金石學傳統終於轉向了地下出土的材料。

其二，自十九世紀末至二十世紀初，西方人紛紛來到中國蒐集古代文物，其中如瑞典人安特生（J. G. Anderson）、法國人桑志華（P. Emile Licent）和德日進（P. Teilhanrd de Chardin）等在華北一帶所進行的考古調查和發掘，把西方現代考古學的一些概念和方法帶來中國。與此同時，西方現代考古的基本概念，也隨著若干中國歷史學者，如章太炎、梁啟超等的新史學思想的著述，以及李濟在美國完成人類學博士學位返國講學和進行田野考古工作，而輸入國內。

其三，是五四運動所引起疑古的學術精神，使當時的學術界普遍認識到：需要有新的史料來解決中國古史問題，考古工作的必要

---

❸ 本節之部分內容另發表於筆者所著〈中國考古學的傳承與創新——從「歷史語言研究所工作之旨趣」說起〉，《學術史與方法學的省思》，中央研究院歷史語言研究所會議論文集之六，2000，頁 151-172。

性受到了學術界前所未有的重視。㉟

　　現代考古學繼續在中國萌芽、成長，逐漸發展成為一門重要的學問，並形成了一個新的學術傳統。這個傳統的特色主要包含幾個方面：第一，在研究取向方面，她是一個與歷史學關係密切的考古學傳統。第二，在學術的傳承上，她是以中央研究院歷史語言研究所為主要源頭的考古學傳統。第三，在研究方法上，她是以地層學和類型學作為主要方法的考古學傳統。檢視這三個傳統的特色，我們可以發現，李濟先生實與中國現代考古學傳統的建立有著密不可分的關係。

　　首先，在研究取向這一點上，傅斯年先生設立中央研究院歷史語言研究所和李濟先生領導的安陽殷虛發掘，可說是重要的導因之一。1928 年傅斯年先生在廣州成立歷史語言研究所。在她所寫的〈歷史語言研究所工作之旨趣〉㊱中，不但清楚地說明了考古學的性質，而且也具體地指陳出史語所考古工作的目標。他認為中國歷史學的當務之急，便是要直接研究材料，開拓研究材料，擴張研究工具；而考古學作為歷史學的一種擴張研究的工具，就要著手尋求新材料。他這種急切地想要利用考古學來獲取新材料的心裡，反映

㉟　參見：衛聚賢，《中國考古學史》，台北：商務印書館，1973 年；夏鼐，
　　〈五四運動和中國考古學的興起〉，《考古》，1979：3；Kuang-chih Chang,
　　"Archaeology and Chinese historiography," *World Archaeology*, vol. 13, no.2,1981
　　年.《中國大百科全書·考古學》，中國大百科全書出版社，1986 年；湯曼
　　白，《考古學概論》，湖南教育出版社，1985 年；蔡鳳書、宋百川，《考古
　　學通論》，山東大學出版社，1988 年；臧振華，〈考古學〉，《中華民國
　　史·學術志》，台北：國史館，1996 年。
㊱　在《中央研究院歷史語言研究所集刊》第 1 本第 1 份，頁 3-10，1928 年。

在他為歷史語言研究所所規劃的第一步工作，即是到安陽易州一帶考古：

> 我們最要注意的是求新材料，第一步想沿京漢路，安陽至易州，安陽殷虛以前盜出之物並非徹底發掘，易州邯鄲又是燕趙故都，這一帶又是衛邶故城。這些地方我們既頗知其富有，又容易達到的，現在已著手調查及佈置，河南軍事少靜止，便結隊前去。❸⑦

同時，在設所之初，他又非常睿智地聘請當時中國唯一受過西方人類學訓練的李濟博士擔任考古學組主任，在研究所成立的同一個月（1928 年 10 月），即展開了考古工作。傅斯年首先派遣董作賓前往安陽小屯進行調查試掘，次年由李濟組成「國立中央研究院殷虛發掘團」，長駐殷虛進行發掘工作，又持續進行了十四次，規模之宏大、收穫之豐富，享譽國內外。

除了殷虛，歷史語言研究所在中日戰爭以前又與山東省政府古蹟研究會，發掘了山東城子崖和兩城鎮兩處遺址；與河南省政府合組河南古蹟研究會，發掘河南濬縣辛村、汲縣山彪鎮、輝縣琉璃閣和永城造律台等遺址。

這樣豐盛的考古成果，不僅是傅斯年先生對於考古學所抱持理念的具體實現；更有意義的是：他們塑造出了一個歷史學取向的中國考古學傳統，其中尤以李濟先生所領導的殷虛發掘，發揮了最大的作用。

---

❸⑦　前引〈歷史語言研究所工作之旨趣〉，頁 9。

李先生雖是在美國受過西方人類學的訓練，但是對於將考古學放在歷史學範圍內的這一理念，完全是和傅斯年先生站在同一陣線上的。這在他為《田野考古報告》所寫的編輯大旨中說得很清楚：

> 田野考古工作，本只是史學之一科，在中國，可以說已經超過了嘗試的階段了。這是一種真正的學術，有它必需的哲學的基礎，歷史的根據，科學的訓練，實際的設備。田野考古者的責任是用自然科學的手段，搜集人類歷史的資料，整理出來，供史學家採用，這本是一件分不開的事情。但是有些所謂具有現代組織的國家，卻把這門學問強行分為兩個學科，考古跟歷史互不相關；史學仍是政客的工具，考古只能局部地發展。如此，與歷史學絕緣的考古學家是不能有多大的進步的，這是一種不自然的分離，我們希望在中國可以免除。這幾年中國史學家之注意考古的發現是一個很好的象徵……歷史語言研究所之提倡考古，原本著這個基本信念。㉝

而非常巧合的是，殷虛發掘的結果，正如李濟先生所期望的，將考古學和歷史學作了非常完美的結合。

殷虛索出土的大量資料，包含：

1. 建築遺址，
2. 墓葬，

㉝　載於《田野考古報告》第一冊，1936 年。又收於張光直、李光謨編，《李濟考古學論文選集》，北京：文物出版社，頁 53，1990 年。

3.甲骨刻辭及器物上刻劃書寫的文字，

4.遺物，又可再分為下列的細目：

　(1)石器及玉器，

　(2)骨角器，

　(3)陶器，

　(4)青銅器及其他金屬品，

5.骨骸，

　(1)動物骨骸，

　(2)人類骨骸。**㊴**

這些資料不論是文字，器物，還是建築或骨骸，不但解決了一些中國上古史中的舊問題，同時也引起了一連串的新問題**㊵**。引用張光直先生的話**㊶**：「對殷墟出土材料的任何研究，雖然用考古學的方法給予描述，卻必須在傳統的歷史學古器物學的圈圈裡打轉。」這種結果，「一方面使考古學家成為一門人文科學和更新了的傳統的中國歷史學的一個分支；另一方面，也許有人會說，還使傳統的中國歷史學『獲得了新生』。」這可以說正是傅斯年先生在〈工作之旨趣〉中所殷切期盼的境界！

　　其次，在學術傳承方面，歷史語言研究所的這一個歷史取向的

㊴　依據李濟之分類。參見李濟，〈安陽發掘與中國古史問題〉，收於上引《李濟考古學論文選集》，頁 799。

㊵　同上引文，頁 799-86。

㊶　見張光直著，陳星燦譯，〈考古學與中國歷史學〉，《考古與文物》，1995：3，頁 8。

考古學傳統，除了具體展現於出土的資料和研究的成果之外，更由於人員和工作上的傳承，而得以繁衍擴散。在殷虛發掘中，主持人李濟和田野領隊梁思永所培養的一批考古家，如石璋如、尹達（劉曜）、胡厚宣、高去尋和夏鼐等，以及抗戰期間在大陸西南與中央博物院合作考古所培訓出來的曾昭燏、尹煥章和趙青芳等；甚而，出身北平研究院，但也曾受到李、梁二氏指導的蘇秉琦❷，後來在各自的崗位上，都實際負起了延續此一傳統的任務。過去四十多年，海峽兩岸雖然政治上分離和敵對，但是在考古研究方面，卻仍然共同保持了許多史語所的考古傳統。

1949 年，歷史語言研究所由南京遷台。即使是離開了中國大陸的考古田野，李濟先生仍然要堅持收集材料、研究材料的考古傳統，進行大陸出土考古資料的整理和出版，要「把地下發掘的資料，與傳下來的記錄資料連綴起來」，並且將之「用作奠定新的中國上古史寫作的基礎」❸。所以，從 1960 年代初期起，李濟先生就想編輯一套《中國上古史》，而這一構想，再 1972 年以後終於獲得了初步實現❹。

注重找尋田野材料的李濟，對於台灣當地的材料自然也給予了

---

❷ 1939 年，北平研究院寄寓昆明期間，蘇秉琦先生曾受到李濟和梁思永等的指導，研究鬥雞台所得之瓦鬲。參見徐炳昶，〈陝西省寶雞縣鬥雞台發掘所得瓦鬲的研究序〉收於《蘇秉琦考古學論述選集》，文物出版社，1984 年。

❸ 李濟，〈再談中國上古史的重建問題〉，收入前引《李濟考古學論文選集》，頁 95。

❹ 《中國上古史》待定稿，第 1 本，史前部份，中央研究院歷史語言研究所，1972 年。

同樣的重視。1949 年來台之初，他就在台灣大學成立了考古人類學系，其目的除整理日據時期台北帝國大學土俗人種學研究室所遺留的考古學和民族學的材料外，並要積極進行台灣當地的考古和民族學田野調查。所以，學系甫創，他就帶領董作賓、陳奇祿和宋文薰等先生前往台中縣仁愛鄉瑞岩村泰雅人部落去作民族調查❹。並請石璋如先生教授田野考古，帶領學生進行台灣各地的考古調查和發掘工作，而為日本考古家撤離後的台灣考古工作奠定了新的基礎❹。

　　而在大陸上，中國共產黨建立政權之初，就恢復了殷虛和周口店兩處遺址的發掘，並在中國科學院設立考古研究所。當時該所的主要成員是由歷史語言研究所的梁思永、夏鼐和郭寶均，北平研究院的徐炳昶和蘇秉琦，以及曾長期在西北進行考古調查的黃文弼所組成；而由曾經帶領殷虛發掘的梁思永主持所務，夏鼐負責田野訓練。他們為考古研究所設定的目標，「就是建立以田野考古為基礎的現代考古學體系……採用調查、發掘的方法以取得資料，進行基本研究和綜合研究，進而作社會史的考察以研究歷史問題」❹這與過去史語所的考古目標可以說基本上是一致的。1949 年 10 月考古

---

❹　李濟等，《瑞岩民族學調查初步報告》，台灣省文獻委員會文獻專刊，第 2 輯，1950 年。

❹　參見：李濟，〈發刊詞〉，《考古人類學刊》，創刊號，1953 年。石璋如、宋文薰，〈台灣紅毛港等十一處遺址初步調查簡報〉，《考古人類學刊》，第二期，1953。

❹　見石興邦，〈盡瘁于新中國考古事業的忠誠戰士——夏鼐同志的學問、道德和事功〉，《中國考古學研究論文集——紀念夏鼐先生考古五十週年》，西安：三泰出版社，1987 年，頁 2。

研究所首先由夏鼐組團,對史語所發掘過的河南輝縣遺址再度進行了發掘。1952 年,夏鼐請蘇秉琦到北京大學,將文科研究所考古教研室併入歷史系,設置考古專業和考古教研室,正式開始在大學中培訓考古研究人才❹。以後,又有西北大學、南京大學、山東大學、四川大學和吉林大學等十一所大學先後在歷史系中設立了考古專業或專設考古系❹,大量培養考古人才;各省、市、自治區也相繼成立了考古和文物研究單位,承擔地區性考古調查、發掘和研究的任務❺。大陸考古事業的蓬勃發展,可以說與 1950 年代這一傳承和發展過程實有著密切的關係;而更溯其源頭,則還是脫不了歷史語言研究所自殷虛發掘以來所建立起來的考古傳統。所以,正如張光直先生所言:「(大陸)1949 年以後的考古工作,在規模上與在領導人才上,在某種意義上是就著(史語所)殷虛發掘的基礎而進一步起飛的。」❺

再就研究的方法來看。傅斯年先生推動殷虛調查發掘之初,雖是想要找尋新史料,但是就實際的考古學研究方法而言,他似乎是沒有什麼經驗的;所以他聘請了發掘過西陰村遺址的李濟來總持其事。這個決定對中國考古學後來的發展,可以說是具有相當的關鍵性。因為李濟「把殷虛發掘領導到一個新的方向上去,也就是把中國考古學帶到一個新的方向上去。」❺而這個方向,就是如上節所

---

❹　北京大學考古系,《北京大學考古學系四十年》,1992 年。

❹　另,中山大學在人類學系中設有考古專業。

❺　參見文物工作編輯部,《全國文物機構名錄》,中國文物報社,1992 年。

❺　張光直,〈編者後記〉,收入前引《李濟考古學論文選集》,頁 987。

❺　同上引文,頁 985。

陳述的，以地層學和類型學作為主要的研究方法。由於李濟先生對
於這兩種方法在殷虛的田野考古和古器物分析中，都豎立了成功的
典範，影響所及，地層學和類型學在今日的中國考古學中，不但成
為中國考古學理論和方法的主幹，而且以中國空間地域分布之廣和
人類歷史綿延之長，在釐清龐雜的考古資料上，以及在文化分期、
編年和文化區域譜系的建立上，確實發揮了極為重大的作用。今天
我們所能看到複雜而有系統的中國考古文化年表，可以說即是在地
層學和類型學的基礎上建立起來的。

四、結語

　　李濟先生投入中國考古工作並能做出貢獻，雖不能說完全有違
他當初求學的初衷，但是在相當程度上，是導因於偶然的機緣。當
初，如果不是丁文江先生的鼓勵，他可能不會去河南新鄭調查古
墓。如果不是受到佛利爾美術館畢士博的邀約，他未必會去挖掘西
陰村。如果不是傅斯年邀聘擔任中央研究院歷史語言研究所考古學
組主任，不會有機會去領導發掘安陽。如果，這三個「如果不是」
都未曾發生，那麼中國考古學是否會是今天這樣一個局面，則就很
難說定了。不過由二十世紀前半葉中國的學術情況來看，至少可以
肯定，如果沒有李濟，中國考古學的發展必定會延遲很多，也可能
不會有今天這樣的成就。而這一切正足以顯示李濟先生在中國現代
考古學建立過程中的關鍵性。

　　然而，李濟先生雖然偶然進入了考古學的領域，但是他對中國
考古學所做出的貢獻和所產生的深遠影響，卻不是偶然的。而是李

濟先生本身所具備的特質[53]，使他能夠掌握了偶然的機緣，而將成功的果實變成了必然，並深深地影響到二十世紀一門中國新學術的誕生和發展。

---

[53] 關於李濟先生的特質，筆者由閱讀他的著述的字裡行間和參考他人的評述，將之歸納為以下幾點：

(1)中學的根底和西學的訓練，加上良好的家庭和學校教育，使他自幼即具有自由開放的思想。

(2)學業上的努力和廣泛的知識，造就他廣闊的視野和過人的心智。

(3)擇善固執，造成他堅定的意志和持久的毅力。

(4)強烈的責任感，造成他獻身並領導學術的堅持。

(5)狷介的品格。

關於評述李濟先生的著述，可參考李光謨，《鋤頭考古學家的足跡——李濟治學生涯瑣記》和李光謨編《李濟與清華》兩書，以及張光直為《李濟考古學論文選集》所撰〈編者後記〉。

國家圖書館出版品預行編目資料

二十世紀人文大師的風範與思想—前半葉

黃兆強主編. - 初版. - 臺北市：臺灣學生，
2007[民 96]
面；公分

ISBN 978-957-15-1328-7(精裝)
ISBN 978-957-15-1329-4(平裝)

1. 人文科學 – 論文，講詞等
2. 社會科學 – 論文，講詞等

119.07   95022990

二十世紀人文大師的風範與思想—前半葉(全一冊)

主　　　編：黃　　　兆　　　強
出　版　者：臺 灣 學 生 書 局 有 限 公 司
發　行　人：盧　　　　保　　　　宏
發　行　所：臺 灣 學 生 書 局 有 限 公 司
　　　　　　臺 北 市 和 平 東 路 一 段 一 九 八 號
　　　　　　郵 政 劃 撥 帳 號 : 0 0 0 2 4 6 6 8
　　　　　　電　話 : (0 2) 2 3 6 3 4 1 5 6
　　　　　　傳　眞 : (0 2) 2 3 6 3 6 3 3 4
　　　　　　E-mail : student.book@msa.hinet.net
　　　　　　http : //www.studentbooks.com.tw
本書局登
記證字號　：行政院新聞局局版北市業字第玖捌壹號
印　刷　所：長 欣 印 刷 企 業 社
　　　　　　中 和 市 永 和 路 三 六 三 巷 四 二 號
　　　　　　電　話 : (0 2) 2 2 2 6 8 8 5 3

定價：精裝新臺幣六六○元
　　　平裝新臺幣五六○元

西 元 二 ○ ○ 七 年 一 月 初 版